O EVANGELHO POR *Emmanuel*

COMENTÁRIOS AOS
*Atos dos Apóstolos*

CB044538

O EVANGELHO POR *Emmanuel*

COMENTÁRIOS AOS
*Atos dos Apóstolos*

Coordenação
Saulo Cesar Ribeiro da Silva

FEB

*Copyright* © 2013 *by*
FEDERAÇÃO ESPÍRITA BRASILEIRA – FEB

1ª edição – 8ª impressão – 500 exemplares – 3/2025

ISBN 978-85-9466-001-5

Todos os direitos reservados. Nenhuma parte desta publicação pode ser reproduzida, armazenada ou transmitida, total ou parcialmente, por quaisquer métodos ou processos, sem autorização do detentor do *copyright*.

FEDERAÇÃO ESPÍRITA BRASILEIRA – FEB
SGAN 603 – Conjunto F – Avenida L2 Norte
70830-106 – Brasília (DF) – Brasil
www.febeditora.com.br
editorial@febnet.org.br
+55 61 2101 6161

Pedidos de livros à FEB
Comercial
Tel.: (61) 2101 6161 – comercial@febnet.org.br

Adquirindo esta obra, você está colaborando com as ações de assistência e promoção social da FEB e com o Movimento Espírita na divulgação do Evangelho de Jesus à luz do Espiritismo.

Dados Internacionais de Catalogação na Publicação (CIP)
(Federação Espírita Brasileira – Biblioteca de Obras Raras)

---

E54e    Emmanuel (Espírito)

        O evangelho por Emmanuel: comentários aos Atos dos Apóstolos / coordenação de Saulo Cesar Ribeiro da Silva. – 1. ed. – 8. imp. – Brasília: FEB, 2025.

        576 p.; 23 cm – (Coleção O evangelho por Emmanuel; 5)

        Compilação de textos de 138 obras e 441 artigos publicados em *Reformador* e *Brasil Espírita* ditados pelo Espírito Emmanuel e psicografados por Francisco Cândido Xavier.
        Inclui Apêndice, relação dos comentários e perícopes em ordem alfabética, tabela comparativa das passagens de *Atos dos apóstolo*s e *Paulo e Estêvão* e índice geral.

        ISBN 978-85-9466-001-5

        1. Jesus Cristo – Interpretações espíritas. 2. Bíblia e Espiritismo. 3. Espiritismo. 4. Obras psicografadas. I. Xavier, Francisco Cândido, 1910–2002. II. Silva, Saulo Cesar Ribeiro da, 1974– III. Federação Espírita Brasileira. IV. Título. V. Coleção.

        CDD 133.93
        CDU 133.7
        CDE 20.03.00

# Sumário

Agradecimentos ..................................................... 9
Apresentação ........................................................ 11
Prefácio ................................................................. 15
Introdução aos *Atos dos apóstolos* ..................... 21

Comentários aos *Atos dos apóstolos* ................. 27
Atos 1:8 ................................................................. 28
Atos 2:13 ............................................................... 29
    Atos 2:17 ......................................................... 31
    Atos 2:21 ......................................................... 33
    Atos 2:42 ......................................................... 35
    Atos 2:47 ......................................................... 37
Atos 3:6 ................................................................. 39
    Atos 3:19 a 20 ................................................. 41
Atos 4:31 ............................................................... 43
    Atos 4:33 ......................................................... 46
Atos 5:15 ............................................................... 48
    Atos 5:16 ......................................................... 49
Atos 7:3 ................................................................. 51
Atos 8:31 ............................................................... 52
Atos 9:5 ................................................................. 54
    Atos 9:6 ........................................................... 56
    Atos 9:10 ......................................................... 58
    Atos 9:16 ......................................................... 60
    Atos 9:18 ......................................................... 61
    Atos 9:41 ......................................................... 63
Atos 10:15 ............................................................. 65
    Atos 10:29 ....................................................... 67
Atos 11:24 ............................................................. 69
Atos 12:10 ............................................................. 71
Atos 13:13 ............................................................. 72
Atos 14:10 ............................................................. 74
    Atos 14:15 ....................................................... 76
    Atos 14:22 ....................................................... 78
Atos 15:29 ............................................................. 80

Atos 16:9...................................................................... 81
    Atos 16:25 ............................................................ 82
    Atos 16:31 ............................................................ 84
Atos 17:32 .................................................................... 86
Atos 19:2...................................................................... 87
    Atos 19:5.............................................................. 90
    Atos 19:11 ............................................................ 91
    Atos 19:15 ............................................................ 96
Atos 20:35 .................................................................... 97
Atos 21:13 .................................................................. 100
Atos 22:10 .................................................................. 101
    Atos 22:16 .......................................................... 103
Atos 26:24 .................................................................. 104

**Textos paralelos entre *Atos dos apóstolos* e
*Paulo e Estêvão*** .................................................... 107
Atos 6:1 a 7 ................................................................ 110
    Atos 6:8 a 11 ...................................................... 112
    Atos 6:12 a 15 e 7:1 ............................................ 126
Atos 7:2 a 54 .............................................................. 138
    Atos 7:55 a 60 e 8:1 a 2 ..................................... 146
Atos 8:3...................................................................... 165
Atos 9:1 a 2 ................................................................ 167
    Atos 9:3 a 8 ........................................................ 169
    Atos 9:8................................................................ 179
    Atos 9:9................................................................ 183
    Atos 9:10 a 18 .................................................... 185
    Atos 9:19.............................................................. 194
    Atos 9:20 a 25 .................................................... 207
    Atos 9:26 a 27 .................................................... 216
    Atos 9:28 a 30 .................................................... 232
Atos 11:25 a 26............................................................ 237
    Atos 11:26 .......................................................... 240
    Atos 11:27 a 30 e 12:1 a 2 ................................ 246
Atos 12:3 a 19 ............................................................ 249
    Atos 12:25 .......................................................... 251
Atos 13:1 a 3 .............................................................. 260
    Atos 13:4.............................................................. 262
    Atos 13:5.............................................................. 263

- Atos 13:6 a 12 ................................................................ 264
- Atos 13:13 ..................................................................... 279
- Atos 13:14 ..................................................................... 284
- Atos 13:14 a 52 .............................................................. 292
- Atos 14:1 a 6 .................................................................. 296
  - Atos 14:7 ..................................................................... 302
  - Atos 14:8 a 10 .............................................................. 304
  - Atos 14:11 a 18 ............................................................ 306
  - Atos 14:19 a 20 ............................................................ 309
  - Atos 14:21 a 26 ............................................................ 313
  - Atos 14:27 a 28 ............................................................ 315
- Atos 15:1 e 2 .................................................................. 316
  - Atos 15:3 ..................................................................... 326
  - Atos 15:4 a 6 ................................................................ 327
  - Atos 15:7 a 11 .............................................................. 336
  - Atos 15:12 a 21 ............................................................ 338
  - Atos 15:22 a 35 ............................................................ 340
  - Atos 15:36 a 40 ............................................................ 343
  - Atos 15:41 ................................................................... 346
- Atos 16:1 a 5 .................................................................. 348
  - Atos 16:6 ..................................................................... 351
  - Atos 16:7 a 9 ................................................................ 353
  - Atos 16:10 ................................................................... 354
  - Atos 16:11 a 15 ............................................................ 357
  - Atos 16:16 a 18 ............................................................ 360
  - Atos 16:19 a 40 ............................................................ 365
- Atos 17:1 a 9 .................................................................. 368
  - Atos 17:10 a 15 ............................................................ 370
  - Atos 17:16 a 34 ............................................................ 373
- Atos 18:1 a 3 .................................................................. 377
  - Atos 18:4 a 8 ................................................................ 381
  - Atos 18:9 a 10 .............................................................. 383
  - Atos 18:11 a 17 ............................................................ 386
  - Atos 18:18 ................................................................... 392
  - Atos 18:19 a 21 ............................................................ 393
  - Atos 18:22 a 23 ............................................................ 395
  - Atos 18:24 a 28 e 19:1 a 10 ......................................... 399
- Atos 19:21 a 40 .............................................................. 402
- Atos 20:1 a 5 .................................................................. 407

Atos 20:6 a 12 ................................................. 416
Atos 20:13 a 16 ............................................... 417
Atos 20:17 a 38 ............................................... 419
Atos 21:1 a 15 ....................................................... 422
Atos 21:16 a 18 ............................................... 424
Atos 21:19 a 26 ............................................... 431
Atos 21:27 a 36 ............................................... 434
Atos 21:37 a 40 ............................................... 438
Atos 22:1 a 21 ....................................................... 441
Atos 22:22 a 29 ............................................... 443
Atos 22:30 ........................................................ 447
Atos 23:1 a 10 ....................................................... 449
Atos 23:11 ........................................................ 453
Atos 23:12 a 22 ............................................... 455
Atos 23:23 a 35 ............................................... 457
Atos 24:1 a 22 ....................................................... 461
Atos 24:23 a 27 ............................................... 463
Atos 25:1 a 12 ....................................................... 467
Atos 25:13 a 27 ............................................... 474
Atos 26:1 a 32 ....................................................... 477
Atos 27:1 a 2 ......................................................... 480
Atos 27:3 a 11 ................................................. 486
Atos 27:12 a 44 ............................................... 491
Atos 28:1 a 6 ......................................................... 494
Atos 28:7 a 10 ................................................. 496
Atos 28:11 a 14 ............................................... 498
Atos 28:15 ........................................................ 501
Atos 28:16 ........................................................ 506
Atos 28:17 a 22 ............................................... 509
Atos 28:23 a 29 ............................................... 511
Atos 28:30 a 31 ............................................... 514

Posfácio .................................................................. 517
Apêndice ................................................................ 519
Relação dos comentários e perícopes
em ordem alfabética ............................................. 535
Tabela comparativa das passagens de
*Atos dos apóstolos* e *Paulo e Estêvão* ................ 539
Índice geral ........................................................... 543

# Agradecimentos

Ao chegarmos ao quinto volume da coleção *O Evangelho por Emmanuel*, é preciso reconhecer que grandes e pequenas contribuições se somaram neste que é o resultado de muitas mãos e corações. Por isso, queremos deixar grafados aqui nossos agradecimentos.

Em primeiro lugar, queremos registrar nossa gratidão à Federação Espírita Brasileira, particularmente à diretoria da instituição, pelo apoio e incentivo com que nos acolheram; às pessoas responsáveis pela biblioteca e arquivos, que literalmente abriram todas as portas para que tivéssemos acesso aos originais de livros, revistas e materiais de pesquisa, e à equipe de editoração, pelo carinho, zelo e competência demonstrados durante o projeto.

Aos nossos companheiros e companheiras da Federação Espírita do Distrito Federal, que nos ofereceram o ambiente propício ao desenvolvimento do estudo e reflexão sobre o Novo Testamento à luz da Doutrina Espírita. Muito do que consta nas introduções aos livros e identificação dos comentários tiveram origem nas reuniões de estudo ali realizadas.

Aos nossos familiares, que souberam compreender-nos as ausências constantes, em especial ao João Vitor e à Ana Clara, que por mais de uma vez tiveram que acompanhar intermináveis reuniões de pesquisa, compilação e conferência de textos. Muito do nosso esforço teve origem no desejo sincero de que os ensinos aqui compilados representem uma oportunidade para que nos mantenhamos cada vez mais unidos em torno do Evangelho.

A Francisco Cândido Xavier, pela vida de abnegação e doação que serviu de estrada luminosa através da qual foram vertidas do alto milhares de páginas de esclarecimento e conforto que permanecerão como luzes eternas a apontar-nos o caminho da redenção.

A Emmanuel, cujas palavras e ensinos representam o contributo de uma alma profundamente comprometida com a essência do Evangelho.

A Jesus, que, na qualidade de Mestre e Irmão Maior, soube ajustar-se a nós, trazendo-nos o Seu sublime exemplo de vida e fazendo reverberar em nosso íntimo a sinfonia imortal do amor. Que a semente plantada por esse Excelso Semeador cresça e se converta na árvore frondosa da fraternidade, sob cujos galhos possa toda a Humanidade se reunir um dia.

A Deus, Inteligência Suprema, causa primeira de todas as coisas e Pai misericordioso e bom de todos nós.

# Apresentação[1]

O Novo Testamento constitui uma resposta sublime de Deus aos apelos aflitos das criaturas humanas.

Constituído por 27 livros, que são: os 4 evangelhos, 1 Atos dos apóstolos, 1 carta do apóstolo Paulo aos Romanos, 2 aos Coríntios, 1 aos Gálatas, 1 aos Efésios, 1 aos Filipenses, 1 aos Colossenses, 2 aos Tessalonicenses, 2 a Timóteo, 1 a Tito, 1 a Filemon, 1 aos Hebreus, 1 carta de Tiago, 2 de Pedro, 3 de João, 1 de Judas e o Apocalipse, de João.

A obra, inspirada pelo Senhor Jesus, que vem atravessando os dois primeiros milênios sob acirradas lutas históricas e teológicas, pode ser considerada como um escrínio de gemas preciosas que rutilam sempre quando observadas.

Negada a sua autenticidade por uns pesquisadores e confirmada por outros, certamente que muitas apresentam-se com lapidação muito especial defluente da época e das circunstâncias em que foram grafadas em definitivo, consideradas algumas como de natureza canônica e outras deuterocanônicas, são definidas como alguns dos mais lindos e profundos livros que jamais foram escritos. Entre esses, o *Evangelho de Lucas*, portador de beleza incomum, sem qualquer demérito para os demais.

Por diversas décadas, o nobre Espírito Emmanuel, através do mediumato do abnegado discípulo de Jesus, Francisco Cândido Xavier, analisou incontáveis e preciosos versículos que constituem o Novo Testamento, dando-lhe a dimensão merecida e o seu significado na atualidade para o comportamento correto de todos aqueles que amam o Mestre ou o não conhecem,

---

[1] Página psicografada pelo médium Divaldo Pereira Franco, na Mansão do Caminho, em Salvador, Bahia.

sensibilizando os leitores que se permitiram penetrar pelas luminosas considerações.

Sucederam-se centenas de estudos, de pesquisas preciosas e profundas, culminando em livros que foram sendo publicados à medida que eram concluídos.

Nos desdobramentos dos conteúdos de cada frase analisada, são oferecidos lições psicológicas modernas e psicoterapias extraordinárias, diretrizes de segurança para o comportamento feliz, exames e soluções para as questões sociológicas, econômicas, étnicas, referente aos homens e às mulheres, aos grupos humanos e às Nações, ao desenvolvimento tecnológico e científico, às conquistas gloriosas do conhecimento, tendo como foco essencial e transcendente o amor conforme Jesus ensinara e vivera.

Cada página reflete a claridade solar na escuridão do entendimento humano, contribuindo para que o indivíduo não mais retorne à caverna em sombras de onde veio.

Na condição de hermeneuta sábio, o nobre mentor soube retirar a *ganga* que envolve o diamante estelar da Revelação Divina, apresentando-o em todo o seu esplendor e atualidade, porque os ensinamentos de Jesus estão dirigidos a todas as épocas da Humanidade.

Inegavelmente, é o mais precioso conjunto de estudos do Evangelho de que se tem conhecimento através dos tempos, atualizado pelas sublimes informações dos Guias da sociedade, conforme a revelação espírita.

Dispondo dos originais que se encontram na Espiritualidade Superior, Emmanuel legou à posteridade este inimaginável contributo de luz e de sabedoria.

Agora enfeixados em novos livros, para uma síntese final, sob a denominação *O Evangelho por Emmanuel*, podem ser apresentados como o melhor roteiro de segurança para os viandantes terrestres que buscam a autoiluminação e a conquista do Reino dos Céus a expandir-se do próprio coração.

Que as claridades miríficas destas páginas que se encontram ao alcance de todos que as desejem ler possam incendiar os sentimentos com as chamas do amor e da caridade, iluminando o pensamento para agir com discernimento e alegria na conquista da plenitude!

*Salvador (BA), 15 de agosto de 2013.*
Joanna de Ângelis

# Prefácio

O Novo Testamento é a base de uma das maiores religiões de nosso tempo. Ele traz a vida e os ensinos de Jesus da forma como foram registrados por aqueles que, direta ou indiretamente, tiveram contato com o Mestre de Nazaré e sua mensagem de amor que reverbera pelos corredores da história.

Ao longo dos séculos, esses textos são estudados por indivíduos e comunidades, com o propósito de melhor compreender o seu conteúdo. Religiosos, cientistas, linguistas e devotos, de variados credos, lançaram e lançam mão de suas páginas, ressaltando aspectos diversos, que vão desde a história e confiabilidade das informações nelas contidas, até padrões desejáveis de conduta e crença.

Muitas foram as contribuições, que ao longo de quase dois mil anos, surgiram para o entendimento do Novo Testamento. Essa, que agora temos a alegria de entregar ao leitor amigo, é mais uma delas, que merece especial consideração. Isso porque representa o trabalho amoroso de dois benfeitores, que, durante mais de 70 anos, se dedicaram ao trabalho iluminativo da senda da criatura humana. Emmanuel e Francisco Cândido Xavier foram responsáveis por uma monumental obra de inestimável valor para nossos dias, particularmente no que se refere ao estudo e interpretação da mensagem de Jesus.

Os comentários de Emmanuel sobre o Evangelho encontram-se distribuídos em 138 livros e 441 artigos publicados ao longo de 39 anos nas revistas *Reformador* e *Brasil Espírita*. Por essa razão, talvez poucos tenham a exata noção da amplitude desse trabalho que totaliza 1.616 mensagens sobre mais de mil versículos. Além dos comentários aos versículos, as passagens presentes no livro *Paulo e Estêvão*, que fazem paralelo ao texto de *Atos dos apóstolos*, constituem um inestimável material de estudo sobre o Evangelho.

Todo esse material foi agora compilado, reunido e organizado em uma coleção, cujo quinto volume é o que ora apresentamos ao público.

Essa coletânea proporciona uma visão ampliada e nova do que representa a contribuição de Emmanuel, para o entendimento e resgate do Novo Testamento. Em primeiro lugar, porque possibilita uma abordagem diferente da que encontramos nos livros e artigos, que trazem, em sua maioria, um versículo e um comentário em cada capítulo. Neste trabalho, os comentários foram agrupados pelos versículos a que se referem, possibilitando o estudo e a reflexão sobre os diferentes aspectos abordados pelo autor. Encontraremos, por exemplo, 22 comentários sobre *Mateus*, 5:44; 11 comentários sobre *João*, 8:32 e 8 sobre *Lucas*, 17:21. Ao todo, 305 versículos receberam do autor mais de um comentário. Relembrando antigo ditado judaico, "a Torá tem setenta faces", Emmanuel nos mostra que o Evangelho tem muitas faces, que se aplicam às diversas situações da vida, restando-nos a tarefa de exercitar a nossa capacidade de apreensão e vivência das lições nele contidas. Em segundo lugar, porque a ordem dos comentários e passagens paralelas, obedece a sequência dos 27 textos que compõem o Novo Testamento. Isso possibilitará ao leitor localizar mais facilmente os comentários sobre um determinado versículo. O projeto gráfico foi idealizado também com este fim.

A coleção é composta de sete volumes:
Volume 1 — Comentários ao Evangelho segundo Mateus.
Volume 2 — Comentários ao Evangelho segundo Marcos.
Volume 3 — Comentários ao Evangelho segundo Lucas.
Volume 4 — Comentários ao Evangelho segundo João.
Volume 5 — Comentários aos Atos dos apóstolos.
Volume 6 — Comentários às Cartas de Paulo.
Volume 7 — Comentários às cartas universais e ao Apocalipse.

Em cada volume foram incluídas introduções específicas, com o objetivo de familiarizar o leitor com a natureza e características dos escritos do Novo Testamento, acrescentando, sempre que possível, a perspectiva espírita.

## Metodologia

O conjunto das fontes pesquisadas envolveu toda a obra em livros de Francisco Cândido Xavier, publicada durante a sua vida; todas as revistas *Reformador*, de 1927 até 2002 e todas as edições da revista *Brasil Espírita*. Dos 412 livros de Chico Xavier, foram identificados 138 com comentários de Emmanuel sobre o Novo Testamento.

A equipe organizadora optou por atualizar os versículos comentados de acordo com as traduções mais recentes. Isso se justifica porque, a partir da década de 60, os progressos, na área da crítica textual, possibilitaram um avanço significativo no estabelecimento de um texto grego do Novo Testamento, que estivesse o mais próximo possível do original. Esses avanços deram origem a novas traduções, como a *Bíblia de Jerusalém*, bem como correções e atualizações de outras já existentes, como a João Ferreira de Almeida. Todo esse esforço tem por objetivo resgatar o sentido original dos textos bíblicos. Os comentários de Emmanuel apontam na mesma direção, razão pela qual essa atualização foi considerada adequada. Nas poucas ocorrências em que essa opção pode suscitar questões mais complexas, as notas auxiliarão o entendimento. A tradução utilizada para os *Evangelhos* e *Atos* foi a de Haroldo Dutra Dias.

Foram incluídos todos os comentários que indicavam os versículos de maneira destacada ou que a eles faziam referência no título ou no corpo da mensagem.

Nos casos em que o mesmo versículo aparece em mais de uma parte do Novo Testamento e que o comentário não deixa explícito a qual delas ele se refere, optou-se por uma, evitando a repetição desnecessária do comentário em mais de uma parte do trabalho. A Tabela de correspondência de versículos traz a relação desses comentários, indicando a escolha feita pela equipe e as outras possíveis.

Os textos transcritos tiveram como fonte primária os livros e artigos publicados pela Federação Espírita Brasileira. Nos casos em que um mesmo texto tenha sido publicado em outros livros, a referência a esses está indicada em nota. Os textos paralelos de *Paulo e Estêvão* tiveram por base a 45ª edição, 7ª impressão de 12/2014.

## A história do projeto *O Evangelho por Emmanuel*

Esse trabalho teve três fases distintas. A primeira iniciou em 2010, quando surgiu a ideia de estudarmos o Novo Testamento nas reuniões do culto no lar. Com o propósito de facilitar a localização dos comentários de Emmanuel, foi elaborada uma primeira relação ainda parcial. Ao longo do tempo, essa relação foi ampliada e compartilhada com amigos e trabalhadores do movimento espírita.

No dia 2 de março de 2013, iniciou-se a segunda e mais importante fase. Terezinha de Jesus, que já conhecia a relação através de palestras e estudos que desenvolvemos no Grupo Espírita Operários da Espiritualidade, comentou com o então e atual vice-presidente da FEB, Geraldo Campetti Sobrinho, que havia um trabalho sobre os comentários de Emmanuel que merecia ser conhecido. Geraldo nos procurou e marcamos uma reunião para o dia seguinte, na sede da FEB, às nove horas da manhã. Nessa reunião, o que era apenas uma relação de 29 páginas tornou-se um projeto de resgate, compilação e organização do que é um dos maiores acervos de comentários sobre o Evangelho. A realização dessa empreitada seria impensável para uma só pessoa, por isso uma equipe foi reunida e um intenso cronograma de atividades foi elaborado. As reuniões para acompanhamento, definições de padrões, escolhas de metodologias e análise de situações ocorreram praticamente todas as semanas desde o início do projeto até a sua conclusão.

No final de 2015, uma terceira fase teve início com a pesquisa dos textos paralelos aos de *Atos dos apóstolos* presentes no livro *Paulo e Estêvão*, também de autoria de Emmanuel. Esse projeto de pesquisa teve características distintas, pois não se tratava agora de identificar, catalogar e revisar comentários, mas de analisar passagens, comparar textos e reunir relatos semelhantes. Isso resultou em um material que esperamos seja útil para estudiosos e simpatizantes do texto. Destacamos o inestimável trabalho de Larissa Meirelles Barbalho Silva nessa pesquisa. Sem seu esforço, dedicação e paciência, ele não teria sido concluído no tempo necessário a inclusão no quinto volume da coleção.

O que surgiu inicialmente em uma reunião familiar composta por algumas pessoas em torno do Evangelho, hoje está colocado à disposição do grande público, com o desejo sincero de que a imensa família humana se congregue cada vez mais em torno desse que é e será o farol imortal a iluminar o caminho de nossas vidas. Relembrando o Mestre Inesquecível em sua confortadora promessa:

*"Pois onde dois ou três estão reunidos em meu nome, aí estou no meio deles"* (MT 17:20).

*Barueri (SP), 15 de maio de 2016.*
Saulo Cesar Ribeiro da Silva
*Coordenador*

# Introdução aos *Atos dos apóstolos*

O livro de *Atos dos apóstolos* é único, em seu gênero, entre os escritos do Novo Testamento. Não é um evangelho, nem carta, nem revelação profética. Dentro da literatura religiosa, configura um tipo de escrito especial, que não narra, em sua maioria, acontecimentos relacionados diretamente ao fundador e personagem principal, mas aos seus seguidores e, neste caso em especial, após a crucificação de Jesus.

## O autor

A autoria desse texto é atribuída, quase sem controvérsias, a Lucas, o autor do terceiro evangelho, o que faz dele um dos autores que mais contribuíram com escritos para o Novo Testamento, sendo responsável por pouco mais de um quarto (27,1%) de todo o Novo Testamento, muito próximo aos 29,4% do material atribuído a Paulo, e superior, em quantidade de versículos, aos escritos atribuídos a João (17,7%). Isso impressiona, já que são apenas dois escritos de sua lavra.

Outros dois fatores são levados em consideração para atribuir aos *Atos*, a mesma autoria do *Evangelho de Lucas*. O primeiro é que ambos são destinados a um Teófilo. Se se trata de um personagem real ou não, é algo não resolvido, uma vez que a palavra em grego Θεοφιλος (Theofilos) pode ser interpretada como sendo a junção de duas palavras: *Theo*, que significa Deus, e *Filos*, que significa amigo, ou aquele que se simpatiza com alguém. Seriam, na visão de alguns, escritos destinados a todos os que se inclinam para Deus com amizade.

O segundo fator é que muitas das características do estilo do autor do *Evangelho segundo Lucas* também estão presentes no texto de *Atos*.[2]

É interessante observar que Paulo e Lucas, que conviveram intimamente entre si, mas que não estiveram com Jesus enquanto ele estava fisicamente entre nós, são responsáveis por mais da metade dos escritos do Novo Testamento, tanto em quantidade de versículos, como em número de textos. Lucas é responsável por 2 textos e Paulo por 14.

## Características distintivas

Embora o texto trate dos atos dos apóstolos, nitidamente há um espaço maior concedido aos acontecimentos relacionados a Paulo de Tarso, desde antes de sua conversão até sua prisão em Roma. Esse parece ser o fio condutor de grande parte da narrativa presente no texto.

Relatos pontuais destinam-se a acontecimentos relacionados a Pedro, Tiago e outros, mas Paulo e o grupo de seguidores mais próximos, como Silas, Lucas, Timóteo, dentre outros, ocupam a maior parte.

É um texto que pretende ser tanto um relato da mensagem do Evangelho sendo difundida em diversas regiões, como também um relato histórico, compreendendo um largo período de tempo, que supera 30 anos, iniciando-se logo após a crucificação de Jesus e indo até algum ponto antes do incêndio em Roma ocorrido em 64.

Neste texto, também está registrado um dos mais importantes marcos do Cristianismo nascente: a ausência da obrigatoriedade da circuncisão para caracterizar os seguidores de Jesus, o que alargaria consideravelmente o campo de alcance da prática da mensagem do Cristo. Sem perder as suas raízes judaicas, o Cristianismo pôde alçar voos mais amplos na direção

---

[2] Ver Introdução ao *Evangelho segundo Lucas*, no terceiro volume desta coleção.

de corações e mentes que não se submeteriam aos conjuntos de práticas estabelecidas pelo judaísmo dominante daquela época.

## Data e local de composição

Sendo o texto de *Atos* uma quase continuação do *Evangelho segundo Lucas*, necessariamente a sua composição, adotando essa perspectiva, deve ser datada como posterior à deste evangelho, e daí resultam boa parte das divergências entre data e local de composição. Como muitos defendem que o *Evangelho de Lucas* foi escrito após o ano 70 d.C., seria forçoso, nessa perspectiva, datar a redação do texto de *Atos* para depois desta época ou, como defendem alguns, atribuir sua autoria a outra pessoa que não o autor do evangelho e companheiro de Paulo.

Para os que defendem a autoria do texto de *Atos* como sendo de Lucas, o companheiro de viagem de Paulo e também o autor do terceiro evangelho, *Atos* teria sido escrito entre 62/63 d.C., e o local de redação seria Roma. Sustentando essa hipótese, pesam a absoluta ausência de menções à perseguição aos cristãos em Roma, deflagrada por Nero, no ano de 64. Embora seja um argumento de *silêncio*, sem força comprobatória, é um forte ponto de sustentação.

## Perspectiva espírita

O texto de *Atos* não é simplesmente um relato histórico, mas um conjunto de vivências e experiências de indivíduos que passaram a seguir a mensagem da Boa-Nova. O seu valor, nesse sentido, supera o de repositório histórico, para representar os desafios de ontem e de hoje no entendimento e na prática da mensagem consoladora do Cristo. Nem sempre esse aspecto é facilmente depreendido, dadas as características culturais, linguísticas e históricas do momento em que o texto foi redigido. Daí a importância da obra *Paulo e Estêvão*. Nesse livro, Emmanuel oferece um contexto importante para o personagem principal de *Atos*, Paulo de Tarso, e do primeiro mártir do Cristianismo nascente, Estêvão.

A narrativa se junta no momento da escolha dos sete auxiliares na Casa do Caminho e, a partir deste ponto, segue de maneira impressionante os relatos, oferecendo, ao mesmo tempo, uma visão ampliada e estendida. Partes importantes, que podem ser apenas supostas pelo cotejamento de texto do Novo Testamento, como os três anos no deserto, são minuciosamente descritas. Muitos versículos e passagens curtas são ampliados na narrativa de *Paulo e Estêvão*, revelando detalhes históricos e temporais. Tome-se, por exemplo, a data e o local de redação do texto. De acordo com a narrativa da obra de Emmanuel, o texto de *Atos* começou a ser escrito quando Paulo estava preso em Cesareia, entre 59/60, após a redação do *Evangelho de Lucas*, e teria sido concluído em Roma, no ano de 62/63. Muitas das circunstâncias envolvendo a redação das epístolas são também abordadas, como a da *Epístola aos hebreus*, talvez o escrito mais controverso atribuído a Paulo; data e local da primeira epístola; a situação em que Paulo se encontrava quando da redação da última epístola a Timóteo; dentre outras. A obra de Emmanuel traz informações sobre Estêvão e Paulo, anteriores ao período registrado em *Atos dos apóstolos*, bem como informações posteriores aos fatos narrados no texto bíblico, como a última viagem de Paulo para a Espanha e sua morte em Roma.

Ao oferecer tal gama de detalhes, o caráter principal, contudo, permanece. Muito mais do que um texto, *Atos* e *Paulo e Estêvão* refletem vidas marcadas pelo Mestre e seus ensinos, os cuidados de Cristo com a semente que deixara, cultivando-a com carinho e zelo, sulcando o solo do orgulho e da indiferença, com a enxada da experiência e da amizade, do afeto e da fé, da humildade e da esperança, a fim de que o Reino de Deus seja erigido no mais sólido terreno que existe: o coração da criatura humana.

Fac-símile do comentário mais antigo a fazer parte da coleção *O Evangelho por Emmanuel*, referente a *João*, 10:30, publicado em novembro de 1940 na revista *Reformador*.[3]

## Reformador
FUNDADO EM 1883

ANO LVIII — Nº 11

Carlos Imbassahy — SECRETÁRIO
Guillon Ribeiro — DIRETOR
A. Wantuil de Freitas — GERENTE

## Comungar com Deus

A fidelidade a Deus e a comunhão com o seu amor são virtudes que se completam, mas que se singularizam, no quadro de suas legítimas expressões.

Job foi fiel a Deus quando afirmou, no torvelinho do sofrimento: — "Ainda que me mate, n'Ele confiarei."

Jesus comungou de modo perfeito com o amor divino, quando acentuou: — "Eu e meu Pai somos um."

A fidelidade precede a comunhão verdadeira com a fonte de toda a sabedoria e misericórdia.

As lutas do mundo representam a sagrada oportunidade oferecida ao homem para ser perfeitamente fiel ao Creador.

Aos que se mostram leais no "pouco", é concedido o "muito" das grandes tarefas. O Pai reparte os talentos preciosos de sua dedicação com todas as creaturas.

Fidelidade, pois, é compreensão do dever.

Comunhão com Deus é aquisição de direitos sagrados.

Não ha direitos sem deveres. Não ha comunhão sem fidelidade.

Eis a razão pela qual, para que o homem se integre no recebimento da herança divina, não pode dispensar as certidões de trabalho proprio.

Antes de tudo, é imprescindivel que o discipulo saiba organizar os seus esforços, operando no caminho do aperfeiçoamento individual, para a aquisição dos bens eternos.

Existiram muitos homens de vida interior iluminada, que podem ter sido mais ou menos fieis, porém, só Jesus pôde apresentar ao mundo o estado de perfeita comunhão com o Pai que está nos céus.

O Mestre veiu trazer-nos a imensa oportunidade de compreender e edificar. E, se confiamos em Jesus, é porque, apesar de todas as nossas quedas, nas existências sucessivas, o Cristo espera dos homens e confia em seu porvir.

Sua exemplificação foi, em todas as circunstancias, a do Filho de Deus, na posse de todos os direitos divinos. E' justo reconhecermos que essa conquista foi a sagrada resultante de sua fidelidade real.

E o Cristo se nos apresentou no mundo, em toda a resplendencia de sua gloria espiritual, para que aprendessemos com Ele a comungar com o Pai. Sua palavra é a do convite ao banquete de luz eterna e de amor imortal.

Eis porque, em nosso proprio beneficio, conviria fossemos perfeitamente fieis a Deus, desde hoje.

EMMANUEL.

(Mensagem recebida em Pedro Leopoldo, pelo medium Francisco Candido Xavier, em outubro de 1940, e enviada exclusivamente para "Reformador".)

## JESUS

Quanta vez, neste mundo, em rumo escuro e incerto,
O homem vive a tatear na treva em que se cria!
Em torno, tudo é vão, sobre a estrada sombria,
No pavor de esperar a angustia que vem perto!...

Entre as vascas da morte, o peito exangue e aberto,
Desgraçado viajor rebelado ao seu guia,
Desespera, soluça, anseia e balbucia
A suprema oração, na dor de seu deserto.

Nessa grande amargura, a alma pobre entre escombros,
Sente o mestre do amor que lhe mostra nos ombros
A grandeza da cruz que ilumina e socorre.

Do mundo é a escuridão que sepulta a quimera...
No negro turbilhão só Jesus persevera,
Como a luz imortal do amor que nunca morre.

ALBERTO DE OLIVEIRA.

(Recebido em Pedro Leopoldo, pelo medium Francisco Candido Xavier, em outubro de 1940, e enviado exclusivamente para "Reformador").

---

[3] N.E.: Essa mensagem foi publicada no 4º volume da coleção, mas, dados seu conteúdo e significação, optamos por incluí-la também no início de cada volume.

# COMENTÁRIOS AOS
## *Atos dos Apóstolos*

*Mas recebereis poder, quando o Espírito Santo vier sobre vós, e sereis minhas testemunhas tanto em Jerusalém como em toda a Judeia e Samaria, até aos confins da terra.*

Atos
1:8

## Como testemunhar

Realmente, Jesus é o Salvador do Mundo, mas não libertará a Terra do império do mal sem a contribuição daqueles que lhe procuram os recursos salvadores.

O Divino Mestre, portanto, precisa de auxiliares com atribuições de prepostos e testemunhas, em toda parte.

É impraticável o aprimoramento das almas, sem educação, e a educação exige legiões de cooperadores.

Contudo, para desempenharmos a tarefa de representantes do Senhor na obra sublime de elevação, não basta o título externo, com vistas à escola religiosa.

Indispensável é a obtenção de bênçãos do Alto, por intermédio da execução de nossos deveres, por mais difíceis e dolorosos.

Até agora, conhecemos à saciedade, na Terra, o poder de dominar, governar, recusar e ferir, de fácil acesso no campo da vida.

Raras criaturas, porém, fazem por merecer de Jesus o poder celeste de obedecer, ensinando, de amar, construindo para o bem, de esperar, trabalhando, de ajudar desinteressadamente. Sem a recepção de semelhantes recursos, que nos identificam com o Trabalhador Divino, e sem as possibilidades de refleti-lo para o próximo, em espírito e verdade, pelo nosso esforço constante de aplicação pessoal do Evangelho, podemos personificar excelentes pregadores, brilhantes literatos ou notáveis simpatizantes da doutrina cristã, mas não testemunhas d'Ele.

(*Pão nosso*. FEB Editora. Cap. 173)

*Outros, porém, ridicularizando, diziam:*
*estão cheios de mosto.*

Atos
2:13

## Perante a multidão

A lição colhida pelos discípulos de Jesus, no Pentecostes, ainda é um símbolo vivo para todos os aprendizes do Evangelho, diante da multidão.

A revelação da vida eterna continua em todas as direções.

Aquele "som como de um vento veemente e impetuoso" e aquelas "línguas de fogo" a que se refere a descrição apostólica, descem até hoje sobre os continuadores do Cristo, entre os filhos de todas as nações.

As expressões do Pentecostes dilatam-se, em todos os países, embora as vibrações antagônicas das trevas.

Todavia, para milhares de ouvintes e observadores apenas funcionam alguns raros apóstolos, encarregados de preservarem a Divina Luz.

Realmente, são inumeráveis aqueles que, consciente ou inconscientemente, recebem os benefícios da Celeste Revelação; entretanto, não são poucos os zombadores de todos os tempos, dispostos à irreverência e à ironia, diante da Verdade.

Para esses, os leais seguidores do Mestre estão embriagados e loucos. Não compreendem a humildade que se consagra ao bem, a fraternidade que dá sem exigências descabidas e a fé que confia sempre, não obstante as tempestades.

É indispensável não estranhar o assédio desses pobres inconscientes, se te dispões, efetivamente, a servir ao Senhor da Vida. Cercar-te-ão o trabalho, acusando-te de bêbado; criticar-te-ão as atitudes, chamando-te covarde; escutar-te-ão as palavras de amor, conservando a ironia na boca. Para eles, a tua abnegação será envilecimento, a tua renúncia significará incapacidade, a tua fé será interpretada à conta de loucura.

Não hesites, porém, no espírito de serviço. Permaneces, como os primeiros apóstolos, nas grandes praças, onde se acotovelam homens e mulheres, ignorantes e sábios, velhos e crianças...

At 2:13

Aperfeiçoa tuas qualidades de recepção, onde estiveres, porque o Senhor te chamou para intérprete de Sua Voz, ainda que os maus zombem de ti.

(*Vinha de luz*. FEB Editora. Cap. 103)

*E será [que] nos últimos dias, diz Deus, derramarei do meu espírito sobre toda carne; vossos filhos e vossas filhas profetizarão, vossos jovens verão visões e vossos anciãos sonharão sonhos.*

Atos
2:17

## Mediunidade

No dia de Pentecostes, Jerusalém estava repleta de forasteiros. Filhos da Mesopotâmia, da Frígia, da Líbia, do Egito, cretenses, árabes, partos e romanos se aglomeravam na praça extensa, quando os discípulos humildes do Nazareno anunciaram a Boa-Nova, atendendo a cada grupo da multidão em seu idioma particular.

Uma onda de surpresa e de alegria invadiu o espírito geral.

Não faltaram os céticos, no Divino Concerto, atribuindo à loucura e à embriaguez a revelação observada. Simão Pedro destaca-se e esclarece que se trata da Luz prometida pelos Céus à escuridão da carne.

Desde esse dia, as claridades do Pentecostes jorraram sobre o mundo, incessantemente. Até aí, os discípulos eram frágeis e indecisos, mas, dessa hora em diante, quebram as influências do meio, curam os doentes, levantam o espírito dos infortunados, falam aos reis da Terra em nome do Senhor.

O poder de Jesus se lhes comunicara às energias reduzidas.

Estabelecera-se a era da mediunidade, alicerce de todas as realizações do Cristianismo, através dos séculos.

Contra o seu influxo, trabalham, até hoje, os prejuízos morais que avassalam os caminhos do homem, mas é sobre a mediunidade, gloriosa luz dos Céus oferecida às criaturas no Pentecostes, que se edificam as construções espirituais de todas as comunidades sinceras da Doutrina do Cristo e é ainda ela que, dilatada dos Apóstolos ao círculo de todos os homens, ressurge no Espiritismo Cristão, como a alma imortal do Cristianismo Redivivo.

(*Caminho, verdade e vida*. FEB Editora. Cap. 10)

At
2:17

*E será que todo aquele que invocar o
nome do Senhor será salvo.*

Atos
2:21

## Serviço de salvação

Os espíritos mais renitentes no crime serão salvos das garras do mal, se invocarem verdadeiramente o amparo do Senhor.

E é forçoso observar que chega sempre um instante, na experiência individual, em que somos constrangidos a recorrer ao que possuímos de mais precioso, no terreno da crença.

Os próprios materialistas não escapam a semelhante impositivo da luta humana; qual ocorre aos demais, nas contingências dilacerantes requisitam o socorro do dinheiro, da ciência provisória, das posições convencionalistas, que, aliás, em boa tese, auxiliam, mas não salvam.

Indispensável se torna recorrer a Jesus para a solução de nossas questões fundamentais.

Invoquemos a compaixão d'Ele e não nos faltará recurso adequado. Não bastará, contudo, tão somente aprender a rogar. Estudemos também a arte de receber.

Às vezes, surgem diferenças superficiais entre pedido e suprimento. O trabalho salvador do Céu virá ao nosso encontro, mas não obedecerá, em grande número de ocasiões, à expectativa de nossa visão imperfeita. Em muitos casos, a Providência Divina nos visita em forma de doença, escassez e contrariedade...

A miopia terrena, todavia, de modo geral, só interpreta a palavra "salvação" por "vantagem imediata" e, por isso, um leve desgosto ou uma desilusão útil provocam torrentes de lamentações improdutivas. Apesar de tudo, porém, o Cristo nunca deixa de socorrer e aliviar, e o seu sublime esforço de redenção assume variados aspectos tanto quanto são diversas as necessidades de cada um.

(*Vinha de luz*. FEB Editora. Cap. 129)

At
2:21

*Estavam perseverando no ensino dos Apóstolos,
na comunhão, no partir do pão e nas orações.*

Atos
2:42

## Em que perseveras?

Observadores menos avisados pretendem encontrar inteira negação de espiritualidade nos acontecimentos atuais do planeta.

Acreditam que a época das revelações sublimes esteja morta, que as portas celestiais permaneçam cerradas para sempre.

E comentam entusiasmados, como se divisassem um paraíso perdido, os resplendores dos tempos apostólicos, quando um pugilo de cristãos renovou os princípios seculares do mais poderoso império do mundo.

Asseveram muitos que o Céu estancou a fonte das dádivas, esquecendo-se de que a generalidade dos crentes entorpeceu a capacidade de receber.

Onde a coragem que revestia corações humildes à frente dos leões do circo? Onde a fé que punha afirmações imortais na boca ferida dos mártires anônimos? Onde os sinais públicos das vozes celestiais? Onde os leprosos limpos e os cegos curados?

As oportunidades do Senhor continuam fluindo, incessantes, sobre a Terra.

A Misericórdia do Pai não mudou.

A Providência Divina é invariável em todos os tempos.

A atitude dos cristãos, na atualidade, porém, é muito diferente. Raríssimos perseveram na doutrina dos Apóstolos, na comunhão com o Evangelho, no espírito de fraternidade, nos serviços da fé viva. A maioria prefere os chamados "pontos de vista", comunga com o personalismo destruidor, fortalece a raiz do egoísmo e raciocina sem iluminação espiritual.

A Bondade do Senhor é constante e imperecível.

Reparemos, pois, em que direção somos perseverantes.

Antes de aplaudir os mais afoitos, procuremos saber se estamos com a volubilidade dos homens ou com a imutabilidade do Cristo.

At
2:42

(*Vinha de luz*. FEB Editora. Cap. 39)

*[...] E o Senhor, a cada dia, acrescentava à Igreja os que estavam sendo salvos.*

Atos
2:47

## No estudo da salvação[4]

A expressão fraseológica do texto varia por vezes, acentuando que o Senhor acrescentava à comunidade apostólica todos aqueles "que estavam se salvando" ou "que se iam salvar".

De qualquer modo, porém, a notícia serve de base a importante estudo da salvação.

Muita gente acredita que salvar-se será livrar-se de todos os riscos, na conquista da suprema tranquilidade.

Entretanto, vemos o Cristo apartando as almas em processo de salvação para testemunho incessante no sacrifício.

Muitos daqueles que foram acrescentados, ao serviço da Igreja nascente, conheceram aflição e martírio, lapidação e morte.

Designados por Jesus para a Obra Divina, não se forraram à dor.

Mãos calejadas em duro trabalho, conheceram sarcasmos soezes e vigílias atrozes.

Encontraram no excelso Amigo não apenas o Benfeitor que lhes garantia a segurança, mas também o Mestre ativo que lhes oferecia a lição em troca do conhecimento e a luta como preço da paz.

É que salvar não será situar alguém na redoma da preguiça, à distância do suor na marcha evolutiva, tanto quanto triunfar não significa deserção do combate.

---

[4] Texto publicado em *Palavras de vida eterna*. Ed. Comunhão Espírita Cristã. Cap. 29.

Consoante o ensinamento do próprio Cristo, que não isentou a si mesmo do selo infamante da cruz, salvar é, sobretudo, regenerar, instruir, educar e aperfeiçoar para a Vida eterna.

(*Reformador*, fev. 1958, p. 27)

At
2:47

*Disse Pedro: não tenho prata nem ouro,
mas o que tenho, isto te dou [...].*

Atos
3:6

## Há muita diferença

É justo recomendar muito cuidado aos que se interessam pelas vantagens da política humana, reportando-se a Jesus e tentando explicar, pelo Evangelho, certos absurdos em matéria de teorias sociais.

Quase sempre, a lei humana se dirige ao governado, nesta fórmula: "O que tens me pertence".

O Cristianismo, porém, pela boca inspirada de Pedro, assevera aos ouvidos do próximo: "O que tenho, isso te dou".

Já meditaste na grandeza do mundo, quando os homens estiverem resolvidos a dar do que possuem para o edifício da evolução universal?

Nos serviços da caridade comum, nas instituições de benemerência pública, raramente a criatura cede ao semelhante aquilo que lhe constitui propriedade intrínseca.

Para o serviço real do bem eterno, fiar-se-á alguém nas posses perecíveis da Terra, em caráter absoluto?

O homem generoso distribuirá dinheiro e utilidades com os necessitados do seu caminho; entretanto, não fixará em si mesmo a luz e a alegria que nascem dessas dádivas, se as não realizou com o sentimento do amor, que, no fundo, é a sua riqueza imperecível e legítima.

Cada individualidade traz consigo as qualidades nobres que já conquistou e com que pode avançar sempre, no terreno das aquisições espirituais de ordem superior.

Não olvides a palavra amorosa de Pedro e dá de ti mesmo, no esforço de salvação, porquanto quem espera pelo ouro ou pela prata, a fim de contribuir nas boas obras, em verdade ainda se encontra distante da possibilidade de ajudar a si próprio.

(*Pão nosso*. FEB Editora. Cap. 106)

At
3:6

*Arrependei-vos, portanto, e retornai para serem removidos os vossos pecados, para que venham da face do Senhor tempos de refrigério [...].*

Atos
3:19 a 20

## Estações necessárias

Os crentes inquietos quase sempre admitem que o trabalho de redenção se processa em algumas procedências convencionais e que apenas com certa atividade externa já se encontram de posse dos títulos mais elevados, junto aos Mensageiros Divinos.

A maioria dos católicos-romanos pretende a isenção das dificuldades com as cerimônias exteriores; muitos protestantes acreditam na plena identificação com o Céu tão só pela enunciação de alguns hinos, enquanto enorme percentagem de espiritistas se crê na intimidade de supremas revelações apenas pelo fato de haver frequentado algumas sessões.

Tudo isso constitui preparação valiosa, mas não é tudo.

Há um esforço iluminativo para o interior, sem o qual homem algum penetrará o santuário da Verdade Divina.

A palavra de Pedro à massa popular contém a síntese do vasto programa de transformação essencial a que toda criatura se submeterá para a felicidade da união com o Cristo. Há estações indispensáveis para a realização, porquanto ninguém atingirá de vez a eterna claridade da culminância.

Antes de tudo, é imprescindível que o culpado se arrependa, reconhecendo a extensão e o volume das próprias faltas e que se converta, a fim de alcançar a época de refrigério pela presença do Senhor nele próprio. Aí chegado, habilitar-se-á para a construção do Reino Divino em si mesmo.

Se, realmente, já compreendes a missão do Evangelho, identificarás a estação em que te encontras e estarás informado quanto aos serviços que deves levar a efeito para demandar a seguinte.

(*Pão nosso*. FEB Editora. Cap. 13)

At
3:19 a 20

*E, tendo eles orado, foi abalado o lugar em que estavam reunidos; todos se encheram do Espírito Santo [...].*

Atos
4:31

## No culto à prece

Todos lançamos, em torno de nós, forças criativas ou destrutivas, agradáveis ou desagradáveis ao círculo pessoal em que nos movimentamos.

A árvore alcança-nos com a matéria sutil das próprias emanações.

A aranha respira no centro das próprias teias.

A abelha pode viajar intensivamente, mas não descansa a não ser nos compartimentos da própria colmeia.

Assim também o homem vive no seio das criações mentais a que dá origem.

Nossos pensamentos são paredes em que nos enclausuramos ou asas com que progredimos na ascese.

Como pensas, viverás.

Nossa vida íntima — nosso lugar.

A fim de que não perturbemos as Leis do Universo, a Natureza somente nos concede as bênçãos da vida, de conformidade com as nossas concepções.

Recolhe-te e enxergarás o limite de tudo o que te cerca.

Expande-te e encontrarás o infinito de tudo o que existe.

Para que nos elevemos, com todos os elementos de nossa órbita, não conhecemos outro recurso além da oração, que pede luz, amor e verdade.

A prece, traduzindo aspiração ardente de subida espiritual, por meio do conhecimento e da virtude, é a força que ilumina o ideal e santifica o trabalho.

Narram os *Atos* que, havendo os apóstolos orado, tremeu o lugar em que se encontravam e ficaram cheios do Espírito Santo: iluminou-se-lhes o anseio de fraternidade, engrandeceram-se-lhes as mentes congregadas em propósitos superiores e a energia santificadora felicitou-lhes o espírito.

At
4:31

Não olvides, pois, que o culto à prece é marcha decisiva. A oração renovar-te-á para a obra do Senhor, dia a dia, sem que tu mesmo possas perceber.

(*Fonte viva*. FEB Editora. Cap. 149)

## A prece recompõe[5]

Na construção de simples casa de pedra, há que despender longo esforço para ajustar ambiente próprio, removendo óbices, eliminando asperezas e melhorando a paisagem.

Quando não é necessário acertar o solo rugoso, é preciso, muitas vezes, aterrar o chão, formando leito seguro, à base forte.

Instrumentos variados movimentam-se, metódicos, no trabalho renovador.

Assim também na esfera de cogitações de ordem espiritual.

Na edificação da paz doméstica, na realização dos ideais generosos, no desdobramento de serviços edificantes, urge providenciar recursos ao entendimento geral, com vistas à cooperação, à responsabilidade, ao processo de ação imprescindível. E, sem dúvida, a prece representa a indispensável alavanca renovadora, demovendo obstáculos no terreno duro da incompreensão.

A oração é Divina Voz do Espírito no grande silêncio.

Nem sempre se caracteriza por sons articulados na conceituação verbal, mas, invariavelmente, é prodigioso poder espiritual comunicando emoções e pensamentos, imagens e ideias, desfazendo empecilhos, limpando estradas, reformando

---

[5] Texto publicado em *À luz da oração*. Ed. O clarim. Cap. 5 – "A meditação sobre a prece" – A prece recompõe, com pequenas alterações.

concepções e melhorando o quadro mental em que nos cabe cumprir a tarefa a que o Pai nos convoca.

Muitas vezes, nas lutas do discípulo sincero do Evangelho, a maioria dos afeiçoados não lhe entende os propósitos, os amigos desertam, os familiares cedem à sombra e à ignorância; entretanto, basta que ele se refugie no santuário da própria vida, emitindo as energias benéficas do amor e da compreensão, para que se mova, na direção de mais alto, o lugar em que se demora com os seus.

At
4:31

A prece tecida de inquietação e angústia não pode distanciar-se dos gritos desordenados de quem prefere a aflição e se entrega à imprudência, mas a oração tecida de harmonia e confiança é força imprimindo direção à bússola da fé viva, recompondo a paisagem em que vivemos e traçando rumos novos para a Vida Superior.

(*Vinha de luz*. FEB Editora. Cap. 98)

*Os apóstolos davam testemunho, com grande poder, da ressurreição do Senhor Jesus, e havia em todos eles grande graça.*

Atos
4:33

## Na revelação da vida

Os companheiros diretos do Mestre Divino não estabeleceram os serviços da comunidade cristã sobre princípios cristalizados, inamovíveis. Cultuaram a ordem, a hierarquia e a disciplina, mas amparavam também o espírito do povo, distribuindo os bens da revelação espiritual, segundo a capacidade receptiva de cada um dos candidatos à nova fé.

Negar, presentemente, a legitimidade do esforço espiritista, em nome da fé cristã, é testemunho de ignorância ou leviandade.

Os discípulos do Senhor conheciam a importância da certeza na sobrevivência para o triunfo na vida moral. Eles mesmos se viram radicalmente transformados, após a ressurreição do Amigo Celeste, ao reconhecerem que o amor e a justiça regem o ser além do túmulo. Por isso mesmo, atraíam companheiros novos, transmitindo-lhes a convicção de que o Mestre prosseguia vivo e operoso, para lá do sepulcro.

Em razão disso, o ministério apostólico não se dividia tão somente na discussão dos problemas intelectuais da crença e nos louvores adorativos. Os continuadores do Cristo forneciam, "com grande poder, testemunho da ressurreição do Senhor Jesus" e, em face do amor com que se devotavam à obra salvacionista, neles havia "abundante graça".

O Espiritismo evangélico vem movimentar o Serviço Divino que envolve em si, não somente a crença consoladora, mas também o conhecimento indiscutível da imortalidade.

As escolas dogmáticas prosseguirão alinhando artigos de fé inoperante, congelando as ideias em absurdos afirmativos, mas o Espiritismo Cristão vem restaurar, em suas atividades redentoras, o ensinamento da ressurreição individual, consagrado pelo Mestre Divino, que voltou, Ele mesmo, das sombras da morte para exaltar a continuidade da vida.

(*Pão nosso*. FEB Editora. Cap. 176)

At
4:33

*A ponto de também levarem os enfermos para as ruas e os colocarem sobre pequenos leitos e catres, a fim de que, vindo Pedro, ao menos a sombra cobrisse alguns deles.*

Atos
5:15

### Que despertas?

O conquistador de glórias sanguinolentas espalha terror e ruínas por onde passa.

O político astucioso semeia a desconfiança e a dúvida.

O juiz parcial acorda o medo destrutivo.

O revoltado espalha nuvens de veneno sutil.

O maledicente injeta disposições malignas nos ouvintes, provocando o verbo desvairado.

O caluniador estende fios de treva na senda que trilha.

O preguiçoso adormece as energias daqueles que encontra, inoculando-lhes fluidos entorpecentes.

O mentiroso deixa perturbação e insegurança ao redor dos próprios passos.

O galhofeiro, com a simples presença, inspira e encoraja histórias hilariantes.

Todos nós, por meio dos pensamentos, das palavras e dos atos, criamos atmosfera particular, que nos identifica aos olhos alheios.

A sombra de Simão Pedro, que aceitara o Cristo e a Ele se consagrara, era disputada pelos sofredores e doentes que encontravam nela esperança e alívio, reconforto e alegria.

Examina os assuntos e as atitudes que a tua presença desperta nos outros. Com atenção, descobrirás a qualidade de tua sombra e, se te encontras interessado em aquisição de valores iluminativos com Jesus, será fácil descobrires as próprias deficiências e corrigi-las.

(*Pão nosso*. FEB Editora. Cap. 172)

*Reuniam-se também multidões das cidades circunvizinhas de Jerusalém, trazendo enfermos e atormentados por espíritos impuros, os quais eram todos curados.*

Atos
5:16

## Tratamento de obsessões

A Igreja cristã dos primeiros séculos não estagnava as ideias redentoras do Cristo em prataria e resplendores do culto externo.

Era viva, cheia de apelos e respostas.

Semelhante a ela, o Espiritismo Evangélico abre hoje as suas portas benfeitoras a quem sofre e procura caminho salvador.

É curioso notar que o trabalho enorme dos espiritistas de agora, no socorro às obsessões complexas e dolorosas, era da intimidade dos apóstolos. Eles doutrinavam os espíritos perturbados, renovando pelo exemplo e pelo ensino, não só os desencarnados sofredores, mas também os médiuns enfermos que lhes padeciam as influências.

Desde as primeiras horas de tarefa doutrinária, sabe a alma do Cristianismo que seres invisíveis, menos equilibrados, vagueiam no mundo, produzindo chagas psíquicas naqueles que lhes recebem a atuação, e não desconhece as exigências do trabalho de conversão e elevação que lhe cabe realizar; os dogmas religiosos, porém, impediram-lhe o serviço eficiente, há muitos séculos.

Em plena atualidade, todavia, ressurgem os quadros primitivos da Boa-Nova.

Entidades espirituais ignorantes e infortunadas adquirem nova luz e roteiro novo, nas casas de amor que o Espiritismo Cristão institui, vencendo preconceitos e percalços de vulto.

O tratamento de obsessões, portanto, não é trabalho excêntrico, em nossos círculos de fé renovadora. Constitui simplesmente a continuidade do esforço de salvação aos transviados de todos os matizes, começado nas luminosas mãos de Jesus.

(*Pão nosso*. FEB Editora. Cap. 175)

At
5:16

*E disse para ele: sai da tua terra e da tua parentela, e vem para a terra que [eu] te mostrar.*

Atos
7:3

## Parentela

Nos círculos da fé, vários candidatos à posição de discípulos de Jesus queixam-se da sistemática oposição dos parentes, com respeito aos princípios que esposaram para as aquisições de ordem religiosa.

Nem sempre os laços de sangue reúnem as almas essencialmente afins. Frequentemente, pelas imposições da consanguinidade, grandes inimigos são obrigados ao abraço diuturno, sob o mesmo teto.

É razoável sugerir-se uma divisão entre os conceitos de "família" e "parentela". O primeiro constituiria o símbolo dos laços eternos do amor; o segundo significaria o cadinho de lutas, por vezes acerbas, em que devemos diluir as imperfeições dos sentimentos, fundindo-os na Liga Divina do Amor para a eternidade. A família não seria a parentela, mas a parentela converter-se-ia, mais tarde, nas santas expressões da família.

Recordamos tais conceitos, a fim de acordar a vigilância dos companheiros menos avisados.

A caminho de Jesus, será útil abandonar a esfera de maledicências e incompreensões da parentela e pautar os atos na execução do dever mais sublime, sem esmorecer na exemplificação, porquanto, assim, o aprendiz fiel estará exortando-a, sem palavras, a participar dos direitos da família maior, que é a de Jesus Cristo.

(*Caminho, verdade e vida*. FEB Editora. Cap. 62)

*Ele disse: pois como poderia, se alguém não me guiar? [...].*

Atos
8:31

## Cooperação

Desde a vinda de Jesus, o movimento de educação renovadora para o bem é dos mais impressionantes no seio da Humanidade.

Em toda parte, ergueram-se templos, divulgaram-se livros portadores de princípios sagrados.

Percebe-se em toda essa atividade a atuação sutil e magnânima do Mestre que não perde ocasião de atrair as criaturas de Deus para o Infinito Amor. Desse quadro bendito de trabalho destaca-se, porém, a cooperação fraternal que o Cristo nos deixou, como norma imprescindível ao desdobramento da iluminação eterna do mundo.

Ninguém guarde a presunção de elevar-se sem o auxílio dos outros, embora não deva buscar a condição parasitária para a ascensão. Referimo-nos à solidariedade, ao amparo proveitoso, ao concurso edificante. Os que aprendem alguma coisa sempre se valem dos homens que já passaram, e não seguem além se lhes falta o interesse dos contemporâneos, ainda que esse interesse seja mínimo.

Os Apóstolos necessitaram do Cristo que, por sua vez, fez questão de prender os ensinamentos, de que era o Divino Emissário, às antigas Leis.

Paulo de Tarso precisou de Ananias para entender a própria situação.

Observemos o versículo acima, extraído dos *Atos dos apóstolos*. Filipe achava-se despreocupado, quando um anjo do Senhor o mandou para o caminho que descia de Jerusalém para Gaza. O discípulo atende e aí encontra um homem que lia a Lei sem compreendê-la. E entram ambos em santificado esforço de cooperação.

Ninguém permanece abandonado. Os mensageiros do Cristo socorrem sempre nas estradas mais desertas. É necessário, porém, que a alma aceite a sua condição de necessidade e não despreze o ato de aprender com humildade, pois não devemos esquecer, por meio do texto evangélico, que o mendigo de entendimento era o mordomo-mor da rainha dos etíopes, superintendente de todos os seus tesouros. Além disso, ele ia de carro e Filipe, a pé.

At 8:31

(*Caminho, verdade e vida*. FEB Editora. Cap. 175)

> [Ele] disse: quem és, Senhor? Ele [disse]:
> Eu sou Jesus a quem tu persegues.[6]

Atos 9:5

## Aguilhões

O caminho evolutivo está sempre repleto de aguilhões.
De outro modo, não enxergaríamos a porta redentora.

Entrega-se Deus aos filhos da Criação inteira, reparte com todos os tesouros de seu Amor Infinito, estimula-os a se elevarem, por mil modos diferentes; entretanto, existem círculos numerosos como a Terra, em que as criaturas não se apercebem dessas realidades gloriosas e paralisam a marcha, dormindo no leito da ilusão.

Perante tal inércia, os mensageiros da Providência, aos quais se confiou a tarefa de iluminação dos que estacionam na sombra, promovem recursos para que se verifique o despertar.

Cientes de que Deus dá tudo — a vida, os caminhos, os bens infinitos, os gênios inspiradores e só pede às criaturas se lhe dirijam aos braços paternais — esses divinos emissários organizam os aguilhões, por amor aos seus tutelados.

Nesse programa, criou Jesus os mais nobres incitamentos para a esfera terrestre. A riqueza e a pobreza, a fealdade e a formosura, o sofrimento e a luta são aguilhões ou oportunidades instituídos pelo Cristo em benefício dos homens.

---

[6] A tradução utilizada à época da elaboração do comentário trazia neste versículo um complemento que consta do livro *Caminho, verdade e vida*: "Duro é para ti recalcitrar contra o aguilhão". O texto crítico utilizado nas traduções mais recentes não inclui esta parte do versículo. Contudo, essa fala de Jesus está presente em *Atos*, 26:14, onde o encontro de Paulo com Jesus é novamente descrito, mesmo nas traduções baseadas no texto crítico, o que não deixa dúvida quanto a sua autenticidade. Optamos por manter o comentário referenciando o versículo original, para manter coerência com a obra de onde o mesmo foi extraído.

Cada existência e cada pessoa tem a sua dificuldade particular, simbolizando ensejo bendito.

Analisa a tua vida, situa teus aguilhões e não te voltes contra eles.

Se um espírito da grandeza de Paulo de Tarso não podia recalcitrar, imagina o que se pedirá do nosso esforço.

At
9:5

(*Caminho, verdade e vida.* FEB Editora. Cap. 150)

*Mas levanta-te e entra na cidade, [lá] te será dito o que é necessário fazer.*

Atos 9:6

## Entra e coopera

Esta particularidade dos *Atos dos apóstolos* reveste-se de grande beleza para os que desejam compreensão do serviço com o Cristo.

Se o Mestre aparecera ao rabino apaixonado de Jerusalém, no esplendor da Luz Divina e Imortal, se lhe dirigira palavras diretas e inolvidáveis ao coração, por que não terminou o esclarecimento, recomendando-lhe, em vez disso, entrar em Damasco, a fim de ouvir o que lhe convinha saber? É que a Lei da Cooperação entre os homens é o grande e generoso princípio, com o qual Jesus segue, de perto, a Humanidade inteira, pelos canais da inspiração.

O Mestre ensina aos discípulos e consola-os por intermédio deles próprios. Quanto mais o aprendiz lhe alcança a esfera de influenciação, mais habilitado estará para constituir-se em seu instrumento fiel e justo.

Paulo de Tarso contemplou o Cristo ressuscitado, em sua grandeza imperecível, mas foi obrigado a socorrer-se de Ananias para iniciar a tarefa redentora que lhe cabia junto dos homens.

Essa lição deveria ser bem aproveitada pelos companheiros que esperam ansiosamente a morte do corpo, suplicando transferência para os mundos superiores, tão somente por haverem ouvido maravilhosas descrições dos mensageiros divinos. Meditando o ensinamento, perguntem a si próprios o que fariam nas esferas mais altas, se ainda não se apropriaram dos valores educativos que a Terra lhes pode oferecer. Mais razoável, pois, se levantem do passado e penetrem a luta edificante de cada dia, na Terra, porquanto, no trabalho sincero da cooperação fraternal, receberão de Jesus o esclarecimento acerca do que lhes convém fazer.

(*Caminho, verdade e vida*. FEB Editora. Cap. 39)

At
9:6

> *[...] e o Senhor lhe disse em visão: Ananias!*
> *Ele disse: vede-me [aqui], Senhor!*

Atos 9:10

## Cristo em nós

Os homens esperam por Jesus e Jesus espera igualmente pelos homens.

Ninguém acredite que o mundo se redima sem almas redimidas.

O Mestre, para estender a sublimidade do seu programa salvador, pede braços humanos que o realizem e intensifiquem.

Começou o apostolado, buscando o concurso de Pedro e André, formando, em seguida, uma assembleia de 12 companheiros para atacar o serviço da regeneração planetária.

E, desde o primeiro dia da Boa-Nova, convida, insiste e apela, junto das almas, para que se convertam em instrumentos de sua Divina Vontade, dando-nos a perceber que a redenção procede do Alto, mas não se concretizará entre as criaturas sem a colaboração ativa dos corações de boa vontade.

Ainda mesmo quando surge, pessoalmente, buscando alguém para a sua lavoura de luz, qual aconteceu na conversão de Paulo, o Mestre não dispensa a cooperação dos servidores encarnados. Depois de visitar o doutor de Tarso, diretamente, procura Ananias, enviando-o a socorrer o novo discípulo.

Por que razão Jesus se preocupou em acompanhar o recém-convertido, assistindo-o em pessoa? É que, se a Humanidade não pode iluminar-se e progredir sem o Cristo, o Cristo não dispensa os homens na obra de soerguimento e sublimação do mundo.

"Ide e pregai."

"Eis que vos mando."

"Resplandeça a vossa luz diante dos homens."

"A Seara é realmente grande, mas poucos são os ceifeiros."

Semelhantes afirmativas do Senhor provam a importância por Ele atribuída à contribuição humana.

Amemos e trabalhemos, purificando e servindo sempre.

Onde estiver um seguidor do Evangelho aí se encontra um mensageiro do Amigo Celestial para a obra incessante do bem.

Cristianismo significa Cristo e nós.

At 9:10

(*Fonte viva.* FEB Editora. Cap. 17)

*Pois eu lhe mostrarei o quanto é necessário ele padecer pelo meu nome.*

Atos
9:16

## O Senhor mostrará

O diálogo entre o Mestre e Ananias, relativamente ao socorro de que Paulo necessitava, reveste-se de significação especial para todos os aprendizes do Evangelho.

Digna de nota é a observação de Jesus, recomendando ao apóstolo da gentilidade que ingressasse em Damasco, onde lhe revelaria quanto convinha fazer, e muito importante a determinação a Ananias para que atendesse ao famoso verdugo trazido à fé.

O apelo do Céu ao cooperativismo transborda da lição. Perseguidor e perseguido reúnem-se no altar da fraternidade e do trabalho útil. O velhinho de Damasco presta socorro ao ex-rabino. Paulo, em troca, prodigaliza-lhe enorme alegria ao coração.

Acresce notar, porém, que Jesus chamou a si a tarefa de revelar ao recém-convertido quanto lhe competia lutar e sofrer por amor ao Reino Divino.

Semelhantes operações espirituais se repetem, cada dia, nas atividades terrestres.

Debaixo da inspiração do Cristo, diariamente há movimentos de aproximação entre quantos se candidatam ao bom entendimento, perante a vida eterna. Alguns trazem a mão confortadora e amiga da assistência fraternal, outros o júbilo sagrado da esperança sublime. Estabelecem-se novos acordos. Traçam-se novas diretrizes.

Imperioso é reconhecer, porém, que o Senhor mostrará a cada trabalhador o conteúdo de serviço e testemunho que lhe compete fornecer no ministério do seu Amor Infinito.

(*Vinha de luz*. FEB Editora. Cap. 125)

*E logo lhe caíram dos olhos como que
escamas, e recobrou a visão. [...]*

Atos
9:18

## Escamas

A visita de Ananias a Paulo de Tarso, na aflitiva situação de Damasco, sugere elevadas considerações.

Que temos sido nas sombras do pretérito senão criaturas recobertas de escamas pesadas sob todos os pontos de vista? Não somente os olhos se cobriram de semelhantes excrescências. Todas as possibilidades confiadas a nós outros hão sido eclipsadas pela nossa incúria, através dos séculos. Mãos, pés, língua, ouvidos, todos os poderes da criatura, desde milênios permanecem sob o venenoso revestimento da preguiça, do egoísmo, do orgulho, da idolatria e da insensatez.

O socorro concedido a Paulo de Tarso oferece, porém, ensinamento profundo. Antes de recebê-lo, o ex-perseguidor rende-se incondicionalmente ao Cristo; penetra a cidade, em obediência à recomendação divina, derrotado e sozinho, revelando extrema renúncia, onde fora aplaudido triunfador. Acolhido em hospedaria singela, abandonado de todos os companheiros, confiou em Jesus e recebeu-lhe a sublime cooperação.

É importante notar, contudo, que o Senhor, utilizando a instrumentalidade de Ananias, não lhe cura senão os olhos, restituindo-lhe o dom de ver. Paulo sente que lhe caem escamas dos órgãos visuais e, desde então, oferecendo-se ao trabalho do Cristo, entra no caminho do sacrifício, a fim de extrair, por si mesmo, as demais escamas que lhe obscureciam as outras zonas do ser.

Quanto lutou e sofreu Paulo, a fim de purificar os pés, as mãos, a mente e o coração?

At
9:18

    Trata-se de pergunta digna de ser meditada em todos os tempos. Não te esqueças, pois, de que na luta diária poderás encontrar os Ananias da fraternidade, em nome do Mestre; aproximar-se-ão, compassivos, de tuas necessidades, mas não olvides que o Senhor apenas permite que te devolvam os olhos, a fim de que, vendo claramente, retifiques a vida por ti mesmo.

(*Vinha de luz*. FEB Editora. Cap. 149)

*Dando-lhe as mãos, levantou-a [...].*

Atos
9:41

## Erguer e ajudar

Muito significativa a lição dos *Atos*, quando Pedro restaura a irmã Dorcas para a vida.
Não se contenta o Apóstolo em pronunciar palavras lindas aos seus ouvidos, renovando-lhe as forças gerais.
Dá-lhe as mãos para que se levante.
O ensinamento é dos mais simbólicos.
Observamos muitos companheiros a se reerguerem para o conhecimento, para a alegria e para a virtude, banhados pela Divina Claridade do Mestre, e que podem levantar milhares de criaturas para a Esfera Superior.
Para isso, porém, não bastará a predicação pura e simples.
O sermão é, realmente, um apelo sublime, do qual não prescindiu o próprio Cristo, mas não podemos esquecer que o Celeste Amigo se doutrinou no monte, igualmente no monte multiplicou os pães para o povo esfaimado, restabelecendo-lhe o ânimo.
Nós, os que nos achávamos mortos na ignorância, e que hoje, por acréscimo da Misericórdia Infinita, já podemos desfrutar algumas bênçãos de luz, precisamos estender o serviço de socorro aos demais.
Não nos desincumbiremos, porém, da tarefa salvacionista, simplesmente pronunciando alguns discursos admiráveis.
É imprescindível usar nossas mãos nas obras do bem.
Esforço dos braços significa atividade pessoal.
Sem o empenho de nossas energias, na construção do Reino Espiritual com o Cristo, na Terra, debalde alinharemos

observações excelentes acerca das preciosidades da Boa-Nova ou das necessidades da redenção humana.

Encontrando o nosso irmão, caído na estrada, façamos o possível por despertá-lo com os recursos do verbo transformador, mas não olvidemos que, para trazê-lo de novo à vida construtiva, será indispensável, segundo a inesquecível lição de Pedro, estender-lhe fraternalmente as nossas mãos.

At
9:41

(*Fonte viva*. FEB Editora. Cap. 33)

*[...] As [coisas] que Deus purificou não [as tornes] tu comuns.*

Atos 10:15

## Ante o sublime

Existem expressões no Evangelho que, à maneira de flores a se salientarem num ramo divino, devem ser retiradas do conjunto para que nos deslumbremos ante o seu brilho e perfume peculiares.

A voz celeste, que se dirige a Simão Pedro, nos *Atos*, abrange horizontes muito mais vastos que o problema individual do Apóstolo.

O homem comum está rodeado de glórias na Terra, entretanto, considera-se num campo de vulgaridades, incapaz de valorizar as riquezas que o cercam.

Cego diante do espetáculo soberbo da vida que lhe emoldura o desenvolvimento, tripudia sobre as preciosidades do mundo, sem meditar no paciente esforço dos séculos que a Sabedoria Infinita utilizou no aperfeiçoamento e na seleção dos valores que o rodeiam.

Quantos milênios terá exigido a formação da rocha?

Quantos ingredientes se harmonizam na elaboração de um simples raio de sol?

Quantos óbices foram vencidos para que a flor se materializasse?

Quanto esforço custou a domesticação das árvores e dos animais?

Quantos séculos terá empregado a Paciência do Céu na estruturação complexa da máquina orgânica em que o Espírito encarnado se manifesta?

A razão é luz gradativa, diante do sublime.

Não te esqueças, meu irmão, de que o Senhor te situou a experiência terrestre num verdadeiro paraíso, onde a semente minúscula retribui na média do infinito por um e onde águas e flores, solo e atmosfera te convidam a produzir, em favor da multiplicação dos Tesouros Eternos.

At 10:15

Cada dia, louva o Senhor que te agraciou com as oportunidades valiosas e com os dons divinos...

Pensa, estuda, trabalha e serve.

Não suponhas comum o que Deus purificou e engrandeceu.

(*Fonte viva*. FEB Editora. Cap. 23)

*Por isso, tendo sido chamado, vim sem objeção.
Pergunto, portanto, por que mandastes me chamar?*

Atos
10:29

## Razão dos apelos

A pergunta de Pedro ao centurião Cornélio é traço de grande significação nos atos apostólicos.

O funcionário romano era conhecido por suas tradições de homem caridoso e reto, invocava a presença do discípulo de Jesus atendendo a elevadas razões de ordem moral, após generoso alvitre de um emissário do Céu e, contudo, atingindo-lhe o círculo doméstico, o ex-pescador de Cafarnaum interroga sensato:

— Por que razão mandastes chamar-me?

Simão precisava conhecer as finalidades de semelhante exigência, tanto quanto o servidor vigilante necessita saber onde pisa e com que fim é convocado aos campos alheios.

Esse quadro expressivo sugere muitas considerações aos novos aprendizes do Evangelho.

Muita gente, por ouvir referências a esse ou àquele Espírito elevado, costuma invocar-lhe a presença nas reuniões doutrinárias.

A resolução, porém, é intempestiva e desarrazoada.

Por que reclamar a companhia que não merecemos?

Não se pode afirmar que o impulso se filie à leviandade; entretanto, precisamos encarecer a importância das finalidades em jogo.

Imaginai-vos chamando Simão Pedro a determinado círculo de oração e figuremos a aquiescência do venerável Apóstolo ao apelo. Naturalmente, sereis obrigados a expor ao Grande Emissário Celestial os motivos da requisição. E, pautando no bom senso as nossas atitudes mentais, indaguemos de nós mesmos se possuímos bastante elevação para ver, ouvir e compreender-lhe o espírito glorioso. Quem de nós responderá afirmativamente? Teremos, assim, suficiente audácia de invocar o sublime Cefas, tão somente para ouvi-lo falar?

At
10:29

(*Pão nosso*. FEB Editora. Cap. 54)

*Porque era homem bom, cheio do Espírito Santo e fé. Muitas turbas foram acrescentadas ao Senhor.*

Atos 11:24

## Padrão

Alcançar o título de sacerdote, em obediência a meros preceitos do mundo, não representa esforço essencialmente difícil. Bastará a ilustração da inteligência na ordenação convencional.

Ser teólogo ou exegeta não relaciona obstáculos de vulto. Requere-se apenas a cultura intelectual com o estudo acurado dos números e das letras.

Pregar a doutrina não apresenta óbices de relevo. Pede-se tão só a ênfase ligada à correta expressão verbalista.

Receber mensagens do Além e transmiti-las a outrem pode ser a cópia do serviço postal do mundo.

Aconselhar os que sofrem e fornecer elementos exteriores de iluminação constituem serviços peculiares a qualquer homem que use sensatamente a palavra.

Sondagens e pesquisas, indagações e análises são velhos trabalhos da curiosidade humana.

Unir almas ao Senhor, porém, é atividade para a qual não se prescinde do Apóstolo.

Barnabé, o grande cooperador do Mestre, em Jerusalém, apresenta as linhas fundamentais do padrão justo.

Vejamos a aplicação do ensinamento à nossa tarefa cristã.

Todos podem transmitir recados espirituais, doutrinar irmãos e investigar a fenomenologia, mas para imantar corações em Jesus Cristo é indispensável sejamos fiéis servidores do bem, trazendo o cérebro repleto de inspiração superior e o coração inflamado na fé viva.

Barnabé iluminou a muitos companheiros "porque era homem de bem, cheio do Espírito Santo e de fé".

Jamais olvidemos semelhante lição dos *Atos*. Trata-se de padrão que não poderemos esquecer.

At
11:24

(*Vinha de luz*. FEB Editora. Cap. 12)

*Depois de passarem pela primeira e pela segunda guarda, chegaram ao portão de ferro que conduz à cidade, o qual se abriu, por si mesmo, para eles; após saírem, prosseguiram por uma viela, e logo o anjo se afastou dele.*

Atos
12:10

## Auxílios do Invisível

Os homens esperam sempre ansiosamente o auxílio do Plano Espiritual. Não importa o nome pelo qual se designe esse amparo. Na essência é invariavelmente o mesmo, embora seja conhecido entre os espiritistas por "proteção dos guias", nos ambientes católicos por "intervenção dos eleitos" e nos círculos protestantes por "manifestações do Espírito Santo".

As denominações apresentam interesse secundário. Essencial é considerarmos que semelhante colaboração constitui elemento vital nas atividades do crente sincero.

No entanto, a contribuição recebida por Pedro, no cárcere, representa lição para todos.

Sob cadeias pesadíssimas, o pescador de Cafarnaum vê aproximar-se o anjo do Senhor, que o liberta, atravessa em sua companhia os primeiros perigos na prisão, caminha ao lado do mensageiro, ao longo de uma rua; contudo, o emissário afasta-se, deixando-o novamente entregue à própria liberdade, de maneira a não desvalorizar-lhe as iniciativas.

Essa exemplificação é típica.

Os auxílios do invisível são incontestáveis e jamais falham em suas multiformes expressões, no momento oportuno; mas é imprescindível não se vicie o crente com essa espécie de cooperação, aprendendo a caminhar sozinho, usando a independência e a vontade no que é justo e útil, convicto de que se encontra no mundo para aprender, não lhe sendo permitido reclamar dos instrutores a solução de problemas necessários à sua condição de aluno.

(*Caminho, verdade e vida*. FEB Editora. Cap. 100)

> *[...] João, porém, apartando-se deles, regressou para Jerusalém.*

Atos 13:13

### Almas em prova

É possível estejas atravessando a provação de observar criaturas queridas nas sombras de provação maior.

Almas queridas anestesiadas no esquecimento de obrigações que lhes dizem respeito; companheiros dominados por enganos que lhes furtam a paz; filhos que se terão marginalizado em desequilíbrio; e amigos que se afirmam cansados de esperar pela vitória do bem para abraçarem depois larga rede de equívocos que se lhes farão caminhos dolorosos...

Ao invés de reprová-los, compadece-te deles e continua fiel ao trabalho de elevação que esposaste.

Se permanecem contigo, tolera-lhes com bondade os impulsos de incompreensão, auxiliando-os, quanto puderes, a fim de que se retomem na segurança de que se distanciam.

Se te abandonam, não lhes impeças a marcha, no rumo das experiências para as quais se dirigem.

Sobretudo, abençoa-os com os teus melhores pensamentos de proteção.

Recorda que, se consegues ajuizar quanto às necessidades de alma que patenteiam, é forçoso reconhecer que são eles doentes perante a sanidade em que te mostras.

Busca entender-lhes a perturbação e ora por eles.

São companheiros que a rebeldia alcançou em momentos de crise; corações que se renderam ao materialismo que admite os prodígios da vida unicamente por um dia; seres amados que ainda não suportam a disciplina pelo próprio burilamento ante a imaturidade em que se encontram ou espíritos queridos sob a hipnose da obsessão.

Embora pareça não te amem, ama-os mesmo assim.

Entretanto, se te permutam a fé por insegurança ou se trocam a luz pelo nevoeiro, não precisas acompanhá-los porque os ames.

Se tudo já fizeste para sustentá-los em paz, entrega-os à escola do tempo, que de ninguém se desinteressa.

At 13:13

Os que procuram voluntariamente espinheiros e pedras na retaguarda, um dia, voltarão à seara do bem que deixaram...

Onde estiveres, abençoa-os.

Como estiverem, abençoa-os.

E ainda que isso te doa ao coração, continua fiel a ti mesmo, no lugar de servir que a vida te confiou, porque Deus os protege e restaura no mesmo infinito amor com que vela por nós.

(*Reformador*, out. 1976, p. 295)

> *[...] Levanta-te direito sobre teus pés! [...]*

Atos
14:10

## A cada um

De modo geral, quando encarnados no mundo físico, apenas enxergamos os aleijados do corpo, os que perderam o equilíbrio corporal, os que se arrastam penosamente no solo, suportando escabrosos defeitos. Não possuímos suficiente visão para identificar os doentes do espírito, os coxos do pensamento, os aniquilados de coração.

Onde existissem somente cegos, acabaria a criatura perdendo o interesse e a lembrança do aparelho visual; pela mesma razão, na crosta da Terra, onde esmagadora maioria de pessoas se constituem de almas paralíticas, no que se refere à virtude, raros homens conhecem a desarmonia de saúde espiritual que lhes diz respeito, conscientes de suas necessidades incontestes.

Infere-se, pois, que a missão do Evangelho é muito mais bela e mais extensa que possamos imaginar. Jesus continua derramando bênçãos todos os dias. E os prodígios ocultos, operados no silêncio de seu amor infinito, são maiores que os verificados em Jerusalém e na Galileia, porquanto os cegos e leprosos curados, segundo as narrativas apostólicas, voltaram mais tarde a enfermar e morrer. A cura de nossos espíritos doentes e paralíticos é mais importante, já que se efetua com vistas à eternidade.

É indispensável que não nos percamos em conclusões ilusórias.

Agucemos os ouvidos, guardando a palavra do Apóstolo aos gentios. Imprescindível é que nos levantemos, individualmente, sobre os próprios pés, pois há muita gente esperando as asas de anjo que lhe não pertencem.

(*Caminho, verdade e vida*. FEB Editora. Cap. 79)

At 14:10

*E dizendo: varões, por que fazeis estas [coisas]? Nós também somos homens sujeitos aos mesmos males que vós [...].*

Atos
14:15

## Trabalhemos também

O grito de Paulo e Barnabé ainda repercute entre os aprendizes fiéis.

A família cristã muita vez há desejado perpetuar a ilusão dos habitantes de Listra.

Os missionários da Revelação não possuem privilégios ante o espírito de testemunho pessoal no serviço. As realizações que poderíamos apontar por graça ou prerrogativa especial nada mais exprimem senão o profundo esforço deles mesmos, no sentido de aprender e aplicar com Jesus.

O Cristo não fundou com a sua doutrina um sistema de deuses e devotos, separados entre si; criou vigoroso organismo de transformação espiritual para o Bem Supremo, destinado a todos os corações sedentos de luz, amor e verdade.

No Evangelho, vemos Madalena arrastando dolorosos enganos, Paulo perseguindo ideais salvadores, Pedro negando o Divino Amigo, Marcos em luta com as próprias hesitações; entretanto, ainda aí, contemplamos a filha de Magdala renovada no caminho redentor, o grande perseguidor convertido em arauto da Boa-Nova, o discípulo frágil conduzido à glória espiritual e o companheiro vacilante transformado em evangelista da Humanidade inteira.

O Cristianismo é fonte bendita de restauração da alma para Deus.

O mal de muitos aprendizes procede da idolatria a que se entregam, em derredor dos valorosos expoentes da fé viva, que aceitam no sacrifício a verdadeira fórmula de elevação;

imaginam-nos em tronos de fantasia e rojam-se-lhes aos pés, sentindo-se confundidos, inaptos e miseráveis, esquecendo que o Pai concede a todos os filhos as energias necessárias à vitória.

Naturalmente, todos devemos amor e respeito aos grandes vultos do caminho cristão; todavia, por isso mesmo, não podemos olvidar que Paulo e Pedro, como tantos outros, saíram das fraquezas humanas para os dons celestiais e que o planeta terreno é uma escola de iluminação, poder e triunfo, sempre que buscamos entender-lhe a grandiosa missão.

At
14:15

(*Pão nosso*. FEB Editora. Cap. 33)

*Tornando resolutas as almas dos discípulos, exortando-os a permanecerem na fé, já que, através de muitas provações, nos é necessário entrar no Reino de Deus.*

Atos
14:22

## A posse do reino

O Evangelho a ninguém engana, em seus ensinamentos.

É vulgar a preocupação dos crentes tentando subornar as Forças Divinas. Não será, no entanto, ao preço de muitas missas, muitos hinos ou muitas sessões psíquicas que o homem efetuará a sublime aquisição de espiritualidade excelsa.

Naturalmente, toda prática edificante deve ser aproveitada por elemento de auxílio; no entanto, compete a cada individualidade humana o esforço iluminativo.

A Boa-Nova não distribui indulgências a preço do mundo, e a criatura encontra inúmeros caminhos para a ascensão.

Templos e instrutores se multiplicam e cada qual oferece parcelas de socorro ou assistência, no serviço de orientação; contudo, a entrada e posse na herança eterna se verificarão por meio de justos testemunhos.

Isso não é acidental. É medida lógica e necessária.

Não se improvisam estátuas raras sem golpes de escopro, como não se colhe trigo sem campo lavrado.

Não poucos aprendizes costumam interpretar certas advertências do Evangelho por excesso de exortação ao sofrimento; no entanto, o que lhes parece obsessão pela dor é imperativo de educação da alma para a vida imperecível.

Homem algum encontrará o estuário infinito das Energias Divinas, sem o concurso das tribulações da Terra.

Personalidade sem luta, na crosta planetária, é alma estreita. Somente o trabalho e o sacrifício, a dificuldade e o obstáculo, como elementos de progresso e autossuperação, podem dar ao homem a verdadeira notícia de sua grandeza.

(*Pão nosso*. FEB Editora. Cap. 159)

At
14:22

*Absterem-se das coisas sacrificadas aos ídolos [...].*

Atos 15:29

## Ídolos

Os ambientes religiosos não perceberam ainda toda a extensão do conceito de idolatria.

Quando nos referimos a ídolos, tudo parece indicar exclusivamente as imagens materializadas nos altares de pedra. Essa é, porém, a face mais singela do problema.

Necessitam os homens exterminar, antes de tudo, outros ídolos mais perigosos, que lhes perturbam a visão e o sentimento.

Demora-se a alma, muitas vezes, em adoração mentirosa.

Refere-se o versículo às "coisas sacrificadas aos ídolos", e o homem está rodeado de coisas da vida. Movimentando-as, a criatura enriquece o patrimônio evolutivo. É necessário, no entanto, diferenciar as que se encontram consagradas a Deus das sacrificadas aos ídolos.

A ambição de alcançar os valores espirituais, de acordo com Jesus, chama-se virtude; o propósito de atingir vantagens transitórias no campo carnal, no plano da inquietação injusta, chama-se insensatez.

Os "primeiros lugares", que o Mestre nos recomendou evitemos, representam ídolos igualmente. Não consagrar, portanto, as coisas da vida e da alma ao culto do imediatismo terrestre, é escapar de grosseira posição adorativa.

Quando te encontres, pois, preocupado com os insucessos e desgostos, no círculo individual, não olvides que o Cristo, aceitando a cruz, ensinou-nos o recurso de eliminar a idolatria mantida em nosso caminho por nós mesmos.

(*Caminho, verdade e vida.* FEB Editora. Cap. 126)

*Numa visão, durante a noite, tornou-se visível para Paulo um varão da Macedônia, que estava de pé, rogando-lhe e dizendo: ao atravessar a Macedônia, socorre-nos.*

Atos
16:9

## O varão da Macedônia

Além das atividades diárias na vida de relação, participam os homens de vasto movimento espiritual, cujas fases de intercâmbio nem sempre podem ser registradas pela memória vulgar.

Não só os que demandam o sepulcro se comunicam pelo processo das vibrações psíquicas. Os espíritos encarnados fazem o mesmo, em identidade de circunstâncias, desde que se achem aptos a semelhantes realizações.

Mais tarde, a generalidade das criaturas terrestres ampliará essas possibilidades, percebendo-lhes o admirável valor.

Isso, aliás, não constitui novidade, pois, segundo vemos, Paulo de Tarso, em Trôade, recebe a visita espiritual de um varão da Macedônia, que lhe pede auxílio.

A narração apostólica é muito clara. O amigo dos gentios tem uma visão em que lhe não surge uma figura angélica ou um mensageiro divino. Trata-se de um homem da Macedônia que o ex-doutor de Tarso identifica pelo vestuário e pelas palavras.

É útil recordar semelhante ocorrência para que se consolide nos discípulos sinceros a certeza de que o Evangelho é portador de todos os ensinamentos essenciais e necessários, sem nos impor a necessidade de recorrer a nomenclaturas difíceis, distantes da simplicidade com que o Mestre nos legou a carta de redenção, na qual nos pede atenção amorosa e não teorias complicadas.

(*Caminho, verdade e vida*. FEB Editora. Cap. 160)

> Por [volta da] meia-noite, Paulo e Silas estavam orando e entoando [hinos/salmos], e os prisioneiros escutavam a eles.

Atos
16:25

## Meia noite[7]

Reveste-se de profundo simbolismo aquela atitude de Paulo e Silas nas trevas da prisão. Quando numerosos encarcerados ali permaneciam sem esperança, eis que os herdeiros de Jesus, embora dilacerados de açoites, começam a orar, entoando hinos de confiança.

O mundo atual, na esteira de transições angustiosas e amargas, não parece mergulhado nas sombras que precedem a meia noite?

Conhecimentos generosos permanecem eclipsados. Noções de justiça e direito, programas de paz e tratados de assistência mútua são relegados a plano de esquecimento. Animais furiosos aproveitam a treva para se evadirem dos recônditos escaninhos da alma humana, onde permaneciam guardados pela cobertura da civilização, e tentam dominar as criaturas empregando o terror, a perseguição, a violência. Quantos homens jazem no cárcere das desilusões, da amargura, do remorso, do crime? Através de caminhos desolados, ao longo de campos que as bombas devastaram, dentro de sombras frias, há mães que choram, velhos desalentados, crianças perdidas.

Quem poderá contar as angústias da noite dolorosa? Os aprendizes do Evangelho, igualmente, sofrem perseguições e calúnias e, em quase toda parte, são conduzidos a testemunhos ásperos. Muitos envolveram-se nas nuvens pesadas, outros esconderam-se fugindo à hora de sofrimentos; mas, os discípulos

---

[7] Texto publicado em *Segue-me!...* Ed. O Clarim. Cap. Resistência espiritual, com pequenas alterações. *Trilha de luz*. Ed. IDE. Cap. 8, com pequenas alterações.

fiéis, esses suportam ainda açoites e pedradas e, não obstante as trevas insondáveis da meia noite da civilização, oram nos santuários do espírito eterno e cantam cânticos de esperança, alentando os companheiros.

Enquanto raras almas sabem perceber os primeiros rubores da alvorada, em virtude da sombra extensa, recordemos os devotados obreiros do Mestre e busquemos na prece ativa o refúgio consolador. Se o mundo experimenta a tempestade, procuremos a oração e o trabalho, a fé e o otimismo, porque outro dia glorioso está a nascer e em Jesus Cristo repousa nossa resistência espiritual.

At
16:25

(*Reformador*, dez. 1942, p. 284)

> *Eles disseram: crê no Senhor Jesus e serás salvo, tu e a tua casa.*
>
> Atos 16:31

## Tu e tua casa

Geralmente, encontramos discípulos novos do Evangelho que se sentem profundamente isolados no centro doméstico, no capítulo da crença religiosa.

Afirmam-se absolutamente sós, sob o ponto de vista da fé. E alguns, despercebidos de exame sério, tocam a salientar o endurecimento ou a indiferença dos corações que os cercam. Esse reporta-se à zombaria de que é vítima, aquele outro acusa familiares ausentes.

Tal incompreensão, todavia, demonstra que os princípios evangélicos lhes enfeitam a zona intelectual, sem lhes penetrarem o âmago do coração.

Por que salientar os defeitos alheios, olvidando, por nossa vez, o bom trabalho de retificação que nos cabe, no plano da bondade oculta?

O conselho apostólico é profundamente expressivo.

No lar onde exista uma só pessoa que creia sinceramente em Jesus e se lhe adapte aos ensinamentos redentores, pavimentando o caminho pelos padrões do Mestre, aí permanecerá a suprema claridade para a elevação.

Não importa que os progenitores sejam descrentes, que os irmãos se demorem endurecidos, nem interessam a ironia, a discussão áspera ou a observação ingrata.

O cristão, onde estiver, encontra-se no domicílio de suas convicções regenerativas, para servir a Jesus, aperfeiçoando e iluminando a si mesmo.

Basta uma estaca para sustentar muitos ramos.

Uma pedra angular equilibra um edifício inteiro.

Não te esqueças, pois, de que se verdadeiramente aceitas o Cristo e a Ele te afeiçoas, serás conduzido para Deus, tu e tua casa.

(*Vinha de luz*. FEB Editora. Cap. 88)

At
16:31

*Ao ouvirem "ressurreição dos mortos", uns zombaram e outros disseram: a respeito disso te ouviremos também outra vez.*

Atos 17:32

## Novos atenienses

O contato de Paulo com os atenienses, no Areópago, apresenta lição interessante aos discípulos novos.

Enquanto o apóstolo comentava as suas impressões da cidade célebre, aguçando talvez a vaidade dos circunstantes, pelas referências aos santuários e pelo jogo sutil dos raciocínios, foi atentamente ouvido. É possível que a assembleia o aclamasse com fervor, se sua palavra se detivesse no quadro filosófico das primeiras exposições. Atenas reverenciá-lo-ia, então, por sábio, apresentando-o, ao mundo, na moldura especial de seus nomes inesquecíveis.

Paulo, todavia, refere-se à ressurreição dos mortos, deixando entrever a gloriosa continuação da vida, além das ninharias terrestres. Desde esse instante, os ouvintes sentiram-se menos bem e chegaram a escarnecer-lhe a palavra amorosa e sincera, deixando-o quase só.

O ensinamento enquadra-se perfeitamente nos dias que correm. Numerosos trabalhadores do Cristo, nos diversos setores da cultura moderna, são atenciosamente ouvidos e respeitados por autoridades nos assuntos em que se especializaram; contudo, ao declararem sua crença na vida além do corpo, afirmando a lei de responsabilidade, para lá do sepulcro, recebem, de imediato, o riso escarninho dos admiradores de minutos antes, que os deixam sozinhos, proporcionando-lhes a impressão de verdadeiro deserto.

(*Pão nosso*. FEB Editora. Cap. 114)

*E disse para eles: recebestes, porventura, o Espírito Santo quando crestes? [...]*

Atos 19:2

## Indagação oportuna

A pergunta apostólica vibra ainda em todas as direções, com a maior oportunidade, nos círculos do Cristianismo.

Em toda parte, há pessoas que começam a crer e que já creem, nas mais variadas situações.

Aqui, alguém aceita aparentemente o Evangelho para ser agradável às relações sociais.

Ali, um indagador procura o campo da fé, tentando acertar problemas intelectuais que considera importantes.

Além, um enfermo recebe o socorro da caridade e se declara seguidor da Boa-Nova, guiando-se pelas impressões de alívio físico.

Amanhã, todavia, ressurgem tão insatisfeitos e tão desesperados quanto antes.

Nos arraiais do Espiritismo, tais fenômenos são frequentes.

Encontramos grande número de companheiros que se afirmam pessoas de fé, por haverem identificado a sobrevivência de algum parente desencarnado, porque se livraram de alguma dor de cabeça ou porque obtiveram solução para certos problemas da luta material; contudo, amanhã prosseguem duvidando de amigos espirituais e de médiuns respeitáveis, acolhem novas enfermidades ou se perdem nos novos labirintos do aprendizado humano.

A interrogação de Paulo continua cheia de atualidade.

Que espécie de espírito recebemos no ato de crer na orientação de Jesus? O da fascinação? O da indolência? O da pesquisa inútil? O da reprovação sistemática às experiências dos outros?

Se não abrigamos o espírito de santificação que nos melhore e nos renove para o Cristo, a nossa fé representa frágil candeia, suscetível de apagar-se ao primeiro golpe de vento.

(*Fonte viva*. FEB Editora. Cap. 14)

At 19:2

## Recebeste a luz?

O católico recolhe o sacramento do batismo e ganha um selo para identificação pessoal na estatística da Igreja a que pertence.

O reformista das letras evangélicas entra no mesmo cerimonial e conquista um número no cadastro religioso do templo a que se filia.

O espiritista incorpora-se a essa ou àquela entidade consagrada à nossa Doutrina Consoladora e participa verbalmente do trabalho renovador.

Todos esses aprendizes da escola cristã se reconfortam e se rejubilam.

Uns partilham o contentamento da mesa eucarística que lhes aviva a esperança no Céu; outros cantam, em conjunto, exaltando a Divina Bondade, aliciando largo material de estímulo na jornada santificante; outros, ainda, se reúnem, ao redor da prece ardente, e recebem mensagens luminosas e reveladoras de emissários celestiais, que lhes consolidam a convicção na imortalidade, além...

Todas essas posições, contudo, são de proveito, consolação e vantagem.

É imperioso reconhecer, porém, que se a semente é auxiliada pela adubação, pela água e pelo Sol, é obrigada a trabalhar, dentro de si mesma, a fim de produzir.

Medita, pois, na sublimidade da indagação apostólica: "Recebeste o Espírito Santo quando creste?".

Vale-te da revelação com que a fé te beneficia e santifica o teu caminho, espalhando o bem.

Tua vida pode converter-se num manancial de bênçãos para os outros e para tua alma, se te aplicares, em verdade, ao Mestre do Amor. Lembra-te de que não és tu quem espera pela Divina Luz. É a Divina Luz, força do Céu ao teu lado, que permanece esperando por ti.

(*Fonte viva*. FEB Editora. Cap. 87)

At
19:2

*Depois de ouvirem [isso], foram mergulhados em nome do Senhor Jesus.*

Atos 19:5

## Batismo

Nos vários departamentos da atividade cristã, em todos os tempos, surgem controvérsias relativamente aos problemas do batismo na fé.

O sacerdócio criou, para isso, cerimoniais e sacramentos. Há batismos de recém-natos, na Igreja Romana; em outros centros evangélicos, há batismo de pessoas adultas. No entanto, o crente poderia analisar devidamente o assunto, extraindo melhores ilações com a ascendência da lógica. A renovação espiritual não se verificará tão só com o fato de se aplicar mais água ou menos água ou com a circunstância de processar-se a solenidade exterior nessa ou naquela idade física do candidato.

Determinadas cerimônias materiais, nesse sentido, eram compreensíveis nas épocas recuadas em que foram empregadas.

Sabemos que o curso primário, na instrução infantil, necessita de colaboração de figuras para que a memória da criança atravesse os umbrais do conhecimento.

O Evangelho, porém, nas suas luzes ocultas, faz imensa claridade sobre a questão do batismo.

"E os que ouviram foram batizados em nome de Jesus."

Aí reside a Sublime Verdade. A bendita renovação da alma pertence àqueles que ouviram os ensinamentos do Mestre Divino, exercitando-lhes a prática. Muitos recebem notícias do Evangelho, todos os dias, mas somente os que ouvem estarão transformados.

(*Caminho, verdade e vida*. FEB Editora. Cap. 158)

*Deus fazia prodígios incomuns através das mãos de Paulo.*

Atos
19:11

## Mãos limpas

O Evangelho não nos diz que Paulo de Tarso fazia maravilhas, mas que Deus operava maravilhas extraordinárias por intermédio das mãos dele.

O Pai fará sempre o mesmo, utilizando todos os filhos que lhe apresentarem mãos limpas.

Muitos espíritos, mais convencionalistas que propriamente religiosos, encontraram nessa notícia dos *Atos* uma informação sobre determinados privilégios que teriam sido concedidos ao Apóstolo.

Antes de tudo, porém, é preciso saber que semelhante concessão não é exclusiva. A maioria dos crentes prefere fixar o Paulo santificado sem apreciar o trabalhador militante.

Quanto custou ao Apóstolo a limpeza das mãos?

Raros indagam relativamente a isso.

Recordemos que o amigo da gentilidade fora rabino famoso em Jerusalém, movimentara-se entre elevados encargos públicos, detivera dominadoras situações; no entanto, para que o Todo-Poderoso lhe utilizasse as mãos, sofreu todas as humilhações e dispôs-se a todos os sacrifícios pelo bem dos semelhantes. Ensinou o Evangelho sob zombarias e açoites, aflições e pedradas. Apesar de escrever luminosas epístolas, jamais abandonou o tear humilde até a velhice do corpo.

Considera as particularidades do assunto e observa que Deus é sempre o mesmo Pai, que a Misericórdia Divina não se modificou, mas pede mãos limpas para os serviços edificantes, junto à Humanidade. Tal exigência é lógica e necessária, pois o trabalho do Altíssimo deve resplandecer sobre os caminhos humanos.

(*Caminho, verdade e vida*. FEB Editora. Cap. 74)

At
19:11

## Deus em nós

Quem pode delimitar a extensão das bênçãos que dimanam da Altura?

Por ser sempre de origem inferior, o mal é limitado como todas as manifestações devidas exclusivamente às criaturas; o bem, no entanto, tem Caráter Divino e, semelhante aos atributos do Pai Excelso, traz em si a qualidade de ser infinito em qualquer direção.

Antes de tudo, vigora a intenção sincera do Espírito no ato que procura executar.

Assim, utiliza as próprias possibilidades a serviço da Vontade Divina, oferecendo o coração às realizações com Jesus, e o ilimitado surgir-te-á gradativamente nas faixas da experiência sob a forma de esperança e consolação, júbilo e paz.

Por mais sombrios te pareçam aos ideais de hoje os dias do passado, não te entregues ao desânimo.

Ergue os sentimentos e conjuga as próprias ações ao novo roteiro entrevisto.

Após a purificação necessária, a água mais poluída da sarjeta se torna límpida e cristalina como se jamais houvesse experimentado o convívio da impureza.

O presente é perene traço de união entre os resquícios do pretérito e uma vida futura melhor.

Plasma em ti mesmo as forças reconstrutivas de tuas novas resoluções, para que se exprimam em obras de aprimoramento e de amor.

Reconhecendo a nossa origem na Fonte de Todas as Perfeições, é natural que podemos e precisamos realizar em torno de nós as obras perfeitas a que estamos destinados por nossa própria natureza.

Eis o valor do registro dos *Atos dos apóstolos* ao recordar-nos a magnitude das tarefas de Paulo, quando o iniciado de Damasco se dispôs a caminhar, auxiliando e aprendendo, no holocausto das próprias energias à exaltação do bem.

As mãos, tanto quanto o conjunto de instrumentos e possibilidades de que nos servimos na vida comum, esperam passivamente o ensejo de se aplicarem aos Desígnios Superiores segundo as nossas deliberações pessoais.

At 19:11

Quando agimos no bem, sentimos a presença de Deus em nós.

Medita no emprego dos teus recursos no campo da fraternidade.

Desterra de teu caminho a barreira do desalento e prossegue confiante vanguarda afora.

O solo frutifica sempre quando ajudado pelo cultivador.

Usa, pois, o arado com que o Senhor te enriquece as mãos, trabalhando a leira que te cabe, com firmeza e esperança, na certeza de que a colheita farta coroar-te-á os esforços, cada vez mais, desde que permaneças apoiado no propósito seguro de corresponder ao programa de trabalho que o Pai te reserva, na oficina da luz, em busca da alegria inalterável.

(*O espírito da verdade*. FEB Editora. Cap. 44)

## Médium inesquecível

Estudando mediunidade e ambiente, recordemos um dos médiuns inesquecíveis dos dias apostólicos: Paulo de Tarso.

Em torno dele, tudo era contra a luz do Evangelho.

A sombra do fanatismo e da crueldade não se instalara apenas no Sinédrio, onde se lhe situava a corte dos mentores e amigos, mas também nele próprio, transformando-o em perigoso instrumento da perseguição e da morte.

Feria, humilhava e injuriava a todos os que não pensassem pelos princípios que lhe norteavam a ação.

Mas, desabrocha-lhe a mediunidade inesperadamente.

Vê Jesus redivivo e escuta-lhe a voz.

At
19:11

Aterrado, reconhece os enganos em que vivera.

Entretanto, não perde tempo em lamentações inúteis.

Não sucumbe desesperado.

Não se confia à volúpia da autocondenação.

Não foge à luta pela renovação íntima.

Percebe que não pode recolher, de pronto, a simpatia da família espiritual de Jesus, mas não se sente fracassado por isso.

Observa a extensão dos próprios erros, mas não se entrega ao remorso vazio.

Empreende, com sacrifício, a viagem da própria renovação.

Para tanto, não reclama a cooperação alheia, mas dispõe-se, ele mesmo, a colaborar com os outros.

Encontra imensas dificuldades para a iluminação da alma; no entanto, não esmorece na luta.

Segundo a palavra fiel do Novo Testamento, é açoitado e preso, várias vezes, pelo amor com que ensinava a Verdade, mas, em contraposição, na Licaônia e na Macedônia, foi tido como sendo "Mercúrio" encarnado e "Servo do Pai Altíssimo".

Não se sente, todavia, esmagado pela flagelação ou confundido pelo êxito.

Tolera assaltos e elogios como o pagador correto, interessado no resgate das próprias contas.

Diz ainda a Boa-Nova que "Deus operava maravilhas pelas mãos dele"; entretanto, ele próprio declara trazer consigo "um espinho na carne", que o obriga a viver em provação permanente.

E enquanto o corpo lhe permite, dá testemunho da realidade espiritual, combatendo ignorância e superstição, maldade e orgulho, tentação e vaidade.

Nem ouro fácil.

Nem privilégios.

Nem cidadela social.

Nem apoio político.

Ele e o tear que o ajudava a sustentar-se ficaram, através dos séculos, como símbolo perfeito de influência pessoal e meio adverso, ensinando-nos a todos, principalmente a nós outros, encarnados e desencarnados de todos os tempos, que podemos pedir orientação, falar em orientação, examinar os sistemas de orientação, mas que, acima de tudo, precisamos ser a própria orientação em nós mesmos.

(*Seara dos médiuns*. FEB Editora. Cap. Médium inesquecível)

At
19:11

*Em resposta, o espírito maligno lhes disse: conheço a Jesus e estou familiarizado com Paulo; vós, porém, quem sois?*

Atos 19:15

## Quem sois?

Qualquer expressão de comércio tem sua base no poder aquisitivo. Para obter, é preciso possuir.

No intercâmbio dos dois mundos, terrestre e espiritual, o fenômeno obedece ao mesmo princípio.

Nas operações comerciais de César, requerem-se moedas ou expressões fiduciárias com efígies e identificações que lhes digam respeito. Nas operações de permuta espiritual requisitam-se valores individualíssimos, com os sinais do Cristo.

O dinheiro de Jesus é o amor. Sem ele, não é lícito aventurar-se alguém ao sagrado comércio das almas.

O versículo aqui nomeado constitui benéfica advertência a quantos, para o esclarecimento dos outros, invocam o Mestre, sem títulos vivos de sua escola sacrificial.

Mormente no que se refere às relações com o Plano Invisível, mantende cuidado por evitar afirmativas a esmo.

Não vos aventureis ao movimento, sem o poder aquisitivo do amor de Jesus.

O Mestre é igualmente conhecido de seus infelizes adversários. Os discípulos sinceros do Senhor são observados por eles também. Os inimigos da luz reconhecem-lhes o sublime valor.

Quando vos dispuserdes, portanto, a esse gênero de trabalho, não olvideis vossa própria identificação, porque, provavelmente, sereis interpelados pelos representantes do mal, que vos perguntarão quem sois.

(*Caminho, verdade e vida*. FEB Editora. Cap. 63)

*Em todas as [coisas], vos mostrei que, labutando dessa forma, é necessário socorrer os fracos, lembrando as palavras do próprio Senhor Jesus, que disse: "Mais bem-aventurado é dar que receber".*

Atos
20:35

## Possuímos o que damos

Quando alguém se refere à passagem evangélica que considera a ação de dar mais alta bem-aventurança que a ação de receber, quase todos os aprendizes da Boa-Nova se recordam da palavra "dinheiro".

Sem dúvida, em nos reportando aos bens materiais, há sempre mais alegria em ajudar que em ser ajudado, contudo, é imperioso não esquecer os bens espirituais que, irradiados de nós mesmos, aumentam o teor e a intensidade da alegria em torno de nossos passos.

Quem dá recolhe a felicidade de ver a multiplicação daquilo que deu.

Oferece a gentileza e encorajarás a plantação da fraternidade.

Estende a bênção do perdão e fortalecerás a justiça.

Administra a bondade e terás o crescimento da confiança.

Dá o teu bom exemplo e garantirás a nobreza do caráter.

Os recursos da Criação são distribuídos pelo Criador com as Criaturas, a fim de que em doação permanente se multipliquem ao infinito.

Serás ajudado pelo Céu, conforme estiveres ajudando na Terra.

Possuímos aquilo que damos.

Não te esqueças, pois, de que és mordomo da vida em que te encontras.

Cede ao próximo algo mais que o dinheiro de que possas dispor. Dá também teu interesse afetivo, tua saúde, tua alegria e teu tempo e, em verdade, entrarás na posse dos sublimes dons do amor, do equilíbrio, da felicidade e da paz, hoje e amanhã, neste mundo e na vida eterna.

(*Fonte viva*. FEB Editora. Cap. 117)

At 20:35

## O assistido[8]

Diante daqueles a quem socorres, não admitas que a caridade seja prerrogativa unicamente de tua parte.

Enumera os bens que recolhes daqueles a quem amparas.

Habitualmente doamos aos companheiros necessitados algo do que nos sobra, deles recebendo muito do que nos falta.

É preciso não esquecer que da pessoa a quem assistimos obtemos benefícios substanciais, como sejam:

a verificação de nossas próprias vantagens;

o conhecimento das responsabilidades que nos competem, à frente dos outros;

o aviso salutar, com relação aos deveres que nos cabem, na preservação dos bens da vida;

a paciência com os nossos obstáculos e males menores;

o ensinamento da provação com que somos defrontados;

a aquisição de experiência;

as vibrações de simpatia;

o auxílio que recebemos para sustentar mais amplo auxílio aos outros;

o consolo nos sofrimentos que, porventura, nos fustiguem;

o crédito moral que se regista, a nosso favor, na memória dos espíritos encarnados e desencarnados que amparam a criatura em crises e empeços maiores que os nossos.

Serve a benefício dos semelhantes, tanto quanto possas e como possas, em bases da consciência tranquila, sempre que encontres o próximo baldo de equilíbrio, espoliado de esperança, sedento de paz ou cansado de angústia, nas trilhas do cotidiano,

---

[8] Texto publicado em *Caridade*. Ed. IDE. Cap. 22.

porque a caridade é sempre maior nos dividendos para aquele que dá. Por isso mesmo, temos no Evangelho do Senhor a advertência inesquecível: "mais vale dar que receber".

(*Reformador*, maio 1970, p. 110)

## Caridade recíproca

At 20:35

É preciso compreender a caridade no sentido real.
Comumente, o benfeitor ignora quanto deve àqueles a quem beneficia.
Qualquer migalha de socorro aos necessitados, sempre que iluminada de amor, é doação significativa, mas a cooperação dos necessitados em auxílio aos que lhes prestam apoio, é serviço de importância inestimável.
Os irmãos em penúria, quando pacientes, ensinam calma e compreensão; os enfermos, valorosos na fé, lecionam aceitação e humildade; quem estende perdão aos ofensores, auxilia-os na renovação para o bem; e quem ama sem nada exigir, constrói, em silêncio, o reino do entendimento maior no íntimo daqueles que se lhes fazem amados, ainda mesmo quando se mostrem indiferentes.
Diz-nos a sabedoria evangélica: "melhor é dar que receber".
Isso acontece porque os que praticam a beneficência e a tolerância colhem benefícios espirituais que não poderiam adquirir em lugar algum.

(*Paz*. Ed. Cultura Espírita União. Cap. 9)

*Então Paulo respondeu: que fazeis chorando e triturando o meu coração? [...]*

Atos 21:13

## Ajuda sempre

Constitui passagem das mais dramáticas nos *Atos dos apóstolos* aquela em que Paulo de Tarso se prepara à frente dos testemunhos que o aguardavam em Jerusalém.

Na alma heroica do lutador não paira qualquer sombra de hesitação. Seu espírito, como sempre, está pronto. Mas os companheiros choram e se lastimam; e, do coração sensível e valoroso do batalhador do Evangelho, flui a indagação dolorosa.

Não obstante a energia serena que lhe domina a organização vigorosa, Paulo sentia falta de amigos tão corajosos quanto ele mesmo.

Os companheiros que o seguiam estavam sinceramente dispostos ao sacrifício; entretanto, não sabiam manifestar os sentimentos da alma fiel. É que o pranto ou a lamentação jamais ajudam nos instantes de testemunho difícil. Quem chora ao lado de um amigo em posição perigosa desorganiza-lhe a resistência.

Jesus chorou no Horto, quando sozinho, mas, em Jerusalém, sob o peso da cruz, roga às mulheres generosas que o amparavam a cessação das lágrimas angustiosas. Na alvorada da Ressurreição, pede a Madalena esclareça o motivo de seu pranto, junto ao sepulcro.

A lição é significativa para todo aprendiz.

Se um ente amado permanece mais tempo sob a tempestade necessária, não te entregues a desesperos inúteis. A queixa não soluciona problemas. Em vez de magoá-lo com soluços, aproxima-te dele e estende-lhe as mãos.

(*Pão nosso*. FEB Editora. Cap. 119)

*[...] que farei? [...]*

Atos 22:10

## Que farei?[9]

Milhares de companheiros aproximam-se do Evangelho para o culto inveterado ao comodismo.
Como dominarei? — interrogam alguns.
Como descansarei? — indagam outros.
E os rogos se multiplicam, estranhos, reprováveis, incompreensíveis...
Há quem peça reconforto barato na carne, quem reclame afeições indébitas, quem suspire por negócios inconfessáveis e quem exija recursos para dificultar o serviço da paz e do bem.
A pergunta do apóstolo Paulo, no justo momento em que se vê agraciado pela Presença Divina, é padrão para todos os aprendizes e seguidores da Boa-Nova.
O grande trabalhador da Revelação não pede transferência da Terra para o Céu e nem descamba para sugestões de favoritismo ao seu círculo pessoal. Não roga isenção de responsabilidade, nem foge ao dever da luta.
— Que farei? — disse a Jesus, compreendendo o impositivo do esforço que lhe cabia.
E o Mestre determina que o companheiro se levante para a sementeira de luz e de amor, com o próprio sacrifício.
Se foste chamado à fé, não recorras ao Divino Orientador suplicando privilégios e benefícios que justifiquem tua permanência na estagnação espiritual.

---

[9] Texto publicado em *Segue-me!...* Ed. O Clarim. Cap. Que farei?

> Procuremos com o Senhor o serviço que a sua Infinita Bondade nos reserva e caminharemos, vitoriosos, para a sublime renovação.

(*Fonte viva.* FEB Editora. Cap. 112)

At 22:10

*E agora, o que estás esperando? [...]*

Atos
22:16

## Um desafio

Relatando à multidão sua inesquecível experiência às portas de Damasco, o Apóstolo dos Gentios conta que, em face da perplexidade que o defrontara, perguntou-lhe Ananias, em advertência fraterna: "E agora por que te deténs?".

A interrogação merece meditada por todos os que já receberam convites, apelos, dádivas ou socorros do Plano Espiritual.

Inumeráveis beneficiários do Evangelho prendem-se a obstáculos de toda sorte na província nebulosa da queixa.

Se felicitados pela luz da fé, lastimam não haver conhecido a Verdade na juventude ou nos dias de abastança; contudo, na idade madura ou na dificuldade material, sustentam as mesmas tendências inferiores que lhes marcavam as atitudes nos círculos da ignorância.

Nas palavras, exteriorizam sempre grande boa vontade; entretanto, quando chamados ao serviço ativo, queixam-se imediatamente da falta de dinheiro, de saúde, de tempo, de forças.

São operários contraditórios que, ao tempo do equilíbrio orgânico, exigem repouso e, na época de enfermidade corporal, alegam saudades do serviço.

É indispensável combater essas expressões destrutivas da personalidade.

Em qualquer posição e em qualquer tempo, estamos cercados pelas possibilidades de serviço com o Salvador. E, para todos nós, que recebemos as Dádivas Divinas, de mil modos diversos, foi pronunciado o sublime desafio: "E agora por que te deténs?".

(*Caminho, verdade e vida*. FEB Editora. Cap. 147)

*Defendendo-se ele com essas [palavras], Festo disse com grande voz: estás louco, Paulo, as muitas letras te levam à loucura!*

Atos
26:24

## Velho argumento

É muito comum lançarem aos discípulos do Evangelho a falsa acusação de loucos, que lhes é imputada pelos círculos cientificistas do século.

O argumento é velhíssimo por parte de quantos pretendem fugir à Verdade, complacentes com os próprios erros.

Há trabalhadores que perdem valioso tempo lamentando que a multidão os classifique como desequilibrados. Isto não constitui razão para contendas estéreis.

Muitas vezes, o próprio Mestre foi interpretado por demente, e os apóstolos não receberam outra definição.

Numa das últimas defesas, vemos o valoroso amigo da gentilidade, ante a Corte Provincial de Cesareia, proclamando as verdades imortais de Cristo Jesus. A assembleia toca-se de imenso assombro. Aquela palavra franca e nobre estarrece os ouvintes. É aí que Pórcio Festo, na qualidade de chefe dos convidados, delibera quebrar a vibração de espanto que domina o ambiente. Antes, porém, de fazê-lo, o arguto romano considerou que seria preciso justificar-se em bases sólidas. Como acusar, no entanto, o grande convertido de Damasco, se ele, Festo, lhe conhecia o caráter íntegro, a sincera humildade, a paciência sublime e o ardoroso espírito de sacrifício? Lembra-se, então, das "muitas letras" e Paulo é chamado louco pela Ciência Divina de que dava testemunho.

Recorda, pois, o abnegado batalhador e não dispenses apreço às falsas considerações de quantos te provoquem ao abandono da verdade. O mal é incompatível com o bem e por "poucas letras" ou por "muitas", desde que te alistes entre os aprendizes de Jesus, não te faltará o mundo inferior com o sarcasmo e a perseguição.

(*Pão nosso*. FEB Editora. Cap. 49)

At
26:24

# Textos paralelos de *Atos dos apóstolos* e *Paulo e Estêvão*

# Informações iniciais

Esta segunda parte contém as passagens paralelas entre o texto de *Atos dos apóstolos* e o livro *Paulo e Estêvão* (veja o item Metodologia, no Prefácio, para maiores informações). Para facilitar a leitura e identificação, o texto de *Atos* foi dividido em 116 perícopes, das quais 93 possuem textos paralelos em *Paulo e Estêvão*. Para essas passagens, foram adotados, sempre que possível, os mesmos títulos utilizados no livro *O novo testamento*, editado pela FEB Editora, e do qual os textos de *Atos dos apóstolos* foram transcritos.[10] Quando a separação não atendia aos critérios da pesquisa, outras divisões e títulos foram atribuídos, tendo como critério o conteúdo da passagem em questão.

Incluímos, ao final desta segunda parte, uma tabela que contém todos os versículos de *Atos do apóstolos* com a divisão de passagens adotadas para o presente trabalho e a indicação de ocorrência ou não de passagem paralela no texto de *Paulo e Estêvão*.

---

[10] É importante destacar que os manuscritos gregos antigos não possuem esse tipo de separação. Na verdade, os manuscritos não separam versículos, capítulos e nem mesmo há espaço entre as palavras ou qualquer recurso de pontuação. Desde muitos séculos atrás, tem sido tradição separar os textos em perícopes (ou passagens), de forma a facilitar a identificação de trechos e a leitura. Essas divisões, contudo, nada tem de absoluto e as diversas traduções e edições não adotam o mesmo sistema de separação.

*Nesses dias, multiplicando-se os discípulos, houve murmuração dos helenistas contra os hebreus, porque as suas viúvas eram desprezadas no serviço diário. Os doze, convocando a multidão dos discípulos, disseram: não é razoável que nós deixemos a palavra de Deus para servir [às] mesas. Irmãos, selecionai, dentre vós, sete varões atestados, cheios de espírito e sabedoria, os quais constituiremos sobre esta necessidade. Nós perseveraremos na oração e no serviço da palavra.*
*A palavra foi agradável à vista de todos da multidão, e escolheram Estêvão, varão cheio de fé e do Espírito Santo, Filipe, Próroco, Nicanor, Timão, Pármenas e Nicolau, prosélito de Antioquia, os quais se colocaram de pé diante dos Apóstolos, que, orando, lhes impuseram as mãos. A palavra de Deus crescia, e se multiplicava enormemente o número de discípulos em Jerusalém; numerosa multidão de sacerdotes obedecia à fé.*

Atos
6:1 a 7

## Os sete auxiliares dos Apóstolos

A casa dos Apóstolos, em Jerusalém, apresentava um movimento de socorro cada vez maior aos necessitados, requerendo vasto coeficiente de carinho e dedicação. Eram loucos a chegarem de todas as províncias, anciães abandonados, crianças esquálidas e famintas. Não só isso. À hora habitual das refeições, extensas filas de mendigos comuns imploravam a esmola da sopa. Acumulando as tarefas com ingente sacrifício, João e Pedro, com o concurso dos companheiros, haviam construído um pavilhão modesto, destinado aos serviços da Igreja, cuja fundação iniciavam para difundir as mensagens da Boa-Nova. A assistência aos pobres, entretanto, não dava tréguas ao labor das ideias evangélicas. Foi quando João considerou desarrazoado que os discípulos diretos do Senhor menosprezassem a sementeira da

Palavra Divina e despendessem todas as possibilidades de tempo no serviço do refeitório e das enfermarias, visto que, dia a dia, multiplicava o número de doentes e infelizes que recorriam aos seguidores de Jesus como a última esperança para os seus casos particulares. Havia enfermos que batiam à porta, benfeitores da nova instituição que requeriam situações especiais para os seus protegidos, amigos que reclamavam providências a favor dos órfãos e das viúvas.

At
6:1 a 7

Na primeira reunião da Igreja humilde, Simão Pedro pediu, então, nomeassem sete auxiliares para o serviço das enfermarias e dos refeitórios, resolução que foi aprovada com geral aprazimento. Entre os sete irmãos escolhidos, Estêvão foi designado com a simpatia de todos.

Começou para o jovem de Corinto uma vida nova. Aquelas mesmas virtudes espirituais que iluminavam a sua personalidade e que tanto haviam contribuído para a cura do patrício, que o restituíra à liberdade, difundiam entre os doentes e indigentes de Jerusalém os mais santos consolos. Grande parte dos enfermos, recolhidos ao casarão dos discípulos, recobrou a saúde. Velhos desalentados encontravam bom ânimo sob a influência da sua palavra inspirada na Fonte Divina do Evangelho. Mães aflitas buscavam-lhe o conselho seguro; mulheres do povo, esgotadas pelo trabalho e angústias da vida, ansiosas de paz e consolação, disputavam o conforto da sua presença carinhosa e fraterna.

Simão Pedro não cabia em si de contente, em face das vitórias do filho espiritual. Os necessitados tinham a impressão de haver recebido um novo arauto de Deus para alívio de suas dores.

(*Paulo e Estêvão*. FEB Editora. Primeira parte — Cap. 3, p. 63)

*Estêvão, cheio de graça e poder, realizava prodígios e grandes sinais entre o povo. Levantaram-se alguns dos [que eram] da sinagoga chamada dos Libertos, dos cirineus, dos alexandrinos, dos [provenientes] da Cilícia e da Ásia, e debatiam com Estêvão. E não podiam resistir à sabedoria e ao espírito com que falava. Então subornaram varões que diziam: temos ouvido este [homem] falando palavras blasfemas contra Moisés e contra Deus.*

Atos
6:8 a 11

## Prisão de Estêvão

Saulo e Sadoque entraram na Igreja humilde de Jerusalém, notando a massa compacta de pobres e miseráveis que ali se aglomeravam com um raio de esperança nos olhos tristes.

O pavilhão singelo, construído à custa de tantos sacrifícios, não passava de grande telheiro revestido de paredes frágeis, carente de todo e qualquer conforto.

Tiago, Pedro e João surpreenderam-se singularmente com a presença do jovem doutor da Lei, que se popularizara na cidade pela sua oratória veemente e pelo acurado conhecimento das Escrituras.

Os generosos galileus ofereceram-lhe o banco mais confortável. Ele aceitou as gentilezas que lhe dispensavam, sorrindo com indisfarçável ironia de tudo que ali se lhe deparava. Intimamente, considerava que o próprio Sadoque fora vítima de falsas apreciações. Que podiam fazer aqueles homens ignorantes, irmanados a outros já envelhecidos, valetudinários e doentes? Que podiam significar de perigoso para a Lei de Israel aquelas crianças ao abandono, aquelas mulheres semimortas, em cujo coração pareciam aniquiladas todas as esperanças? Experimentava grande mal-estar defrontando tantos rostos que a lepra havia devastado, que as úlceras malignas haviam desfigurado impiedosamente.

Aqui, um velhote com chagas purulentas envolvidas em panos fétidos; além, um aleijado mal coberto de molambos, ao lado de órfãos andrajosos que se acomodavam com humildade.

O conhecido doutor da Lei notou a presença de várias pessoas que lhe acompanhavam a palavra na interpretação dos textos de Moisés, na sinagoga dos cilícios; outras que seguiam de perto as suas atividades no Sinédrio, onde a sua inteligência era tida como penhor de esperança racial. Pelo olhar, compreendeu que esses amigos ali estavam igualmente pela primeira vez. Sua visita, ao templo ignorado dos galileus sem-nome, atraíra muitos afeiçoados do farisaísmo dominante, ansiosos pelos serviços eventuais que pudessem destacá-los e recomendá-los às autoridades mais importantes. Saulo concluiu que aquela fração do auditório fazia ato de presença e de solidariedade em qualquer providência que houvesse de tomar. Pareceu-lhe natural e lógica aquela atitude, conveniente aos fins a que se propunha. Não se contavam fatos incríveis, operados pelos adeptos do "Caminho"? Não seriam grosseiras e escandalosas mistificações? Quem diria que tudo aquilo não fosse o produto ignóbil de bruxarias e sortilégios condenáveis? Na hipótese de lhe identificar qualquer finalidade desonesta, podia contar, mesmo ali, com grande número de correligionários, dispostos a defender o rigoroso cumprimento da Lei, custasse-lhes embora os mais pesados sacrifícios.

At
6:8 a 11

Notando um que outro quadro menos grato ao seu olhar acostumado aos ambientes de luxo, evitava fixar os aleijados e doentes que se acotovelavam no recinto, chamando a atenção de Sadoque, com observações irônicas e pitorescas. Quando o vasto recinto, desnudo de ornatos e símbolos de qualquer natureza, de todo se encheu, um jovem permeou as filas extensas, ladeado de Pedro e João, galgando os três um estrado quase natural, formado de pedras superpostas.

— Estêvão!... É Estêvão!...

Vozes abafadas inculcavam o pregador, enquanto seus admiradores mais fervorosos apontavam para ele com jubiloso sorriso.

Inesperado silêncio mantinha todas as frontes em singulares expectativas. O moço, magro e pálido, em cuja assistência os mais infelizes julgavam encontrar um desdobramento do amor do Cristo, orou em voz alta suplicando para si e para a assembleia a inspiração do Todo-Poderoso. Em seguida, abriu um livro em forma de rolo e leu uma passagem das anotações de *Mateus*:

— Mas ide, antes, às ovelhas perdidas da casa de Israel; e, indo, pregai, dizendo: é chegado o Reino dos Céus.

At 6:8 a 11

Estêvão ergueu os olhos serenos e fulgurantes, e, sem se perturbar com a presença de Saulo e dos seus numerosos amigos, começou a falar mais ou menos nestes termos, com voz clara e vibrante:

— Meus caros, eis que chegados são os tempos em que o Pastor vem reunir as ovelhas em torno do seu zelo sem limites. Éramos escravos das imposições pelos raciocínios, mas hoje somos livres pelo Evangelho do Cristo Jesus. Nossa raça guardou, de épocas imemoriais, a luz do Tabernáculo, e Deus nos enviou seu Filho sem mácula. Onde estão, em Israel, os que ainda não ouviram as mensagens da Boa-Nova? Onde os que ainda não se felicitaram com as alegrias da nova fé? Deus enviou sua resposta divina aos nossos anseios milenares, a revelação dos Céus aclara os nossos caminhos. Consoante as promessas da profecia de todos quantos choraram e sofreram por amor ao Eterno, o Emissário Divino veio até o antro de nossas dores amargas e justas, para iluminar a noite de nossas almas impenitentes, para que se nos desdobrassem os horizontes da redenção. O Messias atendeu aos problemas angustiosos da criatura humana, com a solução do amor que redime todos os seres e purifica todos os pecados. Mestre do trabalho e da perfeita alegria da vida, suas bênçãos representam nossa herança. Moisés foi a porta, o Cristo é a chave. Com a coroa do martírio adquiriu, para nós outros, a láurea imortal da salvação. Éramos cativos do erro, mas seu sangue nos libertou. Na vida e na morte, nas alegrias de Caná, como nas angústias do Calvário, pelo que fez e por tudo que deixou de fazer em sua gloriosa passagem pela Terra, Ele é o Filho de Deus iluminando o caminho.

Acima de todas as cogitações humanas, fora de todos os atritos das ambições terrestres, seu Reino de paz e luz esplende na consciência das almas redimidas.

Ó Israel! tu que esperaste por tantos séculos, tuas angústias e dolorosas experiências não foram vãs!... Quando outros povos se debatiam nos interesses inferiores, cercando os falsos ídolos de falsa adoração e promovendo, simultaneamente, as guerras de extermínio com requintes de perversidade, tu, Israel, esperaste o Deus justo. Carregaste os grilhões da impiedade humana, na desolação e no deserto; converteste em cânticos de esperança as ignomínias do cativeiro; sofreste o opróbrio dos poderosos da Terra; viste os teus varões e as tuas mulheres, os teus jovens e as tuas crianças exterminados sob o guante das perseguições, mas nunca descreste da Justiça dos Céus! Como o Salmista, afirmaste com teu heroísmo que o amor e a misericórdia vibram em todos os teus dias! Choraste no caminho longo dos séculos, com as tuas amarguras e feridas. Como Jó, viveste da tua fé, subjugada pelas algemas do mundo, mas já recebeste o sagrado depósito de Jeová, o Deus único!... Ó esperanças eternas de Jerusalém, cantai de júbilo, regozijai-vos, embora não tivéssemos sido fiéis inteiramente à compreensão, por conduzir o Cordeiro Amado aos braços da cruz. Suas chagas, todavia, nos compraram para o céu, com o alto preço do sacrifício supremo!...

At 6:8 a 11

Isaías o contemplou, vergado ao peso de nossas iniquidades, florescendo na aridez dos nossos corações, qual flor do céu num solo adusto, mas revelou também que, desde a hora da sua extrema renúncia, na morte infamante, a sagrada Causa Divina prosperaria para sempre em suas mãos.

Amados, onde andarão aquelas ovelhas que não souberam ou não puderam esperar? Procuremo-las para o Cristo, como dracmas perdidas do seu desvelado amor! Anunciemos a todos os desesperançados as glórias e os júbilos do seu Reino de paz e de amor imortal!...

A Lei nos retinha no espírito de nação, sem conseguir apagar de nossa alma o desejo humano de supremacia na Terra. Muitos de nossa raça hão esperado um príncipe dominador, que penetrasse em triunfo a cidade santa, com os troféus sangrentos de uma batalha de ruína e morte; que nos fizesse empunhar um cetro odioso de força e tirania. Mas o Cristo nos libertou para sempre. Filho de Deus e Emissário da Sua Glória, seu maior mandamento confirma Moisés, quando recomenda o amor a Deus acima de todas as coisas, de todo o coração e entendimento, acrescentando, no mais formoso Decreto Divino, que nos amemos uns aos outros, como Ele próprio nos amou.

At
6:8 a 11

Seu Reino é o da consciência reta e do coração purificado ao serviço de Deus. Suas portas constituem o maravilhoso caminho da redenção espiritual, abertas de par em par aos filhos de todas as nações.

Seus discípulos amados virão de todos os quadrantes. Fora de suas luzes haverá sempre tempestade para o viajor vacilante da Terra que, sem o Cristo, cairá vencido nas batalhas infrutuosas e destruidoras das melhores energias do coração. Somente o seu Evangelho confere paz e liberdade. É o tesouro do mundo. Em sua glória sublime os justos encontrarão a coroa de triunfo, os infortunados o consolo, os tristes a fortaleza do bom ânimo, os pecadores a senda redentora dos resgates misericordiosos.

É verdade que o não havíamos compreendido. No grande testemunho, os homens não entenderam sua Divina Humildade e os mais afeiçoados o abandonaram. Suas chagas clamaram pela nossa indiferença criminosa. Ninguém poderá eximir-se dessa culpa, visto sermos todos herdeiros das suas Dádivas Celestiais. Onde todos gozam do benefício, ninguém pode fugir à responsabilidade. Essa a razão por que respondemos pelo crime do Calvário. Mas suas feridas foram a nossa luz, seus martírios o mais ardente apelo de amor, seu exemplo o roteiro aberto para o Bem Sublime e Imortal.

Vinde, pois, comungar conosco à mesa do Banquete Divino! Não mais as festas do pão putrescível, mas o eterno alimento da alegria e da vida... Não mais o vinho que fermenta, mas o néctar confortante da alma, diluído nos perfumes do Amor Imortal.

O Cristo é a substância da nossa liberdade. Dia virá em que o seu Reino abrangerá os filhos do Oriente e do Ocidente, num amplexo de fraternidade e de luz. Então, compreenderemos que o Evangelho é a resposta de Deus aos nossos apelos, em face da Lei de Moisés. A Lei é humana; o Evangelho é divino. Moisés é o condutor; o Cristo, o Salvador. Os profetas foram mordomos fiéis; Jesus, porém, é o Senhor da Vinha. Com a Lei, éramos servos; com o Evangelho, somos filhos livres de um Pai Amoroso e Justo!...

Nesse ínterim, Estêvão sustou a palavra que lhe fluía harmoniosa e vibrante dos lábios, inspirada nos mais puros sentimentos. Os ouvintes de todos os matizes não conseguiram ocultar o assombro, ante os seus conceitos de vigorosas revelações. A multidão embevecera-se com os princípios expostos. Os mendigos, ali aglomerados, endereçavam ao pregador um sorriso de aprovação, bem significativo de jubilosas esperanças. João fixava nele os olhos enternecidos, identificando, mais uma vez, no seu verbo ardente, a mensagem evangélica interpretada por um discípulo dileto do Mestre inesquecível, nunca ausente dos que se reúnem em seu nome.

At 6:8 a 11

Saulo de Tarso, emotivo por temperamento, fundia-se na onda de admiração geral, mas, altamente surpreendido, verificou a diferença entre a Lei e o Evangelho anunciado por aqueles homens estranhos, que a sua mentalidade não podia compreender. Analisou, de relance, o perigo que os novos ensinos acarretavam para o Judaísmo dominante. Revoltara-se com a prédica ouvida, nada obstante a sua ressonância de misteriosa beleza. Ao seu raciocínio, impunha-se eliminar a confusão que se esboçava, a propósito de Moisés. A Lei era uma e única. Aquele Cristo que culminou na derrota, entre dois ladrões, surgia a seus olhos como um mistificador indigno de qualquer consideração. A vitória de Estêvão na consciência popular, qual a verificava naquele instante, causava-lhe indignação. Aqueles galileus poderiam ser piedosos, mas não deixavam de ser criminosos pela subversão dos princípios invioláveis da raça.

O orador preparava-se para retomar a palavra, momentaneamente interrompida e aguardada com expectação de júbilo geral, quando o jovem doutor se levantou ousadamente e exclamou, quase colérico, frisando os conceitos com evidente ironia.

— Piedosos galileus, qual o senso de vossas doutrinas estranhas e absurdas? Como ousais proclamar a falsa supremacia de um nazareno obscuro sobre Moisés, na própria Jerusalém em que se decidem os destinos das tribos de Israel invencível? Quem era esse Cristo? Não foi um simples carpinteiro?

At
6:8 a 11

Ao orgulhoso entono da inesperada apóstrofe, houve no ambiente tal ou qual retraimento de temor, mas, dos desvalidos da sorte, para quem a mensagem do Cristo era o alimento supremo, partiu para Estêvão um olhar de defesa e jubiloso entusiasmo. Os Apóstolos da Galileia não conseguiam dissimular seu receio. Tiago estava lívido. Os amigos de Saulo notaram-lhe a máscara escarninha. O pregador também empalidecera, mas revelava no olhar resoluto o mesmo traço de imperturbável serenidade. Fitando o doutor da Lei, o primeiro homem da cidade que se atrevera a perturbar o esforço generoso do evangelismo, sem trair a seiva de amor que lhe desbordava do coração, fez ver a Saulo a sinceridade das suas palavras e a nobreza dos seus pensamentos. E antes que os companheiros voltassem a si da surpresa que os assomara, com admirável presença de espírito, indiferente à impressão do temor coletivo, obtemperou:

— Ainda bem que o Messias fora carpinteiro: porque, nesse caso, a Humanidade já não ficaria sem abrigo. Ele era, de fato, o Abrigo da paz e da esperança! Nunca mais andaremos ao léu das tempestades nem na esteira dos raciocínios quiméricos de quantos vivem pelo cálculo, sem a claridade do sentimento.

A resposta concisa, desassombrada, desconcertou o futuro rabino, habituado a triunfar nas esferas mais cultas, em todas as justas da palavra. Enérgico, ruborizado, evidenciando cólera profunda, mordeu os lábios num gesto que lhe era peculiar e acrescentou com voz dominadora:

— Aonde iremos com semelhantes excessos de interpretação, a respeito um mistificador vulgar, que o Sinédrio puniu com a flagelação e a morte? Que dizer de um Salvador que não conseguiu salvar-se a si mesmo? Emissário revestido de celestes poderes, como não evitou a humilhação da sentença infamante? O Deus dos exércitos, que sequestrou a nação privilegiada ao cativeiro, que a guiou através do deserto, abrindo-lhe a passagem do mar; que lhe saciou a fome com o maná divino e, por amor, transformou a rocha impassível em fonte de água viva, não teria meios, outros, de assinalar o seu enviado senão com uma cruz de martírio, entre malfeitores comuns? Tendes, nesta casa, a glória do Senhor Supremo, assim barateada? Todos os doutores do

Templo conhecem a história do impostor que celebrizais com a simplicidade da vossa ignorância! Não vacilais em rebaixar nossos próprios valores, apresentando um Messias dilacerado e sangrento, sob os apupos do povo?!... Lançais vergonha sobre Israel e desejais fundar um Novo Reino? Seria justo dardes a conhecer, inteiramente, a nós outros, o móvel das vossas fábulas piedosas.

Estabelecida uma pausa na sua objurgatória, o orador voltou a falar com dignidade:

At
6:8 a 11

— Amigo, bem se dizia que o Mestre chegaria ao mundo para confusão de muitos em Israel. Toda a história edificante do nosso povo é um documento da revelação de Deus. No entanto, não vedes nos efeitos maravilhosos com que a Providência guiou as tribos hebreias, no passado, a manifestação do carinho extremo de um Pai desejoso de construir o futuro espiritual de crianças queridas do seu coração? Com o correr do tempo, observamos que a mentalidade infantil enseja mais vastos princípios educativos. O que ontem era carinho é hoje energia oriunda das grandes expressões amorosas da alma. O que ontem era bonança e verdor, para nutrição da sublime esperança, hoje pode ser tempestade, para dar segurança e resistência. Antigamente, éramos meninos até no trato com a revelação; agora, porém, os varões e as mulheres de Israel atingiram a condição de adultos no conhecimento. O Filho de Deus trouxe a luz da Verdade aos homens, ensinando-lhes a misteriosa beleza da vida, com o seu engrandecimento pela renúncia. Sua glória resumiu-se em amar-nos, como Deus nos ama. Por essa mesma razão, Ele ainda não foi compreendido. Acaso poderíamos aguardar um salvador de acordo com os nossos propósitos inferiores? Os profetas afirmam que as estradas de Deus podem não ser os caminhos que desejamos, e que os seus pensamentos nem sempre se poderão harmonizar com os nossos. Que dizermos de um messias que empunhasse o cetro no mundo, disputando com os príncipes da iniquidade um galardão de triunfos sangrentos? Porventura a Terra já não estará farta de batalhas e cadáveres? Perguntemos a um general romano quanto lhe custou o domínio da aldeia mais obscura; consultemos a lista negra dos triunfadores, segundo as nossas ideias errôneas da vida. Israel jamais poderia

At
6:8 a 11

esperar um messias a exibir-se num carro de glórias magnificentes do plano material, suscetível de tombar no primeiro resvaladouro do caminho. Essas expressões transitórias pertencem ao cenário efêmero, no qual a púrpura mais fulgurante volta ao pó. Ao contrário de todos os que pretenderam ensinar a virtude, repousando na satisfação dos próprios sentidos, Jesus executou sua tarefa entre os mais simples ou mais desventurados, em que, muitas vezes, se encontram as manifestações do Pai, que educa, por meio da esperança insatisfeita e das dores que trabalham do berço ao túmulo, a existência humana. O Cristo edificou, entre nós, seu Reino de Amor e Paz, sobre alicerces divinos. Sua exemplificação está projetada na alma humana, com luz eterna! Quem de nós, então, compreendendo tudo isso, poderá identificar no Emissário de Deus um príncipe belicoso? Não! O Evangelho é amor em sua expressão mais sublime. O Mestre deixou-se imolar transmitindo-nos o exemplo da redenção pelo amor mais puro. Pastor do imenso rebanho, Ele não quer se perca uma só de suas ovelhas bem-amadas, nem determina a morte do pecador. O Cristo é vida, e a salvação que nos trouxe está na sagrada oportunidade da nossa elevação, como filhos de Deus, exercendo os seus gloriosos ensinamentos.

Depois de uma pausa, o doutor da Lei já se erguia para revidar, quando Estêvão continuou:

— Agora, irmãos, peço vênia para concluir minhas palavras. Se não vos falei como desejáveis, falei como o Evangelho nos aconselha, arguindo a mim próprio na íntima condenação de meus grandes defeitos. Que a bênção do Cristo seja com todos vós.

Antes que pudesse abandonar a tribuna para confundir-se com a multidão, o futuro rabino levantou-se de chofre e observou enraivecido:

— Exijo a continuação da arenga! Que o pregador espere, pois não terminei o que preciso dizer.

Estêvão replicou serenamente:

— Não poderei discutir.

— Por quê? — perguntou Saulo irritadíssimo. — Estais intimado a prosseguir.

— Amigo — elucidou o interpelado calmamente —, o Cristo aconselhou que devemos dar a César o que é de César e a Deus o que é de Deus. Se tendes alguma acusação legal contra mim, exponde-a sem receio e vos obedecerei, mas, no que pertence a Deus, só a Ele compete arguir-me.

Tão alto espírito de resolução e serenidade, quase desconcertou o doutor do Sinédrio; compreendendo, porém, que a impulsividade somente poderia prejudicar-lhe a clareza do pensamento, acrescentou mais calmo, apesar do tom imperioso que deixava transparecer toda a sua energia:

At
6:8 a 11

— Mas eu preciso elucidar os erros desta casa. Necessito perguntar e haveis de responder-me.

— No tocante ao Evangelho — replicou Estêvão —, já vos ofereci os elementos de que podia dispor, esclarecendo o que tenho ao meu alcance. Quanto ao mais, este templo humilde é construção de fé e não de justas casuísticas. Jesus teve a preocupação de recomendar a seus discípulos que fugissem do fermento das discussões e das discórdias. Eis por que não será lícito perdermos tempo em contendas inúteis, quando o trabalho do Cristo reclama o nosso esforço.

— Sempre o Cristo! Sempre o impostor! — trovejou Saulo, carrancudo.

— Minha autoridade é insultada pelo vosso fanatismo, neste recinto de miséria e de ignorância. Mistificadores, rejeitais as possibilidades de esclarecimento que vos ofereço; galileus incultos, não quereis considerar o meu nobre cartel de desafio. Saberei vingar a Lei de Moisés, da qual se tripudia. Recusais a intimativa, mas não podereis fugir ao meu desforço. Aprendereis a amar a Verdade e a honrar Jerusalém, renunciando ao nazareno insolente, que pagou na cruz os criminosos desvarios. Recorrerei ao Sinédrio para vos julgar e punir. O Sinédrio tem autoridade para desfazer vossas condenáveis alucinações.

Assim concluindo, parecia possesso de fúria. Mas nem assim logrou perturbar o pregador, que lhe respondeu de ânimo sereno:

— Amigo, o Sinédrio tem mil meios de me fazer chorar, mas não lhe reconheço poderes para obrigar-me a renunciar ao amor de Jesus Cristo.

Dito isso, desceu da tribuna com a mesma humildade, sem se deixar empolgar pelo gesto de aprovação que lhe endereçavam os filhos do infortúnio, que ali o ouviam como a um defensor de sagradas esperanças.

Alguns protestos isolados começaram a ser ouvidos. Fariseus irritados vociferavam insolências e remoques. A massa agitava-se, prevendo atrito iminente; porém, antes que Estêvão caminhasse dez passos para o interior junto dos companheiros, e antes que Saulo o alcançasse com outras objeções pessoais e diretas, uma velhinha maltrapilha apresentou-lhe uma jovem pobremente vestida e exclamou cheia de confiança:

At
6:8 a 11

— Senhor! Sei que continuais a bondade e os feitos do Profeta de Nazaré, que um dia me salvou da morte, apesar dos meus pecados e fraquezas. Atendei-me também, por piedade! Minha filha emudeceu há mais de um ano. Trouxe-a de Dalmanuta até aqui, vencendo enormes dificuldades, confiada na vossa assistência fraternal!

O pregador refletiu, antes de tudo, no perigo de qualquer capricho pessoal da sua parte, e, desejoso de atender à suplicante, contemplou a doente com sincera simpatia e murmurou:

— De nós nada temos, mas é justo esperar do Cristo as dádivas que nos sejam necessárias. Ele que é justo e generoso não te esquecerá na distribuição santificada da sua misericórdia.

E, como atuado por força estranha, acrescentava:

— Hás de falar, para louvor do bom Mestre!...

Então, viu-se um fato singular, que impressionou de súbito a numerosa assembleia. Com um raio de infinita alegria nos olhos, a enferma falou:

— Louvarei ao Cristo de toda minha alma, eternamente.
— Ela e a genitora, tomadas de forte comoção, caíram, ali mesmo, de joelhos e beijaram-lhe as mãos; Estêvão, entretanto, tinha agora os olhos mareados de pranto, profundamente sensibilizado. Era o primeiro a comover-se e admirar a proteção recebida, e não tinha outro meio que não o das lágrimas sinceras para traduzir a intensidade do seu reconhecimento.

Os fariseus, que se aproximavam no intuito de comprometer a paz do recinto humilde, recuaram estupefatos. Os pobres e os aflitos, como se houvessem recebido um reforço do Céu para o êxito da crença pura, encheram a sala de exclamações de sublime esperança.

Saulo observava a cena sem poder dissimular a própria ira. Se possível, desejaria esfrangalhar Estêvão em suas mãos. No entanto, apesar do temperamento impulsivo, chegou à conclusão de que um ato agressivo levaria os amigos presentes a um conflito de sérias proporções. Refletiu, igualmente, que nem todos os adeptos do "Caminho" estavam, como o pregador, em condições de circunscrever a luta ao plano das lições de ordem espiritual, e, de certa maneira, não recusariam a luta física. De relance, notou que alguns estavam armados, que os anciães traziam fortes cajados de arrimo, e os aleijados exibiam rijas muletas. A luta corporal, naquele recinto de construção frágil, teria consequências lamentáveis. Procurou coordenar melhores raciocínios. Teria a Lei a seu favor. Poderia contar com o Sinédrio. Os sacerdotes mais eminentes eram amigos devotados. Lutaria com Estêvão até dobrar-lhe a resistência moral. Se não conseguisse submetê-lo, odiá-lo-ia para sempre. Na satisfação dos seus caprichos, saberia remover todos os obstáculos.

At 6:8 a 11

Reconhecendo que Sadoque e mais dois companheiros iam iniciar o tumulto, gritou-lhes em voz grave e imperiosa:

— Vamo-nos! Os adeptos do "Caminho" pagarão muito caro a sua ousadia.

Nesse momento, quando todos os fariseus se dispunham a lhe atender a voz de comando, o moço de Tarso notou que Estêvão se encaminhava para o interior da casa, passando-lhe rente aos ombros. Saulo sentiu-se abalado em todas as fibras do seu orgulho. Fixou-o, quase com ódio, mas o pregador correspondeu-lhe com um olhar sereno e amistoso.

*Capítulo 5, páginas 91 e 92:*

Passados alguns dias, tomavam-se em Jerusalém providências para que Estêvão fosse levado ao Sinédrio e ali interrogado sobre a finalidade colimada com as prédicas do "Caminho".

Dada a intercessão conciliatória de Gamaliel, o feito se resumiria a uma discussão em que o pregador das novas interpretações definisse perante o mais alto tribunal da raça os seus pontos de vista, a fim de que os sacerdotes, como juízes e defensores da Lei, expusessem a verdade nos devidos termos.

At
6:8 a 11

O convite à requesta chegou à Igreja humilde, mas Estêvão se esquivou, alegando que não seria razoável disputar, em obediência aos preceitos do Mestre, apesar dos argumentos do filho de Alfeu, a quem intimidava a perspectiva de uma luta com as autoridades em evidência, parecendo-lhe que a recusa chocaria a opinião pública. Saulo, a seu turno, não poderia obrigar o antagonista a corresponder ao desafio, mesmo porque, o Sinédrio só poderia empregar meios compulsórios no caso de uma denúncia pública, depois da instauração de um processo em que o denunciado fosse reconhecido como blasfemo ou caluniador.

Ante a reiterada escusa de Estêvão, o doutor de Tarso exasperou-se. E depois de irritar a maioria dos companheiros contra o adversário, arquitetou vasto plano, de modo a forçá-lo à polêmica desejada, na qual buscaria humilhá-lo diante de todos os maiorais do Judaísmo dominador.

Depois de uma das sessões comuns do Tribunal, Saulo chamou um de seus amigos serviçais e falou-lhe em voz baixa:

— Neemias, nossa causa precisa de um cooperador decidido e lembrei-me de ti para a defesa dos nossos princípios sagrados.

— De que se trata? — perguntou o outro com enigmático sorriso. — Mandai e estou pronto a obedecer.

— Já ouviste falar num falso taumaturgo chamado Estêvão?

— Um dos tais homens detestáveis do "Caminho"? Já lhe ouvi a própria palavra e por sinal que reconheci nas suas ideias as de um verdadeiro alucinado.

— Ainda bem que o conheces de perto — replicou o jovem doutor satisfeito.

— Necessito de alguém que o denuncie como blasfemo em face da Lei e lembrei-me da tua cooperação neste sentido.

— Só isso? — interrogou o interpelado, astutamente. — É coisa fácil e agradável. Pois não o ouvi dizer que o Carpinteiro Crucificado é o fundamento da Verdade Divina? Isso é mais que blasfêmia. Trata-se de um revolucionário perigoso, que deve ser punido como caluniador de Moisés.

— Muito bem! — exclamou Saulo num largo sorriso. — Conto, pois, contigo.

No dia imediato, Neemias compareceu ao Sinédrio e denunciou o generoso pregador do Evangelho como blasfemo e caluniador, acrescentando criminosas observações de própria conta. Na peça acusatória, Estêvão figurava como feiticeiro vulgar, mestre de preceitos subversivos em nome de um falso Messias que Jerusalém havia crucificado anos antes, mediante idênticas acusações. Neemias inculcava-se como vítima da perigosa seita que lhe atingira e disturbara a própria família, e afirmava-se testemunha de baixos sortilégios por ele praticados, em prejuízo de outrem.

At
6:8 a 11

Saulo de Tarso anotou as mínimas declarações, acentuando os detalhes comprometedores.

A notícia estourou na Igreja do "Caminho", produzindo efeitos singulares e dolorosos. Os menos resolutos, com Tiago à frente, deixaram-se empolgar por considerações de toda ordem, receosos de se verem perseguidos, mas Estêvão, com Simão Pedro e João, mantinha-se absolutamente sereno, recebendo com bom ânimo a ordem de responder corajosamente ao libelo.

Cheio de esperança rogava a Jesus não o desamparasse, de maneira a testemunhar a riqueza da sua fé evangélica.

E esperou o ensejo com fidelidade e alegria.

(*Paulo e Estêvão*. FEB Editora. Primeira parte — Cap. 5, p. 79 a 89 e 91 a 92)

*Instigaram o povo, os anciãos e os escribas e, aproximando-se, o arrebataram e o conduziram ao Sinédrio. Apresentaram testemunhas falsas, que diziam: Este homem não cessa de falar palavras contra o lugar santo e contra a Lei. Pois [nós] o ouvimos dizer que esse Jesus, o Nazareno, destruirá este lugar e mudará os costumes que Moisés nos transmitiu. Todos os que estavam sentados no Sinédrio, fixando os olhos nele, viram o rosto dele como [se fosse] rosto de anjo. E disse o sumo sacerdote: As coisas são mesmo assim?*

Atos
6:12 a 15
e 7:1

## Falsas acusações e julgamento de Estêvão

No dia fixado, o grande recinto do mais alto sodalício israelita enchia-se de verdadeira multidão de crentes e curiosos, ávidos de assistir ao primeiro embate entre os sacerdotes e os homens piedosos e estranhos do "Caminho". A assembleia congraçava o que Jerusalém tinha de mais aristocrático e de mais culto. Os mendigos, porém, não tiveram acesso, embora se tratasse de um ato público.

O Sinédrio exibia suas personagens mais eminentes. De mistura com os sacerdotes e mestres de Israel, notava-se a presença das personalidades mais salientes do farisaísmo. Lá estavam representantes de todas as sinagogas.

Compreendendo a acuidade intelectual de Estêvão, Saulo queria fornecer-lhe um confronto do cenário em que dominava o seu talento, com a Igreja humilde dos adeptos do carpinteiro de Nazaré. No fundo, seu propósito radicava na jactanciosa demonstração de superioridade, afagando, ao mesmo tempo, a íntima esperança de conquistá-lo para as hostes do Judaísmo. Preparara, por isso, a reunião com todos os requisitos, de feição a impressionar-lhe os sentidos.

Estêvão comparecia como um homem chamado a defender-se das acusações a ele imputadas, não como prisioneiro comum obrigado a acertar contas com a justiça. Examinando, pois, a situação, rogou com insistência aos Apóstolos galileus não o acompanhassem, considerando, não só a necessidade de permanecerem junto dos sofredores, como também a possível ocorrência de sérios atritos, no caso de comparecimento dos adeptos do "Caminho", dada a firmeza de ânimo com que procuraria salvaguardar a pureza e a liberdade do Evangelho do Cristo. Além disso, os recursos de que poderiam dispor eram demasiadamente simples e não seria justo afrontar com eles o poderio supremo dos sacerdotes, que tinham encontrado recursos para crucificar o próprio Messias. Em favor do "Caminho" pontificavam, apenas, aqueles enfermos desventurados; as convicções puras dos mais humildes; a gratidão dos mais infelizes — única força poderosa pelo seu conteúdo de Virtude Divina, a lhes amparar a causa perante as autoridades dominantes do mundo. Assim ponderando, disputava o júbilo de assumir, sozinho, a responsabilidade da sua atitude, sem comprometer qualquer companheiro, tal como fizera Jesus um dia, no seu apostolado sublime. Se necessário, não desdenharia a possibilidade do derradeiro sacrifício, no sagrado testemunho de amor ao seu coração augusto e misericordioso. O sofrimento, por Ele, ser-lhe-ia suave e doce. Sua argumentação vencera o bom desejo dos companheiros mais veementes. Assim, sem amparo de qualquer amigo, compareceu ao Sinédrio, tomado de forte impressão ao lhe observar a grandeza e a suntuosidade. Habituado aos quadros tristes e pobres dos subúrbios, onde se refugiavam os infelizes de toda espécie, deslumbrava-se com a riqueza do Templo, com o aspecto soberbo da torre dos romanos, com os edifícios residenciais de estilo grego, com a feição exterior das sinagogas que se espalhavam em grande número por toda parte.

At 6:12 a 15 e 7:1

Compreendendo a importância daquela sessão a que acorriam os elementos de escol, por identificarem o invulgar interesse de Saulo, que, no momento, era a expressão de mocidade mais vibrante do Judaísmo, o Sinédrio requisitara o concurso da autoridade romana para a absoluta manutenção da ordem. A Corte provincial não regateara providências. Os próprios patrícios residentes em Jerusalém compareceram, numerosos, ao grande feito do dia, considerando que se tratava do primeiro processo a respeito das ideias ensinadas pelo Profeta Nazareno, depois da sua crucificação, que deixara tanta perplexidade e tantas dúvidas no espírito público.

At
6:12 a 15
e 7:1

Quando o grande recinto regurgitava de pessoas de alto destaque social, Estêvão sentou-se no lugar previamente designado, conduzido por um ministro do Templo, ali permanecendo sob a guarda de soldados que o fixavam ironicamente.

A sessão começou com todas as cerimônias regimentais. Ao iniciar os trabalhos, o sumo sacerdote anunciou a escolha de Saulo, consoante seu próprio desejo, para interpelar o denunciado e averiguar a extensão de sua culpa no aviltamento dos princípios sagrados da raça. Recebendo o convite para funcionar como juiz do feito, o jovem tarsense esboçou um sorriso triunfante. Com imperioso gesto, mandou que o humilde pregador do "Caminho" se aproximasse do centro da sala suntuosa, para onde se dirigiu Estêvão serenamente, acompanhado por dois guardas de cenho carregado.

O moço de Corinto fixou o quadro que o rodeava, considerando o contraste de uma e outra assembleia e recordando a última reunião da sua Igreja pobre, onde fora compelido a conhecer tão caprichoso antagonista. Não seriam aquelas as "ovelhas perdidas" da casa de Israel, a que aludia Jesus nos seus vigorosos ensinamentos? Ainda que o Judaísmo não houvesse aceitado a missão do Evangelho, como conciliava ele as observações sagradas dos profetas e sua elevada exemplificação de virtude, com a avareza e o desregramento? O próprio Moisés fora escravo e, por dedicação ao seu povo, sofrera inúmeras dificuldades em todos os dias da existência consagrada ao Todo-Poderoso. Jó padecera misérias sem nome e dera testemunho de fé nos sofrimentos mais acerbos. Jeremias chorara incompreendido. Amós experimentara o fel da ingratidão. Como poderiam os israelitas harmonizar o egoísmo com a sabedoria amorosa dos *Salmos* de Davi? Estranhável que, tão zelosos da Lei, se entregassem de modo absoluto aos interesses mesquinhos, quando Jerusalém estava cheia de famílias, irmãs pela raça, em completo abandono. Como cooperante de uma comunidade modesta, conhecia de perto as necessidades e sofrimentos do povo. Com essas ilações, sentia que o Mestre de Nazaré se elevava muito mais, agora, aos seus olhos, distribuindo entre os aflitos as esperanças mais puras e as mais consoladoras Verdades Espirituais.

Ainda não voltara a si da surpresa com que examinava as túnicas brilhantes e os ornamentos de ouro que exuberavam no recinto, quando a voz de Saulo, clara e vibrante, o chamou à realidade da situação.

At
6:12 a 15
e 7:1

Depois de ler a peça acusatória em que Neemias figurava como principal testemunha e no que foi ouvido com a máxima atenção, Saulo interrogou Estêvão entre ríspido e altivo:

— Como vedes, sois acusado de blasfemo, caluniador e feiticeiro, perante as autoridades mais representativas. No entanto, antes de qualquer decisão, o Tribunal deseja conhecer vossa origem para determinar os direitos que vos assistem neste momento. Sois, porventura, de família israelita?

O interrogado fez-se pálido, ponderando as dificuldades de uma plena identificação, caso fosse indispensável, mas respondeu firmemente:

— Pertenço aos filhos da tribo de Issacar.

O doutor da Lei surpreendeu-se, ligeiramente, de maneira imperceptível para a assembleia, e continuou:

— Como israelita, tendes o direito de replicar livremente às minhas interpelações; todavia, faz-se mister esclarecer que essa condição não vos eximirá de pesados castigos, caso perseverardes na exposição dos erros crassos de uma doutrina revolucionária, cujo fundador foi condenado à cruz infamante pela autoridade deste Tribunal, onde pontificam os filhos mais veneráveis das tribos de Deus. Aliás, apreciando, por suposição, a vossa origem, convidei-vos a discutir lealmente comigo, quando de nosso primeiro encontro na assembleia dos homens do "Caminho". Fechei os olhos aos quadros de miséria que então me cercavam, para analisar tão só os vossos dotes de inteligência, mas, evidenciando estranha exaltação de espírito, talvez em virtude de sortilégios, cujas influências são ali visíveis, vos

At
6:12 a 15
e 7:1

mantivestes em singular reserva de opinião, apesar dos meus apelos reiterados. Vossa atitude inexplicável deu azo a que o Sinédrio considerasse a presente denúncia de vosso nome como inimigo de nossas ordenações. Sereis agora obrigado a responder a todas as interpelações convenientes e necessárias, e eu espero reconheçais que o título de israelita não vos poderá livrar da punição reservada aos traidores de nossa causa.

Depois de não pequeno intervalo em que o juiz e o denunciado puderam verificar a ansiosa expectativa da assembleia, Saulo entrou a interrogar:

— Por que rejeitastes meu convite à discussão quando honrei a pregação no "Caminho" com a minha presença?

Estêvão, que tinha os olhos fulgurantes, como inspirado por uma Força Divina, replicou em voz firme, sem revelar a emoção que intimamente o dominava:

— O Cristo, a quem sirvo, recomendou aos seus discípulos evitassem, a qualquer tempo, o fermento das discórdias. Quanto ao ato de haverdes honrado minha palavra humilde com a vossa presença, agradeço a prova de imerecido interesse, mas prefiro considerar com Davi[11] que nossa alma se gloriará no Senhor, visto nada possuirmos de bom em nós mesmos, se Deus nos não amparar com a grandeza da sua glória.

Em face da lição sutil que lhe era lançada em rosto, Saulo de Tarso mordeu os lábios, entre colérico e despeitado, e, procurando evitar, agora, qualquer alusão pessoal, para não cair em situação semelhante, prosseguiu:

— Sois acusado de blasfemo, caluniador e feiticeiro...

— Permito-me perguntar em que sentido — retrucou o interpelado, com desassombro.

— Blasfemo quando inculcais o carpinteiro de Nazaré como Salvador; caluniador quando achincalhais a Lei de Moisés, renegando os princípios sagrados que nos regem os destinos. Confirmais tudo isso? Aprovais essas acusações?

Estêvão esclareceu sem titubear:

---

[11] Nota do autor espiritual: *Salmos*, 34:2.

— Mantenho minha crença de que o Cristo é o Salvador prometido pelo Eterno, por meio dos ensinos dos profetas de Israel, que choraram e sofreram no decurso de longos séculos, por transmitir-nos os júbilos doces da Promessa. Quanto à segunda parte, suponho que a acusação procede de interpretação errônea acerca de minhas palavras. Jamais deixei de venerar a Lei e as Sagradas Escrituras, mas considero o Evangelho de Jesus o seu divino complemento. As primeiras são o trabalho dos homens, o segundo é o salário de Deus aos trabalhadores fiéis.

At
6:12 a 15
e 7:1

— Sois então de parecer — disse Saulo sem dissimular irritação diante de tanta firmeza — que o carpinteiro é maior que o grande legislador?

— Moisés é a justiça pela revelação, mas o Cristo é o amor vivo e permanente.

A essa resposta do acusado, houve um prurido de exaltação na grande assembleia. Alguns fariseus encolerizados gritavam injúrias. Saulo, porém, lhes fez um sinal imperioso e o silêncio voltou a possibilitar o interrogatório. E, dando à voz um timbre de severidade, prosseguiu:

— Sois israelita e jovem ainda. Uma inteligência apreciável serve ao vosso esforço. Temos então o dever, antes de qualquer punição, de trabalhar pelo vosso regresso ao aprisco. É imprescindível chamar o irmão desertor, com carinho, antes do extremo recurso às armas. A Lei de Moisés poderá conferir-vos uma situação de grande relevo, mas que proveito tiraríeis da palavra insignificante, inexpressiva, do operário ignorante de Nazaré, que sonhou com a glória para pagar as esperanças loucas em uma cruz de ignomínia?

— Desprezo o valor puramente convencional que a Lei me poderia oferecer em troca do apoio à política do mundo, que se transforma todos os dias, considerando que a nossa segurança reside na consciência iluminada com Deus e para Deus.

— Que esperais, porém, do mistificador que lançou a confusão entre nós, para morrer no Calvário? — tornou Saulo exaltadamente.

— O discípulo do Cristo deve saber a quem serve e eu me honro em ser instrumento humilde em suas mãos.

— Não precisamos de um inovador para a vida de Israel.

— Compreendereis, um dia, que, para Deus, Israel significa a Humanidade inteira.

Diante dessa resposta ousada, a quase totalidade da assembleia prorrompeu em apupos, mostrando sua hostilidade franca ao denunciado de Neemias. Afeitos a um regionalismo intransigente, os israelitas não toleravam a ideia de confraternização com os povos que consideravam bárbaros e gentios. Enquanto os mais exaltados davam expansão a protestos veementes, os romanos observavam a cena, curiosos e interessados, como se presenciassem uma cerimônia festiva.

Depois de longa pausa, o futuro rabino continuou:

— Confirmais a acusação de blasfêmia, enunciando semelhante princípio contra a situação do povo escolhido. É a vossa primeira condenação.

— E isso não me atemoriza — disse o acusado resoluto —; às ilusões orgulhosas que nos conduziriam a tenebrosos abismos, prefiro acreditar, com o Cristo, que todos os homens são filhos de Deus, merecendo o carinho do mesmo Pai.

Saulo mordeu os lábios raivosamente e, acentuando sua atitude rigorosa de julgador, prosseguiu com aspereza.

— Caluniais Moisés, proferindo tais palavras. Aguardo vossa confirmação.

O interpelado, dessa vez, endereçou-lhe significativo olhar e murmurou:

— Por que aguardais minha confirmação se obedeceis a um critério arbitrário? O Evangelho desconhece as complicações da casuística. Não desdenho Moisés, mas não posso deixar de proclamar a superioridade de Jesus Cristo. Podeis lavrar sentenças e proferir anátemas contra mim; entretanto, é necessário que alguém coopere com o Salvador no restabelecimento da Verdade acima de tudo, e sem embargo das mais dolorosas consequências. Aqui estou para fazê-lo e saberei pagar, pelo Mestre, o preço da mais pura fidelidade.

Depois de cessar o abafado vozerio da assistência, Saulo voltou a dizer:

— O Tribunal reconhece-vos como caluniador, passível das punições atinentes a esse título odioso.

E tão logo foram grafadas as novas declarações pelo escriba que anotava os termos da inquirição, acentuou sem disfarçar a ira que o dominava:

— É indispensável não esquecer que sois acusado de feiticeiro. Que respondeis a semelhante arguição?

— De que me acusam, nesse particular? — interrogou o pregador do "Caminho" com galhardia.

— Eu próprio vos vi curar uma jovem muda, num dia de sábado, e ignoro a natureza dos sortilégios que utilizastes nesse feito.

— Não fui eu quem praticou esse ato de amor, como, certamente, me ouvistes afirmar; foi o Cristo, por intermédio de minha pobreza, que nada tem de boa.

— Pensais inocentar-vos com esta ingênua declaração? — objetou Saulo com ironia. — A suposta humildade não vos exculpa. Fui testemunha do fato e só a feitiçaria poderá elucidar seus ascendentes estranhos.

Longe de se perturbar, o acusado respondeu inspiradamente:

— Contudo, o Judaísmo está cheio desses fatos que julgais não compreender. Em virtude de que sortilégio conseguiu Moisés fazer jorrar de uma rocha a fonte de água viva? Com que feitiçaria o povo eleito viu abrirem-se-lhe as ondas revoltas do mar para a necessária fuga do cativeiro? Com que talismã presumiu Josué atrasar a marcha do Sol? Não vedes, em tudo isso, os recursos da Providência Divina? De nós nada temos, e, todavia, no cumprimento do nosso dever, tudo devemos esperar da Divina Misericórdia.

Analisando a resposta concisa, reveladora de raciocínios lógicos, irretorquíveis, o doutor de Tarso quase rilhou os dentes. Um rápido relancear de olhos na assembleia deu-lhe a conhecer que o antagonista contava com a simpatia e admiração de muitos. Chegava a desconcertar-se intimamente. Como recuperar a calma, dado o temperamento impulsivo que o levava aos extremos emotivos? Examinando a última assertiva de Estêvão, sentia dificuldade em coordenar uma argumentação decisiva. Sem poder revelar o desapontamento próprio, incapaz de encontrar a resposta devida, considerou a urgência de uma saída a propósito e dirigiu-se ao sumo sacerdote, nestes termos:

At
6:12 a 15
e 7:1

At
6:12 a 15
e 7:1

— O acusado confirma, por sua palavra, a denúncia de que foi objeto. Acaba de confessar, em público, que é blasfemo, caluniador e feiticeiro. Entretanto, por sua condição de nascimento, ele tem direito à defesa última, independentemente das minhas interpretações de julgador. Proponho, então, que a autoridade competente lhe conceda esse recurso.

Grande número de sacerdotes e personalidades eminentes entreolhou-se, quase com espanto, como a prelibar a primeira derrota do orgulhoso doutor da Lei, cuja palavra vibrante sempre conseguira triunfar sobre quaisquer adversários, fixando-lhe o rosto rubro de cólera, denunciando a tempestade que lhe rugia no coração.

Aceita a proposta formulada pelo juiz da causa, Estêvão passou a usar de um direito que lhe era conferido pelo seu nascimento.

(*Paulo e Estêvão*. FEB Editora. Primeira parte — Cap. 6, p. 93 a 100)

*Ele disse: varões, irmãos e pais, ouvi. O Deus da glória se tornou visível ao nosso Pai Abraão, enquanto estava na Mesopotâmia, antes de habitar em Harã, e disse para ele: sai da tua terra e da tua parentela, e vem para a terra que [eu] te mostrar. Então, saindo da terra dos caldeus, habitou em Harã. E dali, depois da morte do seu pai, [Deus] fez com que ele imigrasse para esta terra, na qual vós agora habitais. E não lhe deu herança nela, nem estrado de pé; mas prometeu dar-lhe a posse dela e, depois dele, à sua descendência, não tendo ele filho [ainda]. E assim falou Deus: a descendência dele será peregrina em terra estrangeira, por quatrocentos anos a escravizarão e maltratarão. Disse Deus: eu julgarei a nação que os escravizará, e depois destas [coisas] sairão e me prestarão culto neste lugar. E deu-lhe a aliança da circuncisão; assim gerou a Isaac e o circuncidou ao oitavo dia; Isaac [gerou] a Jacob, e Jacob aos doze Patriarcas. Os Patriarcas, invejando José, o entregaram ao Egito, mas Deus estava com ele, retirou-o de todas as suas provações, deu-lhe graça e sabedoria perante o faraó, rei do Egito, que o constituiu condutor sobre o Egito e sobre a sua casa. Veio, porém, fome e grande provação sobre o Egito inteiro e [sobre] Canaã, e nossos Pais não encontravam alimento. Jacob, ouvindo que havia cereais no Egito, enviou para lá, pela primeira vez, os nossos Pais. Na segunda vez, José se deu a conhecer a seus irmãos, e se tornou pública ao faraó a origem de José. Ao enviá-los, José mandou chamar seu pai, e toda a sua parentela, [composta de] setenta e cinco almas. Jacob desceu ao Egito, e [lá] morreu, ele e nossos Pais. Foram transferidos para Siquém e colocados no sepulcro que Abraão havia comprado a preço de prata, junto aos filhos de Hemmor, em Siquém. Como se aproximava o tempo da promessa que Deus havia declarado a Abraão, o povo cresceu e se multiplicou no Egito. Até que se levantou outro Rei que não conhecera José. Este [rei], ludibriando a nossa raça, maltratou os Pais, ao fazê-los abandonar os recém-nascidos, a fim de que não sobrevivessem. Nesse tempo, foi gerado Moisés, que era formoso para Deus, o qual foi criado na casa do pai por três meses. Ao ser abandonado, a filha do faraó o recolheu, e o criou como seu próprio filho. Moisés foi educado em toda a sabedoria dos egípcios, e era poderoso em suas palavras e obras. Quando se completou para ele o tempo de quarenta anos, subiu ao seu coração visitar os seus irmãos, os filhos de Israel. E ao ver alguém sendo injustiçado, defendeu e fez justiça ao oprimido, ferindo o egípcio. Supunha estarem compreendendo seus irmãos que Deus, através das mãos dele, concedia-lhes salvação. Eles, porém, não compreenderam. No dia seguinte, foi visto pelos que estavam brigando e os reconciliava para a paz, dizendo: varões, [vós] sois irmãos, porque fazeis injustiça uns aos outros? Mas o que fazia injustiça ao próximo o repeliu, dizendo: quem te constituiu autoridade e juiz sobre nós? Acaso, tu queres me eliminar da maneira como eliminaste, ontem, o egípcio? A estas palavras, Moisés fugiu e tornou-se estrangeiro na terra de Madiam, onde gerou dois filhos. Completados quarenta anos, no deserto do Monte Sinai, foi visto por ele um anjo, na chama de fogo de uma sarça. Ao ver [isso], Moisés ficou maravilhado com a visão e, aproximando-se para observar, surgiu uma voz do Senhor: Eu sou o Deus de teus Pais, o Deus de Abraão, de Isaac e de Jacob. Moisés, ficando trêmulo, não ousava observar. Disse-lhe o Senhor: tira a sandália dos teus pés, pois o lugar sobre o qual estás de pé é terra santa. Vendo, [eu] vi a opressão do meu povo no Egito, ouvi o seu gemido, e desci para retirá-los. Agora vem, e te enviarei ao Egito. Este Moisés, a quem negaram, dizendo: quem te constituiu autoridade? A este, Deus enviou [como] autoridade e redentor, com a mão do anjo que foi visto por ele na sarça. Ele os retirou, realizando prodígios e sinais na terra do Egito, bem como no Mar Vermelho e no deserto, por quarenta anos. Este é Moisés, o que disse aos filhos de Israel: Deus suscitará para vós, dentre os vossos irmãos, um Profeta como eu. Este é o que esteve na congregação no deserto, com o anjo que lhe falava no monte Sinai e com nossos Pais, o qual recebeu palavras vivas para nos dar. A quem nossos Pais não quiseram ser obedientes; ao contrário, o repeliram e, em seus corações, retornaram para o Egito, dizendo a Aarão: faze para nós deuses, os quais seguirão adiante de nós, pois este Moisés, que nos retirou da terra do Egito, não sabemos o que lhe sucedeu. Naqueles dias, fizeram um bezerro, conduziram oferenda ao ídolo e se deleitaram com as obras das mãos deles. Deus, porém, retornou e os entregou ao culto do exército do Céu, como está escrito no Livro dos Profetas: acaso [foi] a mim que oferecestes sacrifícios e oferendas durante quarenta anos, ó Casa de Israel? E levantaste a tenda de Moloch e a estrela do deus Renfan, as figuras que fizestes para as adorar. [Por isso] vos farei imigrar para o outro lado da Babilônia. Havia para nossos Pais, no deserto, a tenda do testemunho, como ordenou fazê-la aquele que fala a Moisés, segundo o tipo que [Moisés] havia visto. Ao recebê-la, nossos Pais, com Josué, também a levaram na desapropriação das nações que Deus expulsou da face dos nossos Pais — até aos dias de Davi. Ele encontrou graça diante de Deus, e pediu para encontrar uma tenda para casa de Jacó. Salomão, porém, lhe edificou uma casa, mas o Altíssimo não habita no que foi feito por mãos [humanas], como diz o Profeta: o céu é meu trono, e a terra estrado dos meus pés; que tipo de casa me edificareis, diz o Senhor, ou qual o lugar do meu repouso? Porventura, a minha mão não fez todas essas [coisas]? [Homens] de dura cerviz e incircuncisos nos corações e nos ouvidos, vós sempre resistis ao Espírito Santo; como os vossos Pais, [sois] também vós. Qual dos Profetas vossos Pais não perseguiram? Mataram os que haviam predito sobre a vinda do Justo, do qual vos tornastes agora traidores e assassinos, vós que*

> *recebestes a Lei em preceitos de anjos, e não guardastes. Ao ouvirem essas [coisas], estavam enfurecidos em seus corações, e rangiam os dentes contra ele.*

Atos 7:2 a 54

## O discurso de Estêvão

Levantando-se, nobremente contemplou os rostos ansiosos que o buscavam de todos os lados. Adivinhou que a maioria dos presentes presumia na sua figura um perigoso inimigo das tradições raciais, tal a sua expressão de hostilidade, mas notou, igualmente, que alguns israelitas o encaravam com simpatia e compreensão. Valendo-se desse auxílio, sentiu consolidar-se-lhe o bom ânimo, de maneira a expor com maior serenidade os sagrados ensinos do Evangelho. Lembrou, instintivamente, a promessa de Jesus aos seus continuadores, de que estaria presente no instante em que devessem dar testemunho pela palavra, competindo-lhe não tremer ante as provocações inconscientes do mundo. Mais que nunca, sentiu a convicção de que o Mestre auxiliá-lo-ia na exposição da doutrina de amor.

Passado um minuto de ansiosa expectativa, começou a falar de modo impressionante:

— Israelitas! por maior que fosse nossa divergência de opinião religiosa, não poderíamos alterar nossos laços de fraternidade em Deus — o Supremo Dispensador de todas as graças. É a esse Pai, generoso e justo, que elevo minha rogativa em favor de nossa compreensão fiel das Verdades Santas. Outrora, nossos antepassados ouviram as exortações grandiosas e profundas dos emissários do Céu. Por organizar um futuro de paz sólida aos seus descendentes, nossos avós sofreram misérias e penúrias do cativeiro. Seu pão era molhado nas lágrimas de amargura, sua sede angustiava. Viram malogradas todas as esperanças de independência, perseguições sem conto destruíram-lhes o lar, com agravo de sofrimentos nas lutas de seu roteiro. À frente de seus martírios dignificantes, andaram os santos varões de Israel, como gloriosa coroa do seu triunfo. Alimentou-os a palavra do Eterno, diante de todas as vicissitudes. Suas experiências constituem poderoso e sagrado patrimônio. Delas, temos a Lei e os Escritos dos profetas. Apesar disso, não podemos iludir nossa sede. Nossa concepção de justiça é fruto de um labor milenário, em que empregamos as maiores energias, mas sentimos, por intuição, que existe algo de mais elevado, além dela. Temos o cárcere para os que se transviam, o vale dos imundos para os que adoecem sem a proteção da família, a lapidação na praça pública para a mulher que fraqueja, a escravidão para os endividados, os trinta e nove açoites para os mais infelizes. Bastará isso? As lições do passado não estão cheias da palavra "misericórdia"? Algo nos fala à consciência, de uma vida maior, que inspira sentimentos mais elevados e mais belos. Ingente foi o trabalho no curso longo e multissecular, mas o Deus justo respondeu aos angustiados apelos do coração, enviando-nos seu Filho bem-amado — o Cristo Jesus!...

At
7:2 a 54

A assembleia ouvia grandemente surpreendida. No entanto, quando o orador frisou mais forte a referência ao Messias de Nazaré, os fariseus presentes, fazendo causa comum com o jovem de Tarso prorromperam em protestos, gritando alucinadamente:

— Anátema! Anátema!... Punição ao trânsfuga!

Estêvão recebeu com serenidade a tormenta objurgatória e, tão logo foi a ordem restabelecida, prosseguiu com firmeza:

— Por que me apupais desta forma? Toda precipitação de julgamento demonstra fraqueza. Primeiramente, renunciei à discussão considerando que se deve eliminar todo fermento de discórdia, mas dia a dia o Cristo nos convoca para um trabalho novo e, certamente, o Mestre me chama hoje, a fim de palestrar convosco relativamente às suas Verdades poderosas. Desejais impor-me o ridículo e a zombaria? Isso, porém, deve confortar-me, porque Jesus experimentou esse tratamento em grau superlativo. Não obstante vossa repulsa honro-me em proclamar as glórias inexcedíveis do Profeta Nazareno, cuja grandeza veio ao encontro de nossas ruínas morais, levantando-nos para Deus com o seu Evangelho de redenção.

Nova saraivada de apóstrofes cortou-lhe a palavra. Ditos mordentes e ásperos baldões eram-lhe atirados a esmo, de todos os lados. Estêvão não esmoreceu. Voltando-se, sereno, fixou nobremente os circunstantes, guardando a intuição de que os mais exaltados seriam os fariseus, os mais fundamente atingidos pelas Verdades novas.

At
7:2 a 54

Esperando que recobrassem a calma, falou novamente:

— Fariseus amigos, por que teimais em não compreender? Porventura temeis a realidade das minhas afirmações? Se vossos protestos se fundam nesse receio, calai-vos para que eu continue. Lembrai-vos de que me refiro aos nossos erros do passado e quem se associa na culpa dá testemunho de amor no capítulo das reparações. Apesar de nossas misérias, Deus nos ama e, reconhecendo eu a própria indigência, não poderia falar-vos senão como irmão. Entretanto, se expressais desespero e revolta, recordai que não poderemos fugir à realidade da nossa profunda insignificância. Lestes, acaso, as lições de *Isaías*? Importa considerar a exortação de que não poderemos sair, apressadamente, nem enganando a nós mesmos, nem fugindo aos nossos deveres, porque o Senhor irá adiante e o Deus de Israel será a nossa retaguarda. Ouvi-me! Deus é o Pai, o Cristo é o Senhor nosso.

"Muito falais da Lei de Moisés e dos profetas; todavia, podereis afirmar com a mão na consciência a plena observância dos seus gloriosos ensinamentos? Não estaríeis cegos atualmente, negando-vos à compreensão da Mensagem Divina? Aquele a quem chamais, ironicamente, o carpinteiro de Nazaré, foi amigo de todos os infelizes. Sua pregação não se limitou a expor princípios filosóficos. Antes, pela exemplificação, renovou nossos hábitos, reformou as ideias mais elevadas, com o selo do Amor Divino. Suas mãos nobilitaram o trabalho, pensaram úlceras, curaram leprosos, deram vista aos cegos. Seu coração repartiu-se entre todos os homens, dentro do novo entendimento do amor que nos trouxe com o exemplo mais puro.

"Acaso ignorais que a palavra de Deus tem ouvintes e praticantes? Convém consultardes se não tendes sido meros ouvintes da Lei, de maneira a não falsear o testemunho.

"Jerusalém não me parece o santuário de tradições da fé, que conheci por informações de meus pais, desde criança. Atualmente, dá impressão de um grande bazar no qual se vendem as coisas sagradas. O Templo está cheio de mercadores. As sinagogas regurgitam de assuntos atinentes a interesses mundanos. As células farisaicas assemelham-se a um vespeiro de interesses mesquinhos. O luxo das vossas túnicas assombra. Vossos desperdícios espantam. Não sabeis que à sombra de vossos muros há infelizes que morrem de fome? Venho dos subúrbios, onde se concentra grande parte de nossas misérias.

At
7:2 a 54

"Falais de Moisés e dos profetas, repito. Acreditais que os antepassados veneráveis mercadejassem com os bens de Deus? O grande legislador viveu entre experiências terríveis e dolorosas. Jeremias conheceu longas noites de angústias, a trabalhar pela intangibilidade do nosso patrimônio religioso, entre as perdições de Babilônia. Amós era pobre pastor, filho do trabalho e da humildade. Elias sofreu toda sorte de perseguições, compelido a recolher-se ao deserto, tendo só lágrimas como preço do seu iluminismo. Esdras foi modelo de sacrifício pela paz dos seus compatriotas. Ezequiel foi condenado à morte por haver proclamado a Verdade. Daniel curtiu as infinitas amarguras do cativeiro. Mencionais os nossos heroicos instrutores do passado, tão só para justificar o gozo egoístico da vida? Onde guardais a fé? No conforto ocioso ou no trabalho produtivo? Na bolsa do mundo ou no coração que é o templo divino? Incentivais a revolta e quereis a paz? Explorais o próximo e falais de amor a Deus? Não vos lembrais de que o Eterno não pode aceitar o louvor dos lábios quando o coração da criatura permanece dele distante?"

A assembleia, ante o sopro daquela sublime inspiração, parecia imóvel, incapaz de se definir. Muitos israelitas supunham ver em Estêvão o ressurgimento de um dos primevos profetas da raça. Mas os fariseus, como se quebrassem a misteriosa força que os emudecia, romperam em algazarra ensurdecedora, gesticulando a esmo, proferindo impropérios, no propósito de atenuar a forte impressão causada pelos surtos eloquentes e calorosos do orador.

— Apedrejemos o imundo! Matemos a calúnia! Anátema ao caminho de Satanás!...

Nesse comenos, Saulo levantou-se rubro de cólera. Não conseguia disfarçar a fúria do temperamento impulsivo a desbordar-lhe dos olhos inquietos e brilhantes.

At 7:2 a 54

Caminhou presto para o acusado, dando a entender que ia cassar-lhe a palavra, e a assembleia logo se acalmou, embora continuasse o rumor dos comentários abafados.

Percebendo que ia talvez ser coagido pela violência e, mais, que os fariseus pediam sua morte, Estêvão fixou os mais irônicos e arrebatados, exclamando em voz alta e tranquila:

— Vossa atitude não me intimida. O Cristo foi solícito no recomendar não temêssemos os que só podem matar-nos o corpo.

Não pôde prosseguir. O moço tarsense, mãos à cintura, olhar iracundo e gestos rudes como se defrontasse um malfeitor comum, gritou-lhe furiosamente no ouvido:

— Basta! Basta! Nem mais uma palavra!... Agora que te foi concedido o último recurso inutilmente, também usarei o que me faculta a condição do nascimento em face de um irmão desertor.

E caiu-lhe de punhos fechados no rosto, sem que Estêvão tentasse a menor reação. Os fariseus aplaudiram o gesto brutal, em atroada delirante, qual se estivessem num dia de festa. Dando expansão ao seu arrebatamento, Saulo esmurrava sem compaixão. Sem recursos de ordem moral, ante a lógica do Evangelho, recorria à força física, satisfazendo à índole voluntariosa.

O pregador do "Caminho", submetido a tais extremos, implorava de Jesus a necessária assistência para não se trair no testemunho. Não obstante a reforma radical que a influência do Cristo havia imposto às suas concepções mais íntimas, ele não podia fugir à dor da dignidade ferida. Procurou, contudo, recompor imediatamente as energias interiores, na compreensão da renúncia que o Mestre predicara como lição suprema. Lembrou os sacrifícios do pai em Corinto, reviu na imaginação o seu suplício e morte. Recordou a prova angustiosa que sofrera e considerou que, se tão só no conhecimento de Moisés e dos profetas tanto conseguira em energia moral para enfrentar os ignorantes da Bondade Divina, que não poderia testemunhar agora com o

Cristo no coração? Esses pensamentos acudiam-lhe ao cérebro atormentado, como bálsamo de suprema consolação. Entretanto, embora a fortaleza de ânimo que lhe marcasse o caráter, viu-se que ele vertia copiosas lágrimas. Quando lhe observou o pranto misturado com o sangue a jorrar da ferida que as punhadas lhe abriram em pleno rosto, Saulo de Tarso conteve-se saciado na sua imensa cólera. Não podia compreender a passividade com que o agredido recebera os bofetões da sua força enrijada nos exercícios do esporte.

At
7:2 a 54

A serenidade de Estêvão perturbou-o ainda mais. Sem dúvida, estava diante de uma energia ignorada.

Esboçando um sorriso de zombaria, advertiu altaneiro:

— Não reages, covarde? Tua escola é também a da indignidade?

O pregador cristão, apesar dos olhos molhados, respondeu com firmeza:

— A paz difere da violência, tanto quanto a força do Cristo diverge da vossa.

Verificando tamanha superioridade de concepção e pensamento, o doutor da Lei não podia ocultar o despeito e a fúria que lhe transpareciam nos olhos chamejantes. Parecia no auge da irritação, a extravasar nos maiores despropósitos. Dir-se-ia haver chegado ao cúmulo de tolerância e resistência.

Voltando-se para observar a aprovação dos seus partidários, que se contavam por maioria, dirigiu-se ao sumo sacerdote e impetrou uma sentença cruel. Tremia-lhe a voz, pelo esforço físico despendido.

— Analisando a peça condenatória — acrescentou ufano — e, considerados os graves insultos aqui bolçados, como juiz da causa rogo seja o réu lapidado.

Frenéticos aplausos secundaram-lhe a palavra inflexível. Os fariseus tão duramente atingidos pelo verbo ardente do discípulo do Evangelho supunham vingar, desse modo, o que consideravam escárnio criminoso às suas prerrogativas.

A autoridade superior recebeu o alvitre e procurou submetê-lo à votação no reduzido círculo dos colegas mais eminentes.

At
7:2 a 54

Foi então que Gamaliel, depois de palestrar em voz baixa com os colegas de elevada investidura, comentando talvez o caráter generoso e a incoercível impulsividade do ex-discípulo, dando-lhes a entender que a sanção proposta seria morte imediata do pregador do "Caminho", levantou-se no inquieto cenáculo e ponderou nobremente:

— Tendo voto neste Tribunal e não desejando precipitar a solução de um problema de consciência, proponho que se estude mais ponderadamente a sentença pedida, retendo-se o acusado em calabouço até que se esclareça a sua responsabilidade perante a justiça.

Saulo percebeu o ponto de vista do antigo mestre, inferindo que ele punha em jogo o seu reconhecido pendor à tolerância. Aquela advertência contrariava-lhe sobremaneira os propósitos resolutos, mas, sabendo que não lhe poderia ultrapassar a autoridade veneranda, acentuou:

— Aceito a proposição na qualidade de juiz do feito; entretanto, adiada a execução da pena, qual fora de desejar e tendo em vista o veneno destilado pelo verbo irreverente e ingrato do réu, espero seja este algemado e recolhido imediatamente ao cárcere. E proponho igualmente investigações mais amplas sobre as atividades supostamente piedosas dos perigosos crentes do "Caminho", a fim de que se extirpe na raiz a noção de indisciplina por eles criada contra a Lei de Moisés, movimento revolucionário de consequências imprevisíveis, que significa, em substância, desordem e confusão em nossas próprias fileiras e ominoso esquecimento das ordenações divinas, conjurando assim a propagação do mal, cujo crescimento intensificará os castigos.

A nova proposta foi plenamente aprovada. Com a sua profunda experiência dos homens, Gamaliel compreendeu que era indispensável conceder alguma coisa.

Ali mesmo, Saulo de Tarso foi autorizado pelo Sinédrio a iniciar as mais latas diligências a respeito das atividades do "Caminho", com ordem de admoestar, corrigir e prender todos os descendentes de Israel dominados pelos sentimentos colhidos no Evangelho, considerado, desde àquela hora, pelo regionalismo semita, como repositório de veneno ideológico, com que o ousado Carpinteiro Nazareno pretendia revolucionar a vida israelita, operando a dissolução dos seus elos mais legítimos.

O moço tarsense, em frente de Estêvão prisioneiro, recebeu a notificação oficial com um sorriso triunfante.

Encerrou-se, assim, a memorável sessão. Numerosos companheiros acercaram-se do moço judeu, felicitando-o pela palavra vibrante, ciosa da hegemonia de Moisés. O ex-discípulo de Gamaliel recebia a saudação dos amigos e murmurava confortado:

At 7:2 a 54

— Conto com todos, lutaremos até o fim.

Os trabalhos daquela tarde tinham sido exaustivos, mas o interesse despertado fora enorme. Estêvão sentia-se cansadíssimo. Ante os grupos que se retiravam esflorando os mais diversos comentários, foi ele maniatado antes de conduzido à prisão. Polarizando os sentimentos do Mestre, não obstante a fadiga, tinha confortada a consciência. Com sincera alegria interior, verificava que mais uma vez Deus lhe concedia a oportunidade de testemunhar a sua fé.

Em poucos instantes, a sombra do crepúsculo parecia caminhar rápida para a noite sombria.

Após suportar as mais dolorosas humilhações de alguns fariseus que se retiravam sob profunda impressão de despeito, custodiado por guardas rudes e insensíveis, ei-lo recolhido ao cárcere, com pesadas algemas.

(*Paulo e Estêvão*. FEB Editora. Primeira parte — Cap. 6, p. 100 a 107)

*[Ele], porém, estando cheio do Espírito Santo, fitando o Céu, viu a glória de Deus, e Jesus em pé à direita de Deus. E disse: eis que contemplo os Céus abertos e o filho do homem, em pé, à direita de Deus. Gritando com grande voz, apertaram os seus ouvidos e arremeteram-se, unânimes, contra ele. Lançando-o para fora da cidade, o apedrejaram. As testemunhas depuseram as suas vestes junto aos pés de um jovem, chamado Saulo. E apedrejaram a Estêvão, que invocava dizendo: Senhor Jesus, recebe o meu espírito. Pondo-se de joelhos, gritou com grande voz: Senhor, não lhes imputes este pecado. E, tendo dito isto, adormeceu. Saulo estava concordando com a eliminação dele. Naquele dia, houve uma grande perseguição contra a Igreja de Jerusalém; e todos foram dispersos pelas regiões da Judeia e Samaria, exceto os Apóstolos. Varões piedosos sepultaram Estêvão e fizeram grande lamentação por ele.*

Atos
7:55 a 60
e 8:1 a 2

## A morte de Estêvão

Nesse dia, desde muito cedo, o mais alto Tribunal de Israel apresentava desusado movimento. A execução do pregador do "Caminho" constituía objeto de largos comentários. Sobretudo os fariseus faziam questão de todos os informes. Ninguém queria perder o angustioso espetáculo. A Igreja modesta de Simão Pedro, entretanto, não ousou aproximar-se para qualquer indagação. Saulo, como perseguidor declarado e usando das prerrogativas da investidura legal, mandara anunciar que nenhum adepto do "Caminho" poderia assistir à execução a efetivar-se num dos grandes pátios do santuário. Longas filas de soldados foram dispostas na grande praça, para dispersar quaisquer grupos de mendigos que se formassem com intuitos desconhecidos e, desde as primeiras horas da manhã, numerosos pedintes de Jerusalém eram corridos das imediações a golpes de chanfalho.

Depois do meio-dia, autoridades e curiosos reuniam-se, ávidos de sensação, no recinto do Sinédrio, em abafado vozerio. Aguardava-se o sentenciado, que chegou, finalmente, cercado de escolta armada, como se fora um malfeitor comum.

Estêvão apresentava-se bastante desfigurado, embora o semblante não traísse a peculiar serenidade. O passo tardio, o cansaço extremo, as equimoses das mãos e dos pés, patenteavam os pesados tormentos físicos que lhe eram infligidos à sombra do calabouço. A barba crescida alterava-lhe o aspecto fisionômico, todavia, os olhos tinham a mesma fulgurância de cristalina bondade.

At
7:55 a 60
e 8:1 a 2

Em meio da curiosidade geral, Saulo de Tarso o encarou satisfeito. Estêvão pagaria, afinal, as incompreensões e os insultos.

No instante aprazado, o doutor inflexível fez a leitura do libelo. Antes, porém, de pronunciar a sentença última, fiel ao que prometera, mandou que os soldados empurrassem o condenado até a sua tribuna. Enfrentando o pregador do Evangelho, sem qualquer expressão de piedade, interrogou com aspereza:

— Estarias disposto, agora, a jurar contra o Carpinteiro Nazareno? Lembra-te que é a última oportunidade de conservares a vida.

Tais palavras, pronunciadas mecanicamente, soaram de modo estranho aos ouvidos do moço de Corinto, que as recebeu, na alma sensível e generosa, como novos dardos de ironia.

— Não insulteis o Salvador! — disse o arauto do Cristo com desassombro. — Nada no mundo me fará renunciar à sua tutela divina! Morrer por Jesus significa uma glória, quando sabemos que Ele se imolou na cruz pela Humanidade inteira!

Mas uma torrente de impropérios cortava-lhe a palavra.

— Basta! Apedrejemo-lo quanto antes! Morte ao imundo! Abaixo o feiticeiro! Blasfemo!... Caluniador!

A gritaria tomava proporções assustadoras. Alguns fariseus mais irritados, burlando os guardas, aproximaram-se de

At
7:55 a 60
e 8:1 a 2

Estêvão tentando arrastá-lo sem compaixão. Entretanto, ao primeiro puxão na gola rota, um pedaço da túnica rafada ficava-lhes nas mãos. Foi necessário a intervenção da força armada para que o moço de Corinto não fosse estraçalhado, ali mesmo, pela multidão furiosa e delirante. Saulo, em altas vozes, ordenou a intervenção dos soldados. Queria a execução do discípulo do Evangelho, mas com todo o cerimonial previsto.

Estêvão tinha agora o rosto enrubescido, envergonhado. Seminu, foi auxiliado por um legionário romano a recompor os sobejos da veste em frangalhos, acima dos rins, para não ficar inteiramente nu. Com a mão trêmula, pelos maus-tratos recebidos, procurava limpar a saliva que os mais exaltados lhe haviam esputado em pleno rosto. Forte pancada no ombro causava-lhe intensa dor no braço todo. Compreendeu que lhe chegavam os últimos instantes de vida. A humilhação doía-lhe fundo. Mas recordou as descrições de Simão a respeito de Jesus, no derradeiro transe. Em frente de Herodes Antipas, o Cristo sofrera dos israelitas idênticas ironias. Fora açoitado, ridicularizado, ferido. Quase nu, suportara todos os agravos sem uma queixa, sem uma expressão menos digna. Ele que amara os infelizes, que trabalhara por fundar uma doutrina de concórdia e de amor para todos os homens, que abençoara os mais desgraçados e os acolhera com carinho, recebera o galardão da cruz em suplícios imensuráveis. Estêvão pensou: "Quem sou eu e quem era o Cristo?". Essa íntima interrogação propiciava-lhe certo consolo. O Príncipe da Paz fora arrastado pelas ruas de Jerusalém, sob o escárnio das maiores injúrias, e era o Messias esperado, o Ungido de Deus! Por que, sendo ele homem falível, portador de numerosas fraquezas, haveria de hesitar no momento do testemunho? E, com o pranto a escorrer-lhe no rosto lacerado, escutava a voz cariciosa do Mestre no coração: "Todo aquele que desejar participar do meu Reino, negue-se a si mesmo, tome sua cruz e siga os meus passos". Era preciso negar-se para aceitar o sacrifício proveitoso. Ao fim de todos os martírios, deveria encontrar o amor glorioso de Jesus, com a beleza da sua ternura imortal. O pregador humilhado e ferido recordou o passado de trabalhos e esperanças. Parecia-lhe rever a infância saudosa, na qual o zelo materno lhe incutira os fundamentos da fé confortadora; depois, as nobres aspirações da mocidade, a dedicação paterna, o amor da irmãzinha que as circunstâncias do destino lhe haviam arrebatado. Ao pensar em Abigail, experimentou certa angústia no coração. Agora, que deveria enfrentar a morte, desejava revê-la para as últimas recomendações. Relembrou a derradeira noite em que haviam permutado tantas impressões de ternura, tantas promessas fraternais, na lôbrega prisão de Corinto. Apesar dos movimentos renovadores da fé, de cujos trabalhos compartilhava ativamente em Jerusalém, jamais pudera esquecer o dever de procurá-la, fosse onde fosse. Enquanto em derredor se multiplicavam impropérios no turbilhão de gritos e ameaças revoltantes, o sentenciado chorava com as suas recordações. Socorrendo-se das promessas do Cristo no Evangelho, experimentava brando alívio. A ideia de que a irmãzinha ficaria no mundo, entregue a Jesus, suavizava-lhe as angústias do coração.

At 7:55 a 60 e 8:1 a 2

Mal não saíra de suas dolorosas reminiscências, ouviu a voz imperiosa de Saulo dirigindo-se aos guardas:

— Algemai-o novamente, tudo está consumado, sigamos para o átrio.

O discípulo de Simão Pedro, estendendo os pulsos para receber as algemas, sofreu pancadas tão fortes de um soldado inescrupuloso, que dos pulsos feridos começou a jorrar muito sangue.

Estêvão, porém, não fez o menor gesto de resistência. De quando em quando, levantava os olhos como se implorasse os recursos do Céu para os seus minutos supremos. Não obstante os apupos e as chagas que o dilaceravam, experimentava uma paz espiritual desconhecida. Todos aqueles sofrimentos do cerimonial eram pelo Cristo. Aquela hora era a sua oportunidade divina. O Mestre de Nazaré havia convocado o seu coração fiel ao público testemunho dos valores espirituais da sua gloriosa doutrina. Confiante, raciocinava: "se o Messias aceitara a morte infamante do Calvário para salvar todos os homens, não seria uma honra dar a vida por Ele?" Seu coração, sempre ávido de dar testemunho ao Senhor, desde que lhe conhecera o Evangelho de redenção, não deveria rejubilar-se com o ensejo de oferecer-lhe a própria vida? Entretanto, a ordem de caminhar arrancou-o dos mais elevados pensamentos.

O generoso pregador do "Caminho" hesitava nos passos cambaleantes, mas tinha sereno e firme o olhar, revelando desassombro nos derradeiros lances do testemunho.

At
7:55 a 60
e 8:1 a 2

Naquelas primeiras horas da tarde, o sol de Jerusalém era um braseiro ardente. Não obstante o calor insuportável, a massa deslocou-se com profundo interesse. Tratava-se do primeiro processo concernente às atividades do "Caminho", após a morte do seu fundador. Destacando-se de todas as correntes judaicas ali presentes, em penhor de prestígio à Lei de Moisés, os fariseus faziam grande alarde do feito. Ladeando o condenado, faziam questão de atirar-lhe no rosto as mais pesadas injúrias.

Ele, porém, embora evidenciasse profunda tristeza, caminhava seminu, sereno, imperturbável.

A sala de reuniões do Sinédrio não distava muito do átrio do Templo, onde se realizaria a macabra cerimônia. Apenas alguns metros e a caminhada terminava, justamente no local onde se erguia o enorme altar dos holocaustos.

Tudo estava preparado a caráter, como Saulo deixara perceber em seus propósitos.

Ao fundo do pátio espaçoso, Estêvão foi atado a um tronco, para que o apedrejamento se efetuasse na hora precisa.

Os executores seriam os representantes das diversas sinagogas da cidade, uma vez que era função honrosa atribuída a quantos estivessem em condições de operar na defesa de Moisés e de seus princípios. Cada sinagoga indicara o seu delegado e, ao iniciar a cerimônia, como chefe do movimento, Saulo recebia um por um, junto da vítima, guardando nas mãos, de acordo com a pragmática, os mantos brilhantes, enfeitados de púrpura.

Mais uma ordem do moço tarsense e a execução começou entre gargalhadas. Cada verdugo mirava friamente o ponto preferido, esforçando-se para tirar maior partido.

Risos gerais seguiam-se a cada golpe.

— Poupemos-lhe a cabeça — dizia um dos mais exaltados —, a fim de que o espetáculo não perca a intensidade e o interesse.

Cada expressão do Judaísmo acompanhava o verdugo indicado pelos maiorais da sinagoga, com atenção e entusiasmo, aos berros de "morra o traidor! o feiticeiro!...".

— Fere no coração, em nome dos cilícios! — exclamava alguém do meio da turba.

At
7:55 a 60
e 8:1 a 2

— Separa-lhe a perna pelos idumeus! — secundava outra voz impudente.

Mais ou menos afastado da turba, seguindo de perto os movimentos do condenado, Saulo de Tarso apreciava a vibração popular, satisfeito e confortado. De qualquer maneira, a morte do pregador do Cristo representava o seu primeiro grande triunfo na conquista das atenções de Jerusalém e de suas prestigiosas corporações políticas. Naquela hora em que focalizava tantas aclamações do povo de sua raça, orgulhava-se com a decisão que o levara a perseguir o "Caminho", sem consideração e sem tréguas. Aquela tranquilidade de Estêvão, no entanto, não deixava de impressioná-lo bem no imo do coração voluntarioso e inflexível. Onde poderia ele haurir tal serenidade? Sob as pedras que o alvejavam, aqueles olhos encaravam os algozes sem pestanejar, sem revelar temor nem turbação!

De fato, amarrado de joelhos ao tronco do suplício, o moço de Corinto guardava impressionante característica de paz nos olhos translúcidos, de onde as lágrimas silenciosas corriam abundantes. O peito descoberto era uma chaga sangrenta. As vestes esfrangalhadas colavam-se ao corpo, empastadas de suor e sangue.

O mártir do "Caminho" sentia-se amparado por forças poderosas e intangíveis. A cada novo golpe, sentia recrudescer os padecimentos infinitos que lhe azorragavam o corpo macerado, mas, no íntimo, guardava a impressão de uma lenidade sublime. O coração batia descompassadamente. O tórax estava coberto de feridas profundas, as costelas fraturadas.

Nessa hora suprema, recordava os mínimos laços de fé que o prendiam a uma vida mais alta. Lembrou todas as orações prediletas da infância. Fazia o possível por fixar na retina o quadro da morte do pai supliciado e incompreendido. Intimamente, repetia o Salmo 23 de Davi, qual o fazia junto da irmã nas situações que pareciam insuperáveis. "O Senhor é meu pastor. Nada me faltará...". As expressões dos Escritos Sagrados, como as promessas do Cristo no Evangelho, estavam-lhe no âmago do coração. O corpo quebrantava-se no tormento, mas o espírito estava tranquilo e esperançoso.

At
7:55 a 60
e 8:1 a 2

Agora, tinha a impressão de que duas mãos cariciosas passavam de leve sobre as chagas doloridas, proporcionando-lhe branda sensação de alívio. Sem qualquer receio, percebeu que lhe havia chegado o suor da agonia.

Dedicados amigos, do Plano Espiritual, rodeavam o mártir nos seus minutos supremos. No auge das dores físicas, como se houvesse transposto infinitos abismos de percepção, o moço de Corinto notou que alguma coisa se lhe havia rasgado na alma ansiosa. Seus olhos pareciam mergulhar em quadros gloriosos de outra vida. A legião de emissários de Jesus, que o cercava carinhosamente, figurou-se-lhe a corte celestial. No caminho de luz desdobrado à sua frente, reconheceu que alguém se aproximava abrindo-lhe os braços generosos. Pelas descrições que ouvira de Pedro, percebeu que contemplava o próprio Mestre em toda a resplendência de suas glórias divinas. Saulo observou que os olhos do condenado estavam estáticos e fulgurantes. Foi quando o herói cristão, movendo os lábios, exclamou em alta voz:

— Eis que vejo os Céus abertos e o Cristo ressuscitado na grandeza de Deus!...

Viram, então, que duas mulheres jovens aproximavam-se do perseguidor com gestos íntimos. Dalila entregou Abigail ao irmão, despedindo-se logo para atender ao chamado de outra amiga. A noiva terna cingia uma túnica à moda grega, que mais lhe realçava o formoso rosto. Fosse pela dolorosa cena em curso, ou pela presença da mulher amada, percebia-se que Saulo estava um tanto perplexo e sensibilizado. Dir-se-ia que a coragem indomável de Estêvão o levara a considerar a tranquilidade desconhecida que deveria reinar no espírito do mártir.

Em face da gritaria que a rodeava e notando a miserável situação da vítima, a jovem mal pôde conter um grito de espanto. Que homem era aquele, atado ao tronco do suplício? Aquele peito arfante, empastado de sangue, aqueles cabelos, aquele rosto pálido que a barba crescida desfigurava, não seriam de seu irmão? Ah! Como falar das ansiedades imensas na surpresa imprevista de um minuto? Abigail tremia. Seus olhos aflitos acompanhavam os menores movimentos do herói, que parecia indiferente, no êxtase que o absorvia. Embalde Saulo chamava-lhe a atenção, discretamente, de modo a poupá-la de penosas impressões. A moça parecia nada ver além do sentenciado a esvair-se no sangue do martírio. Lembrava-se agora... Afastando-se do calabouço, depois da morte do pai, foi assim mesmo que deixara Jeziel na posição do suplício. O tronco execrável, as algemas impiedosas e o pobrezinho de joelhos! Tinha ímpetos de atirar-se à frente dos algozes, esclarecer a situação, saber a identidade daquele homem.

At 7:55 a 60 e 8:1 a 2

Nesse instante, ignorando-se alvo de tão singular atenção, o pregador do "Caminho" saiu de sua impressionante imobilidade. Vendo que Jesus contemplava, melancolicamente, a figura do doutor de Tarso, como a lamentar seus condenáveis desvios, o discípulo de Simão experimentou pelo verdugo sincera amizade no coração. Ele conhecia o Cristo e Saulo não. Assomado de fraternidade real e querendo defender o perseguidor, exclamou de modo impressionante:

— Senhor, não lhe imputes este pecado!...

Isso dito voltou os olhos para fixá-los no verdugo, amorosamente. Eis, porém, que divisou junto dele a figura da irmã, trajada como nos dias de júbilo, na casa paterna. Era ela, a irmãzinha amada, por cujo afeto tantas vezes lhe palpitara o coração, de saudade e de esperança. Como explicar sua presença? Quem sabe havia sido também levada ao Reino do Mestre e regressava com ele, em espírito, para trazer-lhe as boas-vindas, de um mundo melhor? Quis bradar sua alegria infinita, atraí-la, ouvir-lhe a voz nos cânticos de Davi, morrer embalado pelo seu carinho, mas a garganta já não timbrava. A emoção dominara-o na hora extrema. Sentiu que o Mestre de Nazaré acariciava-lhe a fronte, onde a última pedrada abrira uma flor de sangue. Ouvia, muito longe, vozes argentinas que cantavam hinos de amor sobre os gloriosos motivos do Sermão da Montanha. Incapaz de resistir por mais tempo ao suplício, o discípulo do Evangelho sentia-se desfalecer.

At
7:55 a 60
e 8:1 a 2

Escutando as expressões do condenado e recebendo-lhe o olhar fulgurante e límpido, Abigail não pôde dissimular a angustiosa surpresa.

— Saulo! Saulo!... É meu irmão — exclamou aterrada.

— Que dizes? — gaguejou baixinho o doutor de Tarso arregalando os olhos. — Não pode ser! Enlouqueceste?

— Não, não, é ele; é ele! — repetia tomada de extrema palidez.

— É Jeziel — insistia Abigail assombrada —, querido; concede-me um minuto, deixa-me falar ao moribundo apenas um minuto.

— Impossível! — replicou o moço contrafeito.

— Saulo, pela Lei de Moisés, pelo amor de nossos pais, atende — exclamava torcendo as mãos.

O ex-discípulo de Gamaliel não acreditava na possibilidade de semelhante coincidência. Além do mais, havia a diferença do nome. Convinha esclarecer esse ponto, antes de tudo. Certo, a falsa impressão de Abigail se desfaria ao primeiro contato direto com o agonizante. Sua índole, sensível e afetuosa, justificava o que a seu ver era um absurdo. Conjugando essas reflexões de um segundo, falou à noiva, com austeridade:

— Irei contigo identificar o moribundo, mas, até que o possamos fazer, cala as tuas impressões... Nem uma palavra, ouviste? É necessário não esquecer a respeitabilidade do local em que te encontras!

Logo após, chamava um funcionário de alta categoria, secamente:

— Manda levar o cadáver para o gabinete dos sacerdotes.

— Senhor — respondeu o outro respeitoso —, o condenado ainda não está morto.

— Não importa, vai assim mesmo, pois arrancar-lhe-ei a confissão do arrependimento na hora extrema.

A determinação foi cumprida sem mais demora, enquanto Saulo mandou servir, de modo geral, aos amigos e admiradores, várias ânforas de vinho delicioso, por comemorarem o seu primeiro triunfo. Depois, cenho carregado, apreensivo, esgueirou-se quase sorrateiramente até a sala reservada aos sacerdotes de Jerusalém, em companhia da noiva.

Atravessando os grupos que o saudavam com frenéticas aclamações, o moço tarsense parecia alheado de si mesmo. Conduzia Abigail pelo braço, delicadamente, mas não lhe dirigia palavra. A surpresa emudecera-o. E se Estêvão fosse, de fato, aquele Jeziel que aguardavam com tamanha ansiedade? Absorvidos em angustiosas reflexões, penetraram na câmara solitária. O jovem doutor ordenou a retirada dos auxiliares, fechou cuidadosamente a porta.

At
7:55 a 60
e 8:1 a 2

Abigail aproximou-se do irmão ensanguentado, com infinita ternura. E, como se sentisse chamado à vida por uma força poderosa e invencível, ambos notaram que a vítima movia a cabeça sangrenta. Evidenciando o penoso esforço da derradeira agonia, Estêvão murmurou:

— Abigail!...

Aquela voz era quase um sopro, mas o olhar estava calmo, límpido. Ouvindo-lhe a expressão vacilante e arrastada, o jovem tarsense recuou tomado de espanto. Que significava tudo aquilo? Não poderia duvidar. A vítima de sua perseguição implacável era o irmão bem-amado da mulher escolhida. Que mecanismo do destino engendrara semelhante situação, que lhe havia de amargurar toda a vida? Onde estava Deus, que não o inspirara no dédalo de circunstâncias que o levaram até àquele irremediável, cruel desfecho? Sentiu-se possuído de um pesar sem limites. Ele, que elegera Abigail o anjo tutelar da existência, seria obrigado a renunciar a esse amor para sempre. O orgulho de homem não lhe permitiria desposar a irmã do suposto inimigo, confessado e julgado reles criminoso. Aturdido, deixou-se ali ficar, como se força incoercível o chumbasse ao solo, transformando-o em objeto de insuportáveis ironias.

— Jeziel! — exclamou Abigail, osculando e regando de lágrimas a fronte do moribundo — como te vejo eu!... Parece que o suplício te durou desde o dia em que nos separamos!... — E soluçava...

— Estou bem... — disse o discípulo de Jesus, fazendo o possível por mover a destra quebrada e deixando perceber o desejo de acariciar-lhe os cabelos, como nos dias da meninice e da primeira juventude.

— Não chores!... Eu estou com o Cristo!...

— Quem é o Cristo? — murmurou a jovem. — Por que te chamam Estêvão? Como te modificaram assim?

— Jesus... é o nosso Salvador... — explicava o agonizante, no propósito de não perder os minutos que se escoavam céleres.

— Agora, chamam-me Estêvão... porque um romano generoso me libertou... mas pediu... absoluto segredo. Perdoa-me... Foi por gratidão que obedeci ao conselho. Ninguém será reconhecido a Deus se não mostrar agradecimento aos homens...

Vendo que a irmã prosseguia em soluços, continuou:

— Sei que vou morrer... mas a alma é imortal... Sinto deixar-te... quando mal torno a ver-te, mas hei de ajudar-te do lugar em que estiver.

— Ouve, Jeziel — exclamou a irmã num desabafo —, que te ensinou esse Jesus para te levar a um fim tão doloroso? Quem assim abandona um servo leal, não será antes um senhor cruel?

O moribundo pareceu admoestá-la com o olhar.

— Não penses dessa maneira — prosseguiu com dificuldade. — Jesus é justo e misericordioso... prometeu estar conosco até a consumação dos séculos... mais tarde compreenderás; a mim, ensinou-me amar os próprios verdugos...

Ela abraçava-o carinhosa, desfeita em lágrimas abundantes. Depois de uma pausa em que a vítima se revelava nos derradeiros instantes da vida material, viu-se que Estêvão se agitava em esforços supremos.

— Com quem te deixarei?

— Este é meu noivo — esclareceu a jovem apontando o moço de Tarso, que parecia petrificado.

O moribundo contemplou-o sem ódio e acentuou:

— Cristo os abençoe... Não tenho no teu noivo um inimigo, tenho um irmão... Saulo deve ser bom e generoso; defendeu

Moisés até o fim... Quando conhecer a Jesus, servi-lo-á com o mesmo fervor... Sê para ele a companheira amorosa e fiel...

A voz do pregador do "Caminho", porém, estava agora rouca e quase imperceptível. Nas vascas da morte, contemplava Abigail fraternalmente enternecido.

Ouvindo-lhe as últimas frases, o doutor de Tarso fizera-se lívido. Queria ser odiado, maldito. A compaixão de Estêvão, fruto de uma paz que ele, Saulo, jamais conhecera no fastígio das posições mundanas, impressionava-o fundamente. Entretanto, sem saber por que, a resignação e a doçura do agonizante assaltavam-lhe o coração enrijecido. Trabalhava, porém, intimamente, para não se comover com a cena dolorosa. Não se dobraria por uma questão de sentimentalismo. Abominaria aquele Cristo, que parecia requisitá-lo em toda parte, a ponto de colocar-se entre ele e a mulher adorada. O cérebro atormentado do futuro rabino suportava a pressão de mil fogos. Desprezara o orgulho de família e elegera Abigail para companheira de lutas, embora lhe não conhecesse os ascendentes familiares. Amava-a pelos laços da alma, descobrira no seu delicado coração feminino tudo quanto havia sonhado nas cogitações de ordem temporal. Ela sintetizava as suas esperanças de moço; era o penhor do seu destino, representava a resposta de Deus aos apelos da sua juventude idealista. Agora, abrira-se entre ambos um abismo profundo. Irmã de Estêvão! Ninguém ousara afrontar-lhe a autoridade na vida, a não ser aquele ardoroso pregador do "Caminho", cujas ideias jamais se poderiam casar com as suas. Detestava aquele rapaz apaixonado pelo ideal exótico de um carpinteiro, e tinha culminado nos propósitos de vingança. Se desposasse Abigail, jamais seriam felizes. Ele seria o verdugo, ela a vítima. Além disso, sua família, aferrada ao rigorismo das velhas tradições, não poderia tolerar a união, depois de conhecidas as circunstâncias.

At
7:55 a 60
e 8:1 a 2

Levou as mãos ao peito, dominado por angustioso desalento.

Em pranto, Abigail acompanhava a agonia dolorosa do irmão, cujos derradeiros minutos se escoavam lentamente. Penosa emoção apossara-se de todas as suas energias. Na dor

> At
> 7:55 a 60
> e 8:1 a 2

que a dilacerava nas fibras mais sensíveis, parecia não ver o noivo que lhe seguia os menores movimentos, entre surpreso e estarrecido. Com muito cuidado, a jovem sustinha a fronte do moribundo, depois de haver sentado para conchegá-lo carinhosamente.

Observando que o irmão lhe lançava o último olhar, exclamou angustiada:

— Jeziel, não te vás... Fica conosco! Nunca mais nos separaremos!...

Ele, quase a expirar, ciciava:

— A morte não separa... os que se amam...

E, como se houvera lembrado algo de muito grato ao coração, arregalou os olhos desmesuradamente, em uma expressão de imenso júbilo:

— Como no Salmo... de Davi... — dizia arrastadamente — podemos... dizer... que o amor... e a misericórdia... seguiram... todos os dias... de nossa vida...

A jovem escutava-lhe as derradeiras palavras, comovidíssima. Enxugava-lhe o suor sanguinolento do rosto, que se iluminava de uma serenidade superior.

— Abigail... — murmurava ainda como num sopro —, vou-me em paz... Quisera ouvir-te na prece... dos aflitos e agonizantes...

Ela recordou os últimos momentos do suplício do genitor, no dia inesquecível da separação nos calabouços de Corinto. De relance, compreendeu que, ali, outras forças se encontravam em jogo. Não mais Licínio Minúcio e os sequazes cruéis, mas o próprio noivo transformado em verdugo por um terrível engano. Afagou com mais carinho a cabeça sangrenta. Conchegou o moribundo ao coração como se fosse uma adorável criança. Então, embora rígido e inquebrantável na aparência, Saulo de Tarso observou, mais nitidamente, o quadro que nunca mais lhe sairia da imaginação. Guardando o moribundo no regaço fraterno, a jovem elevou o olhar para o alto, mostrando as lágrimas que lhe caíam pungentes. Não cantava, mas a oração lhe saía dos lábios como a súplica natural do seu espírito a um pai amoroso que estivesse invisível:

*Senhor Deus, pai dos que choram,*
*Dos tristes, dos oprimidos,*
*Fortaleza dos vencidos,*
*Consolo de toda a dor,*
*Embora a miséria amarga*
*Dos prantos de nosso erro,*
*Deste mundo de desterro,*
*Clamamos por vosso amor!*

*Nas aflições do caminho,*
*Na noite mais tormentosa,*
*Vossa fonte generosa*
*É o bem que não secará...*
*Sois, em tudo, a Luz Eterna*
*Da alegria e da bonança*
*Nossa porta de esperança*
*Que nunca se fechará.*

*Quando tudo nos despreza*
*No mundo da iniquidade,*
*Quando vem a tempestade*
*Sobre as flores da ilusão!*
*Ó Pai, sois a Luz Divina,*
*O cântico da certeza,*
*Vencendo toda aspereza,*
*Vencendo toda aflição.*

*No dia da nossa morte,*
*No abandono ou no tormento,*
*Trazei-nos o esquecimento*
*Da sombra, da dor, do mal!...*
*Que nos últimos instantes,*
*Sintamos a luz da vida*
*Renovada e redimida*
*Na paz ditosa e imortal.*

At
7:55 a 60
e 8:1 a 2

At
7:55 a 60
e 8:1 a 2

  Terminada a prece, Abigail tinha o rosto orvalhado de pranto. Sob a carícia suave de suas mãos, Jeziel aquietara-se. Palidez de neve caracterizava-lhe a face cadavérica, aliada à profunda serenidade fisionômica. Saulo compreendeu que ele estava morto. Enquanto a jovem de Corinto se levantava, cuidadosamente, como se o cadáver do irmão requisitasse toda a ternura do seu espírito bondoso, o moço tarsense aproximava-se de cenho carregado e falou com austeridade:

  — Abigail, tudo está consumado e tudo terminou, também, entre nós.

  A pobre criatura voltou-se com assombro. Então não lhe bastavam os golpes recebidos? Seria possível que o noivo amado não tivesse uma palavra de conciliação generosa naquela hora difícil da sua vida? Receberia a humilhação mais fria com a morte de Jeziel e ainda por cima o abandono? Consternada por tudo que viera encontrar em Jerusalém, entendeu que precisava utilizar todas as energias, para não cair nas provas ríspidas que lhe haviam sido reservadas. E viu logo que, no orgulho de Saulo, não encontraria consolação. Num momento, chegou às mais latas conclusões quanto ao papel que lhe competia em tão embaraçosas conjunturas. Sem recorrer à sensibilidade feminina, cobrou ânimo e falou com dignidade e nobreza:

  — Tudo terminado entre nós, por quê? O sofrimento não deveria escorraçar o amor sincero.

  — Não me compreendes? — replicou o orgulhoso rapaz...
— Nossa união tornou-se inexequível. Não poderei desposar a irmã de um inimigo de maldita memória para mim. Fui infeliz escolhendo esta ocasião para tua visita a Jerusalém. Sinto-me envergonhado não só diante da mulher com quem nunca mais poderei unir-me pelo matrimônio, como perante os parentes e amigos pela situação amarga que as circunstâncias interpuseram no meu caminho...

  Abigail estava pálida e penosamente surpreendida.

  — Saulo... Saulo... não te envergonhes perante meu coração. Jeziel morreu estimando-te. Seu cadáver nos escuta — acentuava com doloroso acento. — Não posso obrigar-te a desposar-me, mas não transformes nossa afeição em ódio surdo...

Sê meu amigo!... Ser-te-ei eternamente grata pelos meses de ventura que me deste. Voltarei amanhã para casa de Ruth... Não te envergonharás de mim! A ninguém direi que Estêvão era meu irmão, nem mesmo a Zacarias! Não quero que algum amigo nosso te considere um carrasco.

Observando-a naquela generosidade humilde, o moço de Tarso teve ímpetos de estreitá-la ao coração, como se o fizera a uma criança. Quis avançar, apertá-la contra o peito, cobrir-lhe de beijos a fronte bondosa e inocente. Súbito, porém, vieram-lhe à mente os seus títulos e atribuições; via Jerusalém revoltada, tisnando-lhe a reputação de amargas ironias. O futuro rabino não poderia ser vencido; o doutor da Lei rígida e implacável devia sufocar o homem para sempre.

At 7:55 a 60 e 8:1 a 2

Mostrando-se impassível, replicou em tom áspero:

— Aceito o teu silêncio em razão das lamentáveis ocorrências deste dia; voltarás amanhã para casa de Ruth, mas não deves esperar a continuação das minhas visitas, nem mesmo por cortesia injustificável, porque, na sinceridade dos de nossa raça, os que não são amigos são inimigos.

A irmã de Jeziel recebia aquelas explicações com espanto profundo.

— Então, abandonas-me inteiramente, assim? — perguntou entre lágrimas.

— Não estás desamparada — murmurou inflexivelmente —, tens os teus amigos da estrada de Jope.

— Mas, afinal, por que odiaste tanto a meu irmão? Ele foi sempre bondoso... Em Corinto nunca ofendeu a ninguém.

— Era pregador do malfadado Carpinteiro de Nazaré — esclareceu contrafeito e ríspido —; além disso, humilhou-me diante da cidade inteira.

Abigail, compelida pela severidade das respostas, calou-se inteiramente. Que poder teria o Nazareno para atrair tantas dedicações e provocar tantos ódios? Até ali, não se interessara pela figura do famoso carpinteiro, que morrera na cruz, como malfeitor, mas o irmão lhe dissera ter encontrado nele o Messias. Para seduzir um caráter cristalino como Jeziel, o Cristo não poderia ser um homem vulgar. Lembrava o passado do irmão para considerar que, no caso da rebeldia paterna, conseguira manter-se acima dos próprios laços do sangue para admoestar o genitor, amorosamente. Se tivera forças para analisar os atos paternos com o preciso discernimento, era preciso que aquele Jesus fosse muito grande para que a ele se consagrasse, oferecendo-lhe a própria vida ao recobrar a liberdade. Jeziel, a seu ver, não se enganaria. Conhecendo-lhe a índole, de berço, não era possível que se deixasse iludir em suas convicções religiosas. Sentia-se, agora, atraída para aquele Jesus desconhecido e odiado injustamente. Ele ensinara o irmão a bem-querer os próprios verdugos. Que lhe não reservaria, pois, ao seu coração sedento de carinho e de paz? As últimas palavras de Jeziel exerciam sobre ela uma influência profunda.

At 7:55 a 60 e 8:1 a 2

Abismada em profundas cogitações, notou que Saulo abrira a porta, chamando alguns auxiliares, que se precipitaram por cumprir-lhe as ordens. Em poucos minutos os despojos de Estêvão eram removidos, enquanto amigos numerosos cercavam o jovem par, expansivamente loquazes e satisfeitos.

— Que é isto — perguntou um deles a Abigail, ao notar-lhe a túnica manchada de sangue.

— O sentenciado era israelita — atalhou o moço tarsense, desejoso de antecipar explicações — e, como tal, amparamo-lo na hora extrema.

Um olhar mais severo deu a entender à jovem quanto devia conter as emoções próprias, longe e acima das ocorrências verídicas.

Daí a minutos, o velho Gamaliel chegava e solicitava ao ex-discípulo alguns momentos de atenção, em particular.

— Saulo — disse bondoso —, espero partir na semana próxima para além de Damasco. Vou descansar junto de meu irmão e aproveitar a noite da velhice para meditar e repousar o espírito. Já fiz a necessária notificação no Sinédrio e no Templo, e acredito que, dentro de poucos dias, serás efetivamente provido no meu cargo.

O interpelado fez um ligeiro gesto de agradecimento, cuja frieza mal disfarçava o abatimento que lhe ia na alma.

— Entretanto — prosseguia o generoso rabino, solicitamente —, tenho um último pedido a fazer-te: é que tenho Simão

Pedro em conta de um amigo. Esta confissão poderá escandalizar-te, mas sinto-me bem ao fazê-la. Acabo de receber sua visita, pedindo a minha interferência para que o cadáver da vítima de hoje seja entregue à Igreja do "Caminho", onde será sepultado com muito amor. Sou o intermediário do pedido e espero não me recuses o obséquio.

— Dizeis "vítima"? — perguntou Saulo admirado. — A existência de uma vítima pressupõe um algoz e eu não sou verdugo de ninguém. Defendi a Lei até o fim.

At
7:55 a 60
e 8:1 a 2

Gamaliel compreendeu a objeção e replicou:

— Não vejas laivo de recriminação nas minhas palavras. Nem a hora nem o local, tampouco, se prestam a discussões. No entanto, para não faltar à sinceridade que em mim sempre conheceste, devo dizer-te, rapidamente, que venho chegando a profundas conclusões a respeito do chamado carpinteiro de Nazaré. Tenho refletido maduramente na sua obra entre nós; todavia, estou velho e alquebrado para iniciar qualquer movimento renovador no seio do Judaísmo. Em nossa existência chega uma fase em que não nos é lícito intervir nos problemas coletivos; todavia, em qualquer idade, podemos e devemos operar a iluminação ou o aprimoramento de nós mesmos. É o que vou fazer. O deserto, na majestade silenciosa do insulamento, constituiu sempre a sedução dos nossos antepassados. Sairei de Jerusalém, fugirei do escândalo que as minhas novas ideias e atitudes certo provocariam; buscarei a solidão para encontrar a Verdade.

Saulo de Tarso estava estupefato. Também Gamaliel parecia sofrer a influenciação de estranhos sortilégios! Sem dúvida, os homens do "Caminho" o enfeitiçaram, desbaratando-lhe as últimas energias... o velho mestre acabara capitulando, em uma atitude de consequências imprevisíveis! Ia impugnar, discutir, chamá-lo à realidade, quando o venerando mentor da mocidade farisaica, deixando entrever que percebia as vibrações antagônicas do seu espírito ardoroso, sentenciou:

— Já sei o teor da tua resposta íntima. Julgas-me fraco, vencido, e cada qual analisa como pode, mas não me leves ao enfaro das controvérsias. Aqui estou somente para solicitar-te um favor e espero não mo negues. Poderei providenciar para remover os despojos de Estêvão imediatamente?

Via-se que o moço de Tarso hesitava, premido por singulares pensamentos.

— Concede, Saulo!... É o último obséquio ao velho amigo!...

— Concedo — disse afinal.

At
7:55 a 60
e 8:1 a 2

Gamaliel despediu-se com um gesto de sincero reconhecimento.

Novamente rodeado de muitos amigos, que procuravam alegrá-lo, o jovem doutor da Lei revelava-se muito alheio de si mesmo. Debalde erguia a taça das saudações. O olhar vago, cismativo, demonstrava o profundo alheamento em que se engolfara. Os inesperados acontecimentos acarretaram-lhe à mente um turbilhão de pensamentos angustiados. Queria pensar, desejava recolher-se em si mesmo para o exame necessário das novas perspectivas do seu destino, mas, até o pôr do sol, foi obrigado a manter-se no quadro das convenções sociais, atendendo aos amigos até o fim.

(*Paulo e Estêvão*. FEB Editora. Primeira parte — Cap. 8, p. 136 a 152)

*Saulo assolava a Igreja: entrando pelas casas, arrastando varões e mulheres, entregava-os à prisão.*

Atos
8:3

## Saulo persegue os seguidores de Jesus em Jerusalém

Desde o martírio de Estêvão, agravara-se em Jerusalém o movimento de perseguição a todos os discípulos ou simpatizantes do "Caminho". Como se fora tocado de verdadeira alucinação, ao substituir Gamaliel nas funções religiosas mais importantes da cidade, Saulo de Tarso deixava-se fascinar por sugestões de fanatismo cruel.

Impiedosas devassas foram ordenadas a respeito de todas as famílias que revelassem inclinação e simpatia pelas ideias do Messias Nazareno. A Igreja modesta, onde a bondade de Pedro prosseguia socorrendo os mais desgraçados, era rigorosamente guardada por soldados, com ordem de impedir as prédicas que representavam o brando consolo dos infelizes. Obcecado pela ideia de resguardar o patrimônio farisaico, o moço tarsense entregava-se aos maiores desmandos e tiranias. Homens de bem foram expulsos da cidade por meras suspeitas. Operários honestos e até mães de família eram interpelados em escandalosos processos públicos, que o perseguidor fazia questão de movimentar. Iniciou-se um êxodo de grandes proporções, como Jerusalém de há muito não via. A cidade começou a despovoar-se de trabalhadores. O "Caminho" havia seduzido para as suas doces consolações a alma do povo, cansada na incompreensão e no sacrifício. Livre das prestigiosas advertências de Gamaliel, que se retirara para o deserto, e sem a carinhosa assistência de Abigail, que lhe facultava generosas inspirações, o futuro rabino parecia um louco, em cujo peito o coração estivesse ressequido. Debalde, mulheres indefesas suplicavam-lhe piedade; inutilmente, crianças misérrimas pediram complacência para os pais, abandonados como prisioneiros infelizes.

(*Paulo e Estêvão*. FEB Editora. Primeira parte – Cap. 9, p. 155 e 156)

At
8:3

*E Saulo, ainda respirando ameaça e homicídio contra os discípulos do Senhor, aproximando-se do sumo sacerdote, pediu-lhe cartas para as sinagogas de Damasco, a fim de que, caso encontrasse alguns que eram do Caminho, tanto homens quanto mulheres, os conduzisse presos para Jerusalém.*

Atos
9:1 a 2

## Saulo pede cartas para prender os seguidores de Jesus em Damasco

Daí a dois dias, o moço tarsense convocava uma reunião no Sinédrio, à qual atribuía singular importância. Os colegas acorreram ao chamado, sem exceção. Abertos os trabalhos, o doutor de Tarso esclareceu o motivo da convocação.

— Amigos — declarou ciosamente —, há tempos nos reunimos para examinar o caráter da luta religiosa que se criara em Jerusalém com as atividades dos asseclas do carpinteiro de Nazaré. Felizmente, nossa intervenção chegou a tempo de evitar grandes males, dada a argúcia dos falsos taumaturgos exportados da Galileia. À custa de grandes esforços, a atmosfera desanuviou-se. É verdade que os cárceres da cidade transbordam, mas a medida se justifica, porquanto é indispensável reprimir o instinto revolucionário das massas ignorantes. A chamada Igreja do "Caminho" restringiu suas atividades à assistência aos enfermos desamparados. Nossos bairros mais humildes estão em paz. Voltou a serenidade aos nossos afazeres no Templo. Entretanto, não se pode afirmar o mesmo quanto às cidades vizinhas. Minhas consultas às autoridades religiosas de Jope e Cesareia dão a conhecer os distúrbios que os adeptos do Cristo vêm provocando, acintosamente, com prejuízo sério para a ordem pública. Não somente nesses núcleos precisamos desenvolver a obra saneadora, mas, ainda agora, chegam-me notícias alarmantes de Damasco, a requererem providências imediatas. Localizam-se ali perigosos

At
9:1 a 2

elementos. Um velho, chamado Ananias, lá está perturbando a vida de quantos necessitam de paz nas sinagogas. Não é justo que o mais alto tribunal da raça se desinteresse das coletividades israelitas noutros setores. Proponho, então, estendermos o benefício dessa campanha a outras cidades. Para esse fim, ofereço todos os meus préstimos pessoais, sem ônus para a casa a que servimos. Bastar-me-á, tão só, o necessário documento de habilitação, a fim de acionar todos os recursos que me pareçam acertados, inclusive o da própria pena de morte, quando a julgue necessária e oportuna.

A proposta de Saulo foi recebida com demonstrações de simpatia. Houve mesmo quem chegasse a propor um voto especial de louvor ao seu zelo vigilante, com aplausos unânimes da reduzida assembleia. Faltava ao cenáculo a ponderação de um Gamaliel, e o sumo sacerdote, compelido pela aprovação geral, não hesitou em conceder as cartas indispensáveis, com ampla autorização para agir discricionariamente. Os presentes abraçaram o jovem rabino com muitos encômios ao seu espírito arguto e enérgico. Francamente, aquela mentalidade moça e vigorosa constituía auspicioso penhor de um futuro maior, com a emancipação política de Israel. Alvo das referências lisonjeiras e estimuladoras dos amigos, Saulo de Tarso aguçava o orgulho de sua raça, esperançoso nos dias do porvir. Verdade é que sofria amargamente com a derrocada dos sonhos da juventude, mas empregaria a soledade da existência nas lutas que reputava sagradas, ao serviço de Deus.

De posse das cartas de habilitação para agir convenientemente, em cooperação com as sinagogas de Damasco, aceitou a companhia de três varões respeitáveis, que se ofereceram a acompanhá-lo na qualidade de servidores muito amigos.

(*Paulo e Estêvão*. FEB Editora. Primeira parte – Cap. 10, p. 174 a 176)

*Ao prosseguir [a jornada], sucedeu que, ao se aproximar de Damasco, repentinamente, uma luz do Céu brilhou ao redor dele. E, caindo sobre a terra, ouviu uma voz que lhe disse: Saul, Saul, por que me persegues? [Ele] disse: quem és, Senhor? Ele [disse]: Eu sou Jesus a quem tu persegues. Mas levanta-te e entra na cidade, [lá] te será dito o que é necessário fazer. Os varões que caminhavam com ele estavam de pé emudecidos, ouvindo a voz, mas não vendo ninguém. Saulo levantou-se da terra e, abrindo os seus olhos, não via nada. [...]*

Atos 9:3 a 8

## A conversão de Paulo

Ao fim de três dias, a pequena caravana se deslocou de Jerusalém para a extensa planície da Síria.

Na véspera da chegada, quase a termo da viagem difícil e penosa, o moço tarsense sentia agravarem-se as recordações amargas que lhe assomavam constantes. Forças secretas impunham-lhe profundas interrogações. Passava em revista os primeiros sonhos da juventude. Sua alma desdobrava-se em perguntas atrozes. Desde a adolescência que encarecia a paz interior: tinha sede de estabilidade para realizar a sua carreira. Onde encontrar aquela serenidade, que, tão cedo, fora objeto das suas cogitações mais íntimas? Os mestres de Israel preconizavam, para isso, a observância integral da Lei. Mais que tudo, havia ele guardado os seus princípios. Desde os impulsos iniciais da juventude, abominava o pecado. Consagrara-se ao ideal de servir a Deus com todas as suas forças. Não hesitara na execução de tudo que considerava dever, ante as ações mais violentas e rudes. Se era incontestável que tinha inúmeros admiradores e amigos, tinha igualmente poderosos adversários, graças ao seu caráter inflexível no cumprimento das obrigações que considerava sagradas. Onde, então, a paz espiritual que tanto almejava nos esforços comuns? Por mais energias que despendesse, via-se

At
9:3 a 8

como um laboratório de inquietações dolorosas e profundas. Sua vida assinalava-se por ideias poderosas, mas, no seu íntimo, lutava com antagonismos irreconciliáveis. As noções da Lei de Moisés pareciam não lhe bastar à sede devoradora. Os enigmas do destino empolgavam-lhe a mente. O mistério da dor e dos destinos diferenciais crivava-o de enigmas insolúveis e sombrias interrogações. Entretanto, aqueles adeptos do carpinteiro crucificado ostentavam uma serenidade desconhecida! A alegação de ignorância dos problemas mais graves da vida não prevalecia no caso, pois Estêvão era uma inteligência poderosa e mostrara, ao morrer, uma paz impressionante, acompanhada de valores espirituais que o infundiam assombro.

Por mais que os companheiros lhe chamassem atenção para os primeiros quadros de Damasco, que se desenhavam ao longe, Saulo não conseguia forrar-se ao solilóquio sombrio. Parecia não ver os camelos resignados, que se arrastavam pesadamente sob o sol de brasas, a pino, do meio-dia. Embalde foi convidado à refeição. Detendo-se por minutos num pequeno oásis delicioso, esperou que terminasse o leve repasto dos companheiros e prosseguiu na marcha, absorvido pela intensidade dos pensamentos íntimos.

Ele próprio não saberia explicar o que se passava. Suas reminiscências atingiam os períodos da primeira infância. Todo o seu passado laborioso aclarava-se, nitidamente, naquele exame introspectivo. Dentre todas as figuras familiares, a lembrança de Estêvão e de Abigail destacava-se, como a solicitá-lo para mais fortes interrogações. Por que haviam adquirido, os dois irmãos de Corinto, tal ascendência em todos os problemas do seu ego? Por que esperava Abigail através de todas as estradas da mocidade, na idealização de uma vida pura? Recordava os amigos mais eminentes, e em nenhum deles encontrou qualidades morais semelhantes às daquele jovem pregador do "Caminho", que afrontara a sua autoridade político-religiosa, diante de Jerusalém em peso, desdenhando a humilhação e a morte, para morrer depois, abençoando-lhe as resoluções iníquas e implacáveis. Que força os unira nos labirintos do mundo, para que o seu coração nunca mais os esquecesse? A verdade dolorosa é que se encontrava sem paz interior, não obstante a conquista e gozo de todas as prerrogativas e privilégios entre os vultos mais destacados da sua raça. Enfileirava, no pensamento, as jovens que havia conhecido no transcurso da vida, as afeiçoadas da infância, e em nenhuma podia encontrar as mesmas características de Abigail, que lhe adivinhava os mais recônditos desejos. Atormentado pelas indagações profundas que lhe assoberbavam a mente, pareceu despertar de um grande pesadelo. Devia ser meio-dia. Muito distante ainda, a paisagem de Damasco apresentava os seus contornos: pomares espessos, cúpulas cinzentas que se esboçavam ao longe. Bem montado, evidenciando o aprumo de um homem habituado aos prazeres do esporte, Saulo ia à frente, em atitude dominadora.

At
9:3 a 8

Em dado instante, todavia, quando mal despertara das angustiosas cogitações, sente-se envolvido por luzes diferentes da tonalidade solar. Tem a impressão de que o ar se fende como uma cortina, sob pressão invisível e poderosa. Intimamente, considera-se presa de inesperada vertigem após o esforço mental persistente e doloroso. Quer voltar-se, pedir o socorro dos companheiros, mas não os vê, apesar da possibilidade de suplicar o auxílio.

— Jacó!... Demétrio!... Socorram-me!... — grita desesperadamente.

Mas a confusão dos sentidos lhe tira a noção de equilíbrio e tomba do animal, ao desamparo, sobre a areia ardente. A visão, no entanto, parece dilatar-se ao infinito. Outra luz lhe banha os olhos deslumbrados, e no caminho, que a atmosfera rasgada lhe desvenda, vê surgir a figura de um homem de majestática beleza, dando-lhe a impressão de que descia do Céu ao seu encontro. Sua túnica era feita de pontos luminosos, os cabelos tocavam nos ombros, à nazarena, os olhos magnéticos, imanados de simpatia e de amor, iluminando a fisionomia grave e terna, onde pairava uma divina tristeza.

O doutor de Tarso contemplava-o com espanto profundo, e foi quando, em uma inflexão de voz inesquecível, o desconhecido se fez ouvir:

— Saulo!... Saulo!... Por que me persegues?

O moço tarsense não sabia que estava instintivamente de joelhos. Sem poder definir o que se passava, comprimiu o coração em uma atitude desesperada. Incoercível sentimento de veneração apossou-se inteiramente dele. Que significava aquilo? De quem o vulto divino que entrevia no painel do firmamento aberto e cuja presença lhe inundava o coração precípite de emoções desconhecidas?

Enquanto os companheiros cercavam o jovem genuflexo, sem nada ouvirem nem verem, não obstante haverem percebido, a princípio, uma grande luz no alto, Saulo interrogava em voz trêmula e receosa:

— Quem sois vós, Senhor?

Aureolado de uma luz balsâmica e num tom de inconcebível doçura, o Senhor respondeu:

— Eu sou Jesus!...

Então, viu-se o orgulhoso e inflexível doutor da Lei curvar-se para o solo, em pranto convulsivo. Dir-se-ia que o apaixonado rabino de Jerusalém fora ferido de morte, experimentando num momento a derrocada de todos os princípios que lhe conformaram o espírito e o nortearam, até então, na vida. Diante dos olhos tinha, agora, e assim, aquele Cristo magnânimo e incompreendido! Os pregadores do "Caminho" não estavam iludidos! A palavra de Estêvão era a Verdade pura! A crença de Abigail era a senda real. Aquele era o Messias! A história maravilhosa da sua ressurreição não era um recurso lendário para fortificar as energias do povo. Sim, ele, Saulo, via-o ali no esplendor de suas Glórias Divinas! E que amor deveria animar-lhe o coração cheio de Augusta Misericórdia, para vir encontrá-lo nas estradas desertas, a ele, Saulo, que se arvorara em perseguidor implacável dos discípulos mais fiéis!... Na expressão de sinceridade da sua alma ardente, considerou tudo isso na fugacidade de um minuto. Experimentou invencível vergonha do seu passado cruel. Uma torrente de lágrimas impetuosas lavava-lhe o coração. Quis falar, penitenciar-se, clamar suas infindas desilusões, protestar fidelidade e dedicação ao Messias de Nazaré, mas a contrição sincera do espírito arrependido e dilacerado embargava-lhe a voz.

Foi quando notou que Jesus se aproximava e, contemplando-o carinhosamente, o Mestre tocou-lhe os ombros com ternura, dizendo com inflexão paternal:

— Não recalcitres contra os aguilhões!...

Saulo compreendeu. Desde o primeiro encontro com Estêvão, forças profundas o compeliam a cada momento, e em qualquer parte, à meditação dos novos ensinamentos. O Cristo chamara-o por todos os meios e de todos os modos.

At
9:3 a 8

Sem que pudessem entender a grandeza divina daquele instante, os companheiros de viagem viram-no chorar mais copiosamente.

O moço de Tarso soluçava. Ante a expressão doce e persuasiva do Messias Nazareno, considerava o tempo perdido em caminhos escabrosos e ingratos. Doravante necessitava reformar o patrimônio dos pensamentos mais íntimos; a visão de Jesus ressuscitado, aos seus olhos mortais, renovava-lhe integralmente as concepções religiosas. Certo, o Salvador apiedara-se do seu coração leal e sincero, consagrado ao serviço da Lei, e descera da sua glória estendendo-lhe as mãos divinas. Ele, Saulo, era a ovelha perdida no resvaladouro das teorias escaldantes e destruidoras. Jesus era o Pastor amigo que se dignava fechar os olhos para os espinheiros ingratos, a fim de salvá-lo carinhosamente. Num ápice, o jovem rabino considerou a extensão daquele gesto de amor. As lágrimas brotaram-lhe do coração amargurado, como a linfa pura, de uma fonte desconhecida. Ali mesmo, no santuário augusto do espírito, fez o protesto de entregar-se a Jesus para sempre. Recordou, de súbito, as provações rígidas e dolorosas. A ideia de um lar morrera com Abigail. Sentia-se só e acabrunhado. Doravante, porém, entregar-se-ia ao Cristo, como simples escravo do seu amor. E tudo envidaria para provar-lhe que sabia compreender o seu sacrifício, amparando-o na senda escura das iniquidades humanas, naquele instante decisivo do seu destino. Banhado em pranto, como nunca lhe acontecera na vida, fez, ali mesmo, sob o olhar assombrado dos companheiros e ao calor escaldante do meio-dia, a sua primeira profissão de fé.

— Senhor, que quereis que eu faça?

At
9:3 a 8

Aquela alma resoluta, mesmo no transe de uma capitulação incondicional, humilhada e ferida em seus princípios mais estimáveis, dava mostras de sua nobreza e lealdade. Encontrando a revelação maior, em face do amor que Jesus lhe demonstrava solícito, Saulo de Tarso não escolhe tarefas para servi-lo, na renovação de seus esforços de homem. Entregando-se-lhe de alma e corpo como se fora ínfimo servo, interroga com humildade o que desejava o Mestre da sua cooperação.

Foi aí que Jesus, contemplando-o mais amorosamente e dando-lhe a entender a necessidade de os homens se harmonizarem no trabalho comum da edificação de todos, no amor universal, em seu nome, esclareceu generosamente:

— Levanta-te, Saulo! Entra na cidade e lá te será dito o que te convém fazer!...

Então, o moço tarsense não mais percebeu o vulto amorável, guardando a impressão de estar mergulhado num mar de sombras. Prosternado, continuava chorando, causando piedade aos companheiros. Esfregou os olhos como se desejasse rasgar o véu que lhe obscurecia a vista, mas só conseguia tatear no seio das trevas densas. Aos poucos, começou a perceber a presença dos amigos, que pareciam comentar a situação:

— Afinal, Jacó — dizia um deles, evidenciando grande preocupação —, que faremos agora?

— Acho bom — respondia o interpelado — enviarmos Jonas a Damasco, requisitando providências imediatas.

— Mas que se teria passado? — perguntava o velho respeitável que respondia por Jonas.

— Não sei bem — esclarecia Jacó impressionado —, a princípio, notei intensa luz nos Céus e, logo em seguida, ouvi que ele pedia socorro. Nem tive tempo de atender, porque, no mesmo instante, ele caiu do animal, sem poder esperar qualquer recurso.

— O que me preocupa — ponderava Demétrio — é esse diálogo com as sombras. Com quem conversará ele? Se lhe escutamos a voz e não vemos ninguém, que se passará aqui, nesta hora, sem que possamos compreender?

— Mas não percebes que o chefe está em delírio? — objetou Jacó prudentemente — as grandes viagens, com o sol causticante, costumam abater as organizações mais resistentes. Além disso, como vimos, desde a manhã, ele parece acabrunhado e doente. Não se alimentou, enfraqueceu-se com o esforço destes dias tão longos que vimos atravessando, desde Jerusalém, com grande sacrifício. A meu ver — concluía abanando a cabeça entristecido —, trata-se de um desses casos de febres que atacam repentinamente no deserto...

At
9:3 a 8

O velho Jonas, no entanto, de olhos arregalados, fixava o rabino soluçante, com grande admiração. Depois de ouvir a opinião dos companheiros, falou receoso, como se temesse ofender alguma entidade desconhecida:

— Tenho grande experiência destas marchas com o sol a pino. Gastei a mocidade conduzindo camelos através dos desertos da Arábia, mas nunca vi um doente, nesses lugares, com estas características — a febre dos que caem extenuados no caminho não se manifesta com delírio e com lágrimas. O enfermo cai abatido, sem reações. Aqui, porém, observamos o patrão como se estivesse a conversar com um homem invisível para nós. Reluto em aceitar essa hipótese, mas estou desconfiado de que, em tudo isso, haja sinal dos sortilégios do "Caminho". Os seguidores do carpinteiro sabem processos mágicos que estamos longe de compreender. Não ignoramos que o doutor se consagrou à tarefa de persegui-los onde se encontrem. Quem sabe planejaram contra ele alguma vingança cruel? Ofereci-me para vir a Damasco, a fim de fugir dos meus parentes, que parecem seduzidos por essas doutrinas novas. Onde já se viu curar a cegueira de alguém com a simples imposição das mãos? Entretanto, meu irmão curou-se com o famoso Simão Pedro. Só a feitiçaria, a meu ver, esclarecerá essas coisas. Vendo tantos fatos misteriosos, em minha própria casa, tive medo de Satanás e fugi.

Recolhido em si próprio, surpreendido no meio das trevas densas que o envolviam, Saulo escutou os comentários dos amigos, experimentando grande abatimento, como se voltasse exausto e cego, de uma imensa derrota.

Limpando as lágrimas, chamou um deles com profunda humildade. Acudiram todos solicitamente.

— Que aconteceu? — perguntou Jacó preocupado e ansioso. — Estamos aflitos por vossa causa. Estais doente, senhor?... Providenciaremos o que julgardes necessário...

Saulo fez um gesto triste e acrescentou:

— Estou cego.

— Mas que foi? — perguntou o outro inquieto.

— Eu vi Jesus Nazareno! — disse contrito, inteiramente modificado.

Jonas fez um sinal significativo, como a afirmar aos companheiros que tinha razão, entreolhando-se todos muito admirados. Entenderam de modo instintivo que o jovem rabino se havia perturbado. Jacó, que era pessoa de sua intimidade, tomou a iniciativa das primeiras providências e acentuou:

— Senhor, lamentamos vossa enfermidade. Precisamos resolver quanto ao destino da caravana.

O doutor de Tarso, entretanto, revelando uma humildade que jamais se coadunara com o seu feitio dominador, deixou cair uma lágrima e respondeu com profunda tristeza:

— Jacó, não te preocupes comigo... Relativamente ao que me cumpre fazer, preciso chegar a Damasco, sem demora. Quanto a vocês... — e a voz reticenciosa quebrantara-se dolorosamente, como premida de grande angústia, para concluir em tom amargo — façam como quiserem, pois, até agora, vocês eram meus servos, mas, de ora em diante, eu também sou escravo, não mais me pertenço a mim mesmo.

Ante aquela voz humilde e triste, Jacó começou a chorar. Tinha plena convicção de que Saulo enlouquecera. Chamou os dois companheiros à parte e explicou:

— Vocês voltarão para Jerusalém com a triste nova, enquanto me dirigirei à cidade próxima, com o doutor, a providenciar da melhor forma. Levá-lo-ei aos seus amigos e buscaremos o socorro de algum médico... Noto-o extremamente perturbado...

O jovem rabino cientificou-se das deliberações quase sem surpresa. Conformou-se passivamente com a resolução do servo. Naquela hora, submerso em trevas densas e profundas, tinha a imaginação repleta de conjeturas transcendentes. A cegueira súbita não o afligia. Do âmbito daquela escuridão que lhe enchia os olhos da carne, parecia emergir o vulto radioso de Jesus, aos seus olhos de Espírito. Era justo que cessassem as suas percepções visuais, a fim de conservar, para sempre, a lembrança do glorioso minuto de sua transformação para uma vida mais sublime.

Saulo recebeu as observações de Jacó, com a humildade de uma criança. Sem uma queixa, sem resistência, ouvia o trotar da caravana que regressava, enquanto o velho servidor lhe oferecia o braço amigo, tomado de infinitos receios.

At
9:3 a 8

Com o pranto a escorrer dos olhos inexpressivos, como perdidos em alguma visão indevassável no vácuo, o orgulhoso doutor de Tarso, guiado por Jacó, seguiu a pé, sob o sol ardente das primeiras horas da tarde.

Comovido pelas bênçãos que recebera das esferas mais elevadas da vida, Saulo chorava como nunca. Estava cego e separado dos seus. Dolorosas angústias represavam-se-lhe no coração opresso, mas a visão do Cristo Redivivo, sua palavra inesquecível, sua expressão de amor lhe estavam presentes na alma transformada. Jesus era o Senhor, inacessível à morte. Ele orientaria os seus passos no caminho, dar-lhe-ia novas ordens, secaria as chagas da vaidade e do orgulho que lhe corroíam o coração; sobretudo, conceder-lhe-ia forças para reparar os erros dos seus dias de ilusão.

Impressionado e triste, Jacó guiava o chefe amigo, perguntando a si próprio a razão daquele pranto incessante e silencioso.

Envolvido na sombra da cegueira temporária, Saulo não percebeu que os mantos espessos do crepúsculo abraçavam a Natureza. Nuvens escuras precipitavam a queda da noite, enquanto ventos sufocantes sopravam da imensa planície. Dificilmente, acompanhava as passadas de Jacó, que desejava apressar a marcha, receoso da chuva. Coração resoluto e enérgico, não reparava os obstáculos que se antepunham à sua jornada dolorosa. Faltava-lhe a visão, necessitava de um guia, mas Jesus recomendara que entrasse na cidade, onde lhe seria dito o que tinha a fazer. Era preciso obedecer ao Salvador que o honrara com as supremas revelações da vida. A passos indecisos, ferindo os pés em cada movimento inseguro, caminharia de qualquer modo para executar as ordens divinas. Era indispensável não observar

At
9:3 a 8

as dificuldades, era imprescindível não esquecer os fins. Que importava o olhar em trevas, o regresso da caravana a Jerusalém, a penosa caminhada a pé em demanda de Damasco, a falsa suposição dos companheiros a respeito da inolvidável ocorrência, a perda dos títulos honoríficos, o repúdio dos sacerdotes seus amigos, a incompreensão do mundo inteiro, diante do fato culminante do seu destino?

Saulo de Tarso, com a profunda sinceridade que lhe caracterizava as mínimas ações, só queria saber que Deus havia mudado de resolução a seu respeito. Ser-lhe-ia fiel até o fim.

Quando as sombras crepusculares se faziam mais densas, dois homens desconhecidos entravam nos subúrbios da cidade. Embora a ventania afastasse as nuvens tempestuosas na direção do deserto, grossos pingos de chuva caíam, aqui e ali, sobre a poeira ardente das ruas. As janelas das casas residenciais fechavam-se com estrépito.

Damasco podia recordar o jovem tarsense, formoso e triunfador. Conhecia-o nas suas festas mais brilhantes, costumava aplaudi-lo nas sinagogas. Mas, vendo passar na via pública aqueles dois homens cansados e tristes, jamais poderia identificá-lo naquele rapaz que caminhava cambaleante, de olhos mortos...

(*Paulo e Estêvão*. FEB Editora. Primeira parte — Cap. 10, p. 176 a 184)

*[...]. Guiando-o pela mão, o conduziram para Damasco.*

Atos
9:8

## Saulo chega em Damasco

— Aonde iremos, senhor? — atreveu-se Jacó a perguntar, timidamente, logo que entraram nas ruas tortuosas.

O moço tarsense pareceu refletir um minuto e acentuou:

— É verdade que trago comigo algum dinheiro; entretanto, estou em situação muito difícil: sinto precisar mais de assistência moral que de repouso físico. Tenho necessidade de alguém que me ajude a compreender o que se passou. Sabes onde reside Sadoque?

— Sei — respondeu o servo compungido.

— Leva-me até lá... Depois de me avistar com algum amigo, pensarei em uma estalagem.

Não se passou muito tempo e ei-los à porta de um edifício de singular e soberba aparência. Muralhas bem delineadas cercavam extenso átrio adornado de flores e arbustos. Descansando junto ao portão de entrada, Saulo recomendou ao companheiro:

— Não convém que me aproxime assim, sem aviso. Jamais visitei Sadoque nestas condições. Entra no átrio, chama-o e conta-lhe o que se passou comigo. Esperarei aqui, mesmo porque não posso dar um passo.

O servo obedeceu prontamente. O banco de repouso distava alguns passos do largo portão de acesso, mas ficando só, ansioso de ouvir um amigo que o compreendesse, Saulo identificou o muro, tateando-o. Vacilante e trêmulo, arrastou-se dificilmente e atingiu a entrada, ali permanecendo.

Acudindo ao chamado, Sadoque procurou saber o motivo da visita inesperada. Jacó explicou, com humildade, que vinha de

Jerusalém, acompanhando o doutor da Lei e desfiou os mínimos incidentes da viagem e os fins colimados, mas, quando se referiu ao episódio principal, Sadoque arregalou os olhos, estupidificado. Custava-lhe acreditar no que ouvia, mas não podia duvidar da sinceridade do narrador, que, por sua vez, mal encobria o próprio assombro. O homem falou, então, do mísero estado do chefe: da sua cegueira, das lágrimas copiosas que vertia. Saulo a chorar?! O amigo de Damasco recebia as estranhas notícias com imensa surpresa, sintetizando as primeiras impressões em uma resposta desconcertante para Jacó:

At 9:8

— O que me conta é quase inverossímil; entretanto, em tais circunstâncias, torna-se impossível acolhê-los aqui. Desde anteontem tenho a casa cheia de amigos importantes, recém-chegados de Citium para uma boa reunião na sinagoga, sábado próximo. Cá por mim, suponho que Saulo se perturbou, inesperadamente, e não quero expô-lo a juízos e comentários menos dignos.

— Mas, senhor, que lhe direi? — interpôs Jacó hesitante.

— Diga que não estou em casa.

— Entretanto... encontro-me só com ele, assim perturbado e enfermo e, como vedes, a noite é tempestuosa.

Sadoque refletiu um momento e acrescentou:

— Não será difícil remediar. Na próxima esquina vocês encontrarão a chamada "rua Direita" e, depois de caminhar alguns passos, encontrarão a estalagem de Judas, que tem sempre muitos cômodos disponíveis. Mais tarde, procurarei lá chegar para saber do ocorrido.

Ouvindo palavras tais, que pareciam mais uma ordem que resposta a um apelo amigo, Jacó despediu-se surpreso e desanimado.

— Senhor — disse ao rabino, regressando ao portão de entrada —, infelizmente vosso amigo Sadoque não se encontra em casa.

— Não está? — exclamou Saulo admirado — daqui lhe ouvi a voz, embora não distinguisse o que dizia. Será possível que meus ouvidos estejam igualmente perturbados?

Diante daquela observação tão expressiva e sincera, Jacó não conseguiu dissimular a verdade e contou ao rabino o acolhimento que tivera, a atitude reservada e fria de Sadoque.

Seguindo as pisadas do guia, Saulo tudo ouviu, mudo, enxugando uma lágrima. Não contava com semelhante recepção da parte de um colega que sempre considerara digno e leal em todas as circunstâncias da vida. A surpresa chocava-o. Era natural que Sadoque temesse pela renovação de suas ideias, mas não era justo abandonasse um amigo doente às intempéries da noite. No entanto, no rebojar de mágoas que começavam a intumescer-lhe o coração, recordou repentinamente a visão de Jesus e refletiu que, efetivamente, possuía agora experiências que o outro não pudera conhecer, chegando à conclusão de que talvez fizesse o mesmo se os papéis estivessem invertidos.

At 9:8

Concluído o relato do companheiro, comentou resignado:

— Sadoque tem razão. Não ficava bem perturbá-lo com a descrição do fato, quando tem à mesa amigos de responsabilidade na vida pública. Além disso, estou cego... Seria um estafermo, e não um hóspede.

Essas considerações comoveram o companheiro, que, aliás, deixara perceber ao jovem rabino os próprios receios. Nas palavras de Jacó, Saulo entrevira uma vaga expressão de temores injustificáveis. O procedimento de Sadoque talvez lhe houvesse aumentado as desconfianças. Suas advertências eram reticenciosas, hesitantes. Parecia intimidado, como se antevisse ameaças à sua tranquilidade pessoal. Nos conceitos mais simples evidenciava o medo de ser acusado como portador de alguma expressão do "Caminho". Na sua amplitude de senso psicológico, o moço tarsense tudo compreendia. Fora verdade que ele, Saulo, representava o chefe supremo da campanha demolidora, mas, de ora em diante, consagraria a vida a Jesus, assim comprometendo a quantos dele se aproximassem direta e ostensivamente. Sua transformação provocaria muitos protestos no ambiente farisaico. Pressentiu nas indecisões do guia o receio de ser acusado de algum sortilégio ou bruxedo.

Com efeito, depois de convenientemente instalados na modesta estalagem de Judas, o companheiro falou-lhe preocupado:

— Senhor, pesa-me alegar minhas conveniências, mas, consoante os projetos feitos, preciso regressar a Jerusalém, onde me esperam dois filhos, a fim de nos fixarmos em Cesareia.

— Perfeitamente — respondeu Saulo, respeitando-lhe os escrúpulos —, poderás partir ao amanhecer.

Aquela voz, antes agressiva e autoritária, tornara-se agora compassiva e meiga, tocando o coração do servo nas suas fibras mais sensíveis.

At
9:8

— Entretanto, senhor, estou hesitando — disse o velho já picado de remorso —, estais cego, necessitais de auxílio para recobrar a vista e sinto sinceramente deixar-vos ao abandono.

— Não te preocupes por minha causa — exclamou o doutor da Lei resignado —; quem te disse que ficarei abandonado? Estou convicto de que meus olhos estarão curados muito em breve. Aliás — continuou Saulo como a confortar-se a si mesmo —, Jesus mandou-me entrar na cidade, a fim de saber o que me convinha. Certo, não me deixará ignorando o que devo fazer.

Assim falando, não pôde ver a expressão de piedade com que Jacó o contemplava desconcertado e oprimido.

Entretanto, malgrado a mágoa que lhe causava o chefe em semelhante estado, e recordando os castigos infligidos aos seguidores do Cristo, em Jerusalém, não conseguiu subtrair-se aos íntimos temores e partiu aos primeiros albores da manhã.

Saulo, agora, estava só. No véu espesso das sombras, podia entregar-se às suas meditações profundas e tristes.

A bolsa farta e franca assegurou-lhe a solicitude do estalajadeiro, que, de quando em quando, vinha saber de suas necessidades, mas, em vão, o hóspede foi convidado a repastos e diversões, porque nada o demovia do seu taciturno insulamento.

(*Paulo e Estêvão*. FEB Editora. Segunda parte — Cap. 1, p. 187 a 190)

*Esteve três dias sem ver, e não comeu nem bebeu.*

Atos
9:9

## Reflexões em Damasco

Aqueles três dias de Damasco foram de rigorosa disciplina espiritual. Sua personalidade dinâmica havia estabelecido uma trégua às atividades mundanas para examinar os erros do passado, as dificuldades do presente e as realizações do futuro. Precisava ajustar-se à inelutável reforma do seu eu. Na angústia do espírito, sentia-se, de fato, desamparado de todos os amigos. A atitude de Sadoque era típica e valeria pela de todos os correligionários, que jamais se conformariam com a sua adesão aos novos ideais. Ninguém acreditaria no ascendente da conversão inesperada; entretanto, havia que lutar contra todos os céticos, de vez que Jesus, para falar-lhe ao coração, escolhera a hora mais clara e rutilante do dia, em local amplo e descampado e na só companhia de três homens muito menos cultos que ele, e, por isso mesmo, incapazes de algo compreenderem na sua pobreza mental. No apreciar os valores humanos, experimentava a insuportável angústia dos que se encontram em completo abandono, mas, no torvelinho das lembranças, destacava os vultos de Estêvão e Abigail, que lhe proporcionavam consoladoras emoções. Agora compreendia aquele Cristo que viera ao mundo principalmente para os desventurados e tristes de coração. Antes, revoltava-se contra o Messias Nazareno, em cuja ação presumia tal ou qual incompreensível volúpia de sofrimento; todavia, chegava a examinar-se melhor, agora, haurindo na própria experiência as mais proveitosas ilações. Não obstante os títulos do Sinédrio, as responsabilidades públicas, o renome que o faziam admirado em toda parte, que era ele senão um necessitado da

At
9:9

proteção divina? As convenções mundanas e os preconceitos religiosos proporcionavam-lhe uma tranquilidade aparente, mas bastou a intervenção da dor imprevista para que ajuizasse de suas necessidades imensas. Abismalmente concentrado na cegueira que o envolvia, orou com fervor, recorreu a Deus para que o não deixasse sem socorro, pediu a Jesus lhe clareasse a mente atormentada pelas ideias de angústia e desamparo.

(*Paulo e Estêvão*. FEB Editora. Segunda parte — Cap. 1, p. 190 e 191)

*Havia em Damasco um discípulo de nome Ananias, e o Senhor lhe disse em visão: Ananias! Ele disse: vede-me [aqui], Senhor! [Disse] o Senhor para ele: levanta-te, vai pela viela chamada "Direita", e procura, na casa de Judas, pelo nome Saulo de Tarso, pois eis que [ele] está orando, e viu um varão de nome Ananias entrando e impondo-lhe as mãos, a fim de que recobre a visão. Ananias, porém, respondeu: Senhor, de muitos tenho ouvido a respeito deste varão, quantos males fez aos teus santos em Jerusalém. Aqui, [ele] tem autoridade dos sumos sacerdotes para prender a todos que invocam o teu nome. O Senhor disse para ele: vai, porque este é para mim um vaso escolhido para carregar o meu nome diante das nações, dos reis e dos filhos de Israel. Pois eu lhe mostrarei o quanto é necessário ele padecer pelo meu nome. Ananias partiu, entrou na casa e, impondo as mãos sobre ele, disse: Saul, irmão, o Senhor — Jesus, que se tornou visível para ti no caminho em que vinhas — me enviou, para que recobres a visão e fiques cheio do Espírito Santo. E logo lhe caíram dos olhos como que escamas, e recobrou a visão. Levantando-se, foi mergulhado.*

Atos<br>9:10 a 18

## Encontro de Saulo e Ananias

No terceiro dia de preces fervorosas, eis que o hoteleiro anuncia alguém que o procura. Seria Sadoque? Saulo tem sede de uma voz carinhosa e amiga. Manda entrar. Um velhinho de semblante calmo e afetuoso ali está, sem que o convertido possa ver-lhe as cãs respeitáveis e o sorriso generoso.

O mutismo do visitante indiciava o desconhecido.

— Quem sois? — pergunta o cego admirado.

— Irmão Saulo — replica o interpelado com doçura —, o Senhor, que te apareceu no caminho, enviou-me a esta casa para que tornes a ver e recebas a iluminação do Espírito Santo.

Ouvindo-o, o moço de Tarso tateou ansiosamente nas sombras. Quem seria aquele homem que sabia os feitos lá da estrada! Algum conhecido de Jacó? Mas... aquela inflexão de voz enternecida e carinhosa?

— Vosso nome? — perguntou quase aterrado.

— Ananias.

At 9:10 a 18

A resposta era uma revelação. A ovelha perseguida vinha buscar o lobo voraz. Saulo compreendeu a lição que o Cristo lhe ministrava. A presença de Ananias revoca-lhe à memória os apelos mais sagrados. Fora ele o iniciador de Abigail na doutrina e o motivo da viagem a Damasco, onde encontrara Jesus e a Verdade renovadora. Tomado de profunda veneração, quis avançar, ajoelhar-se ante o discípulo do Senhor, que lhe chamava ternamente "irmão", oscular-lhe enternecido as mãos benfazejas, mas apenas tateou o vácuo, sem conseguir a execução do gratíssimo desejo.

— Quisera beijar vossa túnica —, falou com humildade e reconhecimento — mas, como vedes, estou cego!...

— Jesus mandou-me, justamente para que tivesses, de novo, o dom da vista.

Comovidíssimo, o velho discípulo do Senhor notou que o perseguidor cruel dos Apóstolos do "Caminho" estava totalmente transformado. Ouvindo-lhe a palavra plena de fé, Saulo de Tarso deixava transparecer, no semblante, sinais de profunda alegria interior. Dos olhos ensombrados, manaram lágrimas cristalinas. O moço apaixonado e caprichoso aprendera a ser humano e humilde.

— Jesus é o Messias Eterno! Depus minha alma em suas mãos!... — disse entre compungido e esperançoso. — Penitencio-me do meu caminho!...

Banhado no pranto do arrependimento sincero, sem saber manifestar o reconhecimento daquela hora, em virtude das trevas que lhe dificultavam os passos, ajoelhou-se com humildade.

O velhinho generoso quis adiantar-se, impedir aquele gesto de renúncia suprema, considerando a sua própria condição de homem falível e imperfeito, mas, desejando estimular todos os recursos daquela alma ardente, em favor da sua completa conversão ao Cristo, aproximou-se comovido e, colocando a mão calosa naquela fronte atormentada, exclamou:

— Irmão Saulo, em nome de Deus Todo-Poderoso, eu te batizo para a nova fé em Cristo Jesus!...

Entre as lágrimas ardentes que corriam dos olhos, o moço tarsense acentuou contrito:

— Digne-se o Senhor perdoar meus pecados e iluminar meus propósitos para uma vida nova.

At
9:10 a 18

— Agora — disse Ananias, impondo-lhe as mãos nos olhos apagados e em um gesto amoroso —, em nome do Salvador, peço a Deus para que vejas novamente.

— Se é do agrado de Jesus que isso aconteça — advertiu Saulo compungido —, ofereço meus olhos aos seus santos serviços, para todo o sempre.

E como se entrassem em jogo forças poderosas e invisíveis, sentiu que das pálpebras doridas caíam substâncias pesadas como escamas, à proporção que a vista lhe voltava, embebendo-se de luz. Através da janela aberta, viu o céu claro de Damasco, experimentando indefinível ventura naquele oceano de claridades deslumbrantes. A aragem da manhã, como perfume do Sol, vinha banhar-lhe a fronte, traduzindo para o seu coração uma bênção de Deus.

— Vejo!... Agora vejo!... Glória ao Redentor de minha alma!... — exclamava, estendendo os braços em um transporte de gratidão e de amor.

Ananias também não se conteve mais; em face daquela prova inaudita da misericórdia de Jesus, o velho discípulo do Evangelho abraçou-se ao jovem de Tarso, a chorar de reconhecimento a Deus pelos favores recebidos. Trêmulo de alegria, levantou-o em seus braços generosos, amparando-lhe a alma surpreendida e perturbada de júbilo.

— Irmão Saulo — disse pressuroso —, este é o nosso grande dia; abracemo-nos na memória sacrossanta do Mestre que nos irmanou em seu grande amor!...

O convertido de Damasco não disse palavra. As lágrimas de gratidão sufocavam-no. Abraçando-se ao antigo pregador, em um gesto expressivo e mudo, fê-lo como se houvesse encontrado o pai dedicado e amoroso da sua nova existência. Por momentos, ficaram mudos, maravilhados com a intervenção divina, como dois irmãos muito queridos que se houvessem reconciliado sob as vistas de Deus.

Saulo sentia-se agora fortalecido e ágil. Em um minuto, pareceu reaver todas as energias de sua vida. Voltando a si do contentamento divino que o felicitava, tomou a mão do velho discípulo e beijou-a com veneração. Ananias tinha os olhos rasos de pranto. Ele próprio não podia prever as alegrias infinitas que o esperavam na pensão singela da "rua Direita".

At
9:10 a 18

— Ressuscitastes-me para Jesus — exclamou jubiloso —; serei dele eternamente. Sua misericórdia suprirá minhas fraquezas, compadecer-se-á de minhas feridas, enviará auxílios à miséria de minha alma pecadora, para que a lama do meu espírito se converta em ouro do seu amor.

— Sim, somos do Cristo — ajuntou o generoso velhinho com a alegria a transbordar dos olhos.

E, como se fosse de súbito transformado em um menino ávido de ensinamentos, Saulo de Tarso, sentando-se junto do benfeitor amigo, rogou-lhe todos os informes a respeito do Cristo, dos seus postulados e atos imorredouros. Ananias contou-lhe tudo quanto sabia de Jesus, por intermédio dos Apóstolos, depois da crucificação a que ele também assistira, em Jerusalém, na tarde trágica do Calvário. Esclareceu que era sapateiro em Emaús e tinha ido à cidade santa para as comemorações do Templo, tendo acompanhado o drama pungente nas ruas regurgitantes de povo. Falou da compaixão que lhe causara o Messias coroado de espinhos e apupado pela turba furiosa e inconsciente. Profunda a emoção, ao descrever a marcha penosa com a cruz, protegido por soldados impiedosos, da fúria popular, que vociferava o crime hediondo. Curioso pelo desenrolar dos acontecimentos, seguira o condenado até o monte. Da cruz do martírio, Jesus lançara-lhe um olhar inesquecível. Para o seu espírito, aquele olhar traduzia um chamamento sagrado, que era indispensável compreender. Profundamente impressionado, a tudo assistiu até o fim. Daí a três dias, ainda sob o peso daquelas angustiosas impressões, eis que lhe chega a nova alvissareira de que o Cristo havia ressuscitado dos mortos para a glória eterna do Todo-Poderoso. Seus discípulos estavam ébrios de ventura. Então, procurou Simão Pedro para conhecer melhor a personalidade do Salvador. Tão sublime a narrativa, tão elevados os ensinamentos, tão profunda a revelação que lhe aclarava o espírito, que aceitou o Evangelho sem mais hesitação. Desejoso de compartilhar o trabalho que Jesus legara aos que lhe pertenciam, regressou a Emaús, dispôs dos bens materiais que possuía e esperou os Apóstolos galileus em Jerusalém, onde se associou a Pedro nas primeiras atividades da Igreja do "Caminho". A essência dos ensinamentos do Cristo vitalizara-lhe o espírito. Os achaques da velhice haviam desaparecido. Logo que João e Filipe chegaram a Jerusalém para cooperar com o antigo pescador de Cafarnaum na edificação evangélica, combinaram sua transferência para Jope, a fim de atender a inúmeros pedidos de irmãos desejosos de conhecer a doutrina. Ali estivera até que as perseguições intensificadas com a morte de Estêvão obrigaram-no a retirar-se.

At 9:10 a 18

Saulo bebia-lhe as palavras com singular enlevo, como quem franqueava um mundo novo. A referência às perseguições avivava os remorsos acerbos. Em compensação, a alma estava repleta de votos sinceros, promissores de uma vida nova.

— É verdade — dizia, enquanto o narrador fazia longa pausa —, vim a Damasco com outorga do Templo para vos levar preso a Jerusalém, mas fostes vós que chegastes com outorga de Jesus e a Ele me jungistes para sempre. Se vos algemasse, na minha ignorância, levar-vos-ia ao tormento e à morte; vós, salvando-me do pecado, me transformastes em escravo voluntário e feliz!...

Ananias sorriu, sumamente satisfeito.

Saulo pediu-lhe, então, falasse de Estêvão, no que foi atendido com solicitude. Em seguida, pediu informes da sua viagem de Jope a Jerusalém. Com muita prudência, desejava do benfeitor qualquer alusão a Abigail. Formulando o pedido, fê-lo com tal inflexão carinhosa, que o velho discípulo, adivinhando-lhe o intuito, falou com brandura:

— Não precisarás confessar teus anseios de moço. Leio em teus olhos o que principalmente desejas. Entre Jope e

Jerusalém, descansei muito tempo na vizinhança de um compatrício que, apesar de fariseu, nunca privou os empregados de receberem as sagradas alegrias da Boa-Nova. Esse homem, Zacarias, tinha sob seu teto um verdadeiro anjo do Céu. Era a jovem Abigail, que, depois de receber o batismo de minhas mãos, confessou que te amava muito. Falava do teu amor com ternura ardente e muitas vezes me convidou a orar pela tua conversão a Jesus Cristo!...

At 9:10 a 18

Saulo ouvia emocionado e, após ligeiro intervalo em que o amoroso velhinho parecia meditar, voltou a dizer como se falasse consigo:

— Sim, se ela ainda vivesse!...

Ananias recebeu a observação sem surpresa e acentuou:

— Desde que se aproximou de mim, notei que Abigail não ficaria muito tempo na Terra. Suas cores esmaecidas, o brilho intenso dos olhos, falavam-me da sua condição de anjo exilado, mas devemos crer que ela viva no Plano Imortal. E quem sabe? Talvez suas rogativas aos pés de Jesus hajam contribuído para que o Mestre te convocasse à luz do Evangelho, às portas de Damasco!...

O velho discípulo do "Caminho" estava comovido. Recebendo aquelas carinhosas evocações, Saulo chorava. Compreendia, sim, que Abigail não poderia estar morta. A visão de Jesus redivivo bastava para dissipar-lhe todas as dúvidas. Certamente, a escolhida de sua alma apiedara-se de suas misérias, rogara ao Salvador, com insistência, lhe socorresse o espírito mesquinho e, por venturosa coincidência, o mesmo Ananias que lhe havia preparado o coração para as bênçãos do Céu, estendera-lhe igualmente as mãos amigas, cheias de caridade e perdão. Agora, pertenceria para sempre àquele Cristo amoroso e justo, que era o Messias Prometido. Nas emoções extremas que lhe caracterizavam os sentimentos, passou a considerar o poder do Evangelho, examinando seus ilimitados recursos transformadores. Queria mergulhar o espírito nas suas lições iluminadas e sublimes, banhar-se naquele rio de vida, cujas águas do amor de Jesus fecundavam os corações mais áridos e desertos. Aquela meditação profunda empolgava-lhe, agora, a alma toda.

— Ananias, meu mestre — disse o ex-rabino com entusiasmo —, onde poderei obter o Evangelho Sagrado?

O antigo discípulo sorriu com bondade, e observou:

— Antes de tudo, não me chames mestre. Este é e será sempre o Cristo. Nós outros, por acréscimo da Misericórdia Divina, somos discípulos, irmãos na necessidade e no trabalho redentor. Quanto à aquisição do Evangelho, somente na Igreja do "Caminho", em Jerusalém, poderíamos obter uma cópia integral das anotações de Levi.

At 9:10 a 18

E revolvendo o interior de surrada patrona, retirava alguns pergaminhos amarelentos, nos quais conseguira reunir alguns elementos da tradição apostólica. Apresentando essas notas dispersas, Ananias acrescentava:

— Verbalmente, tenho de cor quase todos os ensinamentos, mas, no que se refere à parte escrita, aqui tens tudo que possuo.

O moço convertido recebeu as anotações, assaz admirado. Debruçou-se imediatamente sobre os velhos rabiscos e devorava-os com indisfarçável interesse.

Depois de refletir alguns minutos, acentuava:

— Se possível, pedir-vos-ia deixar-me estes preciosos ensinamentos até amanhã. Empregarei o dia em copiá-los para meu uso particular. O estalajadeiro me comprará os pergaminhos necessários.

E como que já iluminado daquele espírito missionário que lhe assinalou as menores ações, para o resto da vida, ponderava atento:

— Precisamos estudar um meio de difundir a Nova Revelação com a maior amplitude possível. Jesus é um socorro do Céu. Tardar na sua mensagem é delongar o desespero dos homens. Aliás, a palavra "evangelho" significa "boas notícias". É indispensável espalhar essas notícias do plano mais elevado da vida.

Enquanto o velho pregador do "Caminho" observava-o interessado, o convertido de Damasco chamou o hoteleiro para comprar os pergaminhos. Judas surpreendeu-se ao verificar a cura insólita. Satisfazendo-lhe a curiosidade, o jovem de Tarso falou sem rebuços:

— Jesus enviou-me um médico. Ananias veio curar-me em seu nome.

E antes que o homem se recobrasse do espanto, cumulava-o de recomendações a respeito dos pergaminhos que desejava, entregando-lhe a quantia necessária.

At 9:10 a 18

Dando largas ao entusiasmo que lhe ia na alma, dirigiu-se novamente a Ananias, expondo-lhe seus planos:

— Até aqui, ocupava o meu tempo no estudo e na exegese da Lei de Moisés; agora, porém, encherei as horas com o espírito do Cristo. Trabalharei nesse mister até o fim dos meus dias. Buscarei iniciar meu trabalho aqui mesmo em Damasco.

E, fazendo uma pausa, perguntava ao benfeitor que o ouvia em silêncio:

— Conheceis na cidade um rapaz fariseu de nome Sadoque?

— Sim, é quem tem chefiado as perseguições nesta cidade.

— Pois bem — continuava o jovem tarsense atencioso —, amanhã é sábado e haverá preleção na sinagoga. Pretendo procurar os amigos e falar-lhes publicamente do apelo que o Cristo me endereçou. Quero estudar vossas anotações ainda hoje, porque me darão assunto para a primeira prédica do Evangelho.

— Para ser sincero —, disse Ananias com a sua experiência dos homens — acho que deves ser muito prudente nesta nova fase religiosa. É possível que teus amigos da sinagoga não estejam preparados para receber a Luz da Verdade toda. A má-fé tem sempre caminhos para tentar a confusão do que é puro.

— Mas se eu vi Jesus, não tenho o direito de ocultar uma revelação incontestável — exclamou o neófito, como a salientar, antes de tudo, a boa intenção que o animava.

— Sim, não digo que fujas do testemunho — explicou calmo o velho discípulo —, mas devo encarecer a maior prudência nas atitudes, não pela Doutrina do Cristo, superior e invulnerável a quaisquer ataques dos homens, mas por ti mesmo.

— Por mim nada posso temer. Se Jesus me restituiu a luz dos olhos, não deixará de iluminar meus caminhos. Quero comunicar a Sadoque a ocorrência que deu novos rumos ao meu destino. E o ensejo não poderia ser mais oportuno, porque sei que hospeda em sua casa, ainda agora, alguns levitas de renome, recém-chegados de Chipre.

— Que o Mestre te abençoe os bons propósitos — disse o velho sorridente.

Saulo sentia-se feliz. A presença de Ananias confortava-o sobremodo. Como velhos e fiéis amigos, almoçaram juntos. Em seguida e sempre satisfeito, o generoso enviado do Cristo retirou-se, deixando o ex-rabino todo entregue à meticulosa cópia dos textos.

At 9:10 a 18

No dia seguinte, Saulo de Tarso levantou-se lépido e bem-disposto. Sentia-se revigorado para uma vida nova. As recordações amargas lhe desertaram da memória. A influência de Jesus enchia-o de alegrias substanciosas e duradouras. Tinha a impressão de haver aberto uma porta nova em sua alma, por onde sopravam céleres as inspirações de um mundo maior.

(*Paulo e Estêvão*. FEB Editora. Segunda parte — Cap. 1, p. 191 a 198)

*Ao tomar alimento, recuperou as forças. Permaneceu com os discípulos, que [estavam] em Damasco, por alguns dias.*[12]

Atos 9:19

## Primeira pregação de Saulo em Damasco

Depois da primeira refeição, não obstante o dissabor que a atitude de Sadoque lhe causara, procurou avistar-se com o amigo, levado pela sinceridade que lhe pautava os mínimos atos da vida. Não o encontrou, contudo, na residência particular. Um servo informou que o amo saíra com alguns hóspedes em direção à sinagoga.

Saulo foi até lá. Os trabalhos do dia estavam iniciados. Fora feita a leitura dos textos de Moisés. Um dos levitas de Citium havia tomado a palavra para os respectivos comentários.

A entrada do ex-rabino provocou curiosidade geral. A maioria dos presentes tinha conhecimento da sua importância

---

[12] O texto de *Atos* apresenta, nesta perícope, um tema que é debate entre estudiosos. A leitura rápida parece sugerir que os acontecimentos entre a visão de Jesus, na estrada para Damasco, e a saída de Paulo da cidade em um cesto, com destino à Jerusalém, fizeram parte de uma única permanência do ex-rabino em Damasco. Isso, contudo, parece não se conciliar com o que é relatado pelo Apóstolo dos Gentios em sua carta aos gálatas (1:16ss). Nessa carta ele registra que, entre a visão de Jesus e a ida pela primeira vez para Jerusalém ao encontro dos Apóstolos, transcorreram-se três anos. A cronologia dos acontecimentos que Emmanuel apresenta concilia os dois textos e apresenta duas estadias de Paulo em Damasco, uma, logo após a visão de Jesus, que termina com a ida do Apóstolo dos Gentios para o deserto, onde ele permanece por 3 anos, e a outra, ao fim desse período de exílio no deserto, que termina com sua fuga em um cesto com destino à Jerusalém. O texto de *Atos* reuniria, dessa forma, as duas passagens de Paulo por Damasco e o texto de *Paulo e Estêvão* detalha o que houve, não só em cada uma dessas estadias, quanto o que ocorreu nos 3 anos registrados em *Gálatas*. Por essa razão, a equipe organizadora reuniu os relatos das duas passagens de Paulo por Damasco, vinculando-as aos textos de *Atos* da melhor forma possível, a fim de que o leitor se familiarizasse com esses acontecimentos.

Dado aos objetivos deste projeto e a extensão da narrativa, os três anos em que Paulo esteve no deserto não foram aqui transcritos. O leitor interessado encontrará o relato desse período no capítulo 2 da segunda parte do livro *Paulo e Estêvão*, intitulado *O Tecelão*.

pessoal, bem como do seu verbo ardoroso e seguro. Sadoque, porém, ao vê-lo, fez-se pálido, e mais ainda quando o jovem de Tarso lhe pediu uma palavra em particular. Embora contrafeito, foi-lhe ao encontro. Cumprimentaram-se sem dissimular a nova impressão que, já agora, mantinham entre si.

Em face das primeiras observações do novel evangelista, formuladas em tom amável, o amigo de Damasco explicou, evidenciando o seu orgulho ofendido:

At 9:19

— De fato, sabia que estavas na cidade e cheguei mesmo a procurar-te na pensão de Judas; tais foram, porém, as informações do hoteleiro, que me abstive de ir ao teu aposento. E cheguei até a pedir-lhe segredo da minha visita. Com efeito, parece incrível que te rendesses, também tu, passivamente, aos sortilégios do "Caminho"! Não posso compreender semelhante transmutação em tua robusta mentalidade.

— Mas Sadoque — replicou o jovem tarsense muito calmo —, eu vi Jesus ressuscitado...

O outro fez grande esforço para conter uma ruidosa gargalhada.

— Será possível — objetou com zombaria — que tua índole sentimental, tão contrária a manifestações de misticismo, tenha capitulado nesse terreno? Acreditarias mesmo em tais visões? Não poderias imaginar-te vítima de algum desfaçado adepto do carpinteiro? Tuas atitudes de agora nos causarão profunda vergonha. Que dirão os homens irresponsáveis, que nada conhecem da Lei de Moisés? E a nossa posição no partido dominante da raça? Os colegas do farisaísmo hão de arregalar os olhos, quando souberem da tua clamorosa defecção. Quando aceitei o encargo de perseguir os companheiros do operário de Nazaré, reprimindo-lhes as atividades perigosas, fi-lo pela amizade que te consagrava; e não te doerá a traição dos votos anteriores? Considera como se dificultará nosso escopo, quando se espalhar a notícia de que capitulaste perante esses homens sem cultura e sem consciência.

Saulo fitou o amigo, revelando imensa preocupação no olhar ansioso. Aquelas acusações eram as premissas do acolhimento que o aguardava no cenáculo dos velhos companheiros de lutas e edificações religiosas.

— Não — disse ele sentindo fundamente cada palavra —, não posso aceitar as tuas arguições. Repito que vi Jesus de Nazaré e devo proclamar que nele reconheço o Messias prometido pelos nossos profetas mais eminentes.

Enquanto o outro fazia largo gesto admirativo ao observar aquela inflexão de certeza e sinceridade, Saulo continuava convicto:

At 9:19

— Quanto ao mais, considero que, a todo tempo, devemos e podemos reparar os erros do passado. E é com esse ardor de fé, que me proponho regenerar minhas próprias estradas. Trabalharei, doravante, pela minha certeza em Cristo Jesus. Não é justo que me perca em ponderações sentimentalistas, olvidando a Verdade; e assim procederei em benefício dos meus próprios amigos. Os amantes das realidades da vida sempre foram os mais detestados, ao tempo em que viveram. Que fazer? Até aqui, minhas pregações nasciam dos textos recebidos dos antepassados veneráveis, mas, hoje, minhas asserções se baseiam não somente nos repositórios da tradição, senão também na prova testemunhal.

Sadoque não conseguiu ocultar a surpresa.

— Mas... a tua posição? E os teus parentes? E o nome? E tudo que recebeste dos que rodeiam tua personalidade com fervorosos compromissos? — perguntou Sadoque, revocando-o ao passado.

— Agora, estou com o Cristo e todos nós lhe pertencemos. Sua palavra divina convocou-me a esforços mais ardentes e ativos. Aos que me compreenderem devo, naturalmente, a gratidão mais sagrada; entretanto, para os que não possam entender guardarei a melhor atitude de serenidade, considerando que o próprio Messias foi levado à cruz.

— Também tu com a mania do martírio?

O interpelado guardou uma bela expressão de dignidade pessoal e concluiu:

— Não posso perder-me em opiniões levianas. Esperarei que o teu amigo de Chipre termine a preleção, para relatar minha experiência diante de todos.

— Falar nisso aqui?

— Por que não?

— Seria mais razoável descansares da viagem e da enfermidade, meditando melhor no assunto, mesmo porque tenho esperança nas tuas reconsiderações, relativamente ao acontecido.

— Sabes, porém, que não sou nenhuma criança e cumpre-me esclarecer a Verdade, em qualquer circunstância.

— E se te apuparem? E se fores considerado traidor?

— A fidelidade a Deus deve ser maior que tudo isso, aos nossos olhos.

— É possível, no entanto, que não te concedam a palavra — ponderou Sadoque após esbarrar com a força daquelas profundas convicções.

— Minha condição é bastante para que ninguém se atreva a negar-me o que é de justiça.

— Então, seja. Responderás pelas consequências — concluiu Sadoque constrangido.

At
9:19

Naquele momento, ambos compreenderam a imensidão da linha divisória que os extremava. Saulo percebeu que a amizade que Sadoque sempre lhe testemunhara baseava-se nos interesses puramente humanos. Abandonando a falsa carreira que lhe dava prestígio e brilho, via esfumar-se a cordialidade do outro. No entanto, de tal cogitação, logo lhe veio à mente que, também ele, assim procederia, provavelmente, se não tivesse Jesus no coração.

Sereno e desassombrado, evitou aproximar-se do local onde se acomodavam os visitantes ilustres, buscando aproximar-se do largo estrado em que se improvisara uma nova tribuna. Terminada a dissertação do levita de Citium, Saulo surgiu à vista de todos os presentes, que o saudaram com olhares ansiosos. Cumprimentou, afável, os diretores da reunião e pediu vênia para expor suas ideias.

Sadoque não tivera coragem de criar um ambiente antipático, para deixar que tudo corresse à feição das circunstâncias, e foi por isso que os sacerdotes apertaram a mão de Saulo com a simpatia de sempre, acolhendo com imensa alegria o seu alvitre.

Com a palavra, o ex-rabino ergueu a fronte, nobremente, como costumava fazer nos seus dias triunfais.

— Varões de Israel! — começou em tom solene — em nome do Todo-Poderoso, venho anunciar-vos hoje, pela primeira vez, as verdades da Nova Revelação. Temos ignorado, até agora, o fato culminante da vida da Humanidade. O Messias prometido já veio, consoante o afirmaram os profetas que se glorificaram na virtude e no sofrimento. Jesus de Nazaré é o Salvador dos pecadores.

At 9:19

Uma bomba que estourasse no recinto não causaria maior espanto. Todos fixavam o orador, atônitos. A assembleia estava obstúpida. Saulo, contudo, prosseguia intrépido, depois de uma pausa:

— Não vos assombreis com o que vos digo. Conheceis minha consciência pela retidão de minha vida, pela minha fidelidade às Leis Divinas. Pois bem: é com este patrimônio do passado que vos falo hoje, reparando as faltas involuntárias que cometi nos impulsos sinceros de uma perseguição cruel e injusta. Em Jerusalém, fui o primeiro a condenar os apóstolos do "Caminho"; provoquei a união de romanos e israelitas para a repressão, sem tréguas, a todas as atividades que se prendessem ao Nazareno; varejei lares sagrados, encarcerei mulheres e crianças, submeti alguns à pena de morte, ocasionei um vasto êxodo das massas operárias que trabalhavam pacificamente na cidade para seu progresso; criei para todos os espíritos mais sinceros um regime de sombras e terrores. Fiz tudo isso, na falsa suposição de defender a Deus, como se o Pai Supremo necessitasse de míseros defensores!... mas, de viagem para esta cidade, autorizado pelo Sinédrio e pela Corte provincial, para invadir os lares alheios e perseguir criaturas inofensivas e inocentes, eis que Jesus me aparece às vossas portas e me pergunta, em pleno meio-dia, na paisagem desolada e deserta: "Saulo, Saulo, por que me persegues?".

A essa evocação, a voz eloquente se enternecia e as lágrimas lhe corriam copiosas. Interrompera-se ao recordar a ocorrência decisiva do seu destino. Os ouvintes contemplavam-no assombrados.

— Que é isso? — diziam alguns.

— O doutor de Tarso graceja!... — afirmavam outros sorrindo, convictos de que o jovem tribuno estivesse buscando maior efeito oratório.

— Não, amigos — exclamou com veemência —, jamais gracejei convosco nas tribunas sagradas. O Deus justo não permitiu que minha violência criminosa fosse até o fim, em detrimento da verdade, e consentiu, por misericórdia de acréscimo, que o mísero servo não encontrasse a morte sem vos trazer a luz da crença nova!...

At 9:19

Não obstante o ardor da pregação, que deixava em todos os ouvidos ressonâncias emocionais, rompeu no recinto estranho vozerio. Alguns fariseus mais exaltados interpelaram Sadoque, em voz baixa, quanto ao inesperado daquela surpresa, obtendo a confirmação de que Saulo, de fato, parecia extremamente perturbado, alegando ter visto o Carpinteiro de Nazaré nas vizinhanças de Damasco. Imediatamente estabeleceu-se enorme confusão em toda a sala, porque havia quem visse no caso perigosa defecção do rabino, e quem opinasse por enfermidade súbita, que o houvesse dementado.

— Varões de minha antiga fé — trovejou a voz do moço tarsense mais incisiva —, é inútil tentardes empanar a verdade. Não sou traidor nem estou doente. Estamos defrontando uma era nova, em face da qual todos os nossos caprichos religiosos são insignificantes.

Uma chuva de impropérios cortou-lhe repentinamente a palavra.

— Covarde! Blasfemo! Cão do "Caminho"!... Fora o traidor de Moisés!...

Os apodos partiam de todos os lados. Os mais afeiçoados ao ex-rabino, que se inclinavam a supô-lo vítima de graves perturbações mentais, entraram em conflito com os fariseus mais rudes e rigorosos. Algumas bengalas foram atiradas à tribuna com extrema violência. Os grupos, que se haviam atracado em luta, espalhavam forte celeuma na sinagoga, percebendo o orador que se encontravam na iminência de irreparáveis desastres.

Foi quando um dos levitas mais idosos assomou ao grande estrado, levantando a voz com toda a energia de que era capaz e rogando aos presentes acompanhá-lo na recitação de um dos Salmos de Davi. O convite foi aceito por todos. Os mais exaltados repetiram a prece, tomados de vergonha.

Saulo acompanhava a cena com profundo interesse. Terminada a oração, disse o sacerdote com ênfase irritante:

— Lamentemos este episódio, mas evitemos a confusão que em nada aproveita. Até ontem, Saulo de Tarso honrava as nossas fileiras como paradigma de triunfo; hoje, sua palavra é para nós um galho de espinhos. Com um passado respeitável, esta atitude de agora só nos merece condenação. Perjúrio? Demência? Não o sabemos com certeza. Outro fora o tribuno e apedrejá-lo-íamos sem pestanejar, mas com um antigo colega os processos devem ser outros. Se está doente, só merece compaixão; se traidor, só poderá merecer absoluto desprezo. Que Jerusalém o julgue como seu embaixador. Quanto a nós, encerremos as pregações da sinagoga e recolhamo-nos à paz dos fiéis cumpridores da Lei.

At
9:19

O ex-rabino suportou a increpação com grande serenidade a lhe transparecer dos olhos. Intimamente, sentia-se ferido no seu amor-próprio. Os remanescentes do "homem velho" exigiam revide e reparação imediata, ali mesmo, à vista de todos. Quis falar novamente, exigir a palavra, obrigar os companheiros a ouvi-lo, mas sentia-se presa de emoções incoercíveis, que lhe infirmavam os ímpetos explosivos. Imóvel, notou que velhos afeiçoados de Damasco abandonavam o recinto calmamente, sem lhe fazer sequer uma ligeira saudação. Observou, também, que os levitas de Citium pareciam entendê-lo, por um olhar de simpatia, ao mesmo tempo em que Sadoque fixava-o com ironia e risinhos de triunfo. Era o repúdio que chegava. Acostumado aos aplausos onde quer que aparecesse, fora vítima da própria ilusão, acreditando que, para falar com êxito, sobre Jesus, bastavam os louros efêmeros já conquistados ao mundo. Enganara-se. Seus cômpares punham-no à margem, como inútil. Nada lhe doía mais que ser assim desaproveitado, quando lhe ardia na alma a devoção sacerdotal. Preferia que o esbofeteassem, que o prendessem, que o flagelassem, mas não lhe tirassem o ensejo de discutir sem peias, a todos vencendo e convencendo com a lógica de suas definições. Aquele abandono feria-o fundo, porque, antes de qualquer consideração, reconhecia não laborar em benefício pessoal, por vaidade ou egoísmo, mas pelos próprios correligionários atidos às concepções rígidas e inflexíveis da Lei. Aos poucos a sinagoga ficara deserta, sob o calor ardente das primeiras horas da tarde. Saulo sentou-se em um banco tosco e chorou. Era a luta entre a vaidade de outros tempos e a renúncia de si mesmo que começava. Para conforto da alma opressa, recordou a narrativa de Ananias, no capítulo em que Jesus dissera ao velho discípulo que lhe mostraria quanto importava sofrer por amor ao seu nome.

At 9:19

Acabrunhado, retirou-se do Templo, em busca do benfeitor, a fim de reconfortar-se com a sua palavra.

Ananias não se mostrou surpreendido com a exposição das ocorrências.

— Vejo-me cercado de enormes dificuldades — dizia Saulo um tanto perturbado. — Sinto-me no dever de espalhar a nova doutrina, felicitando os nossos semelhantes; Jesus encheu-me o coração de energias inesperadas, mas a secura dos homens é de amedrontar os mais fortes.

— Sim — explicava o ancião paciente —, o Senhor conferiu-te a tarefa do semeador; tens muito boa vontade, mas que faz um homem recebendo encargos dessa natureza? Antes de tudo, procura ajuntar as sementes no seu mealheiro particular, para que o esforço seja profícuo.

O neófito percebeu o alcance da comparação e perguntou:

— Que desejais dizer com isso?

— Quero dizer que um homem de vida pura e reta, sem os erros da própria boa intenção, está sempre pronto a plantar o bem e a justiça no roteiro que perlustra, mas aquele que já se enganou, ou que guarda alguma culpa, tem necessidade de testemunhar no sofrimento próprio, antes de ensinar. Os que não forem integralmente puros, ou nada sofreram no caminho, jamais são bem compreendidos por quem lhes ouve simplesmente a palavra. Contra os seus ensinos estão suas próprias vidas. Além do mais, tudo que é de Deus reclama grande paz e profunda compreensão. No teu caso, deves pensar na lição de Jesus permanecendo trinta anos entre nós, preparando-se para suportar nossa presença durante apenas três. Para receber uma tarefa do Céu, Davi conviveu com a Natureza, apascentando rebanhos; para desbravar as estradas do Salvador, João Batista meditou muito tempo nos ásperos desertos da Judeia.

As ponderações carinhosas de Ananias caíam-lhe na alma opressa como bálsamo vitalizante.

— Quando hajas sofrido mais — continuava o benfeitor e amigo sincero —, terás apurado a compreensão dos homens e das coisas. Só a dor nos ensina a ser humanos. Quando a criatura entra no período mais perigoso da existência, depois da matinal infância e antes da noite da velhice; quando a vida exubera energias, Deus lhe envia os filhos, para que, com os trabalhos, se lhe enterneça o coração. Pelo que me hás confessado, é possível não venhas a ser pai, mas terás os filhos do Calvário em toda parte. Não viste Simão Pedro, em Jerusalém, rodeado de infelizes? Naturalmente, encontrarás um lar maior na Terra, onde serás chamado a exercer a fraternidade, o amor, o perdão... É preciso morrer para o mundo, para que o Cristo viva em nós...

Aquelas observações tão sadias e tão mansas penetraram o espírito do ex-rabino como bálsamo de consolação de horizontes mais vastos. Suas palavras carinhosas fizeram-no recordar alguém que o amava muito. De cérebro cansado pelos embates do dia, Saulo esforçava-se por fixar melhor as ideias. Ah!... Agora se lembrava perfeitamente. Esse alguém era Gamaliel. Veio-lhe de súbito o desejo de se avistar com o velho mestre. Compreendia a razão daquela lembrança. É que, também ele, pela última vez, lhe falara da necessidade que sentia dos lugares ermos, para meditar as Sublimes Verdades novas. Sabia-o em Palmira, na companhia de um irmão. Como não se recordara ainda do antigo mestre, que lhe fora quase um pai? Certamente, Gamaliel recebê-lo-ia de braços abertos, regozijar-se-ia com as suas conquistas recentes, dar-lhe-ia conselhos generosos quanto aos rumos a seguir.

Engolfado em recordações cariciosas, agradeceu a Ananias com um olhar significativo, acrescentando sensibilizado:

— Tendes razão... Buscarei o deserto em vez de voltar a Jerusalém precipitadamente, sem forças, talvez, para enfrentar a incompreensão dos meus confrades. Tenho um velho amigo em Palmira, que me acolherá de bom grado. Ali repousarei algum tempo, até que possa internar-me pelas regiões ermas, a fim de meditar as lições recebidas.

Ananias aprovou a ideia com um sorriso. Ainda ficaram conversando longo tempo, até que a noite mergulhou a alma das coisas no seu velário de sombras espessas.

O velho pregador conduziu, então, o novo adepto para a humilde reunião que se realizava nesse sábado de grandes desilusões para o ex-rabino.

At 9:19

Damasco não tinha propriamente uma Igreja; entretanto, contava numerosos crentes irmanados pelo ideal religioso do "Caminho". O núcleo de orações era em casa de uma lavadeira humilde, companheira de fé, que alugava a sala para poder acudir a um filho paralítico. Profundamente admirado, o moço tarsense enxergou ali a miniatura do quadro observado pela primeira vez, quando tivera a curiosidade invencível de assistir às célebres pregações de Estêvão em Jerusalém. Em torno da mesa rústica, juntavam-se míseras criaturas da plebe, que ele sempre mantivera separada da sua esfera social. Mulheres analfabetas com crianças ao colo, velhos pedreiros rudes, lavadeiras que não conseguiam conjugar duas palavras certas. Anciães de mãos trêmulas, amparando-se a cajados fortes, doentes misérrimos que exibiam a marca de enfermidades dolorosas. A cerimônia parecia ainda mais simples que as de Simão Pedro e seus companheiros galileus. Ananias chefiava e presidia o ato. Sentando-se à mesa, qual patriarca no seio da família, rogou as bênçãos de Jesus para a boa vontade de todos. Em seguida, fez a leitura dos ensinos de Jesus, respigando algumas sentenças do Mestre Divino nos pergaminhos esparsos. Depois de comentar a página lida, ilustrando-a com a exposição de fatos significativos, do seu conhecimento ou da sua experiência pessoal, o velho discípulo do Evangelho deixava o lugar, percorria as filas de bancos e impunha as mãos sobre os doentes e necessitados. Comumente, segundo o hábito das primeiras células cristãs do primeiro século, ao memorar as alegrias de Jesus quando servia o repasto aos discípulos, fazia-se modesta distribuição de pão e água pura, em nome do Senhor. Saulo serviu-se do bolo simples, enternecidamente. Para sua alma, o cibo mesquinho tinha o sabor divino da

At 9:19

fraternidade universal. A água clara e fresca da bilha grosseira soube-lhe a fluido de amor que partia de Jesus, comunicando-se a todos os seres. Ao fim da reunião, Ananias orava fervorosamente. Depois de contar a visão de Saulo e a sua própria, nos comentários singelos daquela noite, pedia ao Salvador protegesse o novo servo em demanda a Palmira, a fim de meditar mais demoradamente na imensidão de suas misericórdias. Ouvindo-lhe a rogativa que o calor da amizade revestia de amavio singular, Saulo chorou de reconhecimento e gratidão, comparando as emoções do rabino que fora, com as do servo de Jesus que agora queria ser. Nas reuniões suntuosas do Sinédrio, jamais ouvira um companheiro exorar ao Céu com aquela sinceridade superior. Entre os mais afeiçoados só encontrara elogios vãos, prontos a se transformarem em calúnias torpes, quando lhes não podia conceder favores materiais. Em toda parte, admiração superficial, filha do jogo dos interesses inferiores. Ali, a situação era outra. Nenhuma daquelas criaturas desfavorecidas da sorte viera pedir-lhe facilidades; todos pareciam satisfeitos ao serviço de Deus, que assim os congregava a termo de trabalhos exaustivos e penosos. E, por fim, ainda rogavam a Jesus lhe concedesse paz de espírito para o seu empreendimento.

Terminada a reunião, Saulo de Tarso tinha lágrimas nos olhos. Na Igreja do "Caminho", em Jerusalém, os Apóstolos galileus o trataram com especial deferência, atentos à sua posição social e política, senhor das regalias que as convenções do mundo lhe conferiam, mas os cristãos de Damasco impressionaram-no mais vivamente, arrebataram-lhe a alma, conquistando-a para uma afeição imorredoura, com aquele gesto de confiança e carinho, tratando-o como irmão.

Um a um, apertaram-lhe a mão com votos de feliz viagem. Alguns velhos mais humildes beijaram-lhe as mãos. Tais provas de afeto davam-lhe novas forças. Se os amigos do Judaísmo lhe desprezavam a palavra, acintosos e hostis, começava agora a encontrar no seu caminho os filhos do Calvário. Trabalharia por eles, consagraria ao seu consolo as energias da mocidade. Pela primeira vez na vida, revelou interesse pelo sorriso das criancinhas. Como se desejasse retribuir as demonstrações de carinho recebidas, tomou nos braços um menino doente. Diante da pobre mãe sorridente e agradecida, fez-lhe festas, acariciou-lhe os cabelos desajeitadamente. Entre os acúleos agressivos de sua alma apaixonada, começavam a desabrochar as flores de ternura e gratidão.

 Ananias estava satisfeito. Junto dos irmãos de mais confiança, acompanhou o neófito até a pensão de Judas. Aquele modesto grupo desconhecido percorreu as ruas banhadas de luar, estreitamente unido e reconfortando-se em comentários cristãos. Saulo admirava-se de haver encontrado tão depressa aquela chave de harmonia que lhe proporcionava segura confiança em todos. Teve a impressão de que nas genuínas comunidades do Cristo a amizade era diferente de tudo que lhe dava expressão nos agrupamentos mundanos. Na diversidade das lutas sociais o traço dominante das relações cifrava-se agora, a seus olhos, nas vantagens do interesse individual; ao passo que, na unidade de esforços da tarefa do Mestre, havia um cunho divino de confiança, como se os compromissos tivessem o ascendente divino, original. Todos falavam, como nascidos no mesmo lar. Se expunham uma ideia digna de maior ponderação, faziam-no com serenidade e geral compreensão do dever; se versavam assuntos leves e simples, os comentários timbravam franca e confortadora alegria. Em nenhum deles notava a preocupação de parecer menos sincero na defesa dos seus pontos de vista, mas, ao invés, lhaneza de trato sem laivos de hipocrisia, porque, em regra, sentiam-se sob a tutela do Cristo, que, para a consciência de cada um, era o amigo invisível e presente, a quem ninguém deveria enganar.

At 9:19

 Consolado e satisfeito de haver encontrado amigos na verdadeira acepção da palavra, Saulo chegou à estalagem de Judas, despedindo-se de todos profundamente comovido. Ele próprio surpreendia-se com o sabor de intimidade com que as expressões lhe afloravam aos lábios. Agora compreendia que a palavra "irmão", largamente usada entre os adeptos do "Caminho", não era fútil e vã. Os companheiros de Ananias conquistaram-lhe o coração. Nunca mais esqueceria os irmãos de Damasco.

 No dia imediato, contratando um serviçal indicado pelo estalajadeiro, Saulo de Tarso, ao amanhecer, embora surpreendesse o dono da casa com o seu ânimo resoluto, pôs-se a caminho da cidade famosa, situada em um oásis em pleno deserto.

Nas primeiras horas da manhã, saíam das portas de Damasco dois homens modestamente trajados, à frente de pequeno camelo carregado das necessárias provisões.

At
9:19

Saulo fizera questão de partir assim, a pé, de modo a iniciar a vida com rigores que lhe seriam sumamente benéficos mais tarde. Não viajaria mais na qualidade de doutor da Lei, rodeado de servos, mas sim como discípulo de Jesus, adstrito aos seus programas. Por esse motivo, considerou preferível viajar como beduíno, para aprender a contar, sempre, com as próprias forças. Sob o calor calcinante do dia, sob as bênçãos refrigeradoras do crepúsculo, seu pensamento estava fixo naquele que o chamara do mundo para uma vida nova. As noites do deserto, quando o luar enche de sonho a desolação da paisagem morta, são tocadas de misteriosa beleza. Sob as frondes de alguma tamareira solitária, o convertido de Damasco aproveitava o silêncio para profundas meditações. O firmamento estrelado tinha, agora, para seu espírito, confortadoras e permanentes mensagens. Estava convicto de que sua alma havia sido arrebatada a novos horizontes, porque, por meio de todas as coisas da Natureza, parecia receber o pensamento do Cristo que lhe falava carinhosamente ao coração.

(*Paulo e Estêvão*. FEB Editora. Segunda parte — Cap. 1, p. 198 a 208)

*E logo estava proclamando Jesus nas sinagogas, [dizendo] que este é o filho de Deus. Todos os que ouviam ficavam extasiados, e diziam: não é este o que devastava em Jerusalém os que invocam este nome, tendo vindo aqui para isto — para conduzi-los presos ao sumo sacerdote. Saulo, porém, era ainda mais fortalecido, e confundia os judeus que habitavam em Damasco, demonstrando atos que este é o Cristo. Quando se completaram consideráveis dias, os judeus deliberaram eliminá-lo, mas o complô deles se tornou conhecido por Saulo. Dia e noite vigiavam também as portas, a fim de o eliminarem. Mas os seus discípulos, tomando-o de noite, desceram-no pelo muro, depois de o colocarem em um cesto redondo.*

Atos
9:20 a 25

## Segunda pregação de Saulo em Damasco

A jornada se fez sem incidentes. Entretanto, em sua nova soledade, o moço tarsense reconhecia que forças invisíveis proviam-lhe a mente de grandiosas e consoladoras inspirações. Dentro da noite cheia de estrelas, tinha a impressão de ouvir uma voz carinhosa e sábia, a traduzir-se por apelos de infinito amor e de infinita esperança. Desde o instante em que se desligara da companhia amorável de Áquila e sua mulher, quando se sentiu absolutamente só para os grandes empreendimentos do seu novo destino, encontrou energias interiores até então imprevistas, por desconhecidas.

Não podia definir aquele estado espiritual, mas o caso é que dali por diante, sob a direção de Jesus, Estêvão conservava-se a seu lado como companheiro fiel.

Aquelas exortações, aquelas vozes brandas e amigas que o assistiram em todo o curso apostolar e atribuídas diretamente ao Salvador, provinham do generoso mártir do "Caminho", que o seguiu espiritualmente durante trinta anos, renovando-lhe constantemente as forças para execução das tarefas redentoras do Evangelho.

Jesus quis, dessarte, que a primeira vítima das perseguições de Jerusalém ficasse para sempre irmanada ao primeiro algoz dos prosélitos de sua doutrina de vida e redenção.

At
9:20 a 25

Em vez dos sentimentos de remorso e perplexidade em face do passado culposo; da saudade e desalento que, às vezes, lhe ameaçavam o coração, sentia agora radiosas promessas no espírito renovado, sem poder explicar a sagrada origem de tão profundas esperanças. Não obstante as singulares alterações fisionômicas que a vida, o regime e o clima do deserto lhe produziram, entrou em Damasco com alegria sincera na alma agora devotada, absolutamente, ao serviço de Jesus.

Com júbilo indefinível abraçou o velho Ananias, pondo-o ao corrente de suas edificações espirituais. O respeitável ancião retribuiu-lhe o carinho com imensa bondade. Dessa vez, o ex-rabino não precisou insular-se em uma pensão entre desconhecidos, porque os irmãos do "Caminho" lhe ofereceram franca e amorosa hospitalidade. Diariamente, repetia a emoção confortadora da primeira reunião a que comparecera, antes de recolher-se ao deserto. A pequena assembleia fraternal congregava-se todas as noites, trocando ideias novas sobre os ensinamentos do Cristo, comentando os acontecimentos mundanos à luz do Evangelho, permutando objetivos e conclusões. Saulo foi informado de todas as novidades atinentes à doutrina, experimentando os primeiros efeitos do choque entre os judeus e os amigos do Cristo, a propósito da circuncisão. Seu temperamento apaixonado percebeu a extensão da tarefa que lhe estava reservada. Os fariseus formalistas da sinagoga, não mais se insurgiam contra as atividades do "Caminho", desde que o seguidor de Jesus fosse, antes de tudo, fiel observador dos princípios de Moisés. Somente Ananias e alguns poucos perceberam a sutileza dos casuístas que provocavam deliberadamente a confusão em todos os setores, atrasando a marcha vitoriosa da Boa-Nova redentora. O ex-doutor da Lei reconheceu que, na sua ausência, o processo de perseguição tornara-se mais perigoso e mais imperceptível, porquanto, às características cruéis, mas francas, do movimento inicial, sucediam as manifestações de hipocrisia farisaica, que, a pretexto de contemporização e benignidade, mergulhariam a personalidade de Jesus e a grandeza de suas lições divinas em criminoso e deliberado olvido. Coerente com as novas disposições do foro íntimo, não pretendia voltar à sinagoga de Damasco, para não parecer um mestre pretensioso a pugnar pela salvação de outrem, antes de cuidar do aperfeiçoamento próprio, mas, diante do que via e coligia com alto senso psicológico, compreendeu que era útil arrostar todas as consequências e demonstrar as disparidades do formalismo farisaico com o Evangelho: o que era a circuncisão e o que era a nova fé. Expondo a Ananias o projeto de fomentar a discussão a respeito do assunto, o velhinho generoso estimulou-lhe os propósitos de restabelecer a Verdade em seus legítimos fundamentos.

At
9:20 a 25

Para esse fim, no segundo sábado de sua permanência na cidade, o vigoroso pregador compareceu à sinagoga. Ninguém reconheceu o rabino de Tarso na sua túnica rafada, na epiderme tostada de Sol, no rosto descarnado, no brilho mais vivo dos olhos profundos.

Terminada a leitura e a exposição regulamentares, franqueada a palavra aos sinceros estudiosos da religião, eis que o desconhecido galga a tribuna dos mestres de Israel e, buscando interessar a numerosa assistência, falou primeiramente do caráter sagrado da Lei de Moisés, detendo-se, apaixonado, nas promessas maravilhosas e sábias de Isaías, até que penetrou o estudo dos profetas. Os presentes escutavam-no com profunda atenção. Alguns se esforçavam por identificar aquela voz que lhes não parecia estranha. A pregação vibrante suscitava ilações de grande alcance e beleza. Imensa luz espiritual transbordava dos raptos altiloquentes.

Foi aí que o ex-rabino, conhecendo o poder magnético já exercido sobre o vultoso auditório, começou a falar do Messias Nazareno comparando sua vida, feitos e ensinamentos, com os textos que o anunciavam nas sagradas escrituras.

Quando abordava o problema da circuncisão, eis que a assembleia rompe em furiosa gritaria.

— É ele!... É o traidor!... — clamavam os mais audaciosos, depois de identificar o ex-doutor de Jerusalém. — Pedra ao blasfemo!... É o bandido da seita do "Caminho"!...

Os chefes do serviço religioso, por sua vez, reconheceram o antigo companheiro, agora considerado trânsfuga da Lei, a quem se deviam impor castigos rudes e cruéis.

At
9:20 a 25

Saulo assistia à repetição da mesma cena de quando se fazia ouvir na seleta reunião, com a presença dos levitas de Chipre. Enfrentou impassível a situação, até que as autoridades religiosas conseguissem acalmar os ânimos turbulentos.

Após as fases mais agudas do tumulto, o arquissinagogo, tomando posição, determinou que o orador descesse da tribuna para responder ao seu interrogatório.

O convertido de Damasco compreendeu de relance toda a calma de que necessitava para sair-se com êxito daquela difícil aventura, e obedeceu de pronto, sem protestar.

— Sois Saulo de Tarso, antigo rabino em Jerusalém? — perguntou a autoridade com ênfase.

— Sim, pela graça do Cristo Jesus! — respondeu em tom firme e resoluto.

— Não vem ao caso referências quaisquer ao Carpinteiro de Nazaré! Interessa-nos, tão só, a vossa prisão imediata, de acordo com as instruções recebidas do Templo — explicou o judeu em atitude solene.

— Minha prisão? — interrogou Saulo admirado.

— Sim.

— Não vos reconheço o direito de efetuá-la — esclareceu o pregador.

Diante daquela atitude enérgica, houve um movimento de admiração geral.

— Por que relutais? O que só vos cumpre é obedecer.

Saulo de Tarso fixou-o com decisão, explicando:

— Nego-me porque, não obstante haver modificado minha concepção religiosa, sou doutor da Lei e, além disso, quanto à situação política, sou cidadão romano e não posso atender a ordens verbais de prisão.

— Mas estais preso em nome do Sinédrio.

— Onde o mandado?

A pergunta imprevista desnorteou a autoridade. Havia mais de dois anos, chegara de Jerusalém o documento oficial, mas ninguém podia prever aquela eventualidade. A ordem fora arquivada cuidadosamente, mas não podia ser exibida de pronto, como exigiam as circunstâncias.

— O pergaminho será apresentado dentro de poucas horas — acrescentou o chefe da sinagoga um tanto indeciso.

At
9:20 a 25

E, como a justificar-se, acrescentava:

— Desde o escândalo da vossa última pregação em Damasco, temos ordem de Jerusalém para vos prender.

Saulo fixou-o com energia, e, voltando-se para a assembleia, que lhe observava a coragem moral, tomada de pasmo e admiração, disse alto e bom som:

— Varões de Israel, trouxe ao vosso coração o que possuía de melhor, mas rejeitais a Verdade, trocando-a pelas formalidades exteriores. Não vos condeno. Lastimo-vos, porque também fui assim como vós outros. Entretanto, chegada a minha hora, não recusei o auxílio generoso que o Céu me oferecia. Lançais-me acusações, vituperais minhas atuais convicções religiosas, mas qual de vós estaria disposto a discutir comigo? Onde o sincero lutador do campo espiritual que deseje sondar, em minha companhia, as santas escrituras?

Profundo silêncio seguiu-se ao repto.

— Ninguém? — perguntou o ardoroso artífice da nova fé, com um sorriso de triunfo. — Conheço-vos, porque também palmilhei esses caminhos. Entretanto, convenhamos em que o fariseísmo nos perdeu, atirando nossas esperanças mais sagradas num oceano de hipocrisias. Venerais Moisés na sinagoga; tendes excessivo cuidado com as fórmulas exteriores, mas qual a feição da vossa vida doméstica? Quantas dores ocultas sob a túnica brilhante! Quantas feridas dissimulais com palavras falaciosas! Como eu, devíeis sentir imenso tédio de tantas máscaras ignóbeis! Se fôssemos apontar os feitos criminosos que se praticam à sombra da Lei, não teríamos açoites para castigar os culpados; nem o número exato das maldições indispensáveis à pintura de semelhantes abominações! Padeci de vossas úlceras, envenenei-me também nas vossas trevas e vinha trazer-vos o remédio imprescindível. Recusais-me a cooperação fraterna; entretanto, em vão recalcitrais perante os processos regeneradores, porque somente Jesus poderá salvar-nos! Trouxe-vos o Evangelho, ofereço-vos a porta de redenção para nossas velhas mazelas e ainda quereis compensar meus esforços com o cárcere e a maldição? Recuso-me a receber semelhantes valores em troca de minha iniciativa espontânea!... Não podereis prender-me, porque a palavra de Deus não está algemada. Se a rejeitais, outros me compreenderão. Não é justo abandonar-me aos vossos caprichos, quando o serviço, a fazer, me pede dedicação e boa vontade.

At
9:20 a 25

Os próprios diretores da reunião pareciam dominados por forças magnéticas, poderosas e indefiníveis.

O moço tarsense passeou o olhar dominador sobre todos os presentes, revelando a rigidez do seu ânimo poderoso.

— Vosso silêncio fala mais que as palavras — concluiu quase com audácia. — Jesus não vos permite a prisão do servo humilde e fiel. Que a sua bênção vos ilumine o espírito na verdadeira compreensão das realidades da vida.

Assim dizendo, caminhou resoluto para a porta de saída, enquanto o olhar assombrado da assembleia lhe acompanhou o vulto, até que, a passo firme, desapareceu em uma das ruas estreitas que desembocavam na grande praça.

Como se despertasse, após o audacioso desafio, a reunião degenerou em acaloradas discussões. O arquissinagogo, que parecia sumamente impressionado com as declarações do ex-rabino, não ocultava a indecisão, relutando entre as verdades amargas de Saulo e a ordem de prisão imediata. Os companheiros mais enérgicos procuraram levantar-lhe o espírito de autoridade. Era preciso prender o atrevido orador a qualquer preço. Os mais decididos puseram-se à procura imediata do pergaminho de Jerusalém e, logo que o encontraram, resolveram pedir auxílio às autoridades civis, promovendo diligências. Daí a três horas, todas as medidas para a prisão do audacioso pregador estavam assentadas. Os primeiros contingentes foram movimentados às portas da cidade. Em cada uma postou-se pequeno grupo de fariseus, secundados por dois soldados, a fim de burlarem qualquer tentativa de evasão.

Em seguida, iniciaram a devassa em bloco, na residência de todas as pessoas suspeitas de simpatia e relações com os discípulos do Nazareno.

Saulo, por sua vez, afastando-se da sinagoga, procurou avistar-se com Ananias, ansioso da sua palavra amorosa e conselheira.

At 9:20 a 25

O sábio velhinho ouviu a narração do acontecido, aprovando-lhe as atitudes.

— Sei que o Mestre — dizia o moço por fim — condenou as contendas e jamais andou entre os discutidores, mas também jamais contemporizou com o mal. Estou pronto a reparar meu passado de culpas. Afrontarei as incompreensões de Jerusalém, a fim de patentear minha transformação radical. Pedirei perdão aos ofendidos pela insensatez da minha ignorância, mas de modo algum poderei fugir ao ensejo de afirmar-me sincero e verdadeiro. Acaso serviria ao Mestre, humilhando-me diante das explorações inferiores? Jesus lutou quanto possível e seus discípulos não poderão proceder de outro modo.

O bondoso ancião acompanhava-lhe as palavras com sinais afirmativos. Depois de confortá-lo com a sua aprovação, recomendou-lhe a maior prudência. Seria razoável afastar-se quanto antes dali, do seu tugúrio. Os judeus de Damasco conheciam a parte que tivera na sua cura. Por causa disso, muita vez lhes suportara as injúrias e remoques. Certo, procurá-lo-iam, ali, para prendê-lo. Assim, era de opinião que se recolhesse à casa da consóror lavadeira, onde costumavam orar e estudar o Evangelho. Ela saberia acolhê-lo com bondade.

Saulo atendeu ao conselho sem hesitar.

Daí a três horas, o velho Ananias era procurado e interpelado. Atenta a sua conduta discreta, foi recolhido ao cárcere para ulteriores averiguações.

O fato é que, inquirido pela autoridade religiosa, apenas respondia:

— Saulo deve estar com Jesus.

Nos seus escrúpulos de consciência, o generoso velhinho entendia que, desse modo, não mentia aos homens nem

At
9:20 a 25

comprometia um amigo fiel. Depois de preso e incomunicável 24 horas, deram-lhe liberdade após receber castigos dolorosos. A aplicação de vinte bastonadas deixara-lhe o rosto e as mãos gravemente feridos. Contudo, logo que se viu livre, esperou a noite e, cautamente, encaminhou-se à choupana humilde onde se realizavam as prédicas do "Caminho". Reencontrando-se com o amigo, expôs-lhe o plano que vinha remediar a situação.

— Quando criança — exclamou Ananias prazeroso —, assisti à fuga de um homem sobre os muros de Jerusalém.

E como se recapitulasse os pormenores do fato, na memória cansada, perguntou:

— Saulo, terias medo de fugir em um cesto de vime?

— Por quê? — disse o moço sorridente. — Moisés não começou a vida em um cesto sobre as águas?

O velho achou graça na alusão e esclareceu o projeto. Não muito longe dali, havia grandes árvores junto dos muros da cidade. Alçariam o fugitivo em um grande cesto, e depois, com insignificantes movimentos, ele poderia descer do outro lado, em condições de encetar a viagem para Jerusalém, conforme pretendia. O ex-rabino experimentou imensa alegria. Na mesma hora, a dona da casa foi buscar o concurso dos três irmãos de mais confiança. E quando o céu se fez mais sombrio, depois das primeiras horas da meia-noite, um pequeno grupo se reunia junto à muralha, em ponto mais distante do centro da cidade. Saulo beijou as mãos de Ananias, quase com lágrimas. Despedia-se em voz baixa dos amigos, enquanto um lhe entregava volumoso pacote de bolos de cevada. Na copa da árvore frondosa e escura, o mais jovem esperava o sinal. O moço tarsense entrou na sua embarcação improvisada e a evasão se deu no âmbito silencioso da noite.

Do outro lado, saiu lesto do cesto, deixando-se empolgar por estranhos pensamentos. Seria justo fugir assim? Não havia cometido crime algum. Não seria covarde deixar de comparecer perante a autoridade civil para os esclarecimentos necessários? Ao mesmo tempo, considerava que sua conduta não provinha de sentimentos pueris e inferiores, pois ia a Jerusalém desassombrado, buscaria avistar-se com os antigos companheiros, falar-lhes-ia abertamente, concluindo que também não seria razoável entregar-se inerme ao fanatismo tirânico da sinagoga de Damasco.

(*Paulo e Estêvão*. FEB Editora. Segunda parte – Cap. 3, p. 233 a 240)

At
9:20 a 25

> *Ao chegar a Jerusalém, tentava associar-se aos discípulos, mas todos o temiam, não acreditando que fosse discípulo. Barnabé, porém, tomando-o, o conduziu aos apóstolos e relatou-lhes como [ele] vira o Senhor no caminho; e falou-lhes também como [ele] falara abertamente, em Damasco, no nome de Jesus.*

Atos
9:26 a 27

## Saulo em Jerusalém

Em dois minutos achou-se novamente na via pública. Era quase meio-dia, um dia quente. Sentiu sede e fome. Consultou a bolsa, estava quase vazia. Um resto do que recebera das mãos generosas do irmão de Gamaliel ao deixar Palmira definitivamente. Procurou a pensão mais modesta de uma das zonas mais pobres da cidade. Em seguida a frugal refeição e antes que caíssem as sombras cariciosas da tarde, encaminhou-se esperançado para o velho casarão reformado, onde Simão Pedro e companheiros desenvolviam toda a atividade em prol da causa de Jesus.

No trajeto, recordou-se de quando fora ouvir Estêvão em companhia de Sadoque. Como tudo, agora, se passava inversamente! O crítico, de outrora, voltava para ser criticado. O juiz, transformado em réu, mergulhava o coração em singulares ansiedades. Como o receberiam na Igreja do "Caminho"?

Parou à frente da habitação humilde. Pensava em Estêvão, mergulhado no passado, de alma opressa. Ante os colegas do Sinédrio, entestando as autoridades do Judaísmo, outra era a sua atitude. Conhecia-lhes as fraquezas peculiares, passara também pelas máscaras farisaicas e podia aquilatar de seus erros clamorosos. No entanto, defrontando os Apóstolos galileus, sagrada veneração se lhe impunha à consciência. Aqueles homens poderiam ser rudes e simples, podiam viver distanciados dos valores intelectuais da época, mas tinham sido os primeiros colaboradores de Jesus. Além disso, não poderia aproximar-se deles sem experimentar profundo remorso. Todos haviam sofrido vexames e humilhações por sua causa. Não fosse Gamaliel, talvez o próprio Pedro tivesse sido lapidado... Precisava consolidar as noções de humildade para manifestar seus desejos ardentes de cooperação sagrada com o Cristo. Em Damasco, lutara na sinagoga contra a hipocrisia de antigos companheiros; em Jerusalém, enfrentara Alexandre com todo o desassombro; entretanto, parecia-lhe que outra deveria ser sua atitude ali, onde tinha necessidade de renúncia para alcançar a reconciliação com aqueles a quem havia ferido.

At
9:26 a 27

Assomado de profundas reflexões, bateu à porta, quase trêmulo.

Um dos auxiliares do serviço interno, de nome Prócoro, veio atender solicitamente.

— Irmão — disse o moço tarsense em tom humilde —, podeis informar se Pedro está?

— Vou saber — respondeu o interpelado amistoso.

— Caso esteja — acrescentou Saulo algo indeciso —, dizei-lhe que Saulo de Tarso deseja falar-lhe em nome de Jesus.

Prócoro gaguejou um "sim", com extrema palidez, fixou no visitante os olhos assombrados e afastou-se com dificuldade, sem dissimular a enorme surpresa. Era o perseguidor que voltava, depois de três anos. Lembrava-se, agora, daquela primeira discussão com Estêvão, em que o grande pregador do Evangelho sofrera tantos insultos. Em poucos momentos alcançava a câmara, onde Pedro e João confabulavam sobre os problemas internos. A notícia caiu entre ambos como uma bomba. Ninguém poderia prever tal coisa. Não acreditavam na lenda que Jerusalém enfeitava com detalhes desconhecidos em cada comentário. Impossível que o algoz implacável dos discípulos do Senhor estivesse convertido à causa do seu Evangelho de amor e redenção.

O ex-pescador do "Caminho", antes de recambiar o portador ao inesperado visitante, mandou chamar Tiago para resolverem os três a decisão a tomar.

O filho de Alfeu, transformado em rígido asceta, arregalou os olhos.

Depois das primeiras opiniões que traduziam receios justos e emitidas precipitadamente, Simão exclamou com grande prudência:

— Em verdade, ele nos fez o mal que pôde; entretanto, não é por nós que devemos temer, e sim pela obra do Cristo que nos está confiada.

At
9:26 a 27

— Aposto em que toda essa história da conversão se resume numa farsa, a fim de que venhamos a cair em novas ciladas — replicou Tiago um tanto displicente.

— Por mim — disse João —, peço a Jesus nos esclareça, embora me recorde dos açoites que Saulo mandou-me aplicar no cárcere. Antes de tudo, é indispensável saber se o Cristo, de fato, lhe apareceu às portas de Damasco.

— Mas saber como? — dizia Pedro com profunda compreensão. — Nosso material de reconhecimento é o próprio Saulo. Ele é o campo que revelará ou não a planta sagrada do Mestre. A meu ver, tendo a zelar um patrimônio que nos não pertence, somos obrigados a proceder como aconselha a prudência humana. Não é justo abrirmos as portas, quando não lhe conhecemos o intuito. Da primeira vez que aqui esteve, Saulo de Tarso foi tratado com o respeito que o mundo lhe consagrava. Busquei-lhe o melhor lugar para que ouvisse a palavra de Estêvão. Infelizmente, sua atitude desrespeitosa e irônica provocou escândalo, que culminou na prisão e morte do companheiro. Veio espontaneamente e voltou para prender-nos. Ao carinho fraternal que lhe oferecemos, retribuiu com algemas e cordas. Assim me externando, também não devo esquecer a lição do Mestre, relativamente ao perdão, e por isso reafirmo que não penso por nós, mas pelas responsabilidades que nos foram conferidas.

Ante considerações tão justas, os outros calavam, enquanto o ex-pescador acrescentava:

— Por conseguinte, não me é permitido recebê-lo nesta casa, sem maior exame, ainda que me não falte sincera boa vontade para isso. Resolvendo o assunto por essa forma, convocarei uma reunião para hoje à noite. O assunto é muito grave. Saulo de Tarso foi o primeiro perseguidor do Evangelho. Quero que todos cooperem comigo nas decisões a tomar, pois, de mim mesmo, não quero parecer nem injusto nem imprevidente.

E depois de longa pausa, dizia para o emissário:

— Vai, Prócoro. Dize-lhe que volte depois, que não posso deixar os quefazeres mais urgentes.

— E se ele insistir? — perguntou o diácono preocupado.

— Se ele de fato aqui vem em nome de Jesus, saberá compreender e esperar.

At
9:26 a 27

Saulo aguardava ansiosamente o mensageiro. Era-lhe preciso encontrar alguém que o entendesse e lhe sentisse a transformação. Estava exausto. A Igreja do "Caminho" era a derradeira esperança.

Prócoro transmitiu-lhe o recado com grande indecisão. Não era preciso mais para que tudo compreendesse. Os Apóstolos galileus não acreditavam na sua palavra. Agora examinava a situação com mais clareza. Percebia a indefinível e grandiosa misericórdia do Cristo visitando-o, inesperadamente, no auge do seu abismo espiritual às portas de Damasco. Pelas dificuldades para ir ter com Jesus, avaliava quanta bondade e compaixão seriam necessárias para que o Mestre o acolhesse, endereçando-lhe sagradas exortações no encontro inesquecível.

O diácono fixou-o com simpatia. Saulo recebera a resposta altamente desapontado. Ficou pálido e trêmulo, como que envergonhado de si mesmo. Além disso, tinha aspecto doentio, olhos encovados, era pele e osso.

— Compreendo, irmão — disse de olhos molhados. — Pedro tem motivos justos...

Aquelas palavras comoveram a Prócoro no mais íntimo da alma e, evidenciando seu bom desejo de ampará-lo, exclamou a demonstrar perfeito conhecimento dos fatos:

— Não trazeis de Damasco alguma apresentação de Ananias?

— Já tenho comigo as do Mestre.

— Como assim? — perguntou o diácono admirado.

— Jesus disse em Damasco — falou o visitante com serenidade — que mostraria quanto me compete sofrer por amor ao seu nome.

At
9:26 a 27

    Intimamente, o ex-doutor da Lei sentia imensa saudade dos irmãos de Damasco, que o haviam tratado com a maior simplicidade. Entretanto, considerou, simultaneamente, que semelhante proceder era justo, porquanto dera provas na sinagoga e junto de Ananias, de que sua atitude não comportava simulação. Ao refletir que Jerusalém o recebia, em toda a parte, como vulgar mentiroso, sentiu lágrimas quentes lhe afluírem aos olhos. Todavia, para que o outro não lhe visse a sensibilidade ferida, exclamou justificando-se:

    — Tenho os olhos cansados pelo sol do deserto! Podereis fornecer-me um pouco de água fresca?

    O diácono atendeu prontamente.

    Daí a instantes, Saulo mergulhava as mãos em um grande jarro, lavando os olhos em água pura.

    — Voltarei depois — disse em seguida, estendendo a mão ao auxiliar dos Apóstolos, que se afastou impressionado.

    Amargando a fraqueza orgânica, o cansaço, o abandono dos amigos, as desilusões mais acerbas, o moço de Tarso retirou-se cambaleante.

    À noite, consoante deliberara, Simão Pedro, evidenciando admirável bom senso, reuniu os companheiros de mais responsabilidade para considerar o assunto. Além dos Apóstolos galileus, estavam presentes os irmãos Nicanor, Prócoro, Parmenas, Timão, Nicolau e Barnabé, este último incorporado ao grupo de auxiliares mais diretos da Igreja, por suas elevadas qualidades de coração.

    Com permissão de Pedro, Tiago iniciou as conversações, manifestando-se contrário a qualquer espécie de auxílio imediato ao convertido da última hora. João ponderou que Jesus tinha poder para transformar os espíritos mais perversos, como para levantar os mais infortunados da sorte. Prócoro relatou suas impressões a respeito do pertinaz perseguidor do Evangelho, ressaltando a compaixão que seu estado de saúde despertava nos corações mais insensíveis. Chegada a sua vez, Barnabé esclareceu que, ainda em Chipre, antes de transferir-se definitivamente para Jerusalém, ouvira alguns levitas descreverem a coragem com que o convertido falara na sinagoga de Damasco, logo após a visão de Jesus.

O ex-pescador de Cafarnaum solicitou pormenores do companheiro, impressionado com a sua opinião. Barnabé explicou quanto sabia, manifestando o desejo de que resolvessem a questão com a maior benevolência.

Nicolau, percebendo a atmosfera de boa vontade que se formava em torno da figura do ex-rabino, objetava com a sua rigidez de princípios:

At
9:26 a 27

— Convenhamos que não é justo esquecer os aleijados que se encontram nesta casa, vítimas da odiosa truculência dos asseclas de Saulo. É das escrituras que se exija cuidado com os lobos que penetram no redil sob a pele das ovelhas. O doutor da Lei, que nos fez tanto mal, sempre deu preferência às grandes expressões espetaculares contra o Evangelho no Sinédrio. Quem sabe nos prepara atualmente nova armadilha de grande efeito?

A tal pergunta, o bondoso Barnabé curvou a fronte, em silêncio. Pedro notou que a reunião se dividia em dois grupos. De um lado estavam ele e João chefiando os pareceres favoráveis; do outro, Tiago e Filipe encabeçavam o movimento contrário. Acolhendo a admoestação de Nicolau, exprimiu-se com brandura:

— Amigos, antes da enunciação de qualquer ponto de vista pessoal, conviria refletirmos na bondade infinita do Mestre. Nos trabalhos de minha vida, anteriores ao Pentecostes, confesso que as faltas de toda sorte aparecem no meu caminho de homem frágil e pecador. Não hesitava em apedrejar os mais infelizes e cheguei, mesmo, a advertir o Cristo para fazê-lo! Como sabeis, fui dos que negaram o Senhor na hora extrema. Entretanto, depois que nos chegou o conhecimento pela inspiração celeste, não será justo olvidarmos o Cristo em qualquer iniciativa. Precisamos pensar que, se Saulo de Tarso procura valer-se de semelhantes expedientes para desferir novos golpes nos servidores do Evangelho, então ele é ainda mais desgraçado que antes, quando nos atormentava abertamente. Sendo, pois, um necessitado, de qualquer modo não vejo razões para lhe recusarmos mãos fraternas.

Percebendo que Tiago preparava-se para defender o parecer de Nicolau, Simão Pedro continuou, depois de ligeira pausa:

— Nosso irmão acaba de referir-se ao símbolo do lobo que surge no redil com a pele das ovelhas generosas e humildes.

At
9:26 a 27

Concordo com essa expressão de zelo. Também eu não pude acolher Saulo, quando hoje nos bateu à porta, atento à responsabilidade que me foi confiada. Nada quis decidir sem o vosso concurso. O Mestre nos ensinou que nenhuma obra útil se poderá fazer na Terra sem a cooperação fraternal, mas, aproveitando o parecer enunciado, examinemos, com sinceridade, o problema imprevisto. Em verdade, Jesus recomendou nos acautelássemos contra o fermento dos fariseus, esclarecendo que o discípulo deverá possuir consigo a doçura das pombas e a prudência das serpentes. Convenhamos em que, de fato, Saulo de Tarso possa ser o lobo simbólico. Ainda aí, após esse conhecimento hipotético, teríamos profunda questão a resolver. Se estamos em uma tarefa de paz e de amor, que fazer com o lobo, depois da necessária identificação? Matar? Sabemos que isso não entra em nossa linha de conta. Não seria mais razoável refletir nas possibilidades da domesticação? Conhecemos homens rudes que conseguem dominar cães ferozes. Onde estaria, pois, o espírito que Jesus nos legou como sagrado patrimônio, se por temores mesquinhos deixássemos de praticar o bem?

A palavra concisa do Apóstolo tivera efeito singular. O próprio Tiago parecia desapontado pelas anteriores reflexões. Em vão, Nicolau procurou argumentos novos para formular outras objeções. Observando o pesado silêncio que se fizera, Pedro sentenciou serenamente:

— Desse modo, amigos, proponho convidarmos Barnabé para visitar pessoalmente o doutor de Tarso, em nome desta casa. Ele e Saulo não se conhecem, valorizando-se melhor semelhante oportunidade, porque, ao vê-lo, o moço tarsense nada terá que recordar do seu passado em Jerusalém. Se fosse visitado, pela primeira vez, por um de nós, talvez se perturbasse, julgando nossas palavras como de alguém que lhe fosse pedir contas.

João aplaudiu a ideia calorosamente. Em face do bom senso que as expressões de Pedro revelavam, Tiago e Filipe mostravam-se satisfeitos e tranquilos. Combinou-se a diligência de Barnabé para o dia seguinte. Aguardariam Saulo de Tarso com interesse. Se, de fato, sua conversão fosse real, tanto melhor.

O diácono de Chipre destacava-se por sua grande bondade. Sua expressão carinhosa e humilde, seu espírito conciliador contribuíam, na Igreja, para a solução pacífica de todos os assuntos.

Com um sorriso generoso, Barnabé abraçou o ex-rabino, pela manhã, na pensão em que ele se hospedara. Nenhum traço da sua nova personalidade indiciava aquele perseguidor famoso, que fizera Simão Pedro decidir a convocação dos amigos para resolver o seu acolhimento. O ex-doutor da Lei era todo humildade e estava doente. Indisfarçável fadiga transparecia-lhe nos mínimos gestos. A fisionomia não iludia um grande sofrimento. Correspondia às palavras afetuosas do visitante com um sorriso triste e acanhado. Via-se-lhe, entretanto, a satisfação que a visita lhe causava. O gesto espontâneo de Barnabé sensibilizava-o. A seu pedido, Saulo contou-lhe a viagem a Damasco e a gloriosa visão do Mestre, que constituía o marco inolvidável da sua vida. O ouvinte não dissimulou simpatias. Em poucas horas sentia-se tão identificado com o novo amigo, quais se fossem conhecidos de longos anos. Após a conversação, Barnabé pretextou qualquer coisa para dirigir-se ao dono da hospedaria, a quem pagou as despesas da hospedagem. Em seguida, convidou-o a acompanhá-lo à Igreja do "Caminho". Saulo não deixou de hesitar, enquanto o outro insistiu.

At 9:26 a 27

— Receio — disse o moço tarsense um tanto indeciso —, pois já ofendi muito a Simão Pedro e demais companheiros. Só por acréscimo de misericórdia do Cristo, consegui uma réstia de luz, para não perder totalmente meus dias.

— Ora essa! — exclamou Barnabé, batendo-lhe no ombro com bonomia. — Quem não terá errado na vida? Se Jesus nos tem valido a todos, não é porque o mereçamos, mas pela necessidade de nossa condição de pecadores.

Em poucos minutos, encontravam-se a caminho, notando o emissário de Pedro o penoso estado de saúde do antigo rabino. Muito pálido e abatido, parecia caminhar com esforço; tremiam-lhe as mãos, sentia-se febril. Deixava-se levar como alguém que conhecesse a necessidade de amparo. Sua humildade comovia o outro, que, a seu respeito, ouvira tantas referências desairosas.

Chegados a casa, Próscoro lhes abriu a porta, mas, desta vez, Saulo não ficaria a esperar indefinidamente, Barnabé tomou-lhe a mão afetuoso, e dirigiram-se para o vasto salão, onde Pedro e Timão os esperavam. Saudaram-se em nome de Jesus. O antigo perseguidor empalidecera mais. Por sua vez, ao vê-lo, Simão não ocultou um movimento de espanto ao notar-lhe a diferença física.

At
9:26 a 27

Aqueles olhos encovados, a extrema fraqueza orgânica, falavam aos Apóstolos galileus de profundos sofrimentos.

— Irmão Saulo — disse Pedro comovido —, Jesus quer que sejas bem-vindo a esta casa.

— Assim seja — respondeu o recém-chegado, de olhos úmidos.

Timão abraçou-o com palavras afetuosas, em lugar de João que se ausentara ao amanhecer, a serviço da confraria de Jope.

Em breves momentos, vencendo o constrangimento do primeiro contato com os amigos pessoais do Mestre, depois de tão longa ausência, o moço tarsense, atendendo-lhes o pedido, relatava a jornada de Damasco com todos os pormenores do grande acontecimento, evidenciando singular emotividade nas lágrimas que lhe banhavam o rosto. Sensibilizara-se, sobremaneira, ao relembrar tamanhas graças. Pedro e Timão já não tinham dúvidas. A visão do ex-rabino tinha sido real. Ambos, em companhia de Barnabé, seguiram a descrição até o fim, com olhos cheios de pranto. Efetivamente, o Mestre voltara, a fim de converter o grande perseguidor da sua Doutrina. Requisitando Saulo de Tarso para o redil do seu amor, revelara, mais uma vez, a lição imortal do perdão e da misericórdia.

Terminada a narrativa, o ex-doutor da Lei estava cansado e abatido. Instado a explanar suas novas esperanças, seus projetos de trabalho espiritual, bem como o que pretendia fazer em Jerusalém, confessou-se desde logo profundamente reconhecido por tanto interesse afetuoso e falou com certa timidez:

— Necessito entrar numa fase ativa de trabalho com que possa desfazer meu passado culposo. É verdade que fiz todo o mal à Igreja de Jesus, em Jerusalém, mas se a misericórdia de Jesus dilatar minha permanência no mundo, empregarei o tempo em estender esta casa de amor e paz a outros lugares da Terra.

— Sim — replicou Simão ponderadamente —, certo que o Messias renovará tuas forças, de modo a poderes atender a tão nobre cometimento, na época oportuna.

Saulo parecia confortar-se com a palavra de encorajamento; deixando perceber que desejava consolidar a confiança dos ouvintes, arrancou das dobras da túnica rafada um rolo de pergaminhos e, apresentando-o ao ex-pescador de Cafarnaum, disse sensibilizado:

At 9:26 a 27

— Aqui está uma relíquia da amizade de Gamaliel, que trago invariavelmente comigo. Pouco antes de morrer, ele me deu a cópia das anotações de Levi, concernentes à vida e feitos do Salvador. Tinha em grande conta estas notas, porque as recebeu desta casa, na primeira visita que lhe fez.

Simão Pedro, evocando gratas recordações, tomou os pergaminhos com vivo interesse. Saulo verificava que o presente de Gamaliel tivera a finalidade prevista pelo generoso doador. Desde esse instante, os olhos do antigo pescador fixaram-se nele com mais confiança. Pedro falou da bondade do generoso rabino, informando-se da sua vida em Palmira, dos seus últimos dias, do seu traspasse. O discípulo atendia satisfeito.

Voltando ao assunto das suas novas perspectivas, explicou-se mais amplamente, sempre humilde:

— Tenho muitos planos de trabalho para o futuro, mas sinto-me combalido e doente. O esforço da última viagem, sem recursos de qualquer natureza, agravou-me a saúde. Sinto-me febril, o corpo dolorido, a alma exausta.

— Tens falta de dinheiro? — interrogou Simão bondosamente.

— Sim... — respondeu hesitante.

— Essas necessidades — esclareceu Pedro — já foram providas em parte. Não te preocupes em demasia. Recomendei a Barnabé que pagasse as primeiras despesas da hospedaria e, quanto ao mais, convidamos-te a repousar conosco o tempo que quiseres. Esta casa é também tua. Usa de nossas possibilidades como te aprouver.

O hóspede sensibilizou-se. Recordando o passado, sentia-se ferido no seu amor-próprio, mas, ao mesmo tempo, rogava a Jesus o auxiliasse para não desprezar as oportunidades de aprendizado.

— Aceito... — respondeu em voz reticenciosa, revelando acanhamento —, ficarei convosco enquanto minha saúde necessitar de tratamento...

At
9:26 a 27

E como se tivesse extrema dificuldade em acrescentar um pedido ao favor que aceitava, depois de longa pausa em que se lhe notava o esforço para falar, solicitou comovedoramente:

— Caso fosse possível, desejaria ocupar o mesmo leito em que Estêvão foi recolhido, generosamente, nesta casa.

Barnabé e Pedro ficaram altamente emocionados. Todos haviam combinado não fazer alusão ao pregador massacrado sob apupos e pedradas. Não queriam relembrar o passado perante o convertido de Damasco, ainda mesmo que sua atitude não fosse essencialmente sincera.

Ouvindo-o, o antigo pescador de Cafarnaum chegou quase a chorar. Com extrema dedicação, satisfez-lhe o pedido e, assim, foi ele conduzido ao interior, onde se acomodou entre lençóis muito alvos. Pedro fez mais: compreendendo a profunda significação daquele desejo, trouxe ao convertido de Damasco os singelos pergaminhos que o mártir utilizava diariamente no estudo e meditação da Lei, dos profetas e do Evangelho. Apesar da febre, Saulo regozijou-se. Tomado de profunda comoção, nas passagens prediletas dos pergaminhos sagrados, leu o nome de "Abigail", grafado diversas vezes. Ali estavam frases peculiares à dialética da noiva amada, datas que coincidiam, perfeitamente, com as suas revelações íntimas, quando ambos se entretinham a falar do passado, no pomar de Zacarias. A palavra "Corinto" era repetida muitas vezes. Aqueles documentos pareciam ter uma voz. Falavam-lhe ao coração, de um grande e santo amor fraternal. Ouvia-a em silêncio e guardou as conclusões avaramente. Não revelaria a ninguém suas íntimas dores. Bastavam aos outros os grandes erros da sua vida pública, os remorsos, as retificações que, apesar de verificadas em campo aberto, raros amigos conseguiam compreender. Observando-lhe a atitude de constante meditação, Pedro desdobrou-se na tarefa de assistência fraternal. Eram as palavras amigas, os comentários acerca do poder de Jesus, os caldos suculentos, as frutas substanciosas, a palavra de bom ânimo. Por tudo isso, sensibilizava-se o doente, sem saber como traduzir sua gratidão imperecível.

Entretanto, notou que Tiago, filho de Alfeu, receoso, talvez, dos seus antecedentes, não se dignava dirigir-lhe uma palavra. Arvorado em rígido cumpridor da Lei de Moisés, dentro da Igreja do "Caminho", era percebido, de vez em quando, pelo moço tarsense, qual sombra impassível a deslizar, balbuciando preces silenciosas, entre os enfermos. A princípio, sentiu quanto lhe doía aquele desinteresse, mas logo considerou a necessidade de humilhar-se diante de todos. Nada fizera, ainda, que pudesse positivar suas novas convicções. Quando dominava no Sinédrio, também não perdoava as adesões de última hora.

At
9:26 a 27

Logo que entrou a convalescer, já plenamente identificado com a afeição de Pedro, pediu-lhe conselhos sobre os planos que tinha em mente, encarecendo a máxima franqueza, para que pudesse enfrentar a situação, por mais duras que lhe fossem as circunstâncias.

— De minha parte — disse o Apóstolo ponderadamente —, não me parece razoável permaneceres em Jerusalém, por enquanto, neste período de renovação. Para falar com sinceridade, há que considerar teu novo estado d'alma como a planta preciosa que começa a germinar. É necessário dar liberdade ao germe divino da fé. Na hipótese da tua permanência aqui, encontrarias, diariamente, de um lado os sacerdotes intransigentes em guerra contra o teu coração; e de outro, as pessoas incompreensíveis, que falam nas extremas dificuldades do perdão, embora conheçam, de sobra, as lições do Mestre nesse sentido. Não deves ignorar que a perseguição aos simpatizantes do "Caminho" deixou traços muito profundos na alma popular. Não raro, aqui chegam pessoas mutiladas, que amaldiçoam o movimento. Isso para nós, Saulo, está num passado que jamais voltará; contudo, essas criaturas não o poderão compreender assim, de pronto. Em Jerusalém estarias mal colocado. O germe de tuas novas convicções encontraria mil elementos hostis e talvez ficasses à mercê da exasperação.

O rapaz ouviu as advertências ralado de angústia, sem protestar. O Apóstolo tinha razão. Em toda a cidade encontraria críticas soezes e destruidoras.

— Voltarei a Tarso... — disse com humildade — é possível que meu velho pai compreenda a situação e ajude meus passos. Sei que Jesus abençoará meus esforços. Se é preciso recomeçar a existência, recomeçá-la-ei no lar de onde provim...

Simão contemplou-o com ternura, admirado daquela transformação espiritual.

At
9:26 a 27

Diariamente, ambos reatavam as palestras amistosas. O convertido de Damasco, inteligência fulgurante, revelava curiosidade insaciável a respeito da personalidade do Cristo, dos seus mínimos feitos e mais sutis ensinamentos. Outras vezes, solicitava ao ex-pescador todos os informes possíveis sobre Estêvão, regozijando-se com as lembranças de Abigail, embora guardasse avaramente os pormenores do seu romance da mocidade. Inteirou-se, então, dos pesados trabalhos do pregador do Evangelho quando no cativeiro; da sua dedicação a um patrício de nome Sérgio Paulo; da fuga em miserável estado de saúde no porto palestinense; do ingresso na Igreja do "Caminho" como indigente; das primeiras noções do Evangelho e consequente iluminação em Cristo Jesus. Encantava-se, ouvindo as narrativas simples e amorosas de Pedro, que revelava sua veneração ao mártir, evitando melindrá-lo na sua condição de verdugo repeso.

Logo que pôde levantar-se da cama, foi ouvir as pregações naquele mesmo recinto onde insultara o irmão de Abigail, pela primeira vez. Os expositores do Evangelho eram, mais frequentemente, Pedro e Tiago. O primeiro falava com profunda prudência, embora se valesse de maravilhosas expressões simbólicas. O segundo, entretanto, parecia torturado pela influência judaizante. Tiago dava a impressão de reingresso, na maioria dos ouvintes, nos regulamentos farisaicos. Suas preleções fugiam ao padrão de liberdade e de amor em Jesus Cristo. Revelava-se encarcerado nas concepções estreitas do Judaísmo dominante. Longos períodos de seus discursos referiam-se às carnes impuras, às obrigações para com a Lei, aos imperativos da circuncisão. A assembleia também parecia completamente modificada. A Igreja assemelhava-se muito mais a uma sinagoga comum. Israelitas, em atitude solene, consultavam pergaminhos e papiros que continham as prescrições de Moisés. Saulo procurou, em vão, a figura impressionante dos sofredores e aleijados que vira no recinto, quando ali esteve pela primeira vez. Curiosíssimo, notou que Simão Pedro atendia-os em uma sala contígua, com grande bondade. Aproximou-se mais e pôde observar que, enquanto a pregação reproduzia a cena exata das sinagogas, os aflitos se sucediam ininterruptamente na sala humilde do ex-pescador de Cafarnaum. Alguns saíam conduzindo bilhas de remédio, outros levavam azeite e pão.

At 9:26 a 27

Saulo impressionou-se. A Igreja do "Caminho" parecia muito mudada. Faltava-lhe alguma coisa. O ambiente geral era de asfixia de todas as ideias do Nazareno. Não mais encontrou ali a grande vibração de fraternidade e de unificação de princípios pela independência espiritual. Depois de aturadas reflexões, tudo atribuía à falta de Estêvão. Morto este, extinguira-se o esforço do Evangelho livre; pois fora ele o fermento divino da renovação. Somente agora se capacitava da grandeza da sua elevada tarefa.

Quis pedir a palavra, falar como em Damasco, zurzir os erros de interpretação, sacudir a poeira que se adensava sobre o imenso e sagrado idealismo do Cristo, mas lembrou as ponderações de Pedro e calou-se. Não era justo, por enquanto, verberar o procedimento de outrem, quando não dera obras de si mesmo, por testemunhar a própria renovação. Se tentasse falar, podia ouvir, talvez, reprimendas justas. Além disso, notava que os conhecidos de outros tempos, frequentadores agora da Igreja do "Caminho", sem abandonar, de modo algum, seus princípios errôneos, olhavam-no de soslaio, sem dissimular desprezo, considerando-o em perturbação mental. No entanto, era com esforço supremo que sopitava o desejo de terçar armas, mesmo ali, para restauração da Verdade pura.

Após a primeira reunião, procurou oportunidade de estar a sós com o ex-pescador de Cafarnaum, a fim de se inteirar das inovações observadas.

— A tempestade que desabou sobre nós — explicou Pedro generosamente, sem qualquer alusão ao seu procedimento de outrora — levou-me a sérias meditações. Desde a primeira diligência do Sinédrio nesta casa, notei que Tiago sofrera profundas transformações. Entregou-se a uma vida de grande ascetismo e rigoroso cumprimento da Lei de Moisés. Pensei muito na mudança das suas atitudes, mas, por outro lado, considerei que ele não é mau. É companheiro zeloso, dedicado e leal. Calei-me para mais tarde concluir que tudo tem uma razão de ser.

At
9:26 a 27

Quando as perseguições apertaram o cerco, a atitude de Tiago, embora pouco louvável, quanto à liberdade do Evangelho, teve seu lado benéfico. Os delegados mais truculentos respeitaram-lhe o devocionismo mosaico e suas amizades sinceras no Judaísmo nos permitiram a manutenção do patrimônio do Cristo. Eu e João tivemos horas angustiosas na consideração desses problemas. Estaríamos sendo insinceros, falsearíamos a Verdade? Ansiosamente rogamos a inspiração do Mestre. Com o auxílio de sua Divina Luz, chegamos a criteriosas conclusões. Seria justo lutar a videira ainda tenra com a figueira brava? Se fôssemos atender ao impulso pessoal de combater os inimigos da independência do Evangelho, esqueceríamos, fatalmente, a obra coletiva. Não é lícito que o timoneiro, por testemunhar a excelência de conhecimentos náuticos, atire o barco contra os rochedos, com prejuízo de vida para quantos confiaram no seu esforço. Consideramos, assim, que as dificuldades eram muitas e precisávamos, enquanto mínima fosse a nossa possibilidade de ação, conservar a árvore do Evangelho ainda tenra, para aqueles que viessem depois de nós. Além do mais, Jesus ensinou que só conseguimos elevados objetivos, neste mundo, cedendo alguma coisa de nós mesmos. Por intermédio de Tiago, o farisaísmo acede em caminhar conosco. Pois bem: consoante os ensinamentos do Mestre, caminharemos as milhas possíveis. E julgo mesmo que, se Jesus assim nos ensinou, é porque na marcha temos a oportunidade de ensinar alguma coisa e revelar quem somos.

Enquanto Saulo o contemplava com redobrada admiração pelos judiciosos conceitos emitidos, o Apóstolo rematava:

— Isso passa! A obra é do Cristo. Se fosse nossa, falharia por certo, mas nós não passamos de simples e imperfeitos cooperadores.

Saulo guardou a lição e recolheu-se pensativo. Pedro parecia-lhe muito maior agora, no seu foro íntimo. Aquela serenidade, aquele poder de compreensão dos fatos mínimos davam-lhe ideia da sua profunda iluminação espiritual.

(*Paulo e Estêvão*. FEB Editora. Segunda parte — Cap. 3, p. 246 a 259)

At
9:26 a 27

> *Esteve com eles, entrando e saindo em Jerusalém, falando abertamente no nome do Senhor. Não só falava como debatia com os helenistas, mas eles procuravam eliminá-lo. Quando os irmãos souberam, o conduziram para Cesareia e [de lá] o enviaram para Tarso.*

Atos
9:28 a 30

## Saulo retorna a Tarso[13]

De saúde refeita, antes de qualquer deliberação sobre o novo caminho a tomar, o moço tarsense desejou rever Jerusalém num impulso natural de afeição aos lugares que lhe sugeriam tantas lembranças cariciosas. Visitou o Templo, experimentando o contraste das emoções. Não se animou a penetrar no Sinédrio, mas procurou, ansioso, a sinagoga dos cilicianos, onde presumia reencontrar as amizades nobres e afáveis de outros tempos. Entretanto, mesmo ali, onde se reuniam os conterrâneos residentes em Jerusalém, foi recebido friamente. Ninguém o convidou ao labor da palavra. Apenas alguns conhecidos de sua família apertaram-lhe a mão secamente, evitando-lhe a companhia, de modo ostensivo. Os mais irônicos, terminados os serviços religiosos, dirigiram-lhe perguntas, com sorrisos escarninhos. Sua conversão às portas de Damasco era glosada com ditérios acerados e deprimentes.

— Não seria algum sortilégio dos feiticeiros do "Caminho"? — diziam uns. — Não seria Demétrio que se vestira de Cristo e lhe deslumbrara os olhos doentes e fatigados? — interrogavam outros.

---

[13] O texto de *Atos dos apóstolos* narra a ida de Paulo de Tarso para a cidade natal de maneira sucinta. O texto de Emmanuel registra não só as motivações que levaram o Apóstolo dos Gentios a procurar a cidade onde nascera, como, também, as ocorrências que ali tiveram lugar. Tais eventos são de tal importância para a consolidação do caráter daquele que viria a ser um dos maiores pregadores da Boa-Nova, que, apesar de não terem o registro em *Atos*, a equipe organizadora entendeu ser importante remeter a esses eventos, incluindo-os no Apêndice, facilitando assim, ao leitor, o conhecimento deste período de três anos em que floresceram os mais vigorosos frutos de humildade que marcariam a personalidade do convertido de Damasco.

Percebeu as ironias de que era objeto. Tratavam-no como demente. Foi aí que, sem sopitar a impulsividade do coração honesto, subiu ousadamente em um estrado e falou com orgulho:

— Irmãos da Cilícia, estais enganados. Não estou louco. Não buscais arguir-me porque eu vos conheço e sei medir a hipocrisia farisaica.

Estabeleceu-se luta imediata. Velhos amigos vociferavam impropérios. Os mais ponderados cercaram-no como se o fizessem a um doente e pediram-lhe que se calasse. Saulo precisou fazer um esforço heroico para conter a indignação. A custo, conseguiu dominar-se e retirou-se. Em plena via pública, sentia-se assaltado por ideias escaldantes. Não seria melhor combater abertamente, pregar a Verdade sem consideração pelas máscaras religiosas que enchiam a cidade? A seus olhos, era justo refletir na guerra declarada aos erros farisaicos. E se, ao contrário das ponderações de Pedro, assumisse em Jerusalém a chefia de um movimento mais vasto, a favor do Nazareno? Não tivera a coragem de perseguir-lhe os discípulos, quando os doutores do Sinédrio eram todos complacentes? Por que não assumir, agora, a atitude da reparação, encabeçando um movimento em contrário? Havia de encontrar alguns amigos que se lhe associassem ao esforço ardente. Com esse gesto, auxiliaria o próprio irmão na sua tarefa dignificante em prol dos necessitados.

Fascinado com tais perspectivas, penetrou no Templo famoso. Recordou os dias mais recuados da infância e da primeira juventude. O movimento popular no recinto já lhe não despertava o interesse de outrora. Instintivamente, aproximou-se do local onde Estêvão sucumbira. Lembrou a cena dolorosa, detalhe por detalhe. Penosa angústia assomava-lhe ao coração. Orou com fervor ao Cristo. Entrou na sala onde estivera a sós com Abigail, a ouvir as últimas palavras do mártir do Evangelho. Compreendia, enfim, a grandeza daquela alma que o perdoara *in extremis*. Cada palavra do moribundo ressoava-lhe agora, estranhamente, nos ouvidos. A elevação de Estêvão fascinava-o. O pregador do "Caminho" havia-se imolado por Jesus! Por que não fazê-lo também?... Era justo ficar em Jerusalém, seguir-lhe os passos heroicos, para que a lição do Mestre fosse compreendida.

At
9:28 a 30

Na recordação do passado, o moço tarsense mergulhava-se em preces fervorosas. Suplicava a inspiração do Cristo para seus novos caminhos. Foi aí que o convertido de Damasco, exteriorizando as faculdades espirituais, fruto das penosas disciplinas, observou que um vulto luminoso surgia inopinadamente a seu lado, falando-lhe com inefável ternura:

At
9:28 a 30

— Retira-te de Jerusalém, porque os antigos companheiros não aceitarão, por enquanto, o testemunho!

Sob o pálio de Jesus, Estêvão seguia-lhe os passos na senda do discipulado, embora a posição transcendental de sua assistência invisível. Saulo, naturalmente, cuidou que era o próprio Cristo o autor da carinhosa advertência e, fundamente impressionado, demandou a Igreja do "Caminho", informando a Simão Pedro o que ocorrera.

— Entretanto — acabou dizendo ao generoso Apóstolo que o ouvia admirado —, não devo ocultar que tencionava agitar a opinião religiosa da cidade, defender a causa do Mestre, restabelecer a Verdade em sua feição integral.

Enquanto o ex-pescador escutava em silêncio, como a reforçar a resposta, o novo discípulo continuava:

— Estêvão não se entregou ao sacrifício? Sinto que nos falta aqui uma coragem igual à do mártir, sucumbido às pedradas da minha ignorância.

— Não, Saulo — replicou Pedro com firmeza —, não seria razoável pensar assim. Tenho maior experiência da vida, embora não tenha cabedais de inteligência semelhantes aos teus. Está escrito que o discípulo não poderá ser maior que o mestre. Aqui mesmo, em Jerusalém, vimos Judas cair numa cilada igual a esta. Nos dias angustiosos do Calvário, em que o Senhor provou a excelência e a divindade do seu amor e, nós, o amargo testemunho da exígua fé, condenamos o infortunado companheiro. Alguns irmãos nossos mantêm, até o presente, a opinião dos primeiros dias, mas, em contato com a realidade do mundo, cheguei à conclusão de que Judas foi mais infeliz que perverso. Ele não acreditava na validade das obras sem dinheiro, não aceitava outro poder que não fosse o dos príncipes do mundo. Estava sempre inquieto pelo triunfo imediato das ideias do Cristo. Muitas vezes, vimo-lo altercar, impaciente, pela construção do Reino de Jesus, adstrito aos princípios políticos do mundo. O Mestre sorria e fingia não entender as insinuações, como quem estava senhor do seu divino programa. Judas, antes do apostolado, era negociante. Estava habituado a vender a mercadoria e receber o pagamento imediato. Julgo, nas meditações de agora, que ele não pôde compreender o Evangelho de outra forma, ignorando que Deus é um credor cheio de misericórdia, que espera generosamente a todos nós, que não passamos de míseros devedores. Talvez amasse profundamente o Messias, contudo, a inquietação fê-lo perder a oportunidade sagrada. Tão só pelo desejo de apressar a vitória, engendrou a tragédia da cruz, com a sua falta de vigilância.

At
9:28 a 30

Saulo ouvia assombrado aquelas considerações justas e o bondoso Apóstolo continuava:

— Deus é a Providência de todos. Ninguém está esquecido. Para que ajuízes melhor da situação, admitamos que fosses mais feliz que Judas. Figuremos tua vitória pessoal no feito. Concedamos que pudesses atrair para o Mestre toda a cidade. E depois? Deverias e poderias responder por todos os que aderissem ao teu esforço? A verdade é que poderias atrair; nunca, porém, converter. Como não te fosse possível atender a todos, em particular, acabarias execrado pela mesma forma. Se Jesus, que tudo pode neste mundo sob a égide do Pai, espera com paciência a conversão do mundo, por que não poderemos esperar, de nossa parte? A melhor posição da vida é a do equilíbrio. Não é justo desejar fazer nem menos, nem mais do que nos compete, mesmo porque o Mestre sentenciou que a cada dia bastam os seus trabalhos.

O convertido de Damasco estava surpreso a mais não poder. Simão apresentava argumentos irretorquíveis. Sua inspiração assombrava-o.

— À vista do que ocorreu — prosseguiu o ex-pescador serenamente —, importa que te vás logo que caia a noite. A luta iniciada na sinagoga dos cilícios é muito mais importante que os atritos de Damasco. É possível que amanhã procurem encarcerar-te. Além disso, a advertência recebida no Templo não é de molde a procrastinarmos providências indispensáveis.

Saulo concordou de boa mente com o alvitre. Poucas vezes na vida escutara observações tão sensatas.

— Pretendes voltar à Cilícia? — disse Pedro com inflexão paternal.

— Já não tenho mais aonde ir — respondeu com resignado sorriso.

At
9:28 a 30

— Pois bem, partirás para Cesareia. Temos ali amigos sinceros que te poderão auxiliar.

O programa de Simão Pedro foi rigorosamente cumprido. À noite, quando Jerusalém se envolvia em grande silêncio, um cavaleiro humilde transpunha as portas da cidade, na direção dos caminhos que conduziam ao grande porto palestinense.

Torturado pelas apreensões constantes da sua nova vida, chegou a Cesareia decidido a não se deter ali muito tempo. Entregou as cartas de Pedro que o recomendavam aos amigos fiéis. Recebido com simpatia por todos, não teve dificuldades em retomar o caminho da cidade natal.

Dirigindo-se agora para o cenário da infância, sentia-se extremamente comovido com as mínimas recordações. Aqui, um acidente do caminho a sugerir cariciosas lembranças; ali, um grupo de árvores envelhecidas a despertarem especial atenção. Várias vezes, passou por caravanas de camelos que lhe faziam relembrar as iniciativas paternas. Tão intensa lhe fora a vida espiritual nos últimos anos, tão grandes as transformações, que a vida do lar se lhe figurava um sonho bom, de há muito desvanecido. Por meio de Alexandre, recebera as primeiras notícias de casa. Lamentava a partida de sua mãe, justamente quando tinha maior necessidade da sua compreensão afetuosa, mas entregava a Jesus os seus cuidados nesse particular. Do velho pai não era razoável esperar um entendimento mais justo. Espírito formalista, radicado ao farisaísmo de maneira integral, certo não aprovaria a sua conduta.

Atingiu as primeiras ruas de Tarso de alma opressa. As recordações sucediam-se ininterruptas.

(*Paulo e Estêvão*. FEB Editora. Segunda parte — Cap. 3, p. 259 a 263)

*[Barnabé] partiu para Tarso, a fim de buscar Saulo e, ao encontrá-lo, o conduziu para Antioquia. [...]*

Atos
11:25 a 26

## Barnabé vai em busca de Saulo[14]

Transformado em rude operário, Saulo de Tarso apresentava notável diferença fisionômica. Acentuara-se-lhe a feição de asceta. Os olhos, contudo, denunciando o homem ponderado e resoluto, revelavam igualmente uma paz profunda e indefinível.

Compreendendo que a situação não lhe permitia idealizar grandes projetos de trabalho, contentava-se em fazer o que fosse possível. Sentia prazer em testemunhar a mudança de conduta aos antigos camaradas de triunfo, por ocasião das festividades tarsenses. Orgulhava-se, quase, de viver do modesto rendimento do seu árduo labor. Vezes várias, ele próprio atravessava as praças mais frequentadas, carregando pesados fardos de pelo caprino. Os conterrâneos admiravam a atitude humilde, que era agora o seu traço dominante. As famílias ilustres contemplavam-no com piedade. Todos os que o conheceram na fase áurea da juventude, não se cansavam de lamentar aquela transformação. A maioria tratava-o como alienado pacífico. Por isso, nunca faltavam encomendas ao tecelão das proximidades do Tauro. A simpatia dos seus concidadãos, que jamais lhe compreenderiam integralmente as ideias novas, tinha a virtude de amplificar seu esforço, aumentando-lhe os parcos recursos. Ele, por sua vez, vivia tranquilo e satisfeito. O programa de Abigail constituía permanente mensagem ao seu

---

[14] Paulo permanece pacientemente em Tarso por três anos, sem outras preocupações que não refazer em si mesmo novas bases e valores, abrindo mão do homem velho e fortalecendo o homem novo. Quando Barnabé parte de Antioquia para Tarso, em busca do convertido de Damasco, o encontra profundamente transformado. Por essa razão, a equipe transcreveu, aqui, a situação em que Paulo estava quando foi chamado por Barnabé.

coração. Levantava-se, todos os dias, procurando amar a tudo e a todos; para prosseguir nos caminhos retos, trabalhava ativamente. Se lhe chegavam desejos ansiosos, inquietações para intensificar suas atividades fora do tempo apropriado, bastava esperar; se alguém dele se compadecia, se outros o apelidavam de louco, desertor ou fantasista, procurava esquecer a incompreensão alheia com o perdão sincero, refletindo nas vezes muitas que, também ele, ofendera os outros, por ignorância. Estava sem amigos, sem afetos, suportando os desencantos da soledade que, se não tinha companheiros carinhosos, também não necessitava temer os sofrimentos oriundos das amizades infiéis. Procurava encontrar no dia o colaborador valioso que não lhe subtraía as oportunidades. Com ele tecia tapetes complicados, barracas e tendas, exercitando-se na paciência indispensável aos trabalhos outros que ainda o esperavam nas encruzilhadas da vida. A noite era a bênção do espírito. A existência corria sem outros pormenores de maior importância, quando, um dia, foi surpreendido com a visita inesperada de Barnabé.

At 11:25 a 26

O ex-levita de Chipre encontrava-se em Antioquia, a braços com sérias responsabilidades. A Igreja ali fundada reclamava a cooperação de servos inteligentes. Inúmeras dificuldades espirituais a serem resolvidas, intensos serviços a fazer. A instituição fora iniciada por discípulos de Jerusalém, sob os alvitres generosos de Simão Pedro. O ex-pescador de Cafarnaum ponderou que deveriam aproveitar o período de calma, no capítulo das perseguições, para que os laços do Cristo fossem dilatados. Antioquia era dos maiores centros operários. Não faltavam contribuintes para o custeio das obras, porque o empreendimento grandioso tivera repercussão nos ambientes de trabalho mais humildes; entretanto, escasseavam os legítimos trabalhadores do pensamento. Ainda, aí, entrou a compreensão de Pedro para que não faltasse ao tecelão de Tarso o ensejo devido. Observando as dificuldades, depois de indicar Barnabé para a direção do núcleo do "Caminho", aconselhou-o a procurar o convertido de Damasco, a fim de que sua capacidade alcançasse um campo novo de exercício espiritual.

Saulo recebeu o amigo com imensa alegria.

Vendo-se lembrado pelos irmãos distantes, tinha a impressão de receber um novo alento.

O companheiro expôs o elevado plano da Igreja que lhe reclamava o concurso fraterno, o desdobramento dos serviços, a colaboração constante de que poderiam dispor para a construção das obras de Jesus Cristo. Barnabé exaltou a dedicação dos homens humildes que cooperavam com ele. A instituição, todavia, reclamava irmãos dedicados que conhecessem profundamente a Lei de Moisés e o Evangelho do Mestre, a fim de não ser prejudicada a tarefa da iluminação intelectual.

At 11:25 a 26

O ex-rabino edificou-se com a narração do outro e não teve dúvidas em atender ao apelo. Apenas apresentava uma condição, qual a de prosseguir no seu ofício, de maneira a não ser pesado aos seus confrades de Antioquia. Inútil qualquer objeção de Barnabé, nesse sentido.

(*Paulo e Estêvão*. FEB Editora. Segunda parte — Cap. 4, p. 277 a 279)

> [...] E sucedeu que, por um ano inteiro, eles se reuniram na Igreja e ensinaram considerável turba. Em Antioquia, os discípulos, pela primeira vez, foram aconselhados [a se chamarem] cristãos.
>
> Atos 11:26

## Em Antioquia — Lucas sugere a identificação de cristãos

Pressuroso e prestativo, Saulo de Tarso em breve se instalava em Antioquia, onde passou a cooperar ativamente com os amigos do Evangelho. Durante largas horas do dia, consertava tapetes ou se entretinha no trabalho de tecelagem. Destarte, ganhava o necessário para viver, tornando-se um modelo no seio da nova Igreja. Utilizando o grande cabedal de experiências já adquirido nas refregas e padecimentos do mundo, jamais o viam ocupar os primeiros lugares. Nos *Atos dos apóstolos*, vemos-lhe o nome citado sempre por último, quando se referem aos colaboradores de Barnabé. Saulo havia aprendido a esperar. Na comunidade, preferia os labores mais simples. Sentia-se bem, atendendo aos doentes numerosos. Recordava Simão Pedro e procurava cumprir os novos deveres na pauta da bondade despretensiosa, embora imprimisse em tudo o traço da sua sinceridade e franqueza, quase ásperas.

A Igreja não era rica, mas a boa vontade dos componentes parecia provê-la de graças abundantes.

Antioquia, cidade cosmopolita, tornara-se um foco de grandes devassidões. Na sua paisagem enfeitada de mármores preciosos, que deixavam entrever a opulência dos habitantes, proliferava toda a espécie de abusos. Os fortunosos entregavam-se aos prazeres licenciosos, desenfreadamente. Os bosques artificiais reuniam assembleias galantes, nas quais criminosa tolerância caracterizava todos os propósitos. A riqueza pública ensejava grandes possibilidades às extravagâncias. A cidade estava cheia de mercadores que se guerreavam sem tréguas, de ambições inferiores, de dramas passionais. Todavia, diariamente, à noite, se reuniam, na casa singela onde funcionava a célula do "Caminho", grandes grupos de pedreiros, de soldados paupérrimos, de lavradores pobres, ansiosos todos pela mensagem de um mundo melhor. As mulheres de condição humilde compareciam, igualmente, em grande número. A maioria dos frequentadores interessava-se por conselhos e consolações, remédios para as chagas do corpo e do espírito.

At 11:26

Geralmente, eram Barnabé e Manaém os pregadores mais destacados, ministrando o Evangelho às assembleias heterogêneas. Saulo de Tarso limitava-se a cooperar. Ele mesmo notara que Jesus, por certo, recomendara absoluto recomeço em suas experiências. Certa feita, fez o possível por conduzir as pregações gerais, mas nada conseguiu. A palavra, tão fácil em outros tempos, parecia retrair-se-lhe na garganta. Compreendeu que era justo padecer as torturas do reinício, em virtude da oportunidade que não soubera valorizar. Não obstante as barreiras que se antepunham às suas atividades, jamais se deixou avassalar pelo desânimo. Se ocupava a tribuna, tinha extrema dificuldade na interpretação das ideias mais simples. Por vezes, chegava a corar de vergonha ante o público que lhe aguardava as conclusões com ardente interesse, dada a fama de pregador de Moisés, no Templo de Jerusalém. Além disso, o sublime acontecimento de Damasco cercava-o de nobre e justa curiosidade. O próprio Barnabé, várias vezes, surpreendera-se com a sua dialética confusa na interpretação dos Evangelhos e refletia na tradição do seu passado como rabino, que não chegara a conhecer pessoalmente, e na timidez que o assomava, justo no momento de conquistar o público. Por esse motivo, foi afastado discretamente da pregação e aproveitado em outros misteres. Saulo, porém, compreendia e não desanimava. Se não era possível regressar, de pronto, ao labor da pregação, preparar-se-ia, de novo, para isso. Nesse intuito, retinha irmãos humildes na sua tenda de trabalho e, enquanto as mãos teciam com segurança, entabulava conversas sobre a missão do Cristo. À noite, promovia palestras na Igreja com a cooperação de todos os presentes. Enquanto não se organizava a direção superior para o trabalho das assembleias, sentava-se com os operários e soldados que compareciam em grande número. Interessava a atenção das lavadeiras, das jovens doentes, das mães humildes. Lia, às vezes, trechos da Lei e do Evangelho, estabelecia comparações, provocava pareceres novos. Dentro daquelas atividades constantes, a lição do Mestre parecia sempre tocada de luzes progressivas. Em breve, o ex-discípulo de Gamaliel tornava-se um amigo amado de todos. Saulo sentia-se imensamente feliz. Tinha enorme satisfação sempre que via a tenda pobre repleta de irmãos que o procuravam, tomados de simpatia. As encomendas não faltavam. Havia sempre trabalho suficiente para não se tornar pesado a ninguém. Ali conheceu Trófimo, que lhe seria companheiro fiel em muitos transes difíceis; ali abraçou Tito, pela primeira vez, quando esse abnegado colaborador mal saía da infância.

At 11:26

A existência, para o ex-rabino, não podia ser mais tranquila nem mais bela. Era-lhe o dia cheio das notas harmoniosas do trabalho digno e construtivo; à noite, recolhia-se à Igreja em companhia dos irmãos, entregando-se prazenteiro às lides sublimes do Evangelho.

A instituição de Antioquia era, então, muito mais sedutora que a própria Igreja de Jerusalém. Vivia-se ali num ambiente de simplicidade pura, sem qualquer preocupação com as disposições rigoristas do Judaísmo. Havia riqueza, porque não faltava trabalho. Todos amavam as obrigações diuturnas, aguardando o repouso da noite nas reuniões da Igreja, qual uma bênção de Deus. Os israelitas, distantes do foco das exigências farisaicas, cooperavam com os gentios, sentindo-se todos unidos por soberanos laços fraternais. Raríssimos os que falavam na circuncisão e que, por constituírem fraca minoria, eram contidos pelo convite amoroso à fraternidade e à união. As assembleias eram dominadas por ascendentes profundos do amor espiritual. A solidariedade estabelecera-se com fundamentos divinos. As dores e os júbilos de um pertenciam a todos. A união de pensamentos em torno de um só objetivo dava ensejo a formosas manifestações de espiritualidade. Em noites determinadas, havia fenômenos de "vozes diretas". A instituição de Antioquia foi um dos raros centros apostólicos, onde semelhantes manifestações chegaram a atingir culminância indefinível. A fraternidade reinante justificava essa concessão do Céu. Nos dias de repouso, a pequena comunidade organizava estudos evangélicos no campo. A interpretação dos ensinos de Jesus era levada a efeito em algum recanto ameno e solitário da Natureza, quase sempre às margens do Orontes.

Saulo encontrara em tudo isso um mundo diferente. A permanência em Antioquia era interpretada como um auxílio de Deus. A confiança recíproca, os amigos dedicados, a boa compreensão constituem alimento sagrado da alma. Procurava valer-se da oportunidade, a fim de enriquecer o celeiro íntimo.

At
11:26

A cidade estava repleta de paisagens morais menos dignas, mas o grupo humilde dos discípulos anônimos aumentava sempre em legítimos valores espirituais.

A Igreja tornou-se venerável por suas obras de caridade e pelos fenômenos de que se constituíra organismo central.

Viajantes ilustres visitavam-na cheios de interesse. Os mais generosos faziam questão de lhe amparar os encargos de benemerência social. Foi aí que surgiu, certa vez, um médico muito jovem, de nome Lucas. De passagem pela cidade, aproximou-se da Igreja animado por sincero desejo de aprender algo de novo. Sua atenção fixou-se, de modo especial, naquele homem de aparência quase rude, que fermentava as opiniões, antes que Barnabé empreendesse a abertura dos trabalhos. Aquelas atitudes de Saulo, evidenciando a preocupação generosa de ensinar e aprender simultaneamente, impressionaram-no a ponto de apresentar-se ao ex-rabino, desejoso de ouvi-lo com mais frequência.

— Pois não — disse o Apóstolo satisfeito —, minha tenda está às suas ordens.

E enquanto permaneceu na cidade, ambos se empenharam diariamente em proveitosas palestras, concernentes ao ensino de Jesus. Retomando aos poucos seu poder de argumentação, Saulo de Tarso não tardou a incutir no espírito de Lucas as mais sadias convicções. Desde a primeira entrevista, o hóspede de Antioquia não mais perdeu uma só daquelas assembleias simples e construtivas. Na véspera de partir, fez uma observação que modificaria para sempre a denominação dos discípulos do Evangelho.

Barnabé havia terminado os comentários da noite, quando o médico tomou a palavra para despedir-se. Falava emocionado e, por fim, considerou acertadamente:

At 11:26

— Irmãos, afastando-me de vós, levo o propósito de trabalhar pelo Mestre, empregando nisso todo o cabedal de minhas fracas forças. Não tenho dúvida alguma quanto à extensão deste movimento espiritual. Para mim, ele transformará o mundo inteiro. Entretanto, pondero a necessidade de imprimirmos a melhor expressão de unidade às suas manifestações. Quero referir-me aos títulos que nos identificam a comunidade. Não vejo na palavra "caminho" uma designação perfeita, que traduza o nosso esforço. Os discípulos do Cristo são chamados "viajores", "peregrinos", "caminheiros", mas há viandantes e estradas de todos os matizes. O mal tem, igualmente, os seus caminhos. Não seria mais justo chamarmo-nos — cristãos — uns aos outros? Este título nos recordará a presença do Mestre, nos dará energia em seu nome e caracterizará, de modo perfeito, as nossas atividades em concordância com os seus ensinos.

A sugestão de Lucas foi aprovada com geral alegria. O próprio Barnabé abraçou-o, enternecidamente, agradecendo o acertado alvitre que vinha satisfazer a certas aspirações da comunidade inteira. Saulo consolidou suas impressões excelentes, a respeito daquela vocação superior que começava a exteriorizar-se.

No dia seguinte, o novo convertido despediu-se do ex-rabino com lágrimas de reconhecimento. Partiria para a Grécia, mas fazia questão de lembrá-lo em todos os pormenores da nova tarefa. Da porta de sua tenda rústica, o ex-doutor da Lei contemplou o vulto de Lucas até que desaparecesse ao longe, voltando ao tear, de olhos úmidos. Gratamente emocionado reconhecia que, no trato do Evangelho, aprendera a ser amigo fiel e dedicado. Cotejava os sentimentos de agora com as concepções mais antigas e verificava profundas diferenças. Outrora, suas relações se prendiam a conveniências sociais, os afeiçoados vinham e seguiam sem deixar grandes sinais em sua alma vibrátil; agora, o coração renovara-se em Jesus Cristo, tornara-se mais sensível em contato com o Divino, as dedicações sinceras insculpiam-se nele para sempre.

O alvitre de Lucas estendeu-se rapidamente a todos os núcleos evangélicos, inclusive Jerusalém, que o recebeu com especial simpatia. Dentro de breve tempo, em toda parte, a palavra "cristianismo" substituía a palavra "caminho". At 11:26

(*Paulo e Estêvão*. FEB Editora. Segunda parte — Cap. 4, p. 279 a 283)

> *Naqueles dias, desceram profetas de Jerusalém para Antioquia. Levantando-se um deles, de nome Ágabo, indicou pelo espírito que estava prestes a haver grande fome em toda terra habitada — a qual ocorreu [nos dias] de Cláudio. Os discípulos, conforme os recursos que alguns tinham, resolveram cada um deles enviar suprimentos aos irmãos que habitam na Judeia. O que, de fato, fizeram, enviando aos anciãos, pelas mãos de Barnabé e Saulo. Por aquele tempo, o rei Herodes lançou as mãos sobre alguns dos que [eram] da Igreja, para maltratá-los. Eliminou a Tiago, irmão de João, com espada.*

Atos
11:27 a 30
e 12:1 a 2

## Dificuldades em Jerusalém — auxílio de Antioquia — Morte de Tiago

A Igreja de Antioquia continuava oferecendo as mais belas expressões evolutivas. De todas as grandes cidades afluíam colaboradores sinceros. As assembleias estavam sempre cheias de revelações. Numerosos irmãos profetizavam, animados do Espírito Santo. Foi aí que Ágabo, grande inspirado pelas forças do plano superior, recebeu a mensagem referente às tristes provações de que Jerusalém seria vítima. Os orientadores da instituição ficaram sobremaneira impressionados. Por insistência de Saulo, Barnabé expediu um mensageiro a Simão Pedro, enviando notícias e exortando-o à vigilância. O emissário regressou, trazendo a impressão de surpresa do ex-pescador, que agradecia os apelos generosos.

Com efeito, daí a meses, um portador da Igreja de Jerusalém chegava apressadamente a Antioquia, trazendo notícias alarmantes e dolorosas. Em longa missiva, Pedro relatava a Barnabé os últimos fatos que o acabrunhavam. Escrevia na data em que Tiago, filho de Zebedeu, sofrera a pena de morte, em grande espetáculo público. Herodes Agripa não lhe tolerara as pregações cheias de sinceridade e apelos justos. O irmão de João vinha da Galileia com a primitiva franqueza dos anúncios do Novo Reino. Inadaptado ao convencionalismo farisaico, levara muito longe o sentido de suas exortações profundas. Verificou-se perfeita repetição dos acontecimentos que assinalaram a morte de Estêvão. Os judeus exasperaram-se contra as noções de liberdade religiosa. Sua atitude, sincera e simples, foi levada à conta de rebeldia. Tremendas perseguições irromperam sem tréguas. A mensagem de Pedro relatava também as penosas dificuldades da Igreja. A cidade sofria fome e epidemias. Enquanto a perseguição cruel apertava o cerco, inumeráveis filas de famintos e doentes batiam-lhe às portas. O ex-pescador solicitava de Antioquia os socorros possíveis.

Atos 11:27 a 30 e 12:1 a 2

Barnabé apresentou as notícias, de alma confrangida. A laboriosa comunidade solidarizou-se, de bom grado, para atender a Jerusalém.

Recolhidas as cotas de auxílio, o ex-levita de Chipre prontificou-se a ser o portador da resposta da Igreja; Barnabé, porém, não poderia partir só. Surgiram dificuldades na escolha do companheiro necessário. Sem hesitar, Saulo de Tarso ofereceu-se para lhe fazer companhia. Trabalhava por conta própria — explicou aos amigos — e desse modo poderia tomar a iniciativa de acompanhar Barnabé, sem esquecer as obrigações que ficavam à sua espera.

O discípulo de Simão Pedro alegrou-se. Aceitou, jubiloso, o oferecimento.

Daí a dois dias, ambos demandavam Jerusalém corajosamente. A jornada era assaz difícil, mas os dois venceram os caminhos no menor prazo de tempo.

(*Paulo e Estêvão*. FEB Editora. Segunda parte — Cap. 4, p. 283 a 284)

*Ao ver que [isso] era agradável aos judeus, deu continuidade para capturar também a Pedro — eram os dias dos [pães Ázimos] — a quem, depois de deter, colocou na prisão, entregando-o a quatro quaternos de soldados, para o guardarem, querendo depois da Páscoa conduzi-lo ao povo. Assim, Pedro era mantido na prisão, mas pela Igreja estava intensamente sendo feita oração a favor dele junto a Deus. Quando Herodes estava prestes a conduzi-lo, naquela noite, Pedro estava dormindo entre dois soldados, atado com duas correntes; e sentinelas diante da porta guardavam a prisão. Eis que se aproximou um anjo do Senhor, e uma luz iluminou a cela. Batendo na pleura de Pedro, o despertou, dizendo: levanta-te, depressa! E as correntes caíram-lhe das mãos. Disse o anjo para ele: cinge-te e calça as tuas sandálias. [Ele] assim o fez. E [o anjo] lhe disse: veste o teu manto e segue-me. E, saindo, o seguia, não sabendo que era verdadeiro o que estava sendo feito por meio do anjo; supunha ter uma visão. Depois de passarem pela primeira e pela segunda guarda, chegaram ao portão de ferro que conduz à cidade, o qual se abriu, por si mesmo, para eles; após saírem, prosseguiram por uma viela, e logo o anjo se afastou dele. Então Pedro, caindo em si, disse: agora, sei verdadeiramente que o Senhor enviou o seu anjo e retirou-me das mãos de Herodes e de toda expectativa do povo judeu. Percebendo [isso], veio para a casa de Maria, mãe de João, cognominado Marcos, onde muitos estavam reunidos e orando. Quando ele bateu à porta do pórtico, aproximou-se uma criada, que atende pelo nome de Rode, e, reconhecendo a voz de Pedro, de alegria não abriu o pórtico, mas, correndo para dentro, anunciou que Pedro estava de pé junto ao pórtico. Eles disseram para ela: estás louca! Ela, porém, insistia ser assim. Eles diziam: é o anjo dele. E Pedro continuou batendo; ao abrirem, o viram e extasiaram-se. Fazendo um sinal com as mãos para se calarem, relatou-lhes como o Senhor o conduzira para fora da prisão, e disse: anunciai essas [coisas] a Tiago e aos irmãos. E, saindo, partiu para outro lugar. Tornando-se dia, houve alvoroço não pequeno entre os soldados, sobre o que teria acontecido a Pedro. Herodes, buscando-o mas não encontrando, após interrogar as sentinelas, mandou que fossem levadas [para a morte]. Descendo da Judeia para a Cesareia, [lá] permaneceu.*

Atos
12:3 a 19

## Perseguições em Jerusalém

Imensas surpresas aguardavam os emissários de Antioquia, que já não encontraram Simão Pedro em Jerusalém. As autoridades haviam efetuado a prisão do ex-pescador de Cafarnaum, logo após a dolorosa execução do filho de Zebedeu. Amargas provações haviam caído sobre a Igreja e seus discípulos. Saulo e Barnabé foram recebidos especialmente por Próromo, que os informou de todos os sucessos. Por haver solicitado pessoalmente o cadáver de Tiago para dar-lhe sepultura, Simão Pedro fora preso, sem compaixão e com todo o desrespeito, pelos criminosos sequazes de Herodes. No entanto, dias depois, um anjo visitara o cárcere do Apóstolo, restituindo-o à liberdade. O narrador referiu-se ao feito, com os olhos fulgurantes de fé. Contou o júbilo dos irmãos quando Pedro surgiu à noite com o relato da sua libertação. Os companheiros mais ponderados induziram-no, então, a sair de Jerusalém e esperar na Igreja incipiente de Jope a normalidade da situação. Próromo contou como o Apóstolo relutara em aquiescer a esse alvitre dos mais prudentes. João e Filipe haviam partido. As autoridades apenas toleravam a Igreja em consideração à personalidade de Tiago, que, pelas suas atitudes de profundo ascetismo, impressionava a mentalidade popular, criando em torno dele uma atmosfera de respeito intangível. Na mesma noite da libertação, por atender-lhe a insistência, Pedro fora conduzido à Igreja pelos amigos. Desejava ficar despreocupado das consequências, mas, quando viu a casa cheia de enfermos, de famintos, de mendigos andrajosos, houve de ceder a Tiago a direção da comunidade e partir para Jope, a fim de que os pobrezinhos não tivessem a situação agravada por sua causa.

Saulo mostrava-se grandemente impressionado com tudo aquilo. Junto de Barnabé, tratou logo de ouvir a palavra de Tiago, o filho de Alfeu. O Apóstolo recebeu-os de bom grado, mas podiam-se-lhe notar desde logo os receios e inquietações. Repetiu as informações de Prócoro, em voz baixa, como se temesse a presença de delatores; alegou a necessidade de transigência com as autoridades; invocou o precedente da morte do filho de Zebedeu; referiu-se às modificações essenciais que introduzira na Igreja. Na ausência de Pedro, criara novas disciplinas. Ninguém poderia falar do Evangelho sem referir-se à Lei de Moisés. As pregações só poderiam ser ouvidas pelos circuncisos. A Igreja estava equiparada às sinagogas. Saulo e o companheiro ouviram-no com grande surpresa. Entregaram-lhe em silêncio o auxílio financeiro de Antioquia.

At
12:3 a 19

(*Paulo e Estêvão*. FEB Editora. Segunda parte — Cap. 4, p. 284 a 285)

*Barnabé e Saulo, tendo cumprido o serviço, regressaram de Jerusalém, levando consigo a João, cognominado Marcos.*

Atos
12:25

## Encontro com João Marcos e saída de Jerusalém[15]

A ausência eventual de Simão transformara a estrutura da obra evangélica. Aos dois recém-chegados tudo parecia inferior e diferente. Barnabé, sobretudo, notara algo, em particular. É que o filho de Alfeu, elevado à chefia provisória, não os convidou para se hospedarem na Igreja. À vista disso, o discípulo de Pedro foi procurar a casa de sua irmã Maria Marcos, mãe do futuro evangelista, que os recebeu com grande júbilo. Saulo sentiu-se bem no ambiente de fraternidade pura e simples. Barnabé, por sua vez, reconheceu que a casa da irmã se tornara o ponto predileto dos irmãos mais dedicados ao Evangelho. Ali se reuniam, à noite, às ocultas, como se a verdadeira Igreja de Jerusalém houvesse transferido sua sede para um reduzido círculo familiar. Observando as assembleias íntimas do santuário doméstico, o ex-rabino recordou a primeira reunião de Damasco. Tudo era afabilidade, carinho, acolhimento. A mãe de João Marcos era uma das discípulas mais desassombradas e generosas. Reconhecendo as dificuldades dos irmãos de Jerusalém, não vacilara em colocar seus bens à disposição de todos os necessitados, nem hesitou em abrir as portas para que as reuniões evangélicas, em sua feição mais pura, não sofressem solução de continuidade.

---

[15] O texto de *Atos* registra de maneira concisa o encontro de Paulo, Barnabé e João Marcos, que viria a ser o futuro evangelista. O texto de Emmanuel revela a relação de parentesco entre Barnabé e João Marcos, as razões que motivaram o jovem João a seguir com os dois emissários de retorno para Antioquia e as preocupações de Paulo, com os desafios que enfrentariam e que, mais tarde, levariam João a abandonar a comitiva, retornando ao lar materno, conforme *Atos,* 13:13.

A palestra de Saulo impressionou-a vivamente. Seduziam-na, sobretudo, as descrições do ambiente fraternal da Igreja antioquiana, cujas virtudes Barnabé não cessava de glosar instantemente.

Maria expôs ao irmão o seu grande sonho. Queria dar o filho, ainda muito jovem, a Jesus. De há muito vinha preparando o menino para o apostolado. Todavia, Jerusalém afogava-se em lutas religiosas, sem tréguas. As perseguições surgiam e ressurgiam. A organização cristã da cidade experimentava profundas alternativas. Só a paciência de Pedro conseguia manter a continuidade do Ideal Divino. Não seria melhor que João Marcos se transferisse para Antioquia, junto do tio? Barnabé não se opôs ao plano da irmã entusiasmada. O jovem, a seu turno, seguia as conversações, mostrando-se satisfeito. Chamado a opinar, Saulo percebeu que os irmãos deliberavam sem consultar o interessado. O rapaz acompanhava os projetos, sempre jovial e sorridente. Foi aí que o ex-doutor da Lei, profundo conhecedor da alma humana, desviou a palavra, procurando interessá-lo mais diretamente.

— João — disse bondosamente —, sentes, de fato, verdadeira vocação para o ministério?

— Sem dúvida! — confirmou o adolescente algo perturbado.

— Como defines teus propósitos? — tornou a perguntar o ex-rabino.

— Penso que o ministério de Jesus é uma glória — respondeu um tanto acanhado sob o exame daquele olhar ardente e inquiridor.

Saulo refletiu um instante e sentenciou:

— Teus intuitos são louváveis, mas é preciso não esqueceres que a mínima expressão de glória mundana apenas chega após o serviço. Se assim acontece no mundo, que não será com o trabalho para o Reino do Cristo? Mesmo porque, na Terra, todas as glórias passam e a de Jesus é eterna!...

O jovem anotou a observação e, embora desconcertado pela profundez dos conceitos, acrescentou:

— Sinto-me preparado para os labores do Evangelho e, além disso, mamãe faz muito gosto que eu aprenda os melhores ensinamentos nesse sentido, a fim de tornar-me um pregador das Verdades de Deus.

Maria Marcos olhou o filho cheia de maternal orgulho. Saulo percebeu a situação, teve um dito alegre e depois acentuou:

— Sim, as mães sempre nos desejam todas as glórias deste e do outro mundo. Por elas, nunca haveria homens perversos. No que nos diz respeito, convém lembrar as tradições evangélicas. Ainda ontem, lembrei a generosa inquietação da esposa de Zebedeu, ansiosa pela glorificação dos filhinhos!... Jesus lhe recebeu os anseios maternais, mas não deixou de lhe perguntar se os candidatos ao Reino estavam devidamente preparados para beber do seu cálice... E, ainda agora, vimos que o cálice reservado a Tiago continha vinagre tão amargo quanto o da cruz do Messias!...

At 12:25

Todos silenciaram, mas Saulo continuou em tom prazenteiro, modificando a impressão geral:

— Isto não quer dizer que devamos desanimar ante as dificuldades para aliciar as glórias legítimas do Reino de Jesus. Os obstáculos renovam as forças. A finalidade divina deve representar nosso objetivo supremo. Se assim pensares, João, não duvido de teus futuros triunfos.

Mãe e filho sorriram tranquilos.

Ali mesmo, combinaram a partida do jovem, em companhia de Barnabé. O tio discorreu ainda sobre as disciplinas indispensáveis, o espírito de sacrifício reclamado pela nobre missão. Naturalmente, se Antioquia representava um ambiente de profunda paz, era também um núcleo de trabalhos ativos e constantes. João precisaria esquecer qualquer expressão de esmorecimento, para entregar-se, de alma e corpo, ao serviço do Mestre, com absoluta compreensão dos deveres mais justos.

O rapaz não hesitou nos compromissos, sob o olhar amorável de sua mãe, que lhe buscava amparar as decisões com a coragem sincera do coração devotado a Jesus.

Dentro de poucos dias, os três demandavam a formosa cidade do Orontes.

Enquanto João Marcos extasiava-se na contemplação das paisagens, Saulo e Barnabé entretinham-se em longas palestras, relativamente aos interesses gerais do Evangelho. O ex-rabino voltava sumamente impressionado com a situação da Igreja de Jerusalém. Desejaria sinceramente ir até Jope para avistar-se com Simão Pedro. No entanto, os irmãos dissuadiram-no de fazê-lo. As autoridades mantinham-se vigilantes. A morte do Apóstolo chegara a ser reclamada por vários membros do Sinédrio e do Templo. Qualquer movimento mais importante, no caminho de Jope, poderia dar azo à tirania dos prepostos herodianos.

At 12:25

— Francamente — dizia Saulo a Barnabé, mostrando-se apreensivo —, regresso de ânimo quase abatido aos nossos serviços de Antioquia. Jerusalém dá impressão de profundo desmantelo e acentuada indiferença pelas lições do Cristo. As altas qualidades de Simão Pedro, na chefia do movimento, não me deixam dúvidas, mas precisamos cerrar fileiras em torno dele. Mais que nunca me convenço da sublime realidade de que Jesus veio ao que era seu, mas não foi compreendido.

— Sim — obtemperava o ex-levita de Chipre, desejoso de dissipar as apreensões do companheiro —, confio, antes de tudo, no Cristo; depois, espero muito de Pedro...

— Entretanto — insinuava o outro sem vacilar —, precisamos considerar que em tudo deve existir uma pauta de equilíbrio perfeito. Nada poderemos fazer sem o Mestre, mas não é lícito esquecer que Jesus instituiu no mundo uma obra eterna e, para iniciá-la, escolheu doze companheiros. Certo, estes nem sempre corresponderam à expectativa do Senhor; contudo, não deixaram de ser os escolhidos. Assim, também precisamos examinar a situação de Pedro. Ele é, sem contestação, o chefe legítimo do colégio apostólico, por seu espírito superior afinado com o pensamento do Cristo em todas as circunstâncias, mas de modo algum poderá operar sozinho. Como sabemos, dos doze amigos de Jesus, quatro ficaram em Jerusalém, com residência fixa. João foi obrigado a retirar-se; Filipe compelido a abandonar a cidade com a família; Tiago volta aos poucos para as comunidades farisaicas. Que será de Pedro se lhe faltar a cooperação devida?

Barnabé pareceu meditar seriamente.

— Tenho uma ideia que parece vir de Mais Alto — disse o ex-doutor da Lei sinceramente comovido.

E continuou:

— Suponho que o Cristianismo não atingirá seus fins, se esperarmos tão só dos israelitas ancilosados no orgulho da Lei. Jesus afirmou que seus discípulos viriam do Oriente e do Ocidente. Nós, que pressentimos a tempestade, e eu, principalmente, que a conheço nos seus paroxismos, por haver desempenhado o papel de verdugo, precisamos atrair esses discípulos. Quero dizer, Barnabé, que temos necessidade de buscar os gentios onde quer que se encontrem. Só assim reintegrar-se-á o movimento em função de universalidade.

At 12:25

O discípulo de Simão Pedro fez um movimento de espanto.

O ex-rabino percebeu o gesto de estranheza e ponderou de modo conciso:

— É natural prever com isso muitos protestos e lutas enormes; no entanto, não consigo vislumbrar outros recursos. Não é justo esquecer os grandes serviços da Igreja de Jerusalém aos pobres e necessitados, e creio mesmo que a assistência piedosa dos seus trabalhos tem sido, muitas vezes, sua tábua de salvação. Existem, porém, outros setores de atividade, outros horizontes essenciais. Poderemos atender a muitos doentes, ofertar um leito de repouso aos mais infelizes, mas sempre houve e haverá corpos enfermos e cansados, na Terra. Na tarefa cristã, semelhante esforço não poderá ser esquecido, mas a iluminação do espírito deve estar em primeiro lugar. Se o homem trouxesse o Cristo no íntimo, o quadro das necessidades seria completamente modificado. A compreensão do Evangelho e da exemplificação do Mestre renovaria as noções de dor e sofrimento. O necessitado encontraria recursos no próprio esforço, o doente sentiria, na enfermidade mais longa, um escoadouro das imperfeições; ninguém seria mendigo, porque todos teriam luz cristã para o auxílio mútuo, e, por fim, os obstáculos da vida seriam amados como corrigendas benditas de Pai amoroso a filhos inquietos.

Barnabé pareceu entusiasmar-se com a ideia, mas depois de pensar um minuto, acrescentou:

— Entretanto, esse empreendimento não deveria partir de Jerusalém?

— Penso que não — sentenciou Saulo, de pronto. — Seria absurdo agravar as preocupações de Pedro. Excede a tudo esse movimento de pessoas necessitadas e abatidas, convergentes de todas as províncias, a lhe baterem às portas. Simão está impossibilitado para o desdobramento dessa tarefa.

— E os outros companheiros? — inquiriu Barnabé, revelando espírito de solidariedade.

— Os outros, certo, hão de protestar. Principalmente agora que o Judaísmo vai absorvendo os esforços apostólicos, é justo prever muitos clamores. Contudo, a própria Natureza dá lições neste sentido. Não clamamos tanto contra a dor? E quem nos traz maiores benefícios? Às vezes, nossa redenção está naquilo mesmo que antes nos parecia verdadeira calamidade. É indispensável sacudir o marasmo da instituição de Jerusalém, chamando os incircuncisos, os pecadores, os que estejam fora da Lei. De outro modo, dentro de alguns poucos anos, Jesus será apresentado como aventureiro vulgar. Naturalmente, depois da morte de Simão, os adversários dos princípios ensinados pelo Mestre acharão grande facilidade em deturpar as anotações de Levi. A Boa-Nova será aviltada e, se alguém perguntar pelo Cristo, daqui a cinquenta anos, terá como resposta que o Mestre foi um criminoso comum, a expiar na cruz os desvios da vida. Restringir o Evangelho a Jerusalém será condená-lo à extinção, no foco de tantos dissídios religiosos, sob a política mesquinha dos homens. Necessitamos levar a notícia de Jesus a outras gentes, ligar as zonas de entendimento cristão, abrir estradas novas... Será mesmo justo que também façamos anotações do que sabemos de Jesus e de sua divina exemplificação. Outros discípulos, por exemplo, poderiam escrever o que viram e ouviram, pois, com a prática, vou reconhecendo que Levi não anotou mais amplamente o que se sabe do Mestre. Há situações e fatos que não foram por ele registrados. Não conviria também que Pedro e João anotassem suas observações mais íntimas? Não hesito em afirmar que os pósteros hão de rebuscar muitas vezes a tarefa que nos foi confiada.

Barnabé rejubilava-se com perspectivas tão sedutoras. As advertências de Saulo eram mais que justas. Haveria que prestar informações amplas ao mundo.

— Tens razão — disse admirado —, precisamos pensar nesses serviços, mas como?

— Ora — esclareceu Saulo, tentando aplainar as dificuldades —, se quiseres chefiar qualquer esforço neste sentido, podes contar com a minha cooperação incondicional. Nosso plano seria desenvolvido na organização de missões abnegadas, sem outro fito que servir, de forma absoluta, à difusão da Boa-Nova do Cristo. Começaríamos, por exemplo, em regiões não de todo desconhecidas, formaríamos o hábito de ensinar as Verdades evangélicas aos mais vários agrupamentos; em seguida, terminada essa experiência, demandaríamos outras zonas, levaríamos a lição do Mestre a outras gentes...

At 12:25

O companheiro ouvia-o, afagando sinceras esperanças. Tomado de novo ânimo, disse ao convertido de Damasco, esboçando o primeiro número do programa:

— De há muito, Saulo, tenho necessidade de voltar à minha terra, a fim de resolver certos problemas de família. Quem sabe poderíamos iniciar o serviço apostólico pelas aldeias e cidades de Chipre? Conforme o resultado, prosseguiríamos por outras zonas. Estou informado de que a região em que demora Antioquia da Pisídia é habitada por gente simples e generosa, e suponho que colheríamos belos resultados no empreendimento.

— Poderás contar comigo — respondeu Saulo de Tarso resoluto. — A situação requer o concurso de irmãos corajosos e a Igreja do Cristo não poderá vencer com o comodismo. Comparo o Evangelho a um campo infinito, que o Senhor nos deu a cultivar. Alguns trabalhadores devem ficar ao pé dos mananciais, velando-lhes a pureza, outros revolvem a terra em zonas determinadas, mas não há dispensar a cooperação dos que precisam empunhar instrumentos rudes, desfazer cipoais intensos, cortar espinheiros para iluminar os caminhos.

Barnabé reconheceu a excelência do projeto, mas considerou:

— Todavia, temos ainda a examinar a questão do dinheiro. Tenho alguns recursos, mas insuficientes para atender a todas as despesas. Por outro lado, não seria possível sobrecarregar as igrejas...

— Absolutamente! — adiantou o ex-rabino — onde estacionarmos, poderei exercer o meu ofício. Por que não? Qualquer aldeia paupérrima tem sempre teares de aluguel. Montarei, então, uma tenda móvel!

At 12:25

Barnabé achou graça no expediente e ponderou:

— Teus sacrifícios não serão pequenos. Não receias as dificuldades imprevisíveis?

— Por quê? — interrogou Saulo com firmeza. — Certo, se Deus não me permitiu a vida em família foi para que me dedicasse exclusivamente ao seu serviço. Por onde passarmos, montaremos a tenda singela. E onde não houver tapetes a consertar e a tecer, haverá sandálias.

O discípulo de Simão Pedro entusiasmou-se. O resto da viagem foi dedicado aos projetos da futura excursão. Havia, entretanto, uma coisa a considerar. Além da necessidade de submeter o plano à aprovação da Igreja de Antioquia, era indispensável pensar no jovem João Marcos. Barnabé procurou interessar o sobrinho nas conversações. Em breve, o rapaz convenceu-se de que deveria incorporar-se à missão, caso a assembleia antioquiana não a desaprovasse. Interessou-se por todas as minúcias do programa traçado. Seguiria o trabalho de Jesus, fosse onde fosse.

— E se houver muitos obstáculos? — perguntou Saulo avisadamente.

— Saberei vencê-los — respondeu João convicto.

— É possível venhamos a experimentar dificuldades sem conta — continuava o ex-rabino, preparando-lhe o espírito. — Se o Cristo, que era sem pecado, encontrou uma cruz entre apodos e flagelos quando ensinava as Verdades de Deus, que não devemos esperar em nossa condição de almas frágeis e indigentes?

— Hei de encontrar as forças necessárias.

Saulo contemplou-o, admirado da firme resolução que suas palavras deixaram transparecer, e observou:

— Se deres um testemunho tão grande como a coragem que revelas, não tenho dúvidas quanto à grandeza de tua missão.

Entre confortadoras esperanças, o projeto terminou com formosas perspectivas de trabalho para os três.

(*Paulo e Estêvão*. FEB Editora. Segunda parte — Cap. 4, p. 285 a 292)

At
12:25

*Havia na Igreja de Antioquia profetas e mestres: Barnabé, Simeão, chamado Níger, Lúcio de Cirene, Manaém, que fora criado com Herodes, o Tetrarca, e Saulo. Enquanto eles serviam ao Senhor e jejuavam, disse o Espírito Santo: Separai para mim a Barnabé e Saulo, para a obra que os tenho chamado. Então, após jejuarem, orarem e imporem as mãos sobre eles, [os] soltaram.*

Atos 13:1 a 3

## A escolha de Barnabé e Saulo

Na primeira reunião, depois de relatar as observações pessoais concernentes à Igreja de Jerusalém, Barnabé expôs o plano à assembleia, que o ouviu atentamente. Alguns anciães falaram da lacuna que se abriria na Igreja, expuseram o desejo de que se não quebrasse o conjunto harmonioso e fraternal. No entanto, o orador voltou a explicar as necessidades novas do Evangelho. Pintou os quadros de Jerusalém com a fidelidade possível, fez a súmula de suas conversações com Saulo de Tarso e salientou a conveniência de chamar novos trabalhadores ao serviço do Mestre.

Quando tratou o problema com toda a gravidade que lhe era devida, os chefes da comunidade mudaram de atitude. Estabeleceu-se o acordo geral. De fato, a situação explanada por Barnabé era muito séria. Seus pareceres veementes eram mais que justos. Se perseverasse o marasmo nas igrejas, o Cristianismo estava destinado a perecer. Ali mesmo, o discípulo de Simão recebeu a aquiescência irrestrita e, no instante das preces, a voz do Espírito Santo se fez ouvir no ambiente de simplicidade pura, inculcando fossem Barnabé e Saulo destacados para a evangelização dos gentios.

Aquela recomendação superior, aquela voz que provinha dos Arcanos Celestes, ecoou no coração do ex-rabino como um cântico de vitória espiritual. Sentia que acabava de atravessar imenso deserto para encontrar de novo a mensagem doce e eterna do Cristo. Por conquistar a dignidade espiritual, só experimentara padecimentos, desde a cegueira dolorosa de Damasco. Ansiara por Jesus. Tivera sede abrasadora e terrível. Pedira em vão a compreensão dos amigos, debalde buscara o terno aconchego da família. Agora, porém, que a palavra mais alta o chamava ao serviço, deixava-se empolgar por júbilos infinitos. Era o sinal de que havia sido considerado digno dos esforços confiados aos discípulos. Refletindo como as dores passadas lhe pareciam pequeninas e infantis, comparadas à alegria imensa que lhe inundava a alma, Saulo de Tarso chorou copiosamente, experimentando maravilhosas sensações. Nenhum dos irmãos presentes, nem mesmo Barnabé, poderia avaliar a grandiosidade dos sentimentos que aquelas lágrimas revelavam. Tomado de profunda emoção, o ex-doutor da Lei reconhecia que Jesus se dignava de aceitar suas oblatas de boa vontade, suas lutas e sacrifícios. O Mestre chamava-o e, para responder ao apelo, iria aos confins do mundo.

At 13:1 a 3

Numerosos companheiros colaboraram nas providências iniciais, em favor do empreendimento.

(*Paulo e Estêvão*. FEB Editora. Segunda parte — Cap. 4, p. 292 a 293)

> *Eles, então, enviados pelo Espírito Santo, desceram para a Selêucia, e dali navegaram para Chipre.*
>
> Atos 13:4

## Viagem para Chipre

Dentro em pouco, cheios de confiança em Deus, Saulo e Barnabé, seguidos por João Marcos, despediam-se dos irmãos, a caminho de Selêucia. A viagem para o litoral decorreu em ambiente de muita alegria. De quando a quando, repousavam à margem do Orontes, para a merenda salutar. À sombra dos carvalhos, na paz dos bosques enfeitados de flores, os missionários comentaram as primeiras esperanças.

Em Selêucia não foi demorada a espera de embarcação. A cidade estava sempre cheia de peregrinos que demandavam o Ocidente, sendo frequentada por elevado número de navios de toda ordem. Entusiasmados com o acolhimento dos irmãos de fé, Barnabé e Saulo embarcaram para Chipre, sob a impressão de comovente e carinhosa despedida.

(*Paulo e Estêvão*. FEB Editora. Segunda parte — Cap. 4, p. 293)

*Ao chegarem a Salamina, anunciaram a palavra de Deus nas sinagogas judaicas; tinham também a João [como] servidor.*

Atos
13:5

## Em Salamina

Chegaram à ilha, com o jovem João Marcos, sem incidentes dignos de menção. Estacionados em Citium por muitos dias, aí solucionou Barnabé vários assuntos de seu interesse familiar.

Antes de se retirarem, visitaram a sinagoga, num sábado, com o propósito de iniciar o movimento. Como chefe da missão, Barnabé tomou a palavra, procurou conjugar o texto da Lei, examinado naquele dia, às lições do Evangelho, para destacar a superioridade da missão do Cristo. Saulo notou que o companheiro explanava o assunto com respeito algo excessivo às tradições judaicas. Via-se claramente que desejava, antes de tudo, conquistar as simpatias do auditório; em alguns pontos, demonstrava o temor de encetar o trabalho, abrindo as lutas tão em desacordo com o seu temperamento. Os israelitas mostraram-se surpreendidos, mas satisfeitos. Observando o quadro, Saulo não se sentiu plenamente confortado. Fazer reparos a Barnabé seria ingratidão e indisciplina; concordar com o sorriso dos compatrícios perseverantes nos erros do fingimento farisaico seria negar fidelidade ao Evangelho.

Procurou resignar-se e esperou.

A missão percorreu numerosas localidades, entre vibrações de largas simpatias. Em Amatonte, os mensageiros da Boa-Nova demoraram mais de uma semana. A palavra de Barnabé era profundamente contemporizadora. Caracterizava-se, em tudo, pelo grande cuidado de não ofender os melindres judaicos.

(*Paulo e Estêvão*. FEB Editora. Segunda parte — Cap. 4, p. 293 a 294)

*Ao atravessarem a ilha inteira, até Pafos, encontraram um homem judeu, mago, falso profeta, cujo nome [era] Barjesus, que estava com o procônsul Sérgio Paulo, homem inteligente. Ele, convocando Barnabé e Saulo, buscava ouvir a palavra de Deus. Elimas, o mago — pois assim é traduzido o seu nome — se opunha a eles, buscando desviar o procônsul da fé. Todavia Saulo, que também [se chama] Paulo, cheio do Espírito Santo, fitando-o, disse: Ó filho do diabo, cheio de todo ardil e de toda malícia, inimigo de toda a justiça, não cessarás de desviar os retos caminhos do Senhor? E agora, vede a mão do Senhor sobre ti, ficarás cego, sem ver o sol até o momento [oportuno]. Imediatamente caiu sobre ele nebulosidade e treva; perambulando, buscava quem o guiasse pela mão. Então, vendo o que sucedera, o procônsul creu, estando maravilhado sobre o ensino do Senhor.*

Atos
13:6 a 12

## Em Pafos — Conversão do procônsul Sérgio Paulo — Mudança no nome de Saulo[16]

Depois de grandes esforços, chegaram a Nea-Pafos, onde residia o procônsul. A sede do Governo provincial era uma formosa cidade cheia de encantos naturais e que se assinalava por sólidas expressões de cultura. O discípulo de Pedro, porém, estava exausto. Nunca tivera labores apostólicos tão intensos. Conhecendo a deficiência do verbo de Saulo nos serviços da Igreja de Antioquia, temia confiar ao ex-rabino as responsabilidades diretas do ensinamento. Não obstante sentir-se cansadíssimo,

---

[16] O relato de *Atos* registra os episódios na cidade de Pafos, na ilha de Chipre, até o momento da conversão do procônsul Sérgio Paulo. O Texto de Emmanuel registra eventos além desse acontecimento, sendo o mais importante, o momento de alteração no nome do Apóstolo dos Gentios de Saulo para Paulo. Dada a importância desses eventos, a equipe os incluiu no texto paralelo de *Paulo e Estêvão*.

fez a pregação na sinagoga, no sábado imediato à chegada. Nesse dia, entretanto, ele estava divinamente inspirado. A apresentação do Evangelho foi feita com raro brilhantismo. O próprio Saulo comoveu-se profundamente. O êxito foi inexcedível. A segunda assembleia reuniu os elementos mais finos; judeus e romanos aglomeravam-se ansiosos. O ex-levita fez nova apologia do Cristo, bordando conceitos de maravilhosa beleza espiritual. O ex-doutor da Lei, com os trabalhos informativos da missão, atendia prazerosamente a todas as consultas, pedidos, informações. Nenhuma cidade manifestara tamanho interesse quanto aquela; os romanos, em grande número, iam solicitar esclarecimentos quanto aos objetivos dos mensageiros, recebiam notícias do Cristo, revelando júbilos e esperanças; desfaziam-se em gestos de espontânea bondade. Entusiasmados com o êxito, Saulo e Barnabé organizaram reuniões em casas particulares, especialmente cedidas para esse fim pelos simpatizantes da Doutrina de Jesus, onde encetaram formoso movimento de curas. Com alegria infinita, o tecelão de Tarso viu chegar a extensa fileira dos "filhos do Calvário". Eram mães atormentadas, doentes desiludidos, anciães sem nenhuma esperança, órfãos sofredores, que agora procuravam a missão. A notícia das curas julgadas impossíveis encheu Nea-Pafos de grande assombro. Os missionários impunham as mãos, fazendo preces fervorosas ao Messias Nazareno; de outras vezes, distribuíam água pura em seu nome. Extremamente cansado e achando que o novo auditório não requeria maior erudição, Barnabé encarregou o companheiro das pregações da Boa-Nova, mas, com grande surpresa, verificou que Saulo se modificara radicalmente. Seu verbo parecia inflamado de nova luz; tirava do Evangelho ilações tão profundas que o ex-levita o escutava agora sem dissimular o próprio espanto. Notava, particularmente, o carinho do ex-doutor no apresentar os ensinamentos do Cristo aos mendigos e sofredores. Falava como alguém que houvesse convivido com o Senhor por largos anos. Referia-se a certos lances das lições do Mestre com um manancial de lágrimas nos olhos. Prodigiosas consolações derramavam-se no espírito das turbas. Dia e noite, havia operários e estudiosos copiando as anotações de Levi.

At
13:6 a 12

A manhã ia alta. Saulo atendia a numerosos necessitados quando um legionário romano se fez anunciar.

Barnabé e o companheiro deixaram os serviços entregues a João Marcos e foram atender.

— O procônsul Sérgio Paulo — disse o mensageiro solene — manda convidar-vos a visitá-lo em palácio.

At
13:6 a 12

A mensagem era muito mais uma ordem que simples convite. O discípulo de Simão compreendeu de pronto e respondeu:

— Agradecemos de coração e iremos ainda hoje.

O ex-rabino estava confuso. Não só o conteúdo político do fato surpreendia-o, sobremaneira. Em vão, procurava recordar-se de alguma coisa. Sérgio Paulo? Não conheceria alguém com esse nome? Buscou relembrar os jovens de origem romana do seu conhecimento. Afinal, veio-lhe à memória a palestra de Pedro sobre a personalidade de Estêvão e concluiu que o procônsul não podia ser outro senão o salvador do irmão de Abigail.

Sem comunicar as íntimas impressões a Barnabé, examinou a situação em sua companhia. Quais os objetivos da delicada intimação? Segundo a voz pública, o chefe político vinha sofrendo pertinaz enfermidade. Desejaria curar-se ou, quem sabe, provocar um meio de expulsá-los da ilha, induzido pelos judeus? A situação, entretanto, não se resolveria por conjeturas.

Incumbindo João Marcos de atender a quantos se interessassem pela doutrina, no referentemente a informes necessários, os dois amigos puseram-se a caminho, resolutamente.

Conduzidos através de galerias extensas, foram dar com um homem relativamente moço, deitado em largo divã e deixando perceber extremo abatimento. Magro, pálido, revelando singular desencanto da vida, o procônsul entremostrava, todavia, uma bondade imensa na suave irradiação do olhar humilde e melancólico.

Recebeu os missionários com muita simpatia, apresentando-lhes um mago judeu de nome Barjesus, que de longa data o vinha tratando. Sérgio Paulo, prudentemente, mandou que os guardas e servos se retirassem. Apenas os quatro se viram a sós, em círculo muito íntimo, falou o enfermo com amarga serenidade:

— Senhores, diversos amigos me deram notícia dos vossos êxitos nesta cidade de Nea-Pafos. Tendes curado moléstias perigosas, devolvido a fé a inúmeros descrentes, consolado míseros sofredores... Há mais de um ano venho cuidando de minha saúde arruinada. Nestas condições, estou quase inutilizado para a vida pública.

Apontando Barjesus que, por sua vez, fixava o olhar malicioso nos visitantes, o chefe romano prosseguiu:

At
13:6 a 12

— Há muito contratei os serviços deste vosso conterrâneo, ansioso e confiante na ciência de nossa época, mas os resultados têm sido insignificantes. Mandei chamar-vos, desejoso de experimentar os vossos conhecimentos. Não estranheis minha atitude. Se pudesse, teria ido procurar-vos em pessoa, pois conheço o limite de minhas prerrogativas; como vedes, porém, sou antes de tudo um necessitado.

Saulo ouviu aquelas declarações, profundamente comovido pela bondade natural do ilustre enfermo. Barnabé estava atônito, sem saber o que dizer. O ex-doutor da Lei, entretanto, senhor da situação e quase certo de que a personagem era a mesma que figurava na existência do mártir vitorioso, tomou a palavra e disse convictamente:

— Nobre procônsul, temos conosco, de fato, o poder de um grande médico. Podemos curar, quando os enfermos estejam dispostos a compreendê-lo e segui-lo.

— Mas quem é ele? — perguntou o enfermo.

— Chama-se Cristo Jesus. Sua fórmula é sagrada — continuava o tecelão com ênfase — e destina-se a medicar, antes de tudo, a causa de todos os males. Como sabemos, todos os corpos da Terra terão de morrer. Assim, por força de Leis naturais ineslutáveis, jamais teremos, neste mundo, absoluta saúde física. Nosso organismo sofre a ação de todos os processos ambientes. O calor incomoda, o frio nos faz tremer, a alimentação nos modifica, os atos da vida determinam a mudança dos hábitos, mas o Salvador nos ensina a procurar uma saúde mais real e preciosa, que é a do espírito. Possuindo-a, teremos transformado as causas de preocupação de nossa vida, e habilitamo-nos a gozar a relativa saúde física que o mundo pode oferecer nas suas expressões transitórias.

At
13:6 a 12

Enquanto Barjesus, irônico e sorridente, escutava o introito, Sérgio Paulo acompanhava a palavra do ex-rabino, atento e comovido:

— Contudo, como encontrar esse médico? — perguntou o procônsul, mais preocupado com a cura do que com o elevado sentido metafísico das observações ouvidas.

— Ele é a Bondade Perfeita — esclareceu Saulo de Tarso — e sua ação consoladora está em toda parte. Antes mesmo que o compreendamos, cerca-nos com a expressão do seu Amor Infinito!...

Observando o entusiasmo com que o missionário tarsense falava, o chefe político de Nea-Pafos buscou a aprovação de Barjesus com olhar indagador.

O mago judeu, evidenciando profundo desprezo, exclamou:

— Julgávamos que estivésseis aparelhados de alguma ciência nova... Não quero acreditar no que ouço. Acaso me supondes um ignorante, relativamente ao falso profeta de Nazaré? Ousais franquear o palácio de um governador, em nome de um miserável carpinteiro?

Saulo mediu toda a extensão daquelas ironias, respondendo sem se intimidar:

— Amigo, quando eu afivelava a máscara farisaica, também assim pensava, mas, agora, conheço a Gloriosa Luz do Mestre, o Filho do Deus Vivo!...

Essas palavras eram ditas num tom de convicção tão ardente que o próprio charlatão israelita se fizera lívido. Barnabé também empalidecia, enquanto o nobre patrício observava o ardoroso pregador com visível interesse. Depois de angustiosa expectativa, Sérgio Paulo voltou a dizer:

— Não tenho o direito de duvidar de ninguém, enquanto as provas concludentes não me levam a fazê-lo.

E procurando fixar a fisionomia de Saulo, que lhe enfrentava o olhar perquiridor, serenamente continuou:

— Falais desse Cristo Jesus, enchendo-me de assombro. Alegais que sua Bondade nos assiste antes mesmo de o conhecermos. Como obter uma prova concreta de vossa afirmativa? Se não entendo o Messias de que sois mensageiros, como saber se sua assistência me influenciou algum dia?

Saulo lembrou repentinamente as palestras de Simão Pedro, ao lhe narrar os antecedentes do mártir do Cristianismo. Em um instante alinhou os mínimos episódios. E valendo-se de todas as oportunidades para destacar o amor infinito de Jesus, como aconteceu nos menores fatos da sua carreira apostólica, sentenciou com singular entono:

— Procônsul, ouvi-me! Para revelar-vos, ou melhor, a fim de lembrar-vos a misericórdia de Jesus de Nazaré, o nosso Salvador, chamarei vossa atenção para um acontecimento importante.

At 13:6 a 12

Enquanto Barnabé manifestava profunda surpresa, em face da desassombrada atitude do companheiro, o político aguçava a curiosidade.

— Não é a primeira vez que experimentais uma grave enfermidade. Há quase dez anos, ao tentardes os primeiros passos na vida pública, embarcastes no porto de Cefalônia em demanda desta ilha. Viajáveis para Citium, mas, antes que o navio aportasse em Corinto, fostes acometido de febre terrível, o corpo aberto em feridas venenosas...

Brancura de cera estampava-se no semblante do chefe de Nea-Pafos. Colocando a mão no peito, como a conter as pulsações aceleradas do coração, ergueu-se extremamente perturbado.

— Como sabeis tudo isso? — murmurou aterrado.

— Não é só — disse o missionário sereno —, esperai o resto. Vários dias permanecestes entre a vida e a morte. Debalde os médicos de bordo comentaram vossa enfermidade. Vossos amigos fugiram. Quando ficastes de todo abandonado, não obstante o prestígio político do vosso cargo, o Messias Nazareno vos mandou alguém, no silêncio de sua Misericórdia Divina.

O procônsul, com o despertar das velhas reminiscências, sentia-se profundamente comovido.

— Quem teria sido o mensageiro do Salvador? — prosseguia Saulo, enquanto Barnabé o contemplava com inaudito assombro. — Um de vossos íntimos? Um amigo eminente? Um dos colegas ilustres que presenciavam vossas dores? Não! Apenas um escravo humilde, um serviçal anônimo dos remos homicidas. Jeziel velou por vós, dia e noite! E o que a Ciência do mundo não conseguiu fazer, fê-lo o coração empossado pelo amor do

Cristo! Compreendeis agora? Vosso amigo Barjesus fala de um carpinteiro sem-nome, de um Messias que preferiu a condição da humildade suprema para nos trazer as torrentes preciosas de suas graças!... Sim, Jesus também, como aquele escravo que vos restabeleceu a saúde perdida, fez-se servo do homem para conduzi-lo a uma vida melhor!... Quando todos nos abandonam, Ele está conosco; quando os amigos fogem, sua bondade mais se aproxima. Para forrarmo-nos das míseras contingências desta vida mortal, é preciso crer nele e segui-lo sem descanso!...

At 13:6 a 12

Ante as lágrimas convulsivas do procônsul, Barnabé, aturdido, considerava: "Onde fora o companheiro colher tão profundas revelações?". A seu ver, naquele instante, Saulo de Tarso estaria iluminado pelo dom maravilhoso das profecias.

— Senhores, tudo isso é a Verdade pura! Trouxestes-me a santa notícia de um Salvador!... — exclamou Sérgio Paulo.

Reconhecendo a capitulação do generoso patrício que lhe recheava a bolsa de fartos recursos, o mago israelita, apesar de muito surpreso, exclamou com energia:

— Mentira!... São mentirosos! Tudo isso é obra de Satanás! Estes homens são portadores de sortilégios infames do "Caminho"! Abaixo a exploração vil!...

A boca lhe espumava, os olhos rebrilhavam de cólera. Saulo mantinha-se calmo, impassível, quase sorridente. Depois, timbrando forte:

— Acalmai-vos, amigo! A fúria não é amiga da verdade e quase sempre esconde inconfessáveis interesses. Acusai-nos de mentirosos, mas nossas palavras não se desviaram uma linha da realidade dos acontecimentos. Alegais que nosso esforço procede de Satanás, no entanto, onde já se viu maior incoerência? Onde encontraríamos um adversário trabalhando contra si mesmo? Afirmais que somos portadores de sortilégios; se o amor constitui esse talismã, nós o trazemos no coração, ansiosos por comunicar a todos os seres sua benéfica influência. Finalmente, lançais a nós outros a pecha de exploradores salazes, quando aqui viemos chamados por alguém que nos honrou com sinceridade e confiança e, de modo algum, poderíamos oferecer as graças do Salvador a título mercatório.

Seguiu-se acalorada discussão: Barjesus fazia empenho em demonstrar a inferioridade dos intuitos de Saulo, enquanto este se esforçava em timbrar nobreza e cordialidade.

Embalde o procônsul tentava dissuadir o judeu de continuar na requesta e naquele diapasão. Barnabé, por sua vez, confiando muito mais nos poderes espirituais do amigo, acompanhava o discrime sem ocultar admiração pelos infinitos recursos que o missionário tarsense estava revelando.

At 13:6 a 12

A polêmica já durava mais de hora, quando o mago fez uma alusão mais ferina à personalidade e feitos de Jesus Cristo.

Em atitude mais enérgica, o Apóstolo sentenciou:

— Tudo fiz por convencer-vos sem demonstrações mais diretas, de maneira a não ferir a parte respeitável de vossas convicções; todavia, estais cego e é nessa condição que podereis enxergar a luz. Como vós, também já vivi em trevas e, no instante do meu encontro pessoal com o Messias, foi necessário que as trevas se adensassem em meu espírito, a fim de que a luz ressurgisse mais brilhante. Tereis igualmente esse benefício. A visão do corpo fechar-se-vos-á, para que possais divisar a Verdade em espírito!...

Nesse comenos, Barjesus deu um grito.

— Estou cego!

Estabeleceu-se alguma confusão no recinto. Barnabé adiantou-se, amparando o israelita que tateava aflito. O tecelão e o governador aproximaram-se surpreendidos. Foram chamados alguns servos que atenderam as necessidades do momento, carinhosos e solícitos. Por quatro longas horas, Barjesus chorou, mergulhado na sombra espessa que lhe invadira os olhos cansados. Ao fim desse tempo, os missionários oraram de joelhos... Branda serenidade estabeleceu-se no vasto aposento. Em seguida, Saulo impôs-lhe as mãos na fronte e, com um suspiro de alívio, o velho israelita recobrou a vista, retirando-se confuso e sucumbido.

O procônsul, porém, vivamente interessado nos fatos intensos daquele dia, chamou os missionários em particular e falou sensibilizado:

— Amigos, creio nas Verdades Divinas que anunciais e desejo sinceramente compartilhar do Reino esperado. Nada obstante, conviria inteirar-me dos vossos objetivos de trabalho, dos vossos planos enfim. Estou ciente de que não mercadejais os dons espirituais de que sois portadores, e proponho-me auxiliar-vos com os meus préstimos em tudo que me for possível. Poderia saber os projetos que vos animam?

At
13:6 a 12

Os dois missionários entreolharam-se surpresos. Barnabé ainda não havia saído do espanto que o companheiro lhe causara. Saulo, por sua vez, mal dissimulava o próprio assombro pelo auxílio espiritual que obtivera no afã de confundir os maliciosos intuitos de Barjesus.

Reconhecendo, contudo, o elevado e sincero interesse do chefe político da província, esclareceu com jubilosos conceitos:

— O Salvador fundou a Religião do Amor e da Verdade, instituição invisível e universal, na qual se acolham todos os homens de boa vontade. Nosso fim é dar feição visível à Obra Divina, estabelecendo templos que se irmanem nos mesmos princípios, em seu nome. Avaliamos a delicadeza de semelhante tentame e estamos crentes de que as maiores dificuldades vão surgir em nosso caminho. É quase impossível encontrar o cabedal humano indispensável ao cometimento, mas é forçoso movimentar o plano. Quando falhem os elementos da instituição visível, esperaremos na Igreja infinita, onde, nas luzes da universalidade, Jesus será o Chefe Supremo de todas as forças que se consagrem ao bem.

— Trata-se de sublime iniciativa — aparteou o procônsul, evidenciando nobre interesse. — Onde encetastes a construção dos santuários?

— Nossa missão está começando precisamente agora. Os discípulos do Messias fundaram as Igrejas de Jerusalém e Antioquia. Por enquanto, não temos outros núcleos educativos, além desses. Há muitos cristãos em toda a parte, mas suas reuniões se fazem em domicílios particulares. Não possuem templos, propriamente, que os habilitem a mais eficiente esforço de assistência e propaganda.

— Nea-Pafos terá, então, a primeira igreja, filha do vosso trabalho direto.

Saulo não sabia como traduzir sua gratidão por aquele gesto de generosidade espontânea. Profundamente comovido, adiantou-se, então, e, com o cidadão cíprio, agradeceu a dádiva que vinha prestigiar e facilitar a obra apostolar.

Os três falaram ainda largo tempo sobre os empreendimentos em perspectiva. Sérgio Paulo pedia-lhes indicassem as pessoas capazes de construir o novo templo, enquanto Barnabé e o companheiro expunham suas esperanças.

Somente à noite os missionários puderam voltar à tenda humilde das pregações.

At
13:6 a 12

— Estou impressionado! — dizia Barnabé, recordando o ocorrido. — Que fizeste? Tenho para mim que hoje é o dia maior da tua existência. Tua palavra tinha um timbre sagrado e diferente; anima-te, agora, o dom das profecias... Além disso, o Mestre agraciou-te com o poder de dominar as ideias malignas. Viste como o charlatão sentiu a influência de energias poderosas quando fizeste o teu apelo?

Saulo ouviu atento e com a maior simplicidade acentuou:

— Também não sei como traduzir meu espanto pelas graças obtidas. Foi pelo Cristo que nos tornamos instrumentos da conversão do procônsul, pois a verdade é que de nós mesmos nada valemos.

— Nunca esquecerei os acontecimentos de hoje — tornou o ex-levita admirado.

E depois de uma pausa:

— Saulo, quando Ananias te batizou não chegou a sugerir a mudança do teu nome?

— Não me lembrei disso.

— Pois suponho que, doravante, deves considerar tua vida como nova. Foste iluminado pela graça do Mestre, tiveste o teu Pentecostes, foste sagrado Apóstolo para os labores divinos da redenção.

O ex-doutor da Lei não dissimulou a própria admiração e concluiu:

— É muito significativo para mim que um chefe político seja atraído para Jesus, por nosso intermédio, mesmo porque, nossa tarefa conclama os gentios ao Sol Divino do Evangelho de Salvação.

Intimamente, recordou os laços sublimes que o ligavam à memória de Estêvão, a generosa influência do patrício romano que o libertara dos trabalhos duros da escravidão e, invocando a memória do mártir, em um apelo silencioso, falou comovido:

— Sei, Barnabé, que muitos dos nossos companheiros trocaram de nome quando se converteram ao amor de Jesus; quiseram assinalar desse modo sua separação dos enganos fatais do mundo. Não quis valer-me do recurso, de qualquer modo, mas a transformação do governador, a luz da graça que nos acompanhou no curso dos acontecimentos de hoje, levam-me, igualmente, a procurar um motivo de perenes lembranças.

Depois de longa pausa, dando a entender quanto refletira para tomar aquela resolução, falou:

— Razões íntimas, absolutamente respeitáveis, obrigam-me a reconhecer, doravante, um benfeitor no chefe político desta ilha. Sem trocar formalmente meu nome, passarei a assinar-me à romana.

— Muito bem — respondeu o companheiro —, entre Saulo e Paulo nenhuma diferença existe, a não ser a do hábito de grafia ou de pronúncia. A decisão será uma formosa homenagem ao nosso primeiro triunfo missionário junto dos gentios, ao mesmo tempo em que constituirá agradável lembrança de um espírito tão generoso.

Nesse fato baseou-se a mudança de uma letra no nome do ex-discípulo de Gamaliel. Caráter íntegro e enérgico, o rabino de Jerusalém, nem mesmo transformado em modesto tecelão, quis modificar, portas adentro do Cristianismo, a sua fidelidade inata. Se servira a Moisés como Saulo, com o mesmo nome haveria de servir igualmente a Jesus Cristo. Se errara e fora perverso, na primeira condição, aproveitaria a oportunidade dos Céus, corrigiria a existência e seria um homem bom e justo na segunda. Nesse particular, não chegou a considerar qualquer sugestão dos amigos. Fora o primeiro perseguidor da instituição cristã, verdugo inflexível do proselitismo alvorecente, mas fazia questão de continuar como Saulo, para lembrar-se de todo o mal e envidar esforços para fazer todo o bem ao seu alcance. Naquele instante, porém, a lembrança de Estêvão falava-lhe brandamente ao coração. Ele fora o seu maior exemplo para a marcha espiritual. Era o Jeziel bem-amado de Abigail. Para procurá-lo, ambos se haviam prometido ir, sem vacilações, fosse aonde fosse. Os dois irmãos de Corinto estavam vivos, de tal modo, em sua alma sensível, que não era possível apagar na memória os mínimos fatos de sua vida. A mão de Jesus o encaminhara ao procônsul, o libertador de Jeziel dos grilhões do cativeiro; o ex-escravo demandara Jerusalém para tornar-se discípulo do Cristo! O ex-rabino sentia-se ditoso, por ter sido auxiliado pelas Forças Divinas, tornando-se por sua vez libertador de Sérgio Paulo, escravizado ao sofrimento e às ilusões perigosas do mundo. Era justo gravar na memória uma lembrança indelével daquele que, vítima dele em Jerusalém, era agora irmão abençoado, o qual não conseguia esquecer nos mais fugazes instantes da vida e do seu ministério.

At 13:6 a 12

Daí por diante o convertido de Damasco, em memória do inolvidável pregador do Evangelho, que sucumbira a pedradas, passou a assinar-se Paulo, até o fim de seus dias.

A notícia da cura e da conversão do procônsul encheu Nea-Pafos de grande assombro. Os missionários não mais tiveram descanso. Embora o protesto quase apagado dos israelitas, a comunidade cresceu extraordinariamente. Integrado nos bens da saúde, o chefe provincial forneceu o necessário à construção da Igreja. O movimento era extraordinário. E os dois mensageiros do Evangelho não cessavam de render graças a Deus.

O triunfo cercava-os de profunda consideração, quando Paulo foi procurado por Barjesus que lhe solicitava uma palavra confidencial. O ex-rabino não hesitou. Era uma boa ocasião para provar ao velho israelita os seus propósitos generosos e sinceros. Recebeu-o, pois, com toda a afabilidade.

Barjesus parecia tomado de grande acanhamento. Após cumprimentar o missionário, atencioso, exprimiu-se com certo embaraço:

— Afinal, precisava desfazer o mal-entendido, no caso do procônsul. Ninguém, mais do que eu, desejava tanto a saúde do enfermo, e, por conseguinte, ninguém mais agradecido à vossa intervenção, libertando-o de enfermidade tão dolorosa.

— Sou muito grato ao vosso parecer e regozijo-me com a vossa compreensão — disse Paulo com gentileza.

— Entretanto...

O visitante vacilava se devia ou não expor seus objetivos mais íntimos. Atento às reticências sem presumir-lhes a causa, o ex-rabino adiantou-se benévolo.

— Que desejais dizer? Com franqueza. Nada de cerimônias!

— Acontece — retrucou mais animado — que venho afagando a ideia de consultar-vos a respeito dos vossos dons espirituais. Penso que não haverá maior tesouro para triunfar na vida...

Paulo estava confundido, sem saber que rumo tomaria a conversação. Todavia, focando o ponto mais delicado da pretensão, Barjesus continuou:

— Quanto ganhais no vosso ministério?

— Ganho a misericórdia de Deus — disse o missionário, compreendendo, então, todo o alcance daquela visita inesperada —, vivo do meu trabalho de tecelagem e não seria lícito mercadejar com o que pertence ao Pai que está nos Céus.

— É quase incrível! — murmurou o mago arregalando os olhos. — Eu estava convicto de que trazíeis convosco certos talismãs, que me dispunha a comprar por qualquer preço.

E enquanto o ex-rabino o contemplava cheio de comiseração pela sua ignorância, o visitante prosseguia:

— Será crível que façais semelhantes obras sem contribuição de sortilégios?

O missionário fixou-o mais atento e murmurou:

— Só conheço um sortilégio eficiente.

— Qual é? — interrogou o mago de olhar faiscante e cobiçoso.

— É o da fé em Deus com sacrifício de nós mesmos.

O velho israelita demonstrou não entender toda a significação daquelas palavras, objetando:

— Sim, mas a vida tem suas necessidades urgentes. É indispensável prever e amealhar recursos.

Paulo pensou um minuto e disse:

— De mim mesmo, nada tenho com que vos esclarecer, mas Deus tem sempre uma resposta para nossas preocupações mais simples. Consultemos suas Eternas Verdades. Vejamos qual a mensagem destinada ao vosso coração.

Ia abrir o Evangelho, conforme seu costume, quando o visitante observou:

— Nada conheço desse livro. Para mim, portanto, não poderá trazer advertência alguma.

O missionário compreendeu a relutância e acentuou:

— Que conheceis então?

— Moisés e os profetas.

Tomou do rolo de pergaminhos no qual se podia ler a Lei Antiga e o deu ao velho malicioso, para que o abrisse em alguma sentença, ao acaso, segundo os hábitos da época. No entanto, Barjesus, com evidente má vontade, acrescentou:

— Só leio os profetas de joelhos.

— Podeis ler como quiserdes, porque o ato de compreender é o que nos interessa, antes de tudo.

Assinalando suas presunções farisaicas, o charlatão ajoelhou-se e abriu solenemente o texto, sob o olhar sereno e perquiridor do ex-rabino. O velho israelita fez-se pálido. Esboçou um gesto para se abstrair da leitura, mas Paulo percebeu o movimento sutil e, aproximando-se, falou com alguma veemência:

— Leiamos a mensagem permanente dos emissários de Deus.

Tratava-se de um fragmento dos Provérbios, que Barjesus pronunciou em voz alta, com enorme desapontamento:

> Duas coisas te pedi; não mas negues, antes que eu morra: afasta de mim as vaidades e as mentiras; não me dês nem a pobreza, nem a riqueza; concede-me apenas o alimento de que necessito, para não acontecer que, estando farto, eu te negue e pergunte: — Quem é Jeová? — ou que, estando pobre, me ponha a furtar e profane o nome de meu Deus (*Provérbios*, 30:7 a 9).

O mago levantou-se atarantado. O próprio missionário estava surpreso.

— Vistes, amigo? — interrogou Paulo — a palavra da verdade é muito eloquente. Será grande talismã, na existência, o sabermos viver com os nossos próprios recursos, sem exorbitar do necessário ao nosso enriquecimento espiritual.

At
13:6 a 12

— Efetivamente — respondeu o charlatão — este processo de consultas é muito interessante. Vou meditar seriamente na experiência de hoje.

Logo em seguida se despedia, depois de mastigar alguns monossílabos que mal disfarçavam a perturbação que todo o empolgara.

Impressionado, o tecelão consagrado ao Cristo anotou as profundas exortações, para consolidar o seu programa de atividades espirituais, isento de interesses inferiores.

A missão permaneceu em Nea-Pafos ainda alguns dias, sobrecarregada de muito trabalho. João Marcos colaborava com os recursos ao seu alcance; todavia, de vez em quando, Barnabé surpreendia-o entristecido e queixoso. Não esperava encontrar tão vultosa cota de trabalho.

— Mas assim é melhor — acentuava Paulo —, o serviço do bem é a muralha defensiva das tentações.

O rapaz conformava-se; contudo, sua contrariedade era evidente.

Além disso, fiel observador do Judaísmo, não obstante a paixão pelo Evangelho, o filho de Maria Marcos sentia grandes escrúpulos com a largueza de vistas do tio e do missionário, relativamente aos gentios. Desejava servir a Jesus, sim, de todo o coração, mas não podia distanciar o Mestre das tradições do berço.

Enquanto as sementes lançadas em Chipre começavam a germinar na terra dos corações, os trabalhadores do Messias abandonavam Nea-Pafos, absorvidos em vastas esperanças.

(*Paulo e Estêvão*. FEB Editora. Segunda parte — Cap. 4, p. 294 a 307)

*E, fazendo-se [ao mar] de Pafos, Paulo e os [que estavam] ao redor foram para Perge da Panfília. João, porém, apartando-se deles, regressou para Jerusalém.*

Atos 13:13

## A viagem para Panfília — João Marcos retorna para Jerusalém

Depois de muito confabularem, Paulo e Barnabé resolveram estender a missão aos povos da Panfília, com grande escândalo para João Marcos, que se admirava de semelhante alvitre.

— Mas que fazermos com essa gente tão estranha? — perguntou o rapaz contrariado. — Sabemos, em Jerusalém, que essa província é povoada por criaturas supinamente ignorantes. E, ademais, que ali existem ladrões por toda parte.

— No entanto — obtemperou Paulo convicto —, penso que devemos procurar a região, justamente por isso. Para outros, uma viagem a Alexandria pode oferecer maior interesse, mas todos esses grandes centros estão cheios de mestres da palavra. Possuem sinagogas importantes, conhecimentos elevados, grandes expoentes de ciência e riqueza. Se não servem a Deus é por má vontade ou endurecimento de coração. A Panfília, ao contrário, é muito pobre, rudimentar e carecente de luz espiritual. Antes de ensinar em Jerusalém, o Mestre preferiu manifestar-se em Cafarnaum e em outras aldeias quase anônimas da Galileia.

Ante o argumento irretorquível, João absteve-se de insistir.

Dentro de poucos dias, singela embarcação deixava-os em Atália, onde Paulo e Barnabé encontraram singular encanto nas paisagens que circundavam o Cestro.

Nessa localidade muito pobre, pregaram a Boa-Nova ao ar livre, com êxito imenso. Observando no companheiro um traço superior, Barnabé como que entregara a chefia do movimento ao ex-rabino, cuja palavra, então, sabia despertar encantadores

At
13:13

arrebatamentos. O povo simples acolheu a pregação de Paulo, com profundo interesse. Ele falava de Jesus, como de um príncipe celestial, que visitara o mundo e fora esperar os súditos amados na esfera da glorificação espiritual. Via-se a atenção que os habitantes de Atália dispensaram ao assunto. Alguns pediram cópias das lições do Evangelho, outros procuravam obsequiar os mensageiros do Mestre com o que possuíam de melhor. Muito comovidos, os Apóstolos recebiam as carinhosas dádivas dos novos amigos, que, quase sempre, se constituíam em pratos de pão, laranjas ou peixe.

A permanência na localidade trouxera novos problemas. Era indispensável alguma atividade culinária. Barnabé, delicadamente, designou o sobrinho para o mister, mas o rapaz não conseguia disfarçar a contrariedade. Notando-lhe o constrangimento, Paulo adiantou-se pressuroso:

— Não nos impressionemos com os problemas naturais. Procuremos restringir, doravante, as necessidades e gostos alimentares. Comeremos apenas pão, frutas, mel e peixe. Destarte, o trabalho de cozinha ficará simplificado e reduzido à preparação dos peixes assados, no que tenho grande prática, desde o meu retiro lá no Tauro. Que João não se amofine com o problema, pois é justo que essa parte fique a meu cargo.

Não obstante a atitude generosa de Paulo, o rapaz continuou acabrunhado.

Em breve a missão alugava um barco, largando-se para Perge. Nesta cidade, de regular importância para a região em que se localizava, anunciaram o Evangelho com imensa dedicação. Na pequena sinagoga, encheram o sábado de grande movimento. Alguns judeus e numerosos gentios, na maioria gente pobre e simples, acolheram os missionários, cheios de júbilo. As notícias do Cristo despertaram singular curiosidade e encantamento. O modesto pardieiro, alugado por Barnabé, ficava repleto de criaturas ansiosas por obter cópia das anotações de Levi. Paulo regozijava-se. Experimentava alegria indefinível ao contato daqueles corações humildes e simples, que lhe davam ao espírito cansado de casuística a doce impressão de virgindade espiritual. Alguns indagavam da posição de Jesus na hierarquia dos deuses do paganismo; outros desejavam saber a razão por que haviam crucificado o Messias, sem consideração aos seus elevados títulos, como Mensageiro do Eterno. A região estava cheia de superstições e crendices. A cultura judaica restringia-se ao ambiente fechado das sinagogas. A missão, não obstante consagrar seu maior esforço aos israelitas, pregando no círculo dos que seguiam a Lei de Moisés, interessara às camadas mais obscuras do povo, em razão das curas e do convite amoroso ao Evangelho, movimento esse no qual os trabalhadores de Jesus punham todo o seu empenho.

At 13:13

Plenamente satisfeitos, Paulo e Barnabé resolveram seguir dali mesmo para Antioquia da Pisídia. Informado a esse respeito, João Marcos não conseguiu sopitar os íntimos receios, por mais tempo, e perguntou:

— Supunha que não iríamos além da Panfília. Como, pois, chegar até Antioquia? Não temos recursos para atravessar tamanhos precipícios. As florestas estão infestadas de bandidos, o rio encachoeirado não faculta o trânsito de barcas. E as noites? Como dormir? Essa viagem não se pode tentar sem animais e servos, coisa que não temos.

Paulo refletiu um minuto e exclamou:

— Ora, João, quando trabalhamos para alguém, devemos fazê-lo com amor. Julgo que anunciar o Cristo àqueles que não o conhecem, em vista de suas numerosas dificuldades naturais, representa uma glória para nós. O espírito de serviço nunca atira a parte mais difícil para os outros. O Mestre não transferiu sua cruz aos companheiros. Em nosso caso, se tivéssemos muitos escravos e cavalos, não seriam eles os carregadores das responsabilidades mais pesadas, no que se refere às questões propriamente materiais? O trabalho de Jesus, entretanto, é tão grande aos nossos olhos que devemos disputar aos outros qualquer parte de sua execução, em benefício próprio.

O rapaz pareceu mais angustiado. A energia de Paulo era desconcertante.

— Mas não seria mais prudente — continuou muito pálido — demandarmos Alexandria e organizar pelo menos alguns recursos mais fáceis?

Enquanto Barnabé acompanhava o diálogo com a serenidade que lhe era peculiar, o ex-rabino continuava:

— Dás demasiada importância aos obstáculos. Já pensaste nas dificuldades que o Senhor certamente venceu para vir ter conosco? Ainda que pudesse atravessar livremente os abismos espirituais para chegar ao nosso círculo de perversidade e ignorância, temos de considerar a muralha de lodo de nossas viscerais misérias... E tu te espantas apenas com os palmos de caminho que nos separam da Pisídia?

O jovem calou-se, evidentemente contrariado. A argumentação era forte demais, a seus olhos, e não lhe ensejava qualquer nova objeção.

À noite, Barnabé, visivelmente preocupado, aproximou-se do companheiro, expondo-lhe as intenções do sobrinho. O rapaz resolvera regressar a Jerusalém, de qualquer modo. Paulo ouviu calmamente as explicações, como quem não podia opor qualquer embargo à decisão.

— Não poderíamos acompanhá-lo, pelo menos, até algum ponto mais próximo do destino? — perguntou o ex-levita de Chipre, como tio solícito.

— Destino? — perguntou Paulo admirado. — Mas já temos o nosso. Desde o primeiro entendimento, planejamos a excursão a Antioquia. Não posso impedir que faças companhia ao rapaz; por mim, contudo, não devo modificar o roteiro traçado. Caso resolvas regressar, seguirei sozinho. Julgo que as empresas de Jesus têm seu momento justo de atuação. É preciso aproveitá-lo. Se deixarmos a visita à Pisídia para o mês próximo, talvez seja tarde.

Barnabé refletiu alguns minutos, retrucando convictamente:

— Tua observação é incontestável. Não posso quebrar os compromissos. Além do mais, João está homem e poderá voltar só. Tem o dinheiro indispensável a esse fim, em virtude dos cuidados maternos.

— O dinheiro quando não bem aproveitado — rematou Paulo tranquilamente — sempre dissolve os laços e as responsabilidades mais santas.

A conversação terminou, enquanto Barnabé voltou a aconselhar o sobrinho, altamente impressionado.

Daí a dois dias, antes de tomar a barca que o levaria à foz do Cestro, o filho de Maria Marcos despedia-se do ex-doutor de Jerusalém com um sorriso contrafeito.

Paulo abraçou-o sem alegria e falou em tom de serena advertência:

At 13:13

— Deus te abençoe e te proteja. Não te esqueças de que a marcha para o Cristo é feita igualmente por fileiras. Todos devemos chegar bem; entretanto, os que se desgarram têm de chegar bem por conta própria.

— Sim — disse o jovem envergonhado —, procurarei trabalhar e servir a Deus, de toda a minha alma.

— Fazes bem e cumprirás teu dever assim procedendo — exclamou o ex-rabino convicto. — Lembra sempre que Davi, enquanto esteve ocupado, foi fiel ao Todo-Poderoso, mas, quando descansou, entregou-se ao adultério; Salomão, durante os serviços pesados da construção do Templo, foi puro na fé, mas, quando chegou ao repouso, foi vencido pela devassidão; Judas começou bem e foi discípulo direto do Senhor, mas bastou a impressão da triunfal entrada do Mestre em Jerusalém para que cedesse à traição e à morte. Com tantos exemplos expostos aos nossos olhos, será útil não venhamos nunca a descansar.

O sobrinho de Barnabé partiu, sinceramente tocado por essas palavras, que o seguiriam, de futuro, como apelo constante.

(*Paulo e Estêvão*. FEB Editora. Segunda parte — Cap. 4, p. 307 a 311)

> *Eles, passando por Perge, chegaram a Antioquia da Pisídia [...].*
>
> Atos 13:14

## Viagem e chegada à Antioquia da Pisídia

Logo após o incidente, os dois missionários demandaram as estradas impérvias. Pela primeira vez, foram obrigados a pernoitar ao relento, no seio da Natureza. Vencendo precipícios, encontraram uma gruta rochosa, na qual se ocultaram, para repousar o corpo mortificado e dorido. O segundo dia da marcha escoou-se-lhes com a coragem indômita de sempre. A alimentação constituía-se de alguns pães trazidos de Perge e frutas silvestres, colhidas ali e acolá. Resolutos e bem-humorados, enfrentavam e venciam todos os óbices. De vez em quando, era indispensável ganhar a outra margem do rio, ao toparem barreiras intransponíveis. Ei-los então apalpando o álveo das torrentes, cautelosos, com longas varas verdes, ou desbravando os caminhos perigosos e ignorados.

A solidão lhes sugeria belos pensamentos. Sagrado otimismo extravasava dos menores conceitos. Ambos afagavam carinhosas lembranças do passado afetivo e esperançoso. Como homens experimentavam todas as necessidades humanas, mas era profundamente comovedora a fidelidade com que se entregavam ao Cristo, confiando ao seu amor a realização dos santificados desejos de uma vida mais alta.

Na segunda noite acomodaram-se em pequena caverna, algo distante do trilho estreito, logo após os derradeiros tons do crepúsculo. Depois de frugalíssima refeição, passaram a comentar animadamente os feitos da Igreja de Jerusalém. Noite fechada e ainda suas vozes quebravam o grande silêncio. Desdobrando os assuntos, passaram a falar das excelências do Evangelho, exaltando a grandeza da missão de Jesus Cristo.

— Se os homens soubessem... — dizia Barnabé fazendo comparações.

— Todos se reuniriam em torno do Senhor e descansariam — rematava Paulo cheio de convicção.

— Ele é o Príncipe que reinará sobre todos.

— Ninguém trouxe a este mundo riqueza maior.

— Ah! — comentava o discípulo de Simão Pedro — o tesouro de que foi mensageiro engrandecerá a Terra para sempre.

At 13:14

E assim prosseguiam, valendo-se de preciosas imagens da vida comum para simbolizar os bens eternos, quando singular movimento lhes despertou atenção. Dois homens armados precipitaram-se sobre ambos, à fraca luz de uma tocha acesa em resinas.

— A bolsa! — gritou um dos malfeitores.

Barnabé empalideceu ligeiramente, mas Paulo estava sereno e impassível.

— Entreguem o que têm ou morrem — exclamou o outro bandido, alçando o punhal.

Olhando fixamente o companheiro, o ex-rabino ordenou:

— Dá-lhes o dinheiro que resta, Deus suprirá nossas necessidades de outro modo.

Barnabé esvaziou a bolsa que trazia entre as dobras da túnica, enquanto os malfeitores recolheram, ávidos, a pequena quantia.

Reparando nos pergaminhos do Evangelho que os missionários consultavam à luz da tocha improvisada, um dos ladrões interrogou desconfiado e irônico:

— Que documentos são esses? Faláveis de um príncipe opulento... Ouvimos referências a um tesouro... Que significa tudo isso?

Com admirável presença de espírito, Paulo explicou:

— Sim, de fato estes pergaminhos são o roteiro do imenso tesouro que nos trouxe o Cristo Jesus, que há de reinar sobre os príncipes da Terra.

Um dos bandidos, grandemente interessado, examinou o rolo das anotações de Levi.

— Quem encontrar esse tesouro — prosseguia Paulo resoluto —, nunca mais sentirá necessidades.

Os ladrões guardaram o Evangelho cuidadosamente.

— Agradecei a Deus não vos tirarmos a vida — disse um deles.

E, apagando a tocha bruxuleante, desapareceram na escuridão da noite. Quando se viram a sós, Barnabé não conseguiu dissimular o assombro.

— E agora? — perguntou com voz trêmula.

— A missão continua bem — glosou Paulo cheio de bom ânimo —, não contávamos com a excelente oportunidade de transmitir a Boa-Nova aos ladrões.

O discípulo de Pedro, admirando-se de tamanha serenidade, voltou a dizer:

— Mas, levaram-nos, também, os derradeiros pães de cevada, bem como as capas...

— Haverá sempre alguma fruta na estrada — esclarecia Paulo decidido — e, quanto às coberturas, não tenhamos maior cuidado, pois não nos faltará o musgo das árvores.

E, desejoso de tranquilizar o companheiro, acrescentava:

— De fato, não temos mais dinheiro, mas julgo não será difícil conseguir trabalho com os tapeceiros de Antioquia da Pisídia. Além disso, a região está muito distante dos grandes centros e posso levar certas novidades aos colegas do ofício. Esta circunstância será vantajosa para nós.

Depois de tecerem esperanças novas, dormiram ao relento, sonhando com as alegrias do Reino de Deus.

No dia seguinte, Barnabé continuava preocupado. Interpelado pelo companheiro, confessou compungido:

— Estou resignado com a carência absoluta de recursos materiais, mas não posso esquecer que nos subtraíram também as anotações evangélicas que possuíamos. Como recomeçar nossa tarefa? Se temos de cor grande parte dos ensinamentos, não poderemos conferir todas as expressões...

Paulo, todavia, fez um gesto significativo e, desabotoando a túnica, retirou alguma coisa que guardava junto do coração.

— Enganas-te, Barnabé — disse com um sorriso otimista —, tenho aqui o Evangelho que me recorda a bondade de Gamaliel. Foi um presente de Simão Pedro ao meu velho mentor, que, por sua vez, mo deu pouco antes de morrer.

O missionário de Chipre apertou nas mãos o tesouro do Cristo. O júbilo voltou a iluminar-lhe o coração. Poderiam dispensar todo o conforto do mundo, mas a palavra de Jesus era imprescindível. Vencendo obstáculos de toda sorte, chegaram a Antioquia fundamente abatidos. Paulo, principalmente, em determinados momentos da noite, sentia-se cansado e febril. Barnabé tinha frequentes acessos de tosse. O primeiro contato com a Natureza hostil acarretara aos dois mensageiros do Evangelho fortes desequilíbrios orgânicos.

At 13:14

Não obstante a precária saúde, o tecelão de Tarso procurou informar-se, logo na manhã da chegada, sobre as tendas de artefatos de couro existentes na cidade.

Antioquia de Pisídia contava grande número de israelitas. Seu movimento comercial era mais que regular. As vias públicas ostentavam lojas bem sortidas e pequenas indústrias variadas.

Confiando na Providência Divina, alugaram um quarto muito simples, e, enquanto Barnabé repousava da fadiga extrema, Paulo procurava uma das tendas indicadas por um negociante de frutas.

Um judeu de bom aspecto, cercado de três auxiliares, entre numerosas prateleiras com sandálias, tapetes e outras utilidades numerosas, atinentes à sua profissão, dirigia extensa banca de serviço. Ciente do seu nome, dado o interesse de sua indagação junto ao comerciante referido, o ex-doutor de Jerusalém chamou pelo senhor Ibrahim, sendo atendido com enorme curiosidade.

— Amigo — explicou Paulo, sem rodeios —, sou vosso colega de ofício e, premido por necessidades urgentes, venho solicitar-vos o imenso obséquio de admitir-me nas atividades da vossa tenda. Tenho de fazer longa viagem e, não possuindo recurso algum, apelo para vossa generosidade, esperando favorável acolhimento.

O tapeceiro contemplava-o com simpatia, mas um tanto desconfiado. Espantava-se e agradava-se, simultaneamente, da sua franqueza e desembaraço. Depois de refletir algum tempo, respondeu algo vagamente:

— Nosso trabalho é muito escasso e, para usar de sinceridade, não disponho de capital para remunerar a muitos empregados. Nem todos compram sandálias; os arreamentos de tropa ficam à espera das caravanas que somente passam de tempos em tempos; poucos tapetes vendemos, e se não fossem os tecidos de couro para tendas improvisadas, suponho que não teríamos o necessário para manter o negócio. Como vedes, não seria fácil arranjar-vos trabalho.

— Entretanto — tornou o ex-rabino, comovido com a sinceridade do interlocutor —, ouso insistir no pedido. Será tão só por alguns dias... Além do mais, ficaria satisfeito em trabalhar a troco de pão e teto, para mim e um companheiro enfermo.

O bondoso Ibrahim sensibilizou-se com aquela confissão. Depois de uma pausa longa, em que o tapeceiro de Antioquia ainda hesitava entre o "sim" e o "não", Paulo rematou:

— Tão grande é a minha necessidade que insisto convosco, em nome de Deus.

— Entrai — disse o negociante, vencido pela argumentação.

Embora doente, o emissário do Cristo atirou-se ao trabalho com afã. Um velho tear foi instalado apressadamente, junto à banca cheia de facas, martelos e peças de couro.

Paulo entrou a trabalhar, tendo um olhar amigo e uma boa palavra para cada companheiro. Longe de se impor pelos conhecimentos superiores que possuía, observava o sistema de trabalho dos auxiliares de Ibrahim e sugeria novas providências favoráveis ao serviço, com bondade, sem afetação.

Comovido pelas suas declarações sinceras, o dono da casa mandava a refeição a Barnabé, enquanto o ex-rabino vencia galhardamente as primeiras dificuldades, experimentando o júbilo de um grande triunfo.

Naquela noite, junto do companheiro de lutas, elevou a Jesus a prece do mais entranhado agradecimento. Ambos comentaram a nova situação. Tudo ia bem, mas era necessário pensar no dinheiro indispensável, com que atender ao aluguel do quarto.

Edificado na exemplificação do amigo, agora era Barnabé que procurava confortá-lo:

— Não importa, Jesus levará em conta a nossa boa vontade, não nos deixará ao desamparo.

No dia seguinte, quando Paulo regressou da oficina, teve de esperar o companheiro, com alguma ansiedade. O mensageiro de Ibrahim, que levara a refeição de Barnabé, não o havia encontrado. Após alguma inquietação, o ex-rabino abriu-lhe a porta com inexcedível surpresa. O discípulo de Pedro parecia extremamente abatido, mas profunda alegria lhe transbordava do olhar. Explicou que também ele conseguira trabalho remunerador. Empregara-se com um oleiro necessitado de operários para aproveitar o bom tempo. Abraçaram-se comovidos. Se houvessem alcançado o domínio do mundo, com a fortuna fácil, não experimentariam tanto júbilo. Pequena fração de serviço honesto lhes bastava ao coração iluminado por Jesus Cristo.

At 13:14

(*Paulo e Estêvão*. FEB Editora. Segunda parte — Cap. 4, p. 311 a 315)

*[...] e, indo à sinagoga, num dia de sábado, sentaram-se. Depois da leitura da Lei e dos Profetas, os chefes da sinagoga enviaram [comunicado] para eles, dizendo: varões, irmãos, se há em vós alguma palavra de exortação para o povo, dizei. Paulo, levantando-se e fazendo sinal com a mão, disse: varões israelitas e os que temem a Deus, ouvi. O Deus deste povo de Israel escolheu os nossos Pais e elevou o povo durante a peregrinação no Egito. E, com braço erguido, o conduziu para fora dele [Egito]. Por um período de quarenta anos, suportou-lhes [os hábitos] no deserto. E, fazendo cair sete nações na terra de Canaã, distribuiu por herança a terra deles, por quatrocentos e cinquenta anos; após estas [coisas], deu-lhes juízes, até o Profeta Samuel. Então pediram um rei, e Deus lhes deu Saul, filho de Kis, varão da tribo de Benjamin, por quarenta anos. Depois de removê-lo, ergueu-lhes Davi para [ser] rei, de quem também disse, testemunhando: encontrei Davi, o filho de Jessé, varão segundo o meu coração, que fará toda a minha vontade. Da descendência dele, segundo a promessa, Deus conduziu para Israel o Salvador Jesus. Tendo João proclamado [previamente] a Israel, antes da entrada dele, o mergulho do arrependimento. Enquanto João completava a sua carreira, dizia: quem me supondes ser, eu não sou. Todavia, eis que vem depois de mim [aquele] do qual não sou digno de desatar as sandálias dos pés. Varões irmãos, filhos da geração de Abraão, e vós que temeis a Deus, a nós foi enviada a Palavra desta salvação. Pois os habitantes de Jerusalém e as suas autoridades, desconhecendo isto e as vozes dos Profetas que são lidos todos os sábados, julgando-o, cumpriram [as profecias]; embora não encontrando nenhum motivo [de condenação] à morte, pediram a Pilatos para o eliminarem. Assim que se consumaram todas as [coisas] escritas a respeito dele, descendo-o do madeiro, o colocaram no sepulcro.*

*Deus, porém, o ergueu dentre os mortos. Ele se tornou visível, durante muitos dias, aos que subiram com ele da Galileia para Jerusalém, os quais são testemunhas dele perante o povo. E nós vos evangelizamos a promessa feita aos Pais. Porque esta [promessa] Deus cumpriu [plenamente] para nós, os filhos, erguendo Jesus, como está escrito no segundo Salmo: Tu és meu Filho, eu hoje te gerei. Porque o levantou dos mortos, jamais devendo retornar para a dissolução, assim disse: [Eu] vos darei as [coisas] santas e fiéis de David. Por isso, também diz em outro [Salmo]: não concederás ao teu justo ver [a] dissolução. Pois [bem], tendo Davi servido ao desígnio de Deus, em sua própria geração, adormeceu e foi acrescentado aos seus pais; e viu a dissolução. Aquele, porém, a quem Deus ergueu, não viu a dissolução. Portanto, tomai atos vós conhecimento que, por meio dele, vos foi anunciado perdão dos pecados e de todas [as coisas] que não pudestes ser justificados na Lei de Moisés. Nele, todo aquele que crê é justificado. Vede, portanto, que não venha sobre vós o que está dito nos Profetas: ó desprezadores, vede! Maravilhai--vos e desfigurai-vos, porque estou realizando uma obra em vossos dias; obra que não crereis se alguém vos descrever. Ao saírem eles, rogaram-lhes fossem faladas essas palavras no sábado seguinte. Dissolvida [a reunião] da sinagoga, muitos dos judeus e dos adoradores prosélitos seguiram Paulo e Barnabé, o quais, falando-lhes, os persuadiam a permanecerem na graça de Deus. No sábado seguinte, quase toda a cidade estava reunida para ouvir a palavra de Deus. Os judeus, porém, vendo as turbas, se encheram de inveja, e contestavam as [coisas] faladas por Paulo, blasfemando. Paulo e Barnabé, falando abertamente, disseram: era necessário falar a palavra de Deus, primeiramente a vós; visto que a repelis e a vós mesmos não julgais dignos da vida eterna, eis que nos voltamos para as nações. Pois assim nos ordenou o Senhor: [Eu] te estabeleci para seres luz das nações e salvação até aos confins da terra. Ouvindo [isto], os gentios se alegraram e glorificaram a palavra do Senhor; e creram tantos quantos estavam nomeados para a vida eterna. E a palavra do Senhor se difundia por toda a região. Os judeus incitaram as mulheres adoradoras proeminentes e os principais da cidade, e levantaram uma perseguição contra Paulo e Barnabé, expulsando-os do território deles. Eles, sacudindo o pó dos pés sobre eles, foram para Icônio. Os discípulos estavam cheios de alegria e do Espírito Santo.*

Atos
13:14 a 52

## Em Antioquia da Pisídia

No primeiro sábado de permanência em Antioquia, os arautos do Evangelho dirigiram-se à sinagoga local. Ibrahim, satisfeitíssimo com a cooperação do novo empregado, dera-lhe duas túnicas usadas, que Paulo e Barnabé envergaram com alegria.

Toda a população "temente a Deus" comprimia-se no recinto. Sentaram-se os dois no local reservado aos visitantes ou desconhecidos. Terminado o estudo e comentários da Lei e dos profetas, o diretor dos serviços religiosos perguntou-lhes, em voz alta, se desejariam dizer algumas palavras aos presentes.

De pronto, Paulo levantou-se e aceitou o convite. Dirigiu-se à modesta tribuna em atitude nobre e começou a discorrer sobre a Lei, tomado de eloquência sublime. O auditório, não afeito a raciocínios tão altos, seguia-lhe a palavra fluente como se houvera encontrado um profeta autêntico, a espalhar maravilhas. Os israelitas não cabiam em si de contentes. Quem era aquele homem de quem se poderia orgulhar o próprio Templo de Jerusalém? Em dado momento, contudo, as palavras do orador passaram a ser quase incompreensíveis para todos. Seu verbo sublime anunciava um Messias que já viera ao mundo. Alguns judeus aguçaram os ouvidos. Tratava-se do Cristo Jesus, por intermédio de quem as criaturas deveriam esperar a graça e a Verdade da salvação. O ex-doutor observou que numerosas fisionomias mostravam-se contrariadas, mas a maioria escutava-o com indefinível vibração de simpatia. A relação dos feitos de Jesus, sua exemplificação divina, a morte na cruz arrancavam lágrimas do auditório. O próprio chefe da sinagoga estava profundamente surpreendido...

At 13:14 a 52

Terminada a longa oração, o novo missionário foi abraçado por grande número de assistentes. Ibrahim, que acabava de conhecê-lo sob novo aspecto, cumprimentou-o radiante. Eustáquio, o oleiro que dera trabalho a Barnabé, aproximou-se para as saudações, altamente sensibilizado. Os descontentes, no entanto, não faltaram. O êxito de Paulo contrariou o espírito fariseu da assembleia.

No dia imediato, Antioquia da Pisídia estava empolgada pelo assunto. A tenda de Ibrahim e a olaria de Eustáquio foram locais de grandes discussões e entendimentos. Paulo falou, então, das curas que se poderiam fazer em nome do Mestre. Uma velha tia do seu patrão foi curada de enfermidade pertinaz, com a simples imposição das mãos e as preces ao Cristo. Dois filhinhos do oleiro restabeleceram-se com a intervenção de Barnabé. Os dois emissários do Evangelho ganharam logo muito conceito. A gente simples vinha solicitar-lhes orações, cópias dos ensinos de Jesus, enquanto muitos enfermos se restabeleciam. Se o bem estava crescendo, a animosidade contra eles também crescia, da parte dos mais altamente colocados na cidade. Iniciou-se o movimento contrário ao Cristo. Não obstante a continuidade das pregações de Paulo, aumentava, entre os israelitas poderosos, a perseguição, o apodo e a ironia. Os mensageiros da Boa-Nova, entretanto, não desanimaram. Confortados pelos mais sinceros, fundaram a Igreja na casa de Ibrahim. Quando tudo ia bem, eis que o ex-rabino, ainda em consequência das vicissitudes experimentadas na travessia dos pântanos da Panfília, cai gravemente enfermo, preocupando a todos os irmãos. Durante um mês, esteve sob a influência maligna de uma febre devoradora. Barnabé e os novos amigos foram inexcedíveis em cuidados.

Explorando o incidente, os inimigos do Evangelho puseram-se em campo, ironizando a situação. Havia mais de três meses que os dois anunciavam o Novo Reino, reformavam as noções religiosas do povo, curavam as moléstias mais pertinazes e, por que motivo o poderoso pregador não se curava a si mesmo? Fervilhavam, assim, os ditos mordazes e os conceitos deprimentes.

Os confrades, entretanto, foram de uma dedicação sem limites. Paulo foi tratado com extremos de ternura, no lar de Ibrahim, como se houvesse encontrado um novo lar.

At 13:14 a 52

Após a convalescença, o desassombrado tecelão voltou mais alvissareiro à pregação das Verdades novas.

Observando-lhe a coragem, os elementos judaicos, ralados de despeito, tramaram sua expulsão sem qualquer condescendência. Por vários meses o ex-doutor de Jerusalém lutou contra os golpes do farisaísmo dominante na cidade, mantendo-se superior a calúnias e insultos. Todavia, quando revelava seu poder de resolução e firmeza de ânimo, eis que os israelitas descontentes ameaçam Ibrahim e Eustáquio com a supressão de regalias e banimento. Os dois antigos habitantes de Antioquia da Pisídia eram acusados como partidários da revolução e da desordem. Altamente comovidos, receberam a notificação de que somente a retirada de Paulo e Barnabé poderia salvá-los do cárcere e da flagelação.

Os missionários de Jesus consideram a penosa situação dos amigos e resolvem partir. Ibrahim tem os olhos rasos de lágrimas. Eustáquio não consegue esconder o abatimento. Ante as interrogações de Barnabé, o ex-rabino expõe o plano das atividades futuras. Demandariam Icônio. Pregariam ali as verdades de Deus. O discípulo de Simão Pedro aprova sem hesitar. Reunindo os irmãos em noite memorável para quantos lhe viveram as profundas emoções, os mensageiros da Boa-Nova se despedem. Por mais de oito meses haviam ensinado o Evangelho. Afrontaram zombarias e apodos, haviam conhecido provações bem amargas. Seus labores estavam sendo premiados pelo mundo com o banimento, como se eles fossem criminosos comuns, mas a Igreja do Cristo estava fundada. Paulo falou nisso, quase com orgulho, não obstante as lágrimas que lhe rolavam dos olhos. Os novos discípulos do Mestre não deveriam estranhar as incompreensões do mundo, mesmo porque, o próprio Salvador não escapara à cruz da ignomínia, acrescentando que a palavra "cristão" significava seguidor do Cristo. Para descobrir e conhecer as sublimidades do Reino de Deus era preciso trabalhar e sofrer sem descanso.

A assembleia afetuosa, por sua vez, acolheu as exortações, lavada em lágrimas.

Na manhã imediata, munidos de uma carta de recomendação de Eustáquio e carregando vasta provisão de pequeninas lembranças dos companheiros de fé, puseram-se a caminho, intrépidos e felizes.

At 13:14 a 52

O percurso excedente a cem quilômetros foi difícil e doloroso, mas os pioneiros não se detiveram na consideração de qualquer obstáculo.

(*Paulo e Estêvão*. FEB Editora. Segunda parte — Cap. 4, p. 315 a 318)

*E sucedeu que, em Icônio, eles entraram juntos na sinagoga dos judeus e falaram de tal modo que creu grande multidão, tanto de judeus quanto de gregos. Porém os judeus que não se persuadiram, excitaram e exasperaram a alma dos gentios contra os irmãos. Assim, [eles] permaneceram bastante tempo, falando abertamente sobre o Senhor, que testemunhava a palavra da sua graça, concedendo fossem realizados sinais e prodígios pelas mãos deles. Dividiu-se a multidão da cidade: os que estavam com os judeus e os que [estavam] com os apóstolos. [Foi] quando ocorreu um motim dos gentios e dos judeus, com as suas autoridades, para ultrajá-los e apedrejá-los. Percebendo [isso], fugiram para as cidades da Licaônia, Listra e Derbe, e circunvizinhança.*

Atos
14:1 a 6

## Em Icônio

      Chegados à cidade, apresentaram-se ao amigo de Eustáquio, de nome Onesíforo. Recebidos com generosa hospitalidade, no sábado imediato, antes mesmo de fixar-se no trabalho profissional, Paulo foi expor os objetivos de sua passagem pela região. A estreia na sinagoga provocou animadas discussões. O elemento político da cidade constituía-se de judeus ricos e instruídos na Lei de Moisés; contudo, os gentios representavam, em grande número, a classe média. Estes últimos receberam a palavra de Paulo com profundo interesse, mas os primeiros desfecharam grande reação logo de início. Houve tumultos. Os orgulhosos filhos de Israel não podiam tolerar um Salvador que se entregara, sem resistência, à cruz dos ladrões. A palavra do Apóstolo, entretanto, alcançara tão grande favor público que os gentios de Icônio ofereceram-lhe um vasto salão para que lhes fosse ministrado o ensinamento evangélico, todas as tardes. Queriam notícias do novo Messias, interessavam-se pelos seus menores feitos e por suas máximas mais simples. O ex-rabino aceitou o encargo, cheio de gratidão e simpatia. Diariamente, terminada a tarefa comum, compacta multidão de iconienses aglomerava-se ansiosa por lhe ouvir o verbo vibrante. Dominando a administração, os judeus não tardaram em reagir, mas foi inútil a tentativa de intimidar o pregador com as mais fortes ameaças. Ele continuou pregando intrépida e desassombradamente. Onesíforo, a seu turno, dava-lhe mão forte e, dentro em pouco, fundava-se a Igreja em sua própria casa.

At 14:1 a 6

Os israelitas mantinham viva a ideia da expulsão dos missionários, quando um incidente ocorreu em auxílio deles.

É que uma jovem noiva, ouvindo ocasionalmente as pregações do Apóstolo dos Gentios, diariamente penetrava no salão em busca de novos ensinamentos. Enlevada com as promessas do Cristo e sentindo extrema paixão pela figura empolgante do orador, fanatizara-se lamentavelmente, esquecendo os deveres que a prendiam ao noivo e à ternura maternal. Tecla, que assim se chamava, não mais atendia aos laços sacrossantos que deveria honrar no ambiente doméstico. Abandonou o trabalho diuturno para esperar o crepúsculo, com ansiedade. Teóclia, sua mãe, e Tamíris, o noivo, acompanham o caso com desagradável surpresa. Atribuíam a Paulo semelhante desequilíbrio. O ex-doutor, por sua vez, estranhava a atitude da jovem, que, diariamente, insinuava-se com perguntas, olhares e momices singulares.

Certa vez, quando se dispunha a voltar para casa de Onesíforo, em companhia de Barnabé, a moça lhe pediu uma palavra em particular.

Ante suas perguntas atenciosas, Tecla corava, gaguejando:

— Eu... eu...

— Dize, filha — murmurou o Apóstolo um tanto preocupado —, deves considerar-te em presença de um pai.

— Senhor — conseguiu dizer ofegante —, não sei porque tenho recebido grande impressão com a vossa palavra.

— O que tenho ensinado — esclareceu Paulo — não é meu; vem de Jesus, que nos deseja todo o bem.

— De qualquer modo, porém — disse ela com mais timidez —, amo-vos muito!...

Paulo assustou-se. Não contava com essa declaração. A expressão "amo-vos muito" não era articulada em tom de fraternidade pura, mas com laivos de particularismo que o Apóstolo percebeu sobremaneira impressionado. Depois de meditar muito na situação imprevista, respondeu convicto:

— Filha, os que se amam em espírito, unem-se em Cristo para a eternidade das emoções mais santas, mas quem sabe está amando a carne que vai morrer?

— Tenho necessidade da vossa afeição — exclamou a jovem, de olhar lacrimoso.

— Sim — esclareceu o ex-rabino —, mas nós dois temos necessidade da afeição do Cristo. Somente amparados nele poderemos experimentar algum ânimo em nossas fraquezas.

— Não poderei esquecer-vos — soluçou a moça, despertando-lhe compaixão.

Paulo ficou pensativo. Recordou a mocidade. Lembrou os sonhos que tecera ao lado de Abigail. Em um minuto, seu espírito devassou um mundo de suaves e angustiosas reminiscências; e, como se voltasse de um misterioso país de sombras, exclamou como se falasse consigo mesmo:

— Sim, o amor é santo, mas a paixão é venenosa. Moisés recomendou que amássemos a Deus acima de tudo; e o Mestre acrescentou que nos amássemos uns aos outros, em todas as circunstâncias da vida...

E fixando os olhos, agora muito brilhantes, na jovem que chorava, exclamou quase acrimonioso:

— Não te apaixones por um homem feito de lodo e de pecado, e que se destina a morrer!...

Tecla ainda não voltara a si da própria surpresa, quando o noivo desolado penetrou no recinto deserto. Tamíris faz as primeiras objeções em grandes brados, ao passo que o mensageiro da Boa-Nova lhe ouve as reprimendas com grande serenidade. A noiva replica mal-humorada. Reafirma sua simpatia por Paulo, expõe francamente as intenções mais íntimas. O rapaz escandaliza-se. O Apóstolo espera pacientemente que o noivo o interrogue. E, quando convocado a justificar-se, explica em tom fraternal:

— Amigo, não te acabrunhes nem te exaltes, em face dos sucessos que se originam de profundas incompreensões. Tua noiva está simplesmente enferma. Estamos anunciando o Cristo, mas o Salvador tem os seus inimigos ocultos em toda a parte, como a luz tem por inimiga a treva permanente, mas a luz vence a treva de qualquer natureza. Iniciamos o labor missionário nesta cidade, sem grandes obstáculos. Os judeus nos ridicularizam e, todavia, nada encontraram em nossos atos que justifique a perseguição declarada. Os gentios nos abraçam com amor. Nosso esforço desenvolve-se pacificamente e nada nos induz ao desânimo. Os adversários invisíveis, da Verdade e do Bem, certo se lembraram de influenciar esta pobre criança, para fazê-la instrumento perturbador de nossa tarefa. É possível que não me compreendas de pronto; no entanto, a realidade não é outra.

At 14:1 a 6

Tamíris, contudo, deixando entrever que padecia da mesma influência perniciosa, bradou enraivecido:

— Sois um feiticeiro imundo! Esta é que é a verdade. Mistificador do povo simplório e rude, não passais de reles sedutor de moças impressionáveis. Insultais uma viúva e um homem honesto, qual sou, insinuando-vos no espírito frágil de uma órfã de pai.

Espumava de cólera. Paulo ouviu-lhe as diatribes, com grande presença de espírito.

Quando o moço cansou de esbravejar, o Apóstolo tomou o manto, fez um gesto de despedida e acentuou:

— Quando somos sinceros, estamos em repouso invulnerável, mas cada um aceita a verdade como pode. Pensa, pois, e entende como puderes.

E abandonou o recinto para ir ter com Barnabé.

Os parentes de Tecla, porém, não descansaram em face do que consideravam um ultraje. Na mesma noite, valendo-se do pretexto, as autoridades judaicas de Icônio ordenaram a prisão do emissário da Boa-Nova. A fileira dos descontentes afluiu à porta de Onesíforo, vociferando impropérios. Apesar da interferência dos amigos, Paulo foi arrastado ao cárcere, onde sofreu o suplício dos trinta e nove açoites. Acusado como sedutor e inimigo das tradições da família, ademais blasfemo e revolucionário, foi indispensável muita dedicação dos confrades recém-convertidos para restituir-lhe a liberdade.

Depois de cinco dias de prisão com severos castigos, Barnabé o recebeu exultante de alegria.

At
14:1 a 6

O caso de Tecla revestira proporções de grande escândalo, mas o Apóstolo, na primeira noite de liberdade, reuniu a Igreja doméstica, fundada com Onesíforo, e esclareceu a situação, para conhecimento de todos.

Barnabé considerou impossível ali ficarem por mais tempo. Novo atrito com as autoridades poderia prejudicar-lhes a tarefa. Paulo, entretanto, mostrava-se bastante resoluto. Se preciso, voltaria a pregar o Evangelho na via pública, revelando a Verdade aos gentios, já que os filhos de Israel se compraziam nos desvios clamorosos.

Chamado a opinar, Onesíforo ponderou a situação da pobre moça, transformada em objeto da ironia popular. Tecla era noiva e órfã de pai. Tamíris havia criado a lenda de que Paulo não passava de poderoso feiticeiro. Se, na qualidade de noiva, ela fosse encontrada novamente junto do Apóstolo, mandava a tradição que fosse condenada à fogueira.

Ciente das superstições regionais, o ex-rabino não hesitou um minuto. Deixaria Icônio, no dia imediato. Não que capitulasse diante do inimigo invisível, mas porque a Igreja estava fundada e não era justo cooperar no martírio moral de uma criança.

A decisão do Apóstolo mereceu aprovação geral. Assentaram-se as bases para a continuação do aprendizado evangélico. Onesíforo e os demais irmãos assumiram o compromisso de velar pelas sementes recebidas como dádiva celestial.

No curso das conversações, Barnabé estava pensativo. Para onde iriam? Não seria justo pensar na volta? As dificuldades avultavam dia a dia e a saúde de ambos, desde a internação nas margens do Cestro, era muito inconstante. O discípulo de Pedro, contudo, conhecendo o ânimo e o espírito de resolução do companheiro, esperou pacientemente que o assunto aflorasse espontânea e naturalmente.

Em socorro dos seus cuidados, um dos amigos presentes interrogou Paulo com vivacidade.

— Quando pretendem partir?

— Amanhã — respondeu o Apóstolo.

— Mas não será melhor repousar alguns dias? Tendes as mãos inchadas e o rosto ferido pelos açoites.

O ex-doutor sorriu e falou prazenteiro:

— O serviço é de Jesus, e não nosso. Se cuidarmos muito de nós mesmos, nesse capítulo de sofrimentos, não daremos conta do recado; e se paralisamos a marcha nos lances difíceis, ficaremos com os tropeços, e não com o Cristo.

At 14:1 a 6

Seus argumentos pitorescos e concludentes espalhavam uma atmosfera de bom humor.

— Voltareis a Antioquia? — perguntou Onesíforo com atenção.

Barnabé aguçou os ouvidos para conhecer detalhadamente a resposta, enquanto o companheiro retrucou:

— Certo que não: Antioquia já recebeu a Boa-Nova da redenção. E a Licaônia?!

Olhando agora para o ex-levita de Chipre, como a solicitar a sua aprovação, acentuava:

— Marcharemos para a frente. Não estás de acordo, Barnabé? Os povos da região precisam do Evangelho. Se estamos tão satisfeitos com as notícias do Cristo, por que negá-las aos que necessitam do batismo da Verdade e da nova fé?!...

O companheiro fez um sinal afirmativo e concordou resignado:

— Sem dúvida. Iremos para a frente; Jesus nos auxiliará.

E os presentes passaram a comentar a posição de Listra, bem como os costumes interessantes da sua gente simples. Onesíforo tinha lá uma irmã viúva, por nome Loide. Daria uma carta de recomendação aos missionários. Seriam hóspedes de sua irmã, durante o tempo que precisassem.

Os dois pregoeiros do Evangelho rejubilaram-se. Principalmente Barnabé não cabia em si de contentamento, afastando a ideia triste de ficarem completamente isolados.

No dia seguinte, sob comovidos adeuses, os missionários tomavam a estrada que os conduziria ao novo campo de lutas.

(*Paulo e Estêvão*. FEB Editora. Segunda parte — Cap. 4, p. 318 a 323)

*Ali permaneceram evangelizando.*

Atos
14:7

## Primeiros labores em Listra[17]

Após viagem penosíssima, chegaram à pequena cidade, em um crepúsculo pardacento. Estavam exaustos.

A irmã de Onesíforo, no entanto, foi pródiga em gentilezas. Velha viúva de um grego abastado, Loide morava em companhia de sua filha Eunice, igualmente viúva, e de seu neto Timóteo, cuja inteligência e generosos sentimentos de menino constituíam o maior encanto das duas senhoras. Os mensageiros da Boa-Nova foram recebidos nesse lar com inequívocas provas de simpatia. O inexcedível carinho dessa família foi um bálsamo confortador para ambos. Conforme seu hábito, Paulo referiu-se na primeira oportunidade ao desejo imenso de trabalhar, durante o tempo de sua permanência em Listra, de modo a não se tornar passível de maledicência ou crítica, mas a dona da casa opôs-se terminantemente. Seriam seus hóspedes. Bastava a recomendação de Onesíforo para que ficassem tranquilos. Além disso, explicava: Listra era uma cidade muito pobre, possuía apenas duas tendas humildes, onde nunca se faziam tapetes.

---

[17] Dentre os eventos em Listra, um destaca-se em importância: o encontro de Paulo com o jovem Timóteo, narrado apenas por Emmanuel. Timóteo é um personagem que será citado pelo autor de *Atos* pela primeira vez no capítulo 16, versículo 1, onde registra-se o seu caráter diferenciado e sua associação a Paulo e Silas. Esse encontro não é, de acordo com o autor espiritual, o primeiro, sendo este o que ocorreu anos antes nos episódios sucintamente registrados em *Atos,* 14:7. Nesse sentido, a adesão de Timóteo ao grupo de divulgadores representaria a colheita da atenção e dedicação despendidas por Paulo a um jovem adolescente. O zelo do Apóstolo dos Gentios pela juventude é aqui demonstrado e o resultado é que Timóteo se tornaria um dos mais importantes colaboradores de Paulo, sendo destinatário de duas das imortais cartas redigidas por Paulo (I e II *Timóteo*). A relevância desses fatos fez com que a equipe optasse por incluir, na referência existente à permanência de Paulo em Listra, todos esses acontecimentos.

Paulo estava muito sensibilizado com o acolhimento carinhoso. Na mesma noite da chegada, observou a ternura com que Timóteo, tendo pouco mais de 13 anos, tomava os pergaminhos da Lei de Moisés e os Escritos Sagrados dos profetas. Deixou o Apóstolo que as duas senhoras comentassem as revelações em companhia do mesmo, até que fosse chamado a intervir. Quando tal se deu, aproveitou o ensejo para fazer a primeira apresentação do Cristo ao coração enlevado dos ouvintes. Tão logo começou a falar, observou a profunda impressão das duas mulheres, cujos olhos brilhavam enternecidos, mas o pequeno Timóteo ouvia-o com tais demonstrações de interesse que, muitas vezes, lhe acariciou a fronte pensativa.

At 14:7

Os parentes de Onesíforo receberam a Boa-Nova com júbilos infinitos. No dia imediato não se falou de outra coisa. O rapaz fazia interrogações de toda espécie. O Apóstolo, porém, atendia-o com alegria e interesse fraternais.

Durante três dias os missionários entregaram-se a caricioso descanso das energias físicas. Paulo aproveitou a ocasião para conversar largamente com Timóteo, junto do grande curral onde as cabras se recolhiam.

Somente no sábado, procuraram tomar contato mais íntimo com a população. Listra estava cheia das mais estranhas lendas e crendices. As famílias judaicas eram muito raras e o povo simplório aceitava como verdades todos os símbolos mitológicos. A cidade não possuía sinagoga, mas um pequeno templo consagrado a Júpiter, que os camponeses aceitavam como o pai absoluto dos deuses do Olimpo. Havia um culto organizado. As reuniões efetuavam-se periodicamente, os sacrifícios eram numerosos.

(*Paulo e Estêvão*. FEB Editora. Segunda parte — Cap. 4, p. 323 a 324)

*Em Listra, estava sentado certo varão, fraco
dos pés, coxo desde o ventre da sua mãe, o qual
jamais havia caminhado. Ele ouviu Paulo falando,
o qual, fitando-o e vendo que tinha fé para ser
salvo, disse, em alta voz: levanta-te direito
sobre teus pés! [Ele] saltou e caminhava.*

Atos
14:8 a 10

## A cura de um coxo em Listra

Em uma praça nua movimentava-se o mercado parco, pela manhã.

Paulo compreendeu que não encontraria melhor local para o primeiro contato direto com o povo.

De cima de uma tribuna improvisada de pedras superpostas, começou a pregação em voz forte e comovedora. Os populares aglomeraram-se de súbito. Alguns surgiam das casas pacíficas, para verificar o motivo do compacto ajuntamento. Ninguém se lembrou das aquisições de carne, de frutas, de verduras. Todos queriam ouvir o desconhecido forasteiro.

O Apóstolo falou, primeiramente, das profecias que haviam anunciado a vinda do Nazareno e, em seguida, passou a relatar os feitos de Jesus entre os homens. Pintou a paisagem da Galileia com as cores mais brilhantes do seu gênio descritivo, falou da humildade e da abnegação do Messias. Quando se referia às curas prodigiosas que o Cristo realizara, notou que um pequeno grupo de assistentes lhe dirigiam chufas. Inflamado de fervor na sua parenética, Paulo recordou o dia em que vira Estêvão curar uma jovem muda, em nome do Senhor.

Crente de que o Mestre não o desampararia, passeou o olhar pela turba numerosa. À distância de alguns metros enxergou um mendigo miserável, que se arrastava penosamente. Impressionado com o discurso evangélico, o aleijado de Listra aproximou-se, bracejando no solo e, sentando-se com dificuldade, fixou os olhos no pregador que o observava sumamente comovido.

Renovando os valores da sua fé, Paulo contemplou-o com energia e falou com autoridade:

— Amigo, em nome de Jesus, levanta-te!

O mísero, olhos fixos no Apóstolo, levantou-se com facilidade, enquanto a multidão deu gritos, surpreendida. Alguns recuaram aterrados. Outros procuraram o vulto de Paulo e o de Barnabé, contemplando-os deslumbrados e satisfeitos. O aleijado começou a saltar de alegria. Conhecido na cidade, de longa data, a cura prodigiosa não deixava a menor dúvida.

At 14:8 a 10

(*Paulo e Estêvão*. FEB Editora. Segunda parte — Cap. 4, p. 324 a 325)

*As turbas, vendo o que Paulo fizera, levantaram a voz, dizendo em [língua] licaônica: os deuses, que se assemelham a homens, desceram a nós. E chamavam a Barnabé de Zeus, e a Paulo de Hermes, visto que ele era o que comanda a palavra. O sacerdote de Zeus, cujo [templo] estava diante da cidade, trazendo touros e coroas para os portões, queria, com as turbas, sacrificá-los. Os Apóstolos Barnabé e Paulo, ao ouvir [isso], vestes, correram para a turba, gritando e dizendo: varões, por que fazeis estas [coisas]? Nós também somos homens sujeitos aos mesmos males que vós, e estamos evangelizando a fim de vos voltardes destas [coisas] vãs ao Deus vivo, que fez o Céu, a Terra, o mar e todas as [coisas] que [há] neles. Aquele que, nas gerações passadas, permitiu todas as nações andarem nos seus próprios caminhos. No entanto, não deixou a si mesmo sem testemunho, fazendo o bem, dando-vos chuvas do Céu e estações frutíferas, e enchendo os vossos corações de alimento e júbilo. Dizendo isso, [ainda] com dificuldade impediram as turbas de lhes oferecer sacrifícios.*

Atos
14:11 a 18

## Triunfo em Listra

Muitas pessoas se ajoelharam. Outras correram aos quatro cantos de Listra para anunciar que o povo havia recebido a visita dos deuses. A praça encheu-se em poucos minutos. Todos queriam ver o mendigo reintegrado nos seus movimentos livres. Espalhou-se o sucesso, rapidamente. Barnabé e Paulo eram Júpiter e Mercúrio descidos do Olimpo. Os Apóstolos, jubilosos com a dádiva de Jesus, mas, profundamente surpreendidos com a atitude dos licaônios, perceberam logo o mal-entendido. Em meio do respeito geral, Paulo subiu de novo à tribuna improvisada, explicando que ele e o companheiro eram simples criaturas mortais, realçando a misericórdia do Cristo, que se dignara ratificar a promessa do Evangelho naquele minuto inesquecível. Debalde, porém, multiplicava os seus esclarecimentos. Todos lhe ouviam a palavra genuflexos, em atitude estática. Foi aí que um velho sacerdote, paramentado segundo os hábitos da época, surgiu inesperadamente, conduzindo dois bois engrinaldados de flores, com ademanes e mesuras solenes. Em voz alta, o ministro de Júpiter convida o povo ao cerimonial do sacrifício aos deuses vivos.

At 14:11 a 18

Paulo percebe o movimento popular e, descendo ao centro da praça, grita com toda força dos pulmões, abrindo a túnica na altura do peito:

— Não cometais sacrilégios!... Não somos deuses... Vede!... Somos simples criaturas de carne!...

Seguido de perto por Barnabé, arrebata das mãos do velho sacerdote a delicada trança de couro que prendia os animais, soltando os dois touros pacíficos, que se puseram a devorar as verdes coroas.

O ministro de Júpiter quis protestar, calando-se em seguida, muito desapontado. E entre os mais extravagantes comentários, os missionários bateram em retirada, ansiosos por um local de oração, no qual pudessem elevar a Jesus seus votos de alegria e reconhecimento.

— Grande triunfo! — disse Barnabé quase orgulhoso. — As dádivas do Cristo foram numerosas, o Senhor lembra-se de nós!...

Paulo ficou pensativo e redarguiu:

— Quando recebemos muitos favores, precisamos pensar nos muitos testemunhos. Penso que experimentaremos grandes provações. Aliás, não devemos esquecer que a vitória da entrada do Mestre em Jerusalém precedeu os suplícios da cruz.

O companheiro, considerando o elevado sentido daquelas afirmações, entrou a meditar em profundo silêncio.

Loide e a filha estavam radiantes. A cura do aleijado conferia aos mensageiros da Boa-Nova singular situação de evidência. Paulo valeu-se da oportunidade para fundar o primeiro núcleo do Cristianismo na pequena cidade. As providências iniciais foram tomadas na residência da generosa viúva, que pôs à disposição dos missionários todos os recursos ao seu alcance.

Tal como em Nea-Pafos, estabeleceram em um casebre muito humilde a sede das atividades de informações e de auxílio. Em lugar de João Marcos, era o pequeno Timóteo quem auxiliava em todos os misteres. Numerosas pessoas copiavam o Evangelho, durante o dia, enquanto os enfermos acorriam de toda a parte, carecidos de imediata assistência.

At 14:11 a 18

(*Paulo e Estêvão*. FEB Editora. Segunda parte — Cap. 4, p. 325 a 326)

*Chegaram judeus de Antioquia e Icônio e, persuadindo as turbas, depois de apedrejarem Paulo, o arrastaram para fora da cidade, supondo que ele estava morto. Após os discípulos o rodearem, levantou-se e entrou na cidade. No [dia] seguinte, saiu com Barnabé em direção a Derbe.*

Atos
14:19 a 20

## Testemunho em Listra

Não obstante tal êxito, crescia igualmente a animosidade de uns tantos contra a nova doutrina.

Os poucos judeus de Listra deliberaram consultar as autoridades de Icônio, relativamente aos dois desconhecidos. E foi isso o bastante para que se turvassem os horizontes. Os comissionários regressaram com um acervo de notícias ingratas. O caso de Tecla era pintado a cores negras. Paulo e Barnabé eram acusados de blasfemos, feiticeiros, ladrões e sedutores de mulheres honestas. Paulo, principalmente, era apresentado como revolucionário temível. O assunto, em Listra, foi discutido intramuros. Os administradores da cidade convidaram o sacerdote de Júpiter a entrar na campanha contra os embusteiros e, com a mesma facilidade com que haviam acreditado na sua condição de deuses, passaram todos a atribuir aos pregadores as maiores perversões. Combinaram-se providências criminosas. Desde a chegada dos dois desconhecidos, que falavam em nome de um novo profeta, Listra vivia sobressaltada por ideias diferentes. Era preciso coibir os abusos. A palavra de Paulo era audaciosa e requeria corretivo eficaz. Finalmente, deliberaram que o fogoso pregador fosse apedrejado na primeira ocasião que falasse em público.

Ignorando o que se tramava, o Apóstolo dos Gentios, deixando Barnabé acamado por excesso de trabalho, fez-se acompanhar do pequeno Timóteo; no sábado imediato, ao entardecer, foi até a praça pública onde, mais uma vez, anunciou as verdades e promessas do Evangelho do Reino.

O logradouro apresentava movimento invulgar. O pregador notou a presença de muitas fisionomias suspeitas e absolutamente desconhecidas. Todos lhe acompanhavam os mínimos gestos com evidente curiosidade.

At
14:19 a 20

Com a máxima serenidade, subiu à tribuna e começou a falar das glórias eternas que o Senhor Jesus havia trazido à Humanidade sofredora. No entanto, mal havia iniciado o sermão evangélico, quando, aos gritos furiosos dos mais exaltados, começaram a chover pedras em barda.

Paulo recordou subitamente a figura inesquecível de Estêvão. Certo, o Mestre lhe reservara o mesmo gênero de morte, para que se redimisse do mal infligido ao mártir da Igreja de Jerusalém. Os pequenos e duros granizos caíam-lhe nos pés, no peito, na fronte. Sentiu o sangue a escorrer-lhe da cabeça ferida e ajoelhou-se, sem uma queixa, rogando a Jesus que o fortalecesse no angustioso transe.

Nos primeiros momentos, Timóteo, aterrado, pôs-se a gritar, suplicando socorro, mas um homem de braços atléticos aproxima-se cauto e murmura-lhe no ouvido:

— Cala-te se queres ser útil!...

— És tu, Gaio? — exclamou o pequeno de olhos lacrimosos, experimentando certo conforto em reconhecer um rosto amigo no pandemônio em que se via.

— Sim — disse o outro baixinho —, aqui estou para socorrer o Apóstolo. Não posso esquecer que ele curou minha mãe.

E olhando o movimento da turba criminosa, acrescentou:

— Não temos tempo a perder. Não tardará que o levem ao monturo. Se tal se der, procura seguir-nos com um pouco de água. Se o missionário não sucumbir, prestarás os primeiros socorros, até que eu consiga prevenir tua mãe!...

Separaram-se imediatamente. Ralado de aflição, o rapaz viu o pregador de joelhos, olhos fitos no Céu, num transporte inesquecível. Filetes de sangue desciam-lhe da fronte fraturada. Em dado momento, a cabeça pendeu e o corpo tombou desamparado. A multidão parecia tomada de assombro. Prevalecendo-se da situação em que não se observavam diretrizes prévias, Gaio insinuou-se. Aproximou-se do Apóstolo inerme, fez um gesto significativo para o povo e bradou:

— O feiticeiro está morto!...

Sua figura gigantesca despertara as simpatias da turba inconsciente. Estrugiram aplausos. Os que haviam promovido o nefando atentado desapareceram. Gaio compreendeu que ninguém ousava assumir a responsabilidade individual. Em estranhas vibrações, bradavam os mais perversos:

— Fora das portas... fora das portas!... Feiticeiro ao monturo!... Feiticeiro ao montu...u...ro!...

At 14:19 a 20

O amigo de Paulo, disfarçando a comiseração com gestos de ironia, falou à multidão satisfeita:

— Levarei os despojos do bruxo!

A turba fez um alarido ensurdecedor e Gaio procurou arrastar o missionário com a cautela possível. Atravessaram vielas extensas, em gritos, até que, atingindo um local deserto, um tanto distante dos muros de Listra, deixaram Paulo semimorto, na montureira do lixo.

O latagão inclinou-se, como a verificar a morte do apedrejado, e observando, cuidadosamente, que ainda vivia, gritou:

— Deixemo-lo aos cães, que se incumbirão do resto! É preciso celebrar o feito com algum vinho!...

E seguindo o líder daquela tarde, a multidão batia em retirada, enquanto Timóteo se aproximava do local, valendo-se das sombras da noite que começava a fechar-se. Correndo a um poço, não muito distante, e que se destinava à serventia pública, o pequeno encheu o gorro impermeável, de água pura, prestando os primeiros socorros ao ferido. Banhado em lágrimas, notou que Paulo respirava com dificuldade, como se houvesse mergulhado em profundo desmaio. O jovem listrense assentou-se ao seu lado, banhou-lhe a testa ferida com extremos de carinho. Mais alguns minutos e o Apóstolo voltava a si para examinar a situação. Timóteo o informou de tudo. Muito compungido, Paulo agradeceu a Deus, pois reconhecia que somente a misericórdia do Altíssimo poderia ter operado o milagre, por sequestrá-lo aos propósitos criminosos da turba inconsciente.

Decorridas duas horas, três vultos silenciosos aproximavam-se. Muito aflito, Barnabé deixara o leito, não obstante o estado febril, para acompanhar Loide e Eunice, que, avisadas por Gaio, acorriam com os primeiros socorros.

Todos rendiam graças a Jesus, enquanto Paulo tomava pequena dose de vinho reconfortador. Organização espiritual poderosa, apesar das sevícias físicas, o tecelão de Tarso levantou-se e regressou a casa com os amigos, levemente amparado por Barnabé, que lhe oferecera o braço amigo.

At 14:19 a 20

O resto da noite passou-se em conversações carinhosas. Os dois emissários da Boa-Nova temiam agressão do povo às generosas senhoras que os haviam hospedado e socorrido. Era preciso partir, para evitar maiores incômodos e complicações.

Em vão a palavra de Loide se fez ouvir, procurando dissuadir os pregoeiros do Cristo; debalde Timóteo beijou as mãos de Paulo e lhe pediu que não partisse. Receosos de mais tristes consequências, depois de coordenarem as instruções necessárias à Igreja nascente, transpuseram as portas da cidade ao amanhecer, em direção a Derbe, que ficava algo distante.

(*Paulo e Estêvão*. FEB Editora. Segunda parte — Cap. 4, p. 326 a 329)

*Evangelizando naquela cidade e fazendo bastantes discípulos, voltaram para Listra, Icônio e Antioquia, tornando resolutas as almas dos discípulos, exortando-os a permanecerem na fé, já que, através de muitas provações, nos é necessário entrar no Reino de Deus. E após escolherem para eles anciãos, em cada Igreja, orando com jejuns, os confiaram ao Senhor, em quem haviam crido. E atravessando a Pisídia, dirigiram-se a Panfília. Depois de falarem a palavra em Perge, desceram para Atália, e dali navegaram para Antioquia [da Síria], onde foram entregues à graça de Deus para a obra que haviam cumprido.*

Atos
14:21 a 26

## Trabalhos em Derbe — Retorno para Antioquia

Depois de penosa caminhada, atingiram o novo setor de trabalho, no qual haveriam de estagiar mais de um ano. Embora entregues ao trabalho manual, com que ganhavam o pão da vida, os dois companheiros precisaram de seis meses para restabelecer a saúde comprometida. Como tecelão e oleiro anônimos, Paulo e Barnabé deixaram-se ficar em Derbe longo tempo, sem despertar a curiosidade pública. Só depois de refeitos dos abalos sofridos, recomeçaram a Boa-Nova do Reino de Jesus. Visitando os arredores, provocaram grande interesse da gente simples, pelo Evangelho da redenção. Pequenas comunidades cristãs foram fundadas em ambiente de muitas alegrias.

Após muito tempo de labor, resolveram regressar ao núcleo original do seu esforço. Vencendo etapas difíceis, visitaram e encorajaram todos os irmãos escalonados nas diversas regiões da Licaônia, Pisídia e Panfília.

De Perge desceram a Atália, de onde embarcaram com destino a Selêucia e dali ganharam Antioquia.

Ambos haviam experimentado a dificuldade dos serviços mais rudes. Muita vez se viram perplexos com os problemas

At
14:21 a 26
intrincados da empresa: em troca da dedicação fraternal, haviam recebido remoques, açoites e acusações pérfidas; contudo, não obstante o abatimento físico e os gilvazes, irradiavam ondas invisíveis de intenso júbilo espiritual. É que, entre os espinhos da estrada escabrosa, os dois companheiros desassombrados mantinham ereta a Cruz Divina e Consoladora, espalhando a mancheias as sementes benditas do Evangelho de Redenção.

(*Paulo e Estêvão*. FEB Editora. Segunda parte — Cap. 4, p. 329 a 330)

*Ao chegarem e reunirem a Igreja, relataram quantas [coisas] fizera Deus com eles, e que abrira a porta da fé aos gentios. E permaneceram não pouco tempo com os discípulos.*

Atos<br>14:27 a 28

## Chegada em Antioquia

O regresso de Paulo e Barnabé foi assinalado em Antioquia com imenso regozijo. A comunidade fraternal admirou, profundamente comovida, o feito dos irmãos que haviam levado a regiões tão pobres, e distantes, as sementes divinas da Verdade e do Amor.

Por muitas noites consecutivas, os recém-chegados apresentaram o relatório verbal de suas atividades, sem omitir um detalhe. A Igreja antioquiense vibrou de alegria e rendeu graças ao Céu.

(*Paulo e Estêvão*. FEB Editora. Segunda parte — Cap. 5, p. 331)

*Alguns que tinham descido da Judeia ensinavam os irmãos: se não fordes circuncidados, conforme costume de Moisés, não podeis ser salvos. Tendo havido dissensão e não pouca discussão de Paulo e Barnabé com eles, os apóstolos e anciãos designaram Paulo, Barnabé e [mais] alguns outros dentre eles para subirem a Jerusalém, com respeito a esta controvérsia.*

Atos
15:1 e 2

## Dissensões na Igreja de Antioquia

Os dois dedicados missionários haviam voltado em uma fase de grandes dificuldades para a instituição. Ambos perceberam-nas, contristados. As contendas de Jerusalém estendiam-se a toda a comunidade de Antioquia; as lutas da circuncisão estavam acesas. Os próprios chefes mais eminentes estavam divididos pelas afirmativas dogmáticas. Tão alto grau atingiram os discrimes que as vozes do Espírito Santo não mais se manifestavam. Manaém, cujos esforços na Igreja eram indispensáveis, mantinha-se a distância, em vista das discussões estéreis e venenosas. Os irmãos achavam-se extremamente confusos. Uns eram partidários da circuncisão obrigatória, outros se batiam pela independência irrestrita do Evangelho. Eminentemente preocupado, o pregador tarsense observou as polêmicas furiosas a respeito de alimentos puros e impuros.

Tentando estabelecer a harmonia geral a respeito dos ensinamentos do Divino Mestre, Paulo tomava inutilmente a palavra, explicando que o Evangelho era livre e que a circuncisão era, tão somente, uma característica convencional da intolerância judaica. Não obstante sua autoridade incontestre, que se aureolava de prestígio perante a comunidade inteira, em vista dos grandes valores espirituais conquistados na missão, os desentendimentos persistiam.

Alguns elementos chegados de Jerusalém complicaram ainda mais a situação. Os menos rigorosos falavam da autoridade absoluta dos Apóstolos galileus. Comentava-se, à sorrelfa, que a palavra de Paulo e Barnabé, por muito inspirada que fosse nas lições do Evangelho, não era bastantemente autorizada para falar em nome de Jesus.

A Igreja de Antioquia oscilava numa posição de imensa perplexidade. Perdera o sentido de unidade que a caracterizava, dos primórdios. Cada qual doutrinava do ponto de vista pessoal. Os gentios eram tratados com zombarias; organizavam-se movimentos a favor da circuncisão.

At
15:1 e 2

Fortemente impressionados com a situação, Paulo e Barnabé combinam um recurso extremo. Deliberam convidar Simão Pedro para uma visita pessoal à instituição de Antioquia. Conhecendo-lhe o espírito liberto de preconceitos religiosos, os dois companheiros endereçam-lhe longa missiva, explicando que os trabalhos do Evangelho precisavam dos seus bons ofícios, insistindo pela sua atuação prestigiosa.

O portador entregou a carta cuidadosamente, e, com grande surpresa para os cristãos antioquianos, o ex-pescador de Cafarnaum chegou à cidade, evidenciando grande alegria, em razão do período de repouso físico que se lhe deparava naquela excursão.

Paulo e Barnabé não cabiam em si de contentes. Acompanhando Simão, viera João Marcos, que não abandonara, de todo, as atividades evangélicas. O grupo viveu lindas horas de confidências íntimas, a propósito das viagens missionárias, relatadas inteligentemente pelo ex-rabino, e relativamente aos fatos que se desenrolavam em Jerusalém, desde a morte do filho de Zebedeu, contados por Simão Pedro, com singular colorido.

Depois de bem informado da situação religiosa em Antioquia, o ex-pescador acrescentava:

— Em Jerusalém, nossas lutas são as mesmas. De um lado, a Igreja cheia de necessitados, todos os dias; de outro, as perseguições sem tréguas. No centro de todas as atividades, permanece Tiago com as mais ríspidas exigências. Às vezes, sou tentado a lutar para restabelecer a liberdade dos princípios do Mestre; mas como proceder? Quando a tempestade religiosa ameaça destruir o patrimônio que conseguimos oferecer aos aflitos do mundo, o farisaísmo esbarra na observância rigorosa do companheiro e é obrigado a paralisar a ação criminosa, encetada desde muito tempo. Se trabalhar por suprimir-lhe a influência, estarei precipitando a instituição de Jerusalém no abismo da destruição pelas tormentas políticas da grande cidade. E o programa do Cristo? E os necessitados? Seria justo prejudicarmos os mais desfavorecidos por causa de um ponto de vista pessoal?

At
15:1 e 2

E ante a atenção profunda de Paulo e Barnabé, o bondoso companheiro continuava:

— Sabemos que Jesus não deixou uma solução direta ao problema dos incircuncisos, mas ensinou que não será pela carne que atingiremos o Reino, e sim pelo raciocínio e pelo coração. Conhecendo, porém, a atuação do Evangelho na alma popular, o farisaísmo autoritário não nos perde de vista e tudo envida por exterminar a árvore do Evangelho, que vem desabrochando entre os simples e os pacíficos. É indispensável, pois, todo o cuidado de nossa parte, a fim de não causarmos prejuízos, de qualquer natureza, à planta divina.

Os companheiros faziam largos gestos de aprovação. Revelando sua imensa capacidade para nortear uma ideia e congraçar os numerosos prosélitos em divergência, Simão Pedro tinha uma palavra adequada para cada situação, um esclarecimento justo para o problema mais singelo.

A comunidade antioquiana regozijava-se. Os gentios não ocultavam o júbilo que lhes ia na alma. O generoso Apóstolo a todos visitava pessoalmente, sem distinção ou preferência. Antepunha sempre um bom sorriso às apreensões dos amigos que receavam a alimentação "impura" e costumava perguntar onde estavam as substâncias que não fossem abençoadas por Deus. Paulo acompanhava-lhe os passos sem dissimular íntima satisfação. Em um louvável esforço de congraçamento, o Apóstolo dos Gentios fazia questão de levá-lo a todos os lugares onde houvesse irmãos perturbados pelas ideias da circuncisão obrigatória. Estabeleceu-se, rapidamente, notável movimento de confiança e uniformidade de opinião. Todos os confrades exultavam de contentamento.

Eis, porém, que chegam de Jerusalém três emissários de Tiago. Trazem cartas para Simão, que os recebe com muitas demonstrações de estima. Daí por diante, modifica-se o ambiente. O ex-pescador de Cafarnaum, tão dado à simplicidade e à independência em Cristo Jesus, retrai-se imediatamente. Não mais atende aos convites dos incircuncisos. As festividades íntimas e carinhosas, organizadas em sua honra, já não contam com a sua presença alegre e amiga. Na Igreja, modificou as mínimas atitudes. Sempre em companhia dos mensageiros de Jerusalém, que nunca o deixavam, parecia austero e triste, jamais se referindo à liberdade que o Evangelho outorgara à consciência humana.

At 15:1 e 2

Paulo observou a transformação, tomado de profundo desgosto. Para o seu espírito habituado, de modo irrestrito, à liberdade de opinião, o fato era chocante e doloroso. Agravara-o a circunstância de partir justamente de um crente como Simão, altamente categorizado e respeitável em todos os sentidos. Como interpretar aquele procedimento em completo desacordo com o que se esperava? Ponderando a grandeza da sua tarefa junto dos gentios, a menor pergunta dos amigos, nesse particular, deixava-o confuso. Na sua paixão pelas atitudes francas, não era dos trabalhadores que conseguem esperar. E após duas semanas de expectação ansiosa, desejoso de proporcionar uma satisfação aos numerosos elementos incircuncisos de Antioquia, convidado a falar na tribuna para os companheiros, começou por exaltar a emancipação religiosa do mundo, desde a vinda de Jesus Cristo. Passou em revista as generosas demonstrações que o Mestre dera aos publicanos e aos pecadores. Pedro ouvia-o, assombrado com tanta erudição e recurso de hermenêutica para ensinar aos ouvintes os princípios mais difíceis. Os mensageiros de Tiago estavam igualmente surpreendidos, a assembleia ouvia o orador atentamente.

Em dado instante, o tecelão de Tarso olhou fixamente para o Apóstolo galileu e exclamou:

— Irmãos, defendendo o nosso sentimento de unificação em Jesus, não posso disfarçar nosso desgosto em face dos últimos acontecimentos. Quero referir-me à atitude do nosso hóspede muito amado, Simão Pedro, a quem deveríamos chamar "mestre", se esse título não coubesse de fato e de direito ao nosso Salvador.

A surpresa foi grande e o espanto geral. O Apóstolo de Jerusalém também estava surpreso, mas parecia muito calmo. Os emissários de Tiago revelavam profundo mal-estar. Barnabé estava lívido. E Paulo prosseguia sobranceiro:

— Simão tem personificado para nós um exemplo vivo. O Mestre no-lo deixou como rocha de fé imortal. No seu coração generoso temos depositado as mais vastas esperanças. Como interpretar seu procedimento, afastando-se dos irmãos incircuncisos, desde a chegada dos mensageiros de Jerusalém? Antes disso, comparecia aos nossos serões íntimos, comia do pão de nossas mesas. Se assim procuro esclarecer a questão, abertamente, não é pelo desejo de escandalizar a quem quer que seja, mas porque só acredito em um Evangelho livre de todos os preconceitos errôneos do mundo, considerando que a palavra do Cristo não está algemada aos interesses inferiores do sacerdócio, de qualquer natureza.

> At
> 15:1 e 2

O ambiente carregara-se de nervosismo. Os gentios de Antioquia fitavam o orador, enternecidos e gratos. Os simpatizantes do farisaísmo, ao contrário, não escondiam seu rancor, em face daquela coragem quase audaciosa. Nesse instante, de olhos inflamados por sentimentos indefiníveis, Barnabé tomou a palavra, enquanto o orador fez uma pausa, e considerou:

— Paulo, sou dos que lamentam tua atitude neste passo. Com que direito poderás atacar a vida pura do continuador de Cristo Jesus?

Isso, inquiria-o ele em tom altamente comovedor, com a voz embargada de lágrimas. Paulo e Pedro eram os seus melhores e mais caros amigos.

Longe de se impressionar com a pergunta, o orador respondeu com a mesma franqueza:

— Temos, sim, um direito: o de viver com a verdade, o de abominar a hipocrisia, e, o que é mais sagrado — o de salvar o nome de Simão das arremetidas farisaicas, cujas sinuosidades conheço, por constituírem o báratro escuro de onde pude sair para as claridades do Evangelho da redenção.

A palestra do ex-rabino continuou rude e franca. De quando em quando, Barnabé surgia com um aparte, tornando a contenda mais renhida.

Entretanto, em todo o curso da discussão, a figura de Pedro era a mais impressionante pela augusta serenidade do semblante.

Naqueles rápidos instantes, o Apóstolo galileu considerou a sublimidade da sua tarefa no campo de batalha espiritual, pelas vitórias do Evangelho. De um lado, estava Tiago, cumprindo elevada missão junto do Judaísmo; de suas atitudes conservadoras surgiam incidentes felizes para a manutenção da Igreja de Jerusalém, erguida como um ponto inicial para a cristianização do mundo; de outro lado, estava a figura poderosa de Paulo, o amigo desassombrado dos gentios, na execução de uma tarefa sublime; de seus atos heroicos, derivava toda uma torrente de iluminação para os povos idólatras. Qual o maior a seus olhos de companheiro que convivera com o Mestre e dele recebera as mais altas lições? Naquela hora, o ex-pescador rogou a Jesus lhe concedesse a inspiração necessária para a fiel observância dos seus deveres. Sentiu o espinho da missão cravado em pleno peito, impossibilitado de se justificar com a só intencionalidade de seus atos, a menos que provocasse maior escândalo para a instituição cristã, que mal alvorecia no mundo. De olhos úmidos, enquanto Paulo e Barnabé se debatiam, tinha a impressão de ver novamente o Senhor no dia do Calvário. Ninguém o compreendera. Nem mesmo os discípulos amados. Em seguida, pareceu vê-lo expirante na cruz do martírio. Uma força oculta conduzia-o a ponderar o madeiro com atenção. A cruz do Cristo parecia-lhe, agora, um símbolo de perfeito equilíbrio. Uma linha horizontal e uma linha vertical, justapostas, formavam figuras absolutamente retas. Sim, o instrumento do suplício enviava-lhe uma silenciosa mensagem. Era preciso ser justo, sem parcialidade ou falsa inclinação. O Mestre amara a todos, indistintamente. Repartira os bens eternos com todas as criaturas. Ao seu olhar compassivo e magnânimo, gentios e judeus eram irmãos. Experimentava, agora, singular acuidade para examinar conscienciosamente as circunstâncias. Devia amar a Tiago pelo seu cuidado generoso com os israelitas, bem como a Paulo de Tarso pela sua dedicação extraordinária a todos quantos não conheciam a ideia do Deus justo.

O ex-pescador de Cafarnaum notou que a maioria da assembleia lhe dirigia curiosos olhares. Os companheiros de

At 15:1 e 2

Jerusalém deixavam perceber cólera íntima, na extrema palidez do rosto. Todos pareciam convocá-lo à discussão. Barnabé tinha os olhos vermelhos de chorar e Paulo parecia cada vez mais franco, verberando a hipocrisia com a sua lógica fulminante. O Apóstolo preferiria o silêncio, de modo a não perturbar a fé ardente de quantos se arrebanhavam na Igreja sob as luzes do Evangelho; mediu a extensão da sua responsabilidade naquele minuto inesquecível. Encolerizar-se seria negar os valores do Cristo e perder suas obras; inclinar-se para Tiago seria a parcialidade; dar absoluta razão aos argumentos de Paulo não seria justo. Procurou arregimentar na mente os ensinamentos do Mestre e lembrou a inolvidável sentença: o que desejasse ser o maior, fosse o servo de todos. Esse preceito proporcionou-lhe imenso consolo e grande força espiritual.

At 15:1 e 2

A polêmica ia cada vez mais ardida. Extremavam-se os partidos. A assembleia estava repleta de cochichos abafados. Era natural prever uma franca explosão.

Simão Pedro levantou-se. A fisionomia estava serena, mas os olhos estavam orvalhados de lágrimas que não chegavam a correr.

Valendo-se de uma pausa mais longa, ergueu a voz que logo apaziguou o tumulto:

— Irmãos! — disse nobremente. — Muito tenho errado neste mundo. Não é segredo para ninguém que cheguei a negar o Mestre no instante mais doloroso do Evangelho. Tenho medido a Misericórdia do Senhor pela profundidade do abismo de minhas fraquezas. Se errei entre os irmãos muito amados de Antioquia, peço perdão de minhas faltas. Submeto-me ao vosso julgamento e rogo a todos que se submetam ao julgamento do Altíssimo.

A estupefação foi geral. Compreendendo o efeito, o ex-pescador concluiu a justificativa, dizendo:

— Reconhecida a extensão das minhas necessidades espirituais e recomendando-me às vossas preces, passemos, irmãos, aos comentários do Evangelho de hoje.

A assistência estava assombrada com o desfecho imprevisto. Esperava-se que Simão Pedro fizesse um longo discurso em represália. Ninguém conseguia recobrar-se da surpresa. O

Evangelho deveria ser comentado pelo Apóstolo galileu, mediante combinação prévia, mas o ex-pescador, antes de sentar-se de novo, exclamou muito sereno:

— Peço ao nosso irmão Paulo de Tarso o obséquio de consultar e comentar as anotações de Levi.

Não obstante o constrangimento natural, o ex-rabino considerou o elevado alcance daquele pedido, renovou num ápice todos os sentimentos extremistas do coração ardente e, em um formoso improviso, falou da leitura dos pergaminhos da Boa-Nova.

At
15:1 e 2

A atitude ponderada de Simão Pedro salvara a Igreja nascente. Considerando os esforços de Paulo e de Tiago, no seu justo valor, evitara o escândalo e o tumulto no recinto do santuário. À custa de sua abnegação fraternal, o incidente passou quase inapercebido na história da cristandade primitiva, e nem mesmo a referência leve de Paulo na *Epístola aos gálatas*, a despeito da forma rígida, expressional do tempo, pode dar ideia do perigo iminente de escândalo que pairou sobre a instituição cristã naquele dia memorável.

A reunião terminou sem novos atritos. Simão aproximou-se de Paulo e felicitou-o pela beleza e eloquência do discurso. Fez questão de voltar ao incidente para versá-lo com referências amistosas. O problema do gentilismo, dizia ele, merecia, de fato, muito interesse. Como deserdar das luzes do Cristo o que havia nascido distante das comunidades judaicas, se o próprio Mestre afirmara que os discípulos chegariam do Ocidente e do Oriente? A palestra suave e generosa reaproximou Paulo e Barnabé, enquanto o ex-pescador discorreu intencionalmente, acalmando os ânimos.

O ex-doutor da Lei continuou a defender sua tese com argumentação sólida. Constrangido a princípio, em face da benevolência do galileu, expandiu-se naturalmente, readquirindo a serenidade íntima. O problema era complexo. Transportar o Evangelho para o Judaísmo não seria asfixiar-lhe as possibilidades divinas? — perguntava Paulo, firmando seu ponto de vista. Mas e o esforço milenário dos judeus? — interrogava Pedro, advertindo que, a seu ver, se Jesus afirmara sua missão como o exato cumprimento da Lei, não era possível afastar-se a nova da antiga revelação. Proceder de outro modo seria arrancar do tronco vigoroso o galho verdejante destinado a frutescer.

At 15:1 e 2

Examinando aqueles argumentos ponderosos, Paulo de Tarso lembrou, então, que seria razoável promover em Jerusalém uma assembleia dos correligionários mais dedicados, para ventilar o assunto com maior amplitude. Os resultados, a seu ver, seriam benéficos, por apresentarem uma norma justa de ação, sem margem a sofismas tão de gosto e hábito farisaicos.

Como alguém que se sentisse muito alegre por encontrar a chave de um problema difícil, Simão Pedro anuiu de bom grado à proposta, assegurando interessar-se para que a reunião se fizesse quanto antes. Intimamente, considerou que seria ótima oportunidade para os discípulos de Antioquia observarem as dificuldades crescentes em Jerusalém.

À noite, todos os irmãos compareceram à Igreja para as despedidas de Simão e para as preces habituais. Pedro orou com santificado fervor e a comunidade sentiu-se envolvida em benéficas vibrações de paz.

O incidente a todos deixara tal ou qual perplexidade, mas as atitudes prudentes e afáveis do pescador conseguiram manter a coesão geral a respeito do Evangelho, para continuação das tarefas santificantes.

Depois de observar a plena reconciliação de Paulo e Barnabé, Simão Pedro regressou a Jerusalém com os mensageiros de Tiago.

Em Antioquia, a situação continuou instável. As discussões estéreis prosseguiam acesas. A influência judaizante combatia a gentilidade, e os cristãos livres opunham resistência formal ao convencionalismo preconceituoso. O ex-rabino, entretanto, não descansava. Convocou reuniões, nas quais esclareceu as finalidades da assembleia que Simão lhes prometera em Jerusalém, na primeira oportunidade. Combatente ativo, multiplicou as energias próprias na sustentação da independência do Cristianismo e prometeu publicamente que traria cartas da Igreja dos Apóstolos galileus, que garantissem a posição dos gentios na doutrina consoladora de Jesus, alijando-se as imposições absurdas, no caso da circuncisão.

Suas providências e promessas acendiam novas lutas. Os observadores rigorosos dos preceitos antigos duvidavam de semelhantes concessões por parte de Jerusalém.

Paulo não desanimou. Intimamente, idealizava sua chegada à Igreja dos Apóstolos, passava em revista, na imaginação superexcitada, toda a argumentação poderosa a empregar e via-se vencedor na questão que se delineava a seus olhos como de essencial importância para o futuro do Evangelho. Procuraria mostrar a elevada capacidade dos gentios para o serviço de Jesus. Contaria os êxitos obtidos na longa excursão de mais de quatro anos através das regiões pobres e quase desconhecidas, onde a gentilidade havia recebido as notícias do Mestre com intenso júbilo e compreensão muito mais elevada que a dos seus irmãos de raça. Alargando os projetos generosos, deliberou levar em sua companhia o jovem Tito, que, embora oriundo das fileiras pagãs e não obstante contar 20 anos incompletos, representava na Igreja de Antioquia uma das mais lúcidas inteligências a serviço do Senhor. Desde a vinda de Tarso, Tito afeiçoara-se-lhe como um irmão generoso. Notando-lhe a índole laboriosa, Paulo ensinara-lhe o ofício de tapeceiro e fora ele o seu substituto na tenda humilde, por todo o tempo que durou a primeira missão. O rapaz seria um expoente do poder renovador do Evangelho. Certamente, quando falasse na reunião, surpreenderia os mais doutos com os seus argumentos de alto teor exegético.

At 15:1 e 2

Acariciando esperanças, Paulo de Tarso tomou todas as providências para que o êxito de seus planos não falhasse.

Ao fim de quatro meses, um emissário de Jerusalém trazia a esperada notificação de Pedro, referente à assembleia. Coadjuvado pela operosidade de Barnabé, o ex-rabino acelerou as providências indispensáveis. Na véspera de partir, subiu à tribuna e renovou a promessa das concessões esperadas pelo gentilismo, insensível ao sorriso irônico que alguns israelitas disfarçavam cautelosamente.

Na manhã imediata, a pequena caravana partiu. Compunham-na Paulo e Barnabé, Tito e mais dois irmãos, que os acompanhavam em caráter de auxiliares.

(*Paulo e Estêvão*. FEB Editora. Segunda parte — Cap. 5, p. 331 a 340)

> *Assim, providos [para viagem] pela Igreja, eles atravessaram tanto a Fenícia quanto a Samaria, e descrevendo [minuciosamente] a conversão dos gentios, davam grande alegria a todos os irmãos.*

Atos 15:3

## Viagem de Antioquia para Jerusalém

Fizeram uma viagem vagarosa, escalando em todas as aldeias para as pregações da Boa-Nova, disseminando curas e consolações.

(*Paulo e Estêvão*. FEB Editora. Segunda parte — Cap. 5, p. 340)

*Ao chegarem a Jerusalém, foram recebidos pela Igreja, pelos apóstolos e anciãos, relataram quantas [coisas] fizera Deus com eles. Levantaram-se, porém, alguns do partido dos fariseus, que haviam crido, dizendo: é necessário circuncidá-los e prescrever que observem a Lei de Moisés. Os apóstolos e os anciãos se reuniram para considerar este assunto.*

Atos
15:4 a 6

## A reunião em Jerusalém

Depois de muitos dias, chegaram a Jerusalém, onde foram recebidos por Simão, com inexcedível contentamento. Em companhia de João, o generoso Apóstolo ofereceu-lhes fraternal acolhida. Ficaram todos no departamento em que se localizavam numerosos necessitados e doentes. Paulo e Barnabé examinaram as modificações introduzidas na casa. Outros pavilhões, embora humildes, estendiam-se além, cobrindo não pequena área.

— Os serviços aumentaram — explicava Simão bondosamente —; os enfermos que nos batem às portas multiplicam-se todos os dias. Foi preciso construir novas dependências.

A fileira de catres parecia não ter fim. Aleijados e velhinhos distraíam-se ao sol, entre as árvores amigas do quintal.

Paulo estava admirado com a amplitude das obras. Daí a pouco, Tiago e outros companheiros vinham saudar os irmãos da instituição antioquiana. O ex-rabino fixou o Apóstolo que chefiava as pretensões do Judaísmo. O filho de Alfeu aparecia-lhe, agora, radicalmente transformado. Suas feições eram de um "mestre de Israel", com todas as características indefiníveis dos hábitos farisaicos. Não sorria. Os olhos deixavam perceber uma presunção de superioridade que raiava pela indiferença. Seus gestos eram medidos como os de um sacerdote do Templo, nos atos cerimoniais. O tecelão de Tarso tirou suas ilações íntimas e esperou a noite em que se iniciariam as discussões preparatórias.

At
15:4 a 6

À claridade de algumas tochas, sentavam-se em torno de extensa mesa diversas personagens que Paulo não conhecia. — Eram novos cooperadores da Igreja de Jerusalém — explicava Pedro com bondade. O ex-rabino e Barnabé não tiveram boa impressão, à primeira vista. Os desconhecidos assemelhavam-se a figuras do Sinédrio, na sua posição hierárquica e convencional.

Chegados ao recinto, o convertido de Damasco experimentou sua primeira decepção. Observando que os representantes de Antioquia se faziam acompanhar por um jovem, Tiago adiantou-se e perguntou:

— Irmãos, é justo saibamos quem é o rapaz que trazeis a este cenáculo discreto. Nossa preocupação é fundamentada nos preceitos da tradição que manda examinar a procedência da juventude, a fim de que os serviços de Deus não sejam perturbados.

— Este é o nosso valoroso colaborador de Antioquia — explicou Paulo, entre orgulhoso e satisfeito —, chama-se Tito e representa uma de nossas grandes esperanças na seara de Jesus Cristo.

O Apóstolo fixou-o sem surpresa e tornou a perguntar:

— É filho do povo eleito?

— É descendente de gentios — afirmou o ex-rabino, quase com altivez.

— Circuncidado? — interrogou o filho de Alfeu ciosamente.

— Não.

Este "não" de Paulo foi dito com tal ou qual enfado. As exigências de Tiago enervavam-no. Ouvindo a negativa, o Apóstolo galileu esclareceu em tom firme:

— Penso, então, que não será justo admiti-lo na assembleia, visto não ter ainda cumprido todos os preceitos.

— Apelamos para Simão Pedro — disse Paulo convicto. — Tito é representante de nossa comunidade.

O ex-pescador de Cafarnaum estava lívido. Colocado entre os dois grandes representantes, do Judaísmo e da gentilidade, tinha que decidir cristãmente o impasse inesperado.

Como sua intervenção direta demorasse alguns minutos, o tecelão tarsense continuou:

— Aliás, a reunião deverá resolver estas questões palpitantes, a fim de que se estabeleçam os direitos legítimos dos gentios.

Simão, porém, conhecendo ambos os contendores, deu-se pressa em opinar, exclamando em tom conciliador:

— Sim, o assunto será objeto de nosso atencioso exame na assembleia. — E dirigindo intencionalmente o olhar ao ex-rabino, prosseguia explicando: — apelas para mim e aceito o recurso; no entanto, devemos estudar a objeção de Tiago mais detidamente. Trata-se de um chefe dedicado desta casa e não seria justo desprezar-lhe os préstimos. De fato, o conselho discutirá esses casos, mas isso significa que o assunto ainda não está resolvido. Proponho, então, que o irmão Tito seja circuncidado amanhã, para que participe dos debates com a inspiração superior que lhe conheço. E tão só com essa providência os horizontes ficarão necessariamente aclarados, para tranquilidade de todos os discípulos do Evangelho.

At 15:4 a 6

A sutileza do argumento removeu os empecilhos. Se não agradou a Paulo, satisfez a maioria e, regressando o jovem de Antioquia para o interior da casa, a assembleia começou pelas discussões preliminares. O ex-rabino estava taciturno e abatido. A atitude de Tiago, os novos elementos estranhos ao Evangelho, que teriam de votar na reunião, o gesto conciliador de Simão Pedro desgostavam-no profundamente. Aquela imposição no caso de Tito figurava-se-lhe um crime. Tinha ímpetos de regressar a Antioquia, acusar de hipócritas e "sepulcros caiados" os irmãos judaizantes. Todavia, as cartas de emancipação que havia prometido aos companheiros da gentilidade? Não seria mais conveniente recalcar seus melindres feridos por amor aos irmãos de ideal? Não seria mais justo aguardar deliberações definitivas e humilhar-se? A lembrança de que os amigos contavam com as suas promessas acalmou-o. Fundamente desapontado, o convertido de Damasco acompanhou atento os primeiros debates. As questões iniciais davam ideia das grandes modificações que procuravam introduzir no Evangelho do Mestre.

Um dos irmãos presentes chegava a ponderar que os gentios deviam ser considerados como o "gado" do povo de Deus: bárbaros que importava submeter à força, a fim de serem empregados nos trabalhos mais pesados dos escolhidos. Outro indagava se os pagãos eram semelhantes aos outros homens convertidos a Moisés ou a Jesus. Um velho de feições rígidas chegava ao despautério de afiançar que o homem só vingava completar-se depois de circunciso. À margem da gentilidade, outros temas fúteis vinham à balha. Houve quem lembrasse que a assembleia devia regular os deveres concernentes aos alimentos impuros, bem como o processo mais adequado à ablução das mãos. Tiago argumentava e discorria como profundo conhecedor de todos os preceitos. Pedro ouvia com grande serenidade. Nunca respondia quando a tese assumia o caráter de conversação, e aguardava momento oportuno para manifestar-se. Somente tomou atitude mais enérgica quando um dos componentes do conselho pediu para que o Evangelho de Jesus fosse incorporado ao livro dos profetas, ficando subordinado à Lei de Moisés para todos os efeitos. Foi a primeira vez que Paulo de Tarso notou o ex-pescador intransigente e quase rude, explicando o absurdo de semelhante sugestão.

At 15:4 a 6

Os trabalhos foram paralisados alta noite, em fase de pura preparação. Tiago recolheu os pergaminhos com anotações, orou de joelhos e a assembleia dispersou-se para nova reunião no dia imediato.

Simão procurou a companhia de Paulo e Barnabé para dirigir-se aos aposentos de repouso.

O tecelão de Tarso estava consternado. A circuncisão de Tito surgia-lhe como derrota dos seus princípios intransigentes. Não se conformava, fazendo sentir ao ex-pescador a extensão de suas contrariedades.

— Mas que vem a ser tão pequena concessão — interrogava o Apóstolo de Cafarnaum, sempre afável — em face do que pretendemos realizar? Precisamos de ambiente pacífico para esclarecer o problema da obrigatoriedade da circuncisão. Não firmaste compromisso com o gentilismo de Antioquia?

Paulo recordou a promessa que fizera aos irmãos e concordou:

— Sim, é verdade.

— Reconheçamos, pois, a necessidade de muita calma para chegar às soluções precisas. As dificuldades, neste sentido, não prevalecem tão só para a Igreja antioquiana. As comunidades de Cesareia, de Jope, bem como de outras regiões, encontram-se atormentadas por esses casos transcendentes. Bem sabemos que todas as cerimônias externas são de evidente inutilidade para a alma, mas, tendo em vista os princípios respeitáveis do Judaísmo, não podemos declarar guerra de morte às suas tradições, de um momento para outro. Será justo lutar com muita prudência sem ofender rudemente a ninguém.

At
15:4 a 6

O ex-rabino escutou as admoestações do Apóstolo e, recordando as lutas a que ele próprio assistira no ambiente farisaico, pôs-se a meditar silenciosamente.

Mais alguns passos e atingiram a sala transformada em dormitório de Pedro e João. Entraram. Enquanto Barnabé e o filho de Zebedeu se entregaram a animada palestra, Paulo sentou-se ao lado do ex-pescador, mergulhando-se em profundos pensamentos.

Depois de alguns instantes, o ex-doutor da Lei, saindo da sua abstração, chamou Pedro, murmurando:

— Custa-me concordar com a circuncisão de Tito, mas não vejo outro recurso.

Atraídos por aquela confissão, Barnabé e João puseram-se também a ouvi-lo atentamente.

— Mas, curvando-me à providência — continuou com inexcedível franqueza —, não posso deixar de reconhecer no fato uma das mais altas demonstrações de fingimento. Concordarei naquilo que não aceito de modo algum. Quase me arrependo de ter assumido compromissos com os nossos amigos de Antioquia; não supunha que a política abominável das sinagogas houvesse invadido totalmente a Igreja de Jerusalém.

O filho de Zebedeu fixou no convertido de Damasco os olhos muito lúcidos, ao passo que Simão respondeu serenamente:

— A situação é, de fato, muito delicada. Principalmente depois do sacrifício de alguns companheiros mais amados e prestimosos, as dificuldades religiosas em Jerusalém multiplicam-se todos os dias.

E, vagueando o olhar pelo aposento, como se quisesse traduzir fielmente o seu pensamento, continuou:

— Quando se agravou a situação, cogitei da possibilidade de me transferir para outra comunidade; em seguida, pensei em aceitar a luta e reagir; mas, uma noite, tão bela como esta, orava eu neste quarto quando percebi a presença de alguém que se aproximava devagarinho. Eu estava de joelhos quando a porta se abriu com imensa surpresa para mim. Era o Mestre! Seu rosto era o mesmo dos formosos dias de Tiberíades. Fitou-me grave e terno, e falou: "Pedro, atende aos 'filhos do Calvário', antes de pensar nos teus caprichos!" A maravilhosa visão durou um minuto, mas, logo após, pus-me a recordar os velhinhos, os necessitados, os ignorantes e doentes que nos batem à porta. O Senhor recomendava-me atenção para os portadores da cruz. Desde então, não desejei mais que servi-los.

At
15:4 a 6

O Apóstolo tinha os olhos úmidos e Paulo sentia-se bastante impressionado, pois lembrava que ouvira a expressão "filhos do Calvário" dos lábios espirituais de Abigail, quando da sua gloriosa visão, no silêncio da noite, ao aproximar-se de Tarso.

— Com efeito, grande é a luta — concordou o convertido de Damasco, parecendo mais tranquilo.

E, mostrando-se convicto da necessidade de examinar o realismo da vida comum, não obstante a beleza das prodigiosas manifestações do plano invisível, voltou a dizer:

— Entretanto, precisamos encontrar um meio de libertar as Verdades evangélicas do convencionalismo humano. Qual a razão principal da preponderância farisaica na Igreja de Jerusalém?

Simão Pedro esclareceu sem rebuços:

— As maiores dificuldades giram em torno da questão monetária. Esta casa alimenta mais de cem pessoas, diariamente, além dos serviços de assistência aos enfermos, aos órfãos e aos desamparados. Para a manutenção dos trabalhos são indispensáveis muita coragem e muita fé, porque as dívidas contraídas com os socorredores da cidade são inevitáveis.

— Mas os doentes — interrogou Paulo atencioso — não trabalham depois de melhorados?

— Sim — explicou o Apóstolo —, organizei serviços de plantação para os restabelecidos e impossibilitados de se ausentarem logo de Jerusalém. Com isso, a casa não tem necessidade de comprar hortaliças e frutas. Quanto aos melhorados, vão tomando o encargo de enfermeiros dos mais desfavorecidos da saúde. Essa providência permitiu a dispensa de dois homens remunerados, que nos auxiliavam na assistência aos loucos incuráveis ou de cura mais difícil. Como vês, estes detalhes não foram esquecidos e mesmo assim a Igreja está onerada de despesa e dívidas que só a cooperação do Judaísmo pode atenuar ou desfazer.

Paulo compreendeu que Pedro tinha razão. No entanto, ansioso de proporcionar independência aos esforços dos irmãos de ideal, considerou:

At 15:4 a 6

— Advirto, então, que precisamos instalar aqui elementos de serviço que habilitem a casa a viver de recursos próprios. Os órfãos, os velhos e os homens aproveitáveis poderão encontrar atividades além dos trabalhos agrícolas e produzir alguma coisa para a renda indispensável. Cada qual trabalharia de conformidade com as próprias forças, sob a direção dos irmãos mais experimentados. A produção do serviço garantiria a manutenção geral. Como sabemos, onde há trabalho, há riqueza, e onde há cooperação, há paz. É o único recurso para emancipar a Igreja de Jerusalém das imposições do farisaísmo, cujas artimanhas conheço desde o princípio de minha vida.

Pedro e João estavam maravilhados. A ideia de Paulo era excelente. Vinha ao encontro de suas preocupações ansiosas, pelas dificuldades que pareciam não ter fim.

— O projeto é extraordinário — disse Pedro — e viria resolver grandes problemas de nossa vida.

O filho de Zebedeu, que tinha os olhos radiantes de júbilo, atacou, por sua vez, o assunto, objetando:

— Mas o dinheiro? Onde encontrar os fundos indispensáveis ao grandioso empreendimento?!...

O ex-rabino entrou em profunda meditação e esclareceu:

— O Mestre auxiliará nossos bons propósitos. Barnabé e eu empreendemos longa excursão a serviço do Evangelho e vivemos, em todo o seu transcurso, a expensas do nosso trabalho. Eu, tecelão, ele, oleiro, em atividade provisória nos lugares onde passamos. Realizada a primeira experiência, poderíamos voltar agora às mesmas regiões e visitar outras, pedindo recursos para a Igreja de Jerusalém. Provaríamos nosso desinteresse pessoal, vivendo à custa de nosso esforço, e recolheríamos as dádivas por toda a parte, conscientes de que, se temos trabalhado pelo Cristo, será justo também pedirmos por amor ao Cristo. A coleta viria estabelecer a liberdade do Evangelho em Jerusalém, porque representaria o material indispensável a edificações definitivas no plano do trabalho remunerador.

At
15:4 a 6

Estava esboçado, assim, o programa a que o generoso Apóstolo da Gentilidade haveria de submeter-se pelo resto de seus dias. No seu desempenho teria de sofrer as mais cruéis acusações, mas, no santuário do seu coração devotado e sincero, Paulo, de par com os grandiosos serviços apostólicos, levaria a coleta em favor de Jerusalém, até o fim da sua existência terrestre.

Ouvindo-lhe os planos, Simão levantou-se e abraçou-o, dizendo comovido:

— Sim, meu amigo, não foi em vão que Jesus te buscou pessoalmente às portas de Damasco.

Fato pouco vulgar na sua vida, Paulo tinha os olhos rasos de pranto. Fitou o ex-pescador de modo significativo, considerando intimamente suas dívidas de gratidão ao Salvador, e murmurou:

— Não farei mais que o meu dever. Nunca poderei olvidar que Estêvão saiu dos catres desta casa, os quais já serviram igualmente a mim próprio.

Todos estavam extremamente sensibilizados. Barnabé comentou a ideia com entusiasmo e enriqueceu o plano de numerosos pormenores.

Nessa noite, os dedicados discípulos do Cristo sonharam com a independência do Evangelho em Jerusalém, com a emancipação da Igreja, isenta das absurdas imposições da sinagoga.

No dia imediato procedeu-se solenemente à circuncisão de Tito, sob a direção cuidadosa de Tiago e com a profunda repugnância de Paulo de Tarso.

As assembleias noturnas continuaram por mais de uma semana. Nas primeiras noites, preparando terreno para advogar abertamente a causa da gentilidade, o ex-pescador de Cafarnaum solicitou aos representantes de Antioquia expusessem a impressão das visitas aos pagãos de Chipre, Panfília, Pisídia e Licaônia.

Paulo, profundamente contrariado com as exigências aplicadas a Tito, pediu a Barnabé falasse em seu nome.

O ex-levita de Chipre fez extenso relato de todos os acontecimentos, provocando imensa surpresa a quantos lhe ouviam as referências ao extraordinário poder do Evangelho entre aqueles que ainda não haviam esposado uma crença pura. Em seguida, atendendo ainda a observações de Paulo, Tito falou, profundamente comovido com a interpretação dos ensinamentos do Cristo e mostrando possuir formosos dons de profecia, fazendo-se admirar pelo próprio Tiago, que o abraçou mais de uma vez.

At 15:4 a 6

Ao termo dos trabalhos, discutia-se ainda a obrigatoriedade da circuncisão para os gentios. O ex-rabino seguia os debates, silencioso, admirando o poder de resistência e tolerância de Simão Pedro.

(*Paulo e Estêvão*. FEB Editora. Segunda parte — Cap. 5, p. 340 a 347)

*Havendo muita discussão, levantou-se Pedro e disse para eles: varões Irmãos, vós compreendeis que desde [os] primeiros dias Deus [me] escolheu, dentre vós, para ouvirem através da minha boca a palavra do evangelho, e crerem. E Deus, que conhece os corações, testemunhou, dando-lhes o Espírito Santo como também a nós [foi dado]. [Em] nada distinguiu entre nós e eles, purificando os corações deles pela fé. Agora, portanto, por que testais a Deus, ao colocar sobre o pescoço dos discípulos um jugo que nem nossos Pais nem nós pudemos carregar. Mas cremos ter sido salvos pela graça do Senhor Jesus, do mesmo modo que eles.*

Atos
15:7 a 11

## A exortação de Pedro

Quando o ex-pescador reconheceu que as divergências prosseguiriam indefinidamente, levantou-se e pediu a palavra, fazendo a generosa e sábia exortação de que os *Atos dos apóstolos* (15:7 a 11) fornecem notícia:

— Irmãos — começou Pedro enérgico e sereno —, bem sabeis que, de há muito, Deus nos elegeu para que os gentios ouvissem as Verdades do Evangelho e cressem no seu Reino. O Pai, que conhece os corações, deu aos circuncisos e aos incircuncisos a palavra do Espírito Santo. No dia glorioso do Pentecostes as vozes falaram, na praça pública de Jerusalém, para os filhos de Israel e dos pagãos. O Todo-Poderoso determinou que as verdades fossem anunciadas indistintamente. Jesus afirmou que os cooperadores do Reino chegariam do Oriente e do Ocidente. Não compreendo tantas controvérsias, quando a situação é tão clara aos nossos olhos. O Mestre exemplificou a necessidade de harmonização constante: palestrava com os doutores do Templo; frequentava a casa dos publicanos; tinha expressão de bom ânimo para todos os que se baldavam de esperança; aceitou o derradeiro suplício entre os ladrões. Por que motivo devemos guardar uma pretensão de isolamento daqueles que experimentam a necessidade maior? Outro argumento que não deveremos esquecer é o da chegada do Evangelho ao mundo, quando já possuíamos a Lei. Se o Mestre no-lo trouxe, amorosamente, com os mais pesados sacrifícios, seria justo enclausurarmo-nos nas tradições convencionais, esquecendo o campo de trabalho? Não mandou o Cristo que pregássemos a Boa-Nova a todas as nações? Claro que não poderemos desprezar o patrimônio dos israelitas. Temos de amar nos filhos da Lei, que somos nós, a expressão de profundos sofrimentos e de elevadas experiências que nos chegam ao coração por meio de quantos precederam o Cristo, na tarefa milenária de preservar a fé no Deus único, mas esse reconhecimento deve inclinar nossa alma para o esforço na redenção de todas as criaturas. Abandonar o gentio à própria sorte seria criar duro cativeiro, em vez de praticar aquele amor que apaga todos os pecados. É pelo fato de muito compreendermos os judeus e de muito estimarmos os preceitos divinos, que precisamos estabelecer a melhor fraternidade com o gentio, convertendo-o em elemento de frutificação divina. Cremos que Deus nos purifica o coração pela fé, e não pelas ordenanças do mundo. Se hoje rendemos graças pelo triunfo glorioso do Evangelho, que instituiu a nossa liberdade, como impor aos novos discípulos um jugo que, intimamente, não podemos suportar? Suponho, então, que a circuncisão não deva constituir ato obrigatório para quantos se convertam ao amor de Jesus Cristo, e creio que só nos salvaremos pelo favor divino do Mestre, estendido generosamente a nós e a eles também.

At
15:7 a 11

(*Paulo e Estêvão*. FEB Editora. Segunda parte — Cap. 5, p. 347 a 348)

*Toda a multidão se calou e ouviu Barnabé e Paulo explicando quantos sinais e prodígios Deus fizera entre os gentios, através deles. Depois que eles se calaram, respondeu Tiago, dizendo: Varões Irmãos, ouvi-me! Simeão explicou como Deus, primeiramente, visitou para tomar, dentre os gentios, um povo para o seu nome. E com isto se ajusta as palavras dos Profetas, conforme está escrito: Depois destas [coisas], retornarei e edificarei a tenda caída de David, reconstruirei as suas ruínas e a restaurarei, a fim de que os homens remanescentes busquem ao Senhor, e todos os gentios sobre os quais foi invocado o meu nome sobre eles — diz o Senhor que fez estas [coisas], conhecidas desde a antiguidade. Por isso eu julgo que não [devemos] importunar os que, dentre os gentios, estão retornando para Deus, mas escrever-lhes para se absterem das contaminações dos ídolos, da infidelidade, do [animal] estrangulado e do sangue. Pois Moisés tem, em cada cidade, desde os tempos antigos, os que o proclamam nas sinagogas, [onde] é lido todos os sábados.*

Atos
15:12 a 21

## As resoluções da reunião em Jerusalém

A palavra do Apóstolo caíra na fervura das opiniões como forte jato de água fria. Paulo estava radiante, ao passo que Tiago não conseguia ocultar o desapontamento.

A exortação do ex-pescador dava margem a numerosas interpretações; se falava no respeito amoroso aos judeus, referia-se também a um jugo que não podia suportar. Ninguém, todavia, ousou negar-lhe a prudência e bom senso indubitáveis.

Terminada a oração, Pedro rogou a Paulo falasse de suas impressões pessoais a respeito do gentio. Mais esperançado, o ex-rabino tomou a palavra pela primeira vez no conselho e, convidando Barnabé ao comentário geral, ambos apelaram para que a assembleia concedesse a necessária independência aos pagãos, no que se referia à circuncisão.

Havia em tudo, agora, uma nota de satisfação geral. As observações de Pedro calaram fundo em todos os companheiros. Foi então que Tiago tomou a palavra e, vendo-se quase só no seu ponto de vista, esclareceu que Simão fora muito bem inspirado no seu apelo, mas pediu três emendas para que a situação ficasse bem esclarecida. Os pagãos ficavam isentos da circuncisão, mas deviam assumir o compromisso de fugir da idolatria, evitar a luxúria e abster-se das carnes de animais sufocados.

At 15:12 a 21

O Apóstolo dos Gentios estava satisfeito. Fora removido o maior obstáculo.

(*Paulo e Estêvão*. FEB Editora. Segunda parte — Cap. 5, p. 348 a 349)

*Então, pareceu [bem] aos apóstolos e aos anciãos, com toda a Igreja, depois de escolher varões entre eles, enviar para Antioquia, com Paulo e Barnabé, Judas, chamado Barsabás, e Silas, varões que eram líderes entre os irmãos. Tendo escrito pelas mãos deles: os Apóstolos e os irmãos anciãos, aos irmãos, dentre os gentios, que [estão] em Antioquia, Síria, e Cilícia, saudações! Visto sabermos que alguns [que saíram] dentre nós, aos quais não ordenamos, vos censuraram com palavras, pervertendo vossas almas, nos pareceu [bem], estando unânimes, escolher varões e enviá-los para vós, com os nossos amados Barnabé e Paulo, homens que entregaram suas almas pelo nome de nosso Senhor Jesus Cristo. Portanto, enviamos Judas e Silas, que anunciam, eles mesmos, essas [coisas] por palavra. Pois, pareceu [bem] ao Espírito Santo e a nós [não] ser imposto mais nenhum peso sobre vós, senão essas [coisas] necessárias: absterem-se das coisas sacrificadas aos ídolos, do sangue, do [animal] estrangulado, e da infidelidade. Fareis bem, guardando a vós mesmos destas coisas. Saúde! Assim, os que haviam sido despedidos desceram para Antioquia e, reunida a multidão, entregaram a epístola. Depois de lerem, alegraram-se com a exortação. Judas e Silas, sendo eles próprios profetas, exortaram e fortaleceram os irmãos através de uma fala longa. Passado [algum] tempo, foram despedidos em paz pelos irmãos, e [retornaram] para aqueles que os tinham enviado. [Mas, pareceu bem a Silas permanecer ali]. Paulo e Barnabé permaneceram em Antioquia, ensinando e evangelizando, com muitos outros a palavra do Senhor.*

Atos
15:22 a 35

## A carta aos gentios

No dia seguinte os trabalhos foram encerrados, lavrando--se as resoluções em pergaminho. Pedro providenciou para que cada irmão levasse consigo uma carta, como prova das deliberações, em virtude da solicitação de Paulo, que desejava exibir o documento como mensagem de emancipação da gentilidade.

Interpelado pelo ex-pescador, quando se achavam a sós, sobre as impressões pessoais dos trabalhos, o ex-doutor de Jerusalém esclareceu com um sorriso:

At 15:22 a 35

— Em suma, estou satisfeito. Ficou resolvido o mais difícil dos problemas. A obrigatoriedade da circuncisão para os gentios representava um crime aos meus olhos. Quanto às emendas de Tiago, não me impressionam, porquanto a idolatria e a luxúria são atos detestáveis para a vida particular de cada um; e, quanto às refeições, suponho que todo cristão poderá comer como melhor lhe pareça, desde que os excessos sejam evitados.

Pedro sorriu e explicou ao ex-rabino seus novos planos. Comentou, esperançoso, a ideia da coleta geral em favor da Igreja de Jerusalém e, evidenciando a peculiar prudência, falou preocupado:

— Teu projeto de excursão e propaganda da Boa-Nova, procurando angariar alguns recursos para solução de nossos mais sérios encargos, causa-me justa satisfação; entretanto, venho refletindo na situação da Igreja antioquiana. Pelo que observei de viso, concluo que a instituição necessita de servidores dedicados que se substituam nos trabalhos constantes de cada dia. Tua ausência, ademais com Barnabé, trará dificuldades, caso não tomemos as providências precisas. Eis por que te ofereço a cooperação de dois companheiros devotados, que me têm substituído aqui nos encargos mais pesados. Trata-se de Silas e Barsabás, dois discípulos amigos da gentilidade e dos princípios liberais. De vez em quando, entram em desacordo com Tiago, como é natural, e, segundo creio, serão ótimos auxiliares do teu programa.

Paulo viu no alvitre a providência que desejava. Junto de Barnabé, que participava da conversação, agradeceu ao ex-pescador, profundamente sensibilizado. A Igreja da Antioquia teria os recursos necessários que os trabalhos evangélicos requeriam. A medida proposta era-lhe muito grata, mesmo porque desde logo tivera por Silas grande simpatia, presumindo nele um companheiro leal, expedito e dedicado.

**At 15:22 a 35**

Os missionários de Antioquia ainda se demoraram três dias na cidade, após o encerramento do conselho, tempo esse que Barnabé aproveitou para repousar na casa da irmã. Paulo, contudo, declinou do convite de Maria Marcos e permaneceu na Igreja, estudando a situação futura, em companhia de Simão Pedro e dos dois novos colaboradores.

Em atmosfera de grande harmonia, os trabalhadores do Evangelho versaram todos os requisitos do projeto.

Fato digno de nota a reclusão de Paulo, junto aos Apóstolos galileus, jamais saindo à rua, para não entrar em contato com o cenário vivo do seu passado tumultuoso.

Finalmente, tudo pronto e ajustado, a missão se dispôs a regressar. Havia em todas as fisionomias um sinal de gratidão e de esperança santificada nos dias do porvir. Verificava-se, no entanto, um detalhe curioso, que é indispensável destacar. Solicitado pela irmã, Barnabé dispusera-se a aceitar a contribuição de João Marcos, em nova tentativa de adaptação ao serviço do Evangelho. Considerando a boa intenção com que acedera aos pedidos da irmã, o ex-levita de Chipre achou desnecessário consultar o companheiro de esforços comuns. Paulo, porém, não se magoou. Acolheu a resolução de Barnabé, um tanto admirado, abraçou o jovem afetuosamente e esperou que o discípulo de Pedro se pronunciasse quanto ao futuro.

O grupo, acrescido de Silas, Barsabás e João Marcos, pôs-se a caminho para Antioquia, nas melhores disposições de harmonia.

Revezando-se na tarefa de pregação das Verdades eternas, anunciavam o Reino de Deus e faziam curas por onde passavam.

Chegados ao destino, com grandes manifestações de júbilo da gentilidade, organizaram o plano colimado para dar-lhe imediata eficiência. Paulo expôs o propósito de voltar às comunidades cristãs já fundadas, estendendo a excursão evangélica por outras regiões onde o Cristianismo não fosse conhecido. O plano mereceu aprovação geral. A instituição antioquiana ficaria com a cooperação direta de Barsabás e Silas, os dois companheiros devotados que, até ali, haviam constituído duas fortes colunas de trabalho em Jerusalém.

(*Paulo e Estêvão*. FEB Editora. Segunda parte — Cap. 5, p. 349 a 351)

*Alguns dias depois, disse Paulo a Barnabé: tornemos a visitar os irmãos por todas as cidades nas quais anunciamos a palavra do Senhor, [para ver] como estão. Barnabé queria levar consigo também a João, chamado Marcos. Paulo, porém, julgava digno não tomar consigo aquele que se afastou deles desde Panfília e não foi junto com eles para o trabalho. Houve discórdia, a ponto de se separarem um do outro e Barnabé navegar para Chipre, tomando a Marcos. Paulo, entregue pelos irmãos à graça do Senhor, escolhendo a Silas, saiu.*

Atos
15:36 a 40

## A separação de Paulo e Barnabé

Apresentado o relatório verbal dos esforços em perspectiva, Paulo e Barnabé entraram a cogitar das últimas disposições particulares.

— Agora — disse o ex-levita de Chipre —, espero concordes com o que resolvi relativamente a João.

— João Marcos? — interrogou Paulo admirado.

— Sim, desejo levá-lo conosco, a fim de afeiçoá-lo à tarefa.

O ex-rabino franziu o sobrecenho num gesto muito seu, quando contrariado, e exclamou:

— Não concordo; teu sobrinho está ainda muito jovem para o cometimento.

— Entretanto, prometi à minha irmã acolhê-lo em nossos labores.

— Não pode ser.

Estabeleceu-se entre os dois uma contenda de palavras, na qual Barnabé deixava perceber seu descontentamento. O ex-rabino procurava justificar-se, ao passo que o discípulo de Pedro alegava o compromisso assumido e impugnava, com tal ou qual amargura, a atitude do companheiro. O ex-doutor, contudo, não se deixou convencer. A readmissão de João Marcos, dizia, não era justa. Poderia falhar novamente, fugir aos compromissos assumidos, desprezar a oportunidade do sacrifício. Lembrava as perseguições de Antioquia da Pisídia, as enfermidades inevitáveis, as dores morais experimentadas em Icônio, o apedrejamento cruel na praça de Listra. Acaso o rapaz estaria preparado, em tão pouco tempo, para compreender o alcance de todos esses acontecimentos, em que a alma era compelida a regozijar-se com o testemunho?

At 15:36 a 40

Barnabé estava magoado, de olhos úmidos.

— Afinal — disse em tom comovedor —, nenhum desses argumentos me convence e me esclarece, em consciência. Primeiramente, não vejo por que desfazer nossos laços afetivos...

O ex-rabino não o deixou terminar e concluiu:

— Isso nunca. Nossa amizade está muito acima destas circunstâncias. Nossos elos são sagrados.

— Pois bem — acentuou Barnabé —, como interpretar, então, tua recusa? Por que negarmos ao rapaz uma nova experiência de trabalho regenerativo? Não será falta de caridade desprezar um ensejo talvez providencial?

Paulo fixou demoradamente o amigo e acrescentou:

— Minha intuição, neste sentido, é diversa da tua. Quase sempre, Barnabé, a amizade a Deus é incompatível com a amizade ao mundo. Levantando-nos para a execução fiel do dever, as noções do mundo se levantam contra nós. Parecemos maus e ingratos, mas ouve-me: ninguém encontrará fechadas as portas da oportunidade, porque é o Todo-Poderoso quem no-las abre. A ocasião é a mesma para todos, mas os campos devem ser diferentes. No trabalho propriamente humano, as experiências podem ser renovadas todos os dias. Isso é justo, mas considero que, no serviço do Pai, se interrompemos a tarefa começada, é sinal de que ainda não temos todas as experiências indispensáveis ao homem completo. Se a criatura ainda não sabe todas as noções mais nobres relativas à sua vida e deveres terrestres, como consagrar-se com êxito ao serviço divino? Naturalmente que não podemos ajuizar se este ou aquele já terminou o curso de suas demonstrações humanas e que, de hoje por diante, esteja apto ao serviço do Evangelho, porque, neste particular, cada um se revelará por si. Creio, mesmo, que teu sobrinho atingirá essa posição, com mais algumas lutas. Nós, entretanto, somos forçados a considerar que não vamos tentar uma experiência, mas um testemunho. Compreendes a diferença?

Barnabé compreendeu o imenso alcance daquelas razões concisas, irrefutáveis, e calou-se para dizer daí a momentos:

— Tens razão. Desta vez não poderei, portanto, ir contigo.

At 15:36 a 40

Paulo sentiu toda a tristeza que transbordava daquelas palavras e, depois de meditar longo tempo, acentuou:

— Não nos entristeçamos. Estou refletindo na possibilidade de tua partida, com João Marcos, para Chipre. Ele encontraria, ali, um campo adequado aos trabalhos que lhe são necessários e, ao mesmo tempo, cuidaria da organização que fundamos na ilha. Dentro deste plano, continuaríamos em cooperação perfeita, mesmo no que se refere à coleta para a Igreja de Jerusalém. Desnecessário será dizer da utilidade de tua presença em Nea-Pafos e Salamina. Quanto a mim, tomaria a Silas, internando-me pelo Tauro, e a Igreja de Antioquia ficará com a cooperação de Barsabás e Tito.

Barnabé ficou contentíssimo. O projeto pareceu-lhe admirável. Paulo continuava, a seus olhos, como o companheiro das soluções oportunas.

E dentro de breves dias, a caminho de Chipre, onde serviria a Jesus até que partisse, mais tarde, para Roma, Barnabé foi com o sobrinho para Selêucia, depois de se abraçarem, ele e Paulo, como dois irmãos muito amados, que o Mestre chamava a diferentes destinos.

(*Paulo e Estêvão*. FEB Editora. Segunda parte — Cap. 5, p. 351 a 353)

*Atravessava a Síria e a Cilícia, tornando resolutas as Igrejas.*

Atos 15:41

## Viagem para Derbe e Listra

Em companhia de Silas, que se harmonizara com as suas aspirações de trabalho, o ex-rabino partiu de Antioquia, internando-se pelas montanhas e atingindo sua cidade natal, depois de enormes dificuldades. Breve, o companheiro indicado por Simão Pedro habituava-se com o seu método de trabalho. Silas era um temperamento pacífico, que se enriquecia de notáveis qualidades espirituais, pelo seu devotamento integral ao Divino Mestre. Paulo, por sua vez, estava plenamente satisfeito com a sua colaboração. Palmilhando longos e impérvios caminhos, alimentavam-se parcamente, quase só de frutas silvestres eventualmente encontradas. O discípulo de Jerusalém, todavia, revelava alegria uniforme em todas as circunstâncias.

Antes de atingir Tarso, pregaram a Boa-Nova, no curso mesmo da viagem. Soldados romanos, escravos misérrimos, caravaneiros humildes receberam de seus lábios as confortadoras notícias de Jesus. E não poucos escreveram, à pressa, uma que outra das anotações de Levi, preferindo as que mais se ajustavam ao seu caso particular. Por esse processo, o Evangelho difundia-se, cada vez mais, enchendo de esperanças os corações.

Na cidade do seu berço, mais senhor das convicções próprias, o tecelão que se consagrara a Jesus espalhou a mancheias os júbilos do Evangelho da redenção. Muitos admiraram o conterrâneo, cada vez mais singularmente transformado; outros prosseguiram na tarefa ingrata da ironia e do lamentável esquecimento de si mesmos. Paulo, no entanto, sentia-se forte na fé, como nunca. Defrontou a velha casa em que nascera, reviu o sítio ameno onde brincara os primeiros tempos da infância, contemplou o campo de esportes onde guiara sua biga romana, mas exumou as recordações sem lhes sofrer a influência depressiva, porque tudo entregava ao Cristo como patrimônio em cuja posse poderia entrar mais tarde, quando houvesse cumprido seu divino mandato.

Depois de breve permanência na capital da Cilícia, Paulo e Silas procuraram alcançar os cumes do Tauro, empreendendo nova etapa da rude peregrinação em começo.

At 15:41

Noites ao relento, sacrifícios numerosos, ameaças de malfeitores, perigos sem conta foram enfrentados pelos missionários que, todas as noites, entregavam ao Divino Mestre os resultados da recolta e, pela manhã, rogavam à sua misericórdia não lhes faltasse com a valiosa oportunidade de trabalho, por mais dura que fosse a tarefa diária.

(*Paulo e Estêvão*. FEB Editora. Segunda parte — Cap. 5, p. 355 a 356)

*Chegou a Derbe e a Listra. Eis que havia ali um discípulo, de nome Timóteo, filho de uma mulher judia crente, mas de pai grego, o qual era [bem] testemunhado pelos irmãos de Listra e de Icônio. Paulo quis que este partisse com ele e, tomando, circuncidou-o, por causa dos judeus que estavam naqueles lugares, pois todos sabiam que o pai dele era grego. Ao atravessarem as cidades, entregavam-lhes as prescrições aprovadas pelos apóstolos e anciãos de Jerusalém, para que as guardassem. Assim, as Igrejas eram fortalecidas na fé e excediam em número a cada dia.*

Atos
16:1 a 5

## Timóteo associa-se a Paulo e Silas

Cheios dessa confiança ativa, chegaram a Derbe, onde o ex-rabino abraçou comovidamente os amigos que ali fizera, após a dolorosa convalescença, quando da primeira excursão.

O Evangelho continuava a estender seu raio de ação em todos os setores. Profundamente sensibilizado, o convertido de Damasco, no desdobramento natural do serviço, começou a obter notícias da ação de Timóteo. O jovem filho de Eunice, pelo que lhe informavam, soubera enriquecer, de maneira prodigiosa, os conhecimentos adquiridos. A pequena cristandade de Derbe já lhe devia grandes benefícios. Por mais de uma vez, o novo discípulo ali acorrera em missões ativas. Disseminava curas e consolações. Seu nome era abençoado de todos. Cheio de júbilo, após o término de suas tarefas naquela cidade pequenina, o ex-rabino demandou Listra, com ansiedade carinhosa.

Loide o recebeu, bem como a Silas, com a mesma satisfação da primeira vez. Todos queriam notícias de Barnabé, que Paulo não deixava de fornecer, solícito e prazenteiro. Na tarde desse dia, o convertido de Damasco abraçou Timóteo com imensa alegria a transbordar-lhe da alma. O rapaz chegava da faina diária junto dos rebanhos. Em breves minutos, Paulo conhecia a extensão dos seus progressos e conquistas espirituais. A comunidade de Listra estava rica de graças. O moço cristão conseguira a renovação de muita gente: dois judeus dos mais influentes na administração pública, destacados entre os que promoveram a lapidação do Apóstolo, eram agora seguidores fiéis da doutrina do Cristo. Cuidava-se da construção de uma Igreja, onde os doentes fossem amparados e as crianças abandonadas encontrassem um ninho acolhedor. Paulo regozijou-se.

At
16:1 a 5

Naquela mesma noite, houve em Listra grande assembleia. O Apóstolo dos Gentios encontrou uma atmosfera carinhosa, que lhe prodigalizava grande conforto. Expôs o objetivo de sua viagem, revelando suas preocupações pela difusão do Evangelho e acrescentando o assunto pertinente à Igreja de Jerusalém. Como em Derbe, todos os companheiros contribuíram com o possível. Paulo não cabia em si de contentamento, observando o triunfo tangível do esforço de Timóteo nas camadas populares.

Aproveitando sua passagem por Listra, a bondosa Loide confidenciou-lhe suas necessidades particulares. Ela e Eunice tinham parentes na Grécia, por parte do pai de seu neto, os quais lhes reclamavam a presença pessoal, a fim de que não lhes faltassem com os socorros afetuosos. Os recursos que lhes restavam, em Listra, estavam prestes a esgotar-se. Por outro lado, desejava que Timóteo se consagrasse ao serviço de Jesus, iluminando o coração e a inteligência. A generosa velhinha e a filha projetavam, então, a mudança definitiva e consultavam o Apóstolo sobre a possibilidade de aceitar a companhia do rapaz, pelo menos durante algum tempo, não só para que ele adquirisse novos valores no terreno da prática, como também porque isso facilitaria a transferência de todos para lugar tão distante.

Paulo acedeu de bom grado. Aceitaria a cooperação de Timóteo com sincero prazer. O rapaz, a seu turno, conhecendo a decisão, não sabia como traduzir seu profundo reconhecimento, com transportes de alegria.

Nas vésperas da partida, Silas entrou prudentemente no assunto e perguntou ao Apóstolo se não era de bom alvitre operar a circuncisão do moço, a fim de que o Judaísmo não perturbasse

At
16:1 a 5

os labores apostólicos. Em socorro de sua arguição, invocava os obstáculos e lutas acerbas de Jerusalém. Paulo meditou bastante, recordou a necessidade de espalhar o Evangelho sem escândalo para ninguém e concordou com a medida aventada. Timóteo teria de pregar publicamente. Conviveria com os gentios, mas, maiormente, com os israelitas, senhores das sinagogas e de outros centros, onde a religião era ministrada ao povo. Era justo refletir na providência para que o moço não fosse incomodado em sua companhia.

O filho de Eunice obedeceu sem hesitação. Daí a dias, despedindo-se dos irmãos e das generosas mulheres que ficavam a chorar nos votos de paz em Deus, os missionários demandaram Icônio, cheios de coragem indômita e do firme propósito de servir a Jesus.

No espírito amoroso de pregação e fraternidade, dilatando o poder do Evangelho redentor sobre as almas e jamais esquecendo o auxílio à Igreja de Jerusalém, os discípulos visitaram todas as pequeninas aldeias da Galácia, demorando-se algum tempo em Antioquia da Pisídia, onde trabalharam, de algum modo, para se manterem a si mesmos.

Paulo estava satisfeitíssimo. Seus esforços, em companhia de Barnabé, não haviam sido improfícuos. Nos lugares mais remotos, quando menos esperava, eis que surgiam notícias das Igrejas anteriormente fundadas. Eram benefícios a necessitados, melhoras ou curas de enfermos, consolações aos que se encontravam em extremo desespero. O Apóstolo experimentava o contentamento do semeador que defronta as primeiras flores, como radiosas promessas do campo.

(*Paulo e Estêvão*. FEB Editora. Segunda parte — Cap. 6, p. 356 a 358)

*Atravessaram a Frígia e a região da Galácia, tendo sido impedidos pelo Espírito Santo de falar sobre Palavra na Ásia.*

Atos
16:6

## Travessia da Frígia e Galácia

Os emissários da Boa-Nova atravessaram a Frígia e a Galácia sem perseguições de grande envergadura. O nome de Jesus era, agora, pronunciado com mais respeito.

O ex-rabino continuava em franca atividade para a difusão do Evangelho na Ásia, quando, uma noite, após as preces habituais, ouviu uma voz que lhe dizia com amoroso acento:

— Paulo, sigamos adiante!... Levemos a luz do Céu a outras sombras; outros irmãos te esperam no caminho infinito...

Era Estêvão, o amigo de todos os minutos, que, representando o Mestre Divino junto do Apóstolo dos Gentios, o concitava à semeadura em outros rumos.

O valoroso emissário das Verdades eternas compreendeu que o Senhor lhe reservava novos campos a desbravar. No dia seguinte, informando Silas e Timóteo do sucedido, concluía inspirado:

— Tenho, assim, que o Mestre me chama a novas tarefas. É justo. Aliás, reconheço que estas regiões já receberam a semente divina.

E acentuava depois de uma pausa:

— Desta vez, já não encontramos muitas dificuldades. Antes, com Barnabé, experimentamos as expulsões, o cárcere, os açoites, o apedrejamento... Agora, porém, nada disso aconteceu. Quer dizer que por aqui já existem bases seguras para a vitória do Cristo. É preciso, portanto, caminhar para onde se encontrem os obstáculos e vencê-los, para que o Mestre seja conhecido e glorificado, pois nós estamos numa batalha e é necessário não desprezar as frentes.

Os dois discípulos ouviram e procuraram meditar na grandeza de semelhantes conceitos.

(*Paulo e Estêvão*. FEB Editora. Segunda parte — Cap. 6, p. 358 a 359)

At
16:6

*Ao chegarem a Mísia, tentavam seguir para a Bitínia, mas o espírito de Jesus não lhes permitiu. Passando pela Mísia, desceram para Trôade. Numa visão, durante a noite, tornou-se visível para Paulo um varão da Macedônia, que estava de pé, rogando-lhe e dizendo: ao atravessar a Macedônia, socorre-nos.*

Atos
16:7 a 9

## O chamado para a Macedônia

Decorrida uma semana, lá se foram a pé, procurando a Mísia. E, contudo, intuitivamente, Paulo percebeu que não seria ainda ali o novo campo de operações. Pensou em se dirigir para a Bitínia, mas a voz que o generoso Apóstolo interpretava como a do "Espírito de Jesus" sugeriu-lhe a alteração do trajeto, induzindo-o a descer para Trôade. Chegados ao ponto do destino, acolheram-se cansadíssimos em uma hospedaria modesta. E Paulo, numa visão significativa do espírito, viu um homem da Macedônia, que identificou pelo vestuário característico, a acenar-lhe ansiosamente, exclamando: "Vem e ajuda-nos!". O ex--doutor interpretou o fato como ordenação de Jesus a respeito de seus novos encargos. Cientificou os companheiros logo pela manhã, não sem ponderar a extrema dificuldade da viagem por mar, baldo que estava de recursos.

— Entretanto — concluía —, creio que o Mestre lá nos facultará o necessário.

Silas e Timóteo calaram-se respeitosos.

(*Paulo e Estêvão*. FEB Editora. Segunda parte – Cap. 6, p. 359)

*E como teve a visão, imediatamente buscou dirigir-se para a Macedônia, concluindo que Deus nos tem chamado para evangelizá-los.*

Atos 16:10

## Em direção à Macedônia — Encontro com Lucas[18]

Saindo à rua cheia de sol, pela manhã, eis que o Apóstolo fixa o olhar em uma casa de comércio e para lá se dirige com ansiosa alegria. Era Lucas que parecia fazer compras.

O ex-rabino aproximou-se com os discípulos e bateu-lhe carinhosamente no ombro:

— Por aqui? — disse Paulo com grande sorriso.

Abraçaram-se alegremente. O pregador do Evangelho apresentou ao médico os novos companheiros, falando-lhe dos objetivos de sua excursão por aquelas paragens. Lucas, a seu turno, explicou que, havia dois anos, era encarregado dos serviços

---

[18] O versículo de *Atos,* 16:10 dá início a uma importante mudança na forma da narrativa do texto bíblico. O que chama a atenção é que, de maneira repentina, um relato que se inicia na terceira pessoa, passa para primeira pessoa, fazendo com que o autor se inclua como participante dos eventos narrados.
Comparemos o primeiro versículo da perícope, 16:6 com o último 16:10:
16:6Atravessaram a Frígia e a região da Galácia, *tendo sido impedidos* pelo Espírito Santo de falar sobre Palavra na Ásia.
16:10E como teve a visão, imediatamente buscou dirigir-se para a Macedônia, concluindo que Deus *nos* tem chamado para evangelizá-los.
O texto grego registra bem essa mudança, pois no versículo 16:9 é utilizado o pronome αὐτὸν (autón = ele) e no versículo 10 ἡμᾶς (emas = nós).
Isso tem sido observado desde muito tempo de forma que *Atos,* 16:10 é considerado como sendo o primeiro versículo das chamadas "seções em nós", em que o autor do texto se inclui na narrativa como partícipe. O motivo dessa mudança tem sido considerado por muitos estudiosos como um mistério.
O relato, trazido por Emmanuel, sugere que o encontro de Paulo e Lucas em Trôade teve, para o jovem médico, uma importância maior, fazendo com que ele, a partir desse momento, se reconhecesse participante efetivo na divulgação do Evangelho. As "seções em nós" seriam, assim, um registro sutil, mas importante, desse encontro que marcaria profundamente a vida e o papel daquele que passaria a curar, mais do que corpos, espíritos imortais, como divulgador da Boa-Nova.

médicos, a bordo de grande embarcação ali ancorada, em trânsito para Samotrácia.

Paulo recebeu a informação com profundo interesse. Muito impressionado com o encontro, deu-lhe a conhecer a revelação auditiva do roteiro, bem como a vidência da véspera.

E, convicto da assistência do Mestre naquele instante, falava com segurança:

— Estou certo de que o Senhor nos envia os recursos necessários na tua pessoa. Precisamos transportar-nos à Macedônia, mas estamos sem dinheiro.

— Quanto a isso — respondeu Lucas com franqueza —, não te preocupes. Se não tenho fortuna, tenho vencimentos. Seremos companheiros de viagem e tudo pagarei com muita satisfação.

A palestra prosseguiu animada, relatando o antigo hóspede de Antioquia as suas conquistas para Jesus. Nas suas viagens, havia aproveitado todas as oportunidades em prol do Evangelho, transmitindo a quantos se lhe aproximavam os tesouros da Boa-Nova. Quando contou que estava só no mundo, com a partida da genitora para a esfera espiritual, Paulo fez-lhe nova observação, acentuando:

— Ora, Lucas, se te encontras sem compromissos imediatos, por que não te dedicas inteiramente aos trabalhos do Mestre Divino?

A pergunta produziu certa emoção no médico, como se valesse por uma revelação. Passada a surpresa, Lucas acrescentou um tanto indeciso:

— Sim, mas há que considerar os deveres da profissão...

— Mas quem foi Jesus senão o Divino Médico do mundo inteiro? Até agora tens curado corpos, que, de qualquer modo, cedo ou tarde hão de perecer. Tratar do espírito não seria um esforço mais justo? Com isso não quero dizer que se deva desprezar a Medicina propriamente do mundo; no entanto, essa tarefa ficaria para aqueles que ainda não possuem os valores espirituais que trazes contigo. Sempre acreditei que a medicina do corpo é um conjunto de experiências sagradas, de que o homem não poderá prescindir, até que se resolva a fazer a experiência divina e imutável da cura espiritual.

At
16:10

At
16:10

Lucas meditou seriamente nessas palavras e replicou:
— Tens razão.
— Queres cooperar conosco na evangelização da Macedônia? — interrogou o ex-rabino, sentindo-se triunfante.
— Irei contigo — concluiu Lucas.
Entre os quatro discípulos do Cristo houve enorme júbilo.

(*Paulo e Estêvão*. FEB Editora. Segunda parte — Cap. 6, p. 359 a 360)

*E, fazendo-nos [ao mar] de Trôade, navegamos em rota direta para a Samotrácia e, no [dia] seguinte, para Neápolis. E dali para Filipos, que é [uma] cidade do primeiro distrito da Macedônia, uma colônia [romana]. Estivemos nesta cidade, permanecendo [nela] alguns dias. No dia de sábado, saímos para fora do portão, junto ao rio, onde supúnhamos haver um [lugar de] oração; e, sentando-nos, falamos às mulheres [ali] reunidas. E uma mulher, de nome Lídia, vendedora de púrpura da cidade de Tiatira, que adorava a Deus, a qual o Senhor abrira o coração para atentar ao que estava sendo falado por Paulo, [nos] ouvia. Depois de ser batizada, [ela] e sua casa, rogou, dizendo: se me julgais ser fiel ao Senhor, após entrar, permanecei na minha casa. E nos pressionou [para isto].*

Atos
16:11 a 15

## Conversão de Lídia em Filipos

No dia seguinte, a missão navegava para a Samotrácia. Lucas explicou-se como pôde, solicitando ao comando a permissão de se afastar por um ano dos serviços a seu cargo. E porque apresentasse substituto, conseguiu com facilidade o seu intento.

A bordo, como fazia em toda a parte, Paulo aproveitou todos os ensejos para a pregação. As menores margens eram grandes temas evangélicos no seu raciocínio superior. O próprio comandante, romano de boa têmpera, abandonava-se prazerosamente ao gosto de ouvi-lo.

Foi nessas viagens que Paulo de Tarso travou relações com grande círculo de simpatizantes do Evangelho, conquistando numerosos amigos, citados nas futuras epístolas.

Desembarcados, os missionários, enriquecidos com a cooperação de Lucas, descansaram dois dias em Neápolis, dirigindo-se em seguida para Filipos. Quase às portas da cidade, Paulo sugeriu que Lucas e Timóteo se dirigissem, por outros caminhos, para Tessalônica, onde os quatro se reuniriam mais tarde. Com esse programa, nem uma aldeia ficaria esquecida e as sementes do Reino de Deus seriam espalhadas nos meios mais simples. A ideia foi aprovada com satisfação.

Lucas não deixou de perguntar se Timóteo era circuncidado. Conhecia as tricas dos judeus e não desejava atritos nas suas tarefas iniciais.

— Esse problema — esclareceu o Apóstolo dos Gentios — já foi necessariamente atendido. As duas humilhações infligidas a um jovem confrade que levei a Jerusalém, não a conselho da sinagoga, mas a uma reunião da Igreja, levaram-me a refletir na situação de Timóteo, que precisará, muitas vezes, dos favores dos israelitas no curso das pregações. Até que Deus opere a circuncisão de tantos corações endurecidos, é indispensável saibamos agir com prudência, sem atritos que nos inutilizem os esforços.

Esclarecido o assunto, entraram na cidade, onde o médico e o jovem de Listra descansariam um pouco, antes de tomarem o rumo de Tessalônica por estradas diferentes, de modo a multiplicar os frutos da missão.

Hospedaram-se em um albergue quase miserável que a população da cidade reservava aos estrangeiros. Depois de três noites ao relento, os amigos de Jesus dirigiram-se à casa de oração, que ficava à margem do rio Gangas. Filipos não possuía sinagoga e o santuário destinado às preces, embora tomasse o título de "casa", não era mais que um recanto ameno da Natureza, rodeado de muros em ruínas.

Ciente da situação religiosa da cidade, Paulo dirigiu-se para lá com os companheiros. Muito surpreendidos, entretanto, os missionários não encontraram senão senhoras e meninas em oração. O ex-rabino penetrou resolutamente no círculo feminino e falou dos objetivos do Evangelho como se estivesse diante de imenso público. As mulheres estavam magnetizadas por sua palavra ardorosa e sublime. Enxugavam discretamente as lágrimas que lhes afluíam ao rosto, ao receberem notícias do Mestre, e uma delas, chamada Lídia, viúva digna e generosa, aproximou-se dos missionários e, confessando-se convertida ao Salvador esperado, oferecia-lhes a própria casa para fundarem a nova Igreja.

Paulo de Tarso contemplou-a de olhos úmidos. Escutando-lhe a voz desbordante de cristalina sinceridade, recordou que no Oriente, no dia inesquecível do Calvário, só as mulheres haviam acompanhado Jesus no doloroso transe, sendo as primeiras criaturas que o viram na gloriosa ressurreição; e eram ainda elas que, em doce reunião espiritual, vinham receber a palavra do Evangelho no Ocidente, pela primeira vez. Em silenciosa contemplação, o Apóstolo dos Gentios fixou o grande número de meninas que se ajoelhava à sombra carinhosa das árvores. Observando-lhes os trajes muito claros, teve a impressão de que via à sua frente um gracioso bando de pombas muito alvas, prestes a desferir o voo glorioso dos ensinamentos do Cristo, pelos céus maravilhosos da Europa.

At 16:11 a 15

Foi por isso que, contrariamente à expectativa dos companheiros, o enérgico pregador respondeu à Lídia em tom muito afável:

— Aceitamos vossa hospedagem.

Desde aquele minuto, travou-se entre Paulo de Tarso e sua carinhosa Igreja de Filipos a mais formosa amizade.

Lídia, cuja casa era muito abastada, em vista do movimento comercial de púrpuras, acolheu os discípulos do Messias com júbilo indescritível. Enquanto isso, Lucas e Timóteo continuaram a viagem. Silas e o ex-doutor de Jerusalém consagravam-se ao serviço do Evangelho entre os generosos filipenses.

(*Paulo e Estêvão*. FEB Editora. Segunda parte — Cap. 6, p. 360 a 362)

> E sucedeu que, indo nós para o [lugar de] oração, veio a nosso encontro certa criada, que tinha um espírito de Píton, a qual proporcionava muito trabalho aos seus senhores fazendo oráculos. Ela, seguindo a Paulo e a nós, gritava, dizendo: estes homens são servos do Deus Altíssimo, os quais vos anunciam o caminho da salvação. [Ela] fez isso por muitos dias. Paulo, indignado, voltou-se para o espírito e disse: em nome de Jesus Cristo, [eu] te ordeno sair dela. E [ele] saiu na mesma hora.

Atos
16:16 a 18

## A libertação da pitonisa

A cidade singularizava-se por seu espírito romano. Havia nas ruas vários templos dedicados aos deuses antigos. E como apenas as mulheres procuravam o recinto da casa de orações, Paulo, com o desassombro que o caracterizava, deliberou fazer pregações do Evangelho na praça pública.

Na mesma época, possuía Filipos uma pitonisa que se celebrizara nas redondezas. Como nas tradições de Delfos, suas palavras eram interpretadas como oráculo infalível. Tratava-se de uma rapariga cujos patrões procuraram mercantilizar seus poderes psíquicos. A mediunidade era utilizada por Espíritos menos evolutivos, que se compraziam em dar palpites sobre motivos de ordem temporal. A situação era altamente rendosa para os que a exploravam descaridosamente. Aconteceu que a jovem estava presente à primeira pregação de Paulo, recebida pelo povo com êxito inexcedível. Terminada a exposição evangélica, os missionários observam a moça que, em grandes brados que impressionavam o público, se põe a exclamar:

— Recebei os enviados do Deus Altíssimo!... Eles anunciam a salvação!...

Paulo e Silas ficaram um tanto perplexos; entretanto, nada replicaram, conservando o incidente no coração, em atitude discreta. No dia seguinte, porém, repetia-se o fato e, durante uma semana, os discípulos do Evangelho ouviram, após as pregações, a entidade que se assenhoreava da jovem, atirando-lhes elogios e títulos pomposos.

O ex-rabino, no entanto, desde a primeira manifestação procurara saber quem era a rapariga anônima e ficou conhecendo os antecedentes do caso. Estimulados pelo ganho fácil, os patrões haviam instalado um gabinete onde a pitonisa atendia às consultas. Ela, por sua vez, de vítima ia passando a sócia da empresa, que pingues eram os rendimentos. Paulo, que nunca se conformou com a mercancia dos bens celestes, percebeu o mecanismo oculto dos acontecimentos e, senhor de todos os particulares do assunto, esperou que o visitante do Invisível novamente aparecesse.

At 16:16 a 18

Assim, terminada a pregação na praça, quando a jovem começou a gritar: "Recebei os mensageiros da redenção! Não são homens, são anjos do Altíssimo!..." — o convertido de Damasco desceu da tribuna a passos firmes e, aproximando-se da locutora dominada por estranha influência, intimou a entidade manifestante, em tom imperativo:

— Espírito perverso, não somos anjos, somos trabalhadores em luta com as próprias fraquezas, por amor ao Evangelho; em nome de Jesus Cristo, ordeno que te retires para sempre! Proíbo-te, em nome do Senhor, estabeleceres confusão entre as criaturas, incentivando interesses mesquinhos do mundo em detrimento dos sagrados interesses de Deus!

Imediatamente, a pobre rapariga recobrou energias e libertou-se da atuação malfazeja.

O fato provocou enorme admiração popular.

O próprio Silas que, de algum modo, se comprazia em ouvir as afirmações da pitonisa, interpretando-as como um conforto espiritual, estava boquiaberto.

Quando se viram a sós, quis lhe dissesse Paulo os motivos que o levaram a semelhante atitude e perguntou-lhe:

— Acaso não falava ela do nome de Deus? Sua propaganda não seria para nós valioso auxílio?

O Apóstolo sorriu e sentenciou:

> At
> 16:16 a 18

— Porventura, Silas, poder-se-á na Terra julgar qualquer trabalho antes de concluído? Aquele Espírito poderia falar em Deus, mas não vinha de Deus. Que fizemos para receber elogios? Dia e noite, estamos lutando contra as imperfeições de nossa alma. Jesus mandou que ensinássemos, a fim de aprendermos duramente. Não ignoras como vivo em batalha com o espinho dos desejos inferiores. Então? Seria justo aceitarmos títulos imerecidos quando o Mestre rejeitou o qualificativo de "bom"? Claro que, se aquele Espírito viesse de Jesus, outras seriam suas palavras. Estimularia nosso esforço, compreendendo nossas fraquezas. Além do mais, procurei informar-me a respeito da jovem e sei que ela é hoje a chave de grande movimento comercial.

Silas impressionou-se com os esclarecimentos mais que justos. Entretanto, dando a entender suas dificuldades para compreendê-los integralmente, acrescentou:

— Todavia, será o incidente uma lição para não entretermos relações com o Plano Invisível?

— Como pudeste chegar a semelhante conclusão? — respondeu o ex-rabino muito admirado. — O Cristianismo sem o profetismo seria um corpo sem alma. Se fecharmos a porta de comunicação com a esfera do Mestre, como receber seus ensinos? Os sacerdotes são homens, os templos são de pedra. Que seria de nossa tarefa sem as luzes do Plano Superior? Do solo brota muito alimento, mas apenas para o corpo; para a nutrição do espírito, é necessário abrir as possibilidades de nossa alma para o Alto e contar com o Amparo Divino. Nesse particular, toda a nossa atividade repousa nas dádivas recebidas. Já pensaste no Cristo sem ressurreição e sem intercâmbio com os discípulos? Ninguém poderá fechar as portas que nos comunicam com o Céu. O Cristo está vivo e nunca morrerá. Conviveu com os amigos, depois do Calvário, em Jerusalém e na Galileia; trouxe uma chuva de luz e sabedoria aos cooperadores galileus, no Pentecostes; chamou-me às portas de Damasco; mandou um emissário para a libertação de Pedro, quando o generoso pescador chorava no cárcere...

A voz de Paulo tinha acentos maravilhosos nessas profundas evocações. Silas compreendeu e calou-se, de olhos rasos de pranto.

(*Paulo e Estêvão*. FEB Editora. Segunda parte — Cap. 6, p. 362 a 365)

At
16:16 a 18

*Vendo os senhores dela que se acabou a esperança de trabalho deles, tomando a Paulo e a Silas, os arrastaram para a praça, perante as autoridades e, conduzindo-os aos pretores, disseram: estes homens, sendo judeus, perturbam a nossa cidade, anunciando costumes que não nos é lícito receber nem praticar, por sermos romanos. Levantou-se a turba contra eles, e os pretores, rasgando as vestes deles, mandaram açoitá-los com varas. Tendo imposto sobre eles muitos golpes, os lançaram na prisão, ordenando ao carcereiro guardá-los com segurança. Ele, recebendo tal ordem, lançou-os na prisão [mais] interna, e prendeu os pés deles no tronco. Por [volta da] meia-noite, Paulo e Silas estavam orando e entoando [hinos/salmos], e os prisioneiros escutavam a eles. De repente, ocorreu um grande terremoto, a ponto de serem sacudidos os alicerces do cárcere; abriram-se imediatamente todas as portas, e todas as amarras foram soltas. Despertando, e vendo as portas da prisão abertas, o carcereiro, puxando a espada, estava prestes a eliminar a si mesmo, supondo terem fugido os prisioneiros. Paulo, porém, bradou em alta voz, dizendo: não te faças nenhum mal, pois todos estamos aqui. Depois de pedir luzes, correu para dentro; ficando trêmulo, prosternou-se [diante de] Paulo e Silas. E conduzindo-os para fora, disse: senhores, que é necessário fazer para que [eu] seja salvo? Eles disseram: crê no Senhor Jesus e serás salvo, tu e a tua casa. E falaram a palavra do Senhor com todos os que [estavam] na sua casa. Tomando eles consigo, naquela [mesma] hora da noite, lavou-lhes as feridas e, imediatamente, ele foi batizado, [como] também todos os seus. Após conduzi-los para a [própria] casa, preparou a mesa; e exultou-se com toda a sua casa, por terem crido em Deus. Ao amanhecer, os pretores enviaram os lictores, dizendo: Soltai aqueles homens. O carcereiro anunciou a Paulo [essas] palavras: os pretores [nos] enviaram para que sejais soltos. Agora, portanto, saí e ide em paz. Paulo, porém, disse para eles: depois de nos açoitar publicamente, sendo [nós] cidadãos romanos, nos lançaram na prisão, e agora nos expulsam secretamente? Nada disso, que venham eles mesmos e nos conduzam para fora. Relataram essas palavras aos pretores e lictores; ao ouvirem que [eles] eram romanos, ficaram com medo. Vindo [eles], rogaram a eles; e, conduzindo-os para fora, pediram que partissem da cidade. Tendo saído da prisão, dirigiram-se para a [casa] de Lídia; vendo os irmãos, os confortaram, e partiram.*

Atos
16:19 a 40

## Prisão e libertação de Paulo e Silas em Filipos

O incidente, entretanto, teria mais vastas repercussões, além daquelas que os Apóstolos do Mestre poderiam esperar. A pitonisa não mais recebeu a visita da entidade que distribuía palpites de toda a sorte. Em vão, os consulentes viciados lhe bateram à porta. Vendo-se privados da renda fácil, os prejudicados fomentaram largo movimento de revolta contra os missionários. Espalhava-se o boato de que Filipos, em virtude da audácia do pregador revolucionário, fora privada da assistência dos Espíritos de Deus. Os fanáticos exaltaram-se. Daí a três dias, Paulo e Silas foram surpreendidos, em plena praça, com um ataque do povo e foram presos a troncos pesadíssimos e flagelados, sem compaixão. Sob os apupos da massa ignorante, submeteram-se, com humildade, ao suplício. Quando sangravam sob as varas impiedosas, houve a intervenção das autoridades e foram então conduzidos ao cárcere, abatidos e cambaleantes. Dentro da noite escura e dolorosa, incapacitados de dormir pelas dores crudelíssimas, os discípulos de Jesus vigiaram em preces ungidas de luminoso fervor. Lá fora, rugia a tempestade em trovões terríveis e ventos sibilantes. Filipos inteira parecia abalada em seus alicerces pela tormenta fragorosa. Passava da meia-noite e os dois Apóstolos oravam em voz alta. Os prisioneiros vizinhos, vendo-os em oração, pareciam acompanhá-los pela expressão do rosto. Paulo contemplou-os, através das grades, e, aproximando-se, a custo, começou a pregar o Reino de Deus. Ao comentar a tempestade imprevista que se abatera sobre o ânimo dos discípulos, enquanto Jesus dormira na barca, um fato maravilhoso feriu os olhos dos encarcerados. As portas pesadas das numerosas celas se abriram sem ruído. Silas ficou lívido. Paulo compreendeu e saiu ao encontro dos companheiros. Continuou pregando as Verdades eternas do Senhor, com entonação impressionante, e, vendo umas dezenas de homens de peito hirsuto, barbas longas, fisionomias taciturnas, como se estivessem plenamente esquecidos do mundo, o Apóstolo dos Gentios falou, com mais entusiasmo, da missão do Cristo e pediu que ninguém tentasse fugir. Os que se reconhecessem culpados agradecessem ao Pai os benefícios da corrigenda; os que se julgassem inocentes dessem expansão ao regozijo, porque só os martírios do Justo podiam salvar o mundo. Esses argumentos de Paulo contiveram toda a estranha e reduzida assembleia. Ninguém procurou alcançar a porta de saída, senão que, reunindo-se em torno daquele desconhecido, que tão bem sabia falar aos desgraçados, muitos se ajoelharam em pranto, convertendo-se ao Salvador que ele anunciava com bondade e energia.

At 16:19 a 40

Ao alvorecer, amainada a tormenta, levanta-se o carcereiro, perturbado pelo vozerio singular. Vendo as portas abertas e temendo a sua responsabilidade, tenta matar-se instintivamente. Paulo, porém, avança e impossibilita-lhe o gesto extremo, explicando-lhe a ocorrência. Todos os encarcerados regressaram humildes ao seu cubículo. Lucano, o carcereiro, converte-se à nova doutrina. Antes que a claridade diurna invadisse a paisagem, ei-lo que traz aos Apóstolos os socorros de emergência, pensando-lhes as feridas, sensibilizado como nunca. Residindo ali mesmo, conduz os discípulos ao interior doméstico, manda servir-lhes alimento e vinho reconfortante. Logo nas primeiras horas, os juízes filipenses são informados dos fatos. Cheios de temor, mandam libertar os pregadores, mas Paulo, desejando oferecer garantias ao serviço cristão que se iniciava na Igreja fundada em casa de Lídia, alega sua condição de cidadão romano, a fim de infundir mais respeito aos magistrados de Filipos pelas ideias do Profeta Nazareno. Recusa a ordem de soltura para exigir a presença dos juízes, que compareçam receosos. O Apóstolo anuncia-lhes o Reino de Deus e, exibindo seus títulos, obriga-os a escutar suas dissertações relativamente a Jesus. Fê-los sabedores dos trabalhos evangélicos que alvoreciam na cidade, com a cooperação de Lídia, e comentou o direito dos cristãos em toda a parte. Os magistrados apresentaram-lhe desculpas, garantiram a manutenção da paz para a Igreja nascente e, alegando a extensão de suas responsabilidades perante o povo, rogaram a Paulo e Silas que deixassem a cidade, para evitar novos tumultos.

At 16:19 a 40

O ex-rabino sentiu-se satisfeito e, voltando à residência da generosa purpureira, em companhia de Silas, que lhe reconhecia a fortaleza, sem dissimular o grande espanto, ali demorou alguns dias traçando o programa dos trabalhos da nova sementeira de Jesus.

(*Paulo e Estêvão*. FEB Editora. Segunda parte — Cap. 6, p. 365 a 366)

*Percorrendo Anfípolis e Apolônia, chegaram a Tessalônica, onde havia uma sinagoga dos judeus. Paulo, segundo seu costume, dirigiu-se a eles e, por três sábados, dialogou com eles, a partir das Escrituras, abrindo e demonstrando que era necessário o Cristo padecer e levantar-se dentre os mortos; e [dizendo] que: "Este é o Cristo Jesus que eu vos anuncio". Alguns deles foram persuadidos e se associaram a Paulo e Silas, assim como numerosa multidão de gregos adoradores e não poucas mulheres proeminentes. Os judeus, porém, tomados de inveja, reunindo alguns varões maus das praças e formando uma turba, alvoroçavam a cidade; aproximando-se da casa de Jason, buscavam conduzi-los para o povo. Porém não os encontrando, arrastaram Jason e alguns irmãos à presença dos magistrados, bradando: estes [são] os que têm perturbado a terra habitada. Eles estão presentes também aqui, os quais Jason hospedou. Todos eles procedem contra os decretos de César, dizendo haver outro rei: Jesus. Ao ouvirem essas [coisas], tanto a turba quanto os magistrados se perturbaram. Tendo recebido a fiança de Jason e dos demais, os soltaram.*

Atos
17:1 a 9

## Paulo e Silas em Tessalônica

Em seguida, rumou para Tessalônica, escalando em todos os recantos em que houvesse sítios ou aldeias à espera de notícias do Salvador.

Nesse novo centro de lutas, reencontraram Lucas e Timóteo que os aguardavam ansiosos. Os trabalhos seguiram ativíssimos. Em toda a parte, os mesmos choques. Judeus preconceituosos, homens de má-fé, ingratos e indiferentes, conluiavam-se contra o ex-doutor de Jerusalém e seus devotados companheiros.

Paulo mantinha-se forte e superior nas mínimas refregas. Sobrevinham dissabores, angústias na praça pública, acusações injustas, calúnias cruéis; poderosas ameaças caíam às vezes, inesperadamente, sobre o desinteresse divino de suas obras, mas o valoroso discípulo do Senhor prosseguia sempre, sereno e firme, através das tormentas, vivendo estritamente do seu trabalho e compelindo os amigos a fazerem o mesmo. Era indispensável que Jesus triunfasse nos corações, esse o seu programa primordial. Desatendia a qualquer capricho, sobrepunha essa realidade a quaisquer conveniências e a missão continuava entre dores e obstáculos formidandos, mas segura e vitoriosa em sua divina finalidade.

At 17:1 a 9

(*Paulo e Estêvão*. FEB Editora. Segunda parte — Cap. 6, p. 366 a 367)

*Imediatamente, os irmãos, durante a noite, enviaram Paulo e Silas para a Bereia, os quais, chegando [lá], se dirigiram à sinagoga dos judeus. Eles eram mais nobres do que os [habitantes] de Tessalônica, já que receberam a palavra com toda solicitude, perscrutando cada dia as Escrituras [para ver] se essas [coisas] eram assim. Assim, muitos dentre eles creram, mulheres gregas proeminentes e não poucos varões. Mas, quando os judeus de Tessalônica souberam que a palavra de Deus fora anunciada por Paulo também na Bereia, foram [até] lá, agitando e perturbando as turbas. Então, imediatamente os irmãos enviaram Paulo para que fosse até o mar, permanecendo ali Silas e Timóteo. Os que acompanhavam Paulo o conduziram até Atenas; e, recebendo ordem para que Silas e Timóteo viessem o mais rápido [possível] até ele, partiram.*

Atos
17:10 a 15

## Paulo e Silas em Bereia

Depois de incontáveis atritos com os judeus em Tessalônica, o ex-rabino resolveu transferir-se para Bereia. Novos labores, novas dedicações e novos martírios. Os trabalhos missionários, iniciados sempre em paz, continuavam debaixo de lutas extremas.

Os judeus rigorosos, de Tessalônica, não faltaram em Bereia. A cidade movimentou-se contra os discípulos do Evangelho, os ânimos exaltaram-se. Lucas, Timóteo e Silas foram obrigados a afastar-se, perambulando pelas aldeias circunvizinhas. Paulo foi preso e açoitado. À custa de grandes sacrifícios dos simpatizantes de Jesus, deram-lhe liberdade, com a condição de retirar-se dentro do menor prazo possível.

O ex-rabino acedeu prontamente. Sabia que atrás de si e por meio de esforços insanos, sempre ficaria uma Igreja doméstica, que se alargaria ao infinito, bafejada pela misericórdia do Mestre, a fim de proclamar a excelência da Boa-Nova.

Era noite, quando os irmãos de ideal conseguiram trazê-lo do cárcere para a via pública. O Apóstolo dos Gentios procurou informar-se sobre os companheiros e soube das vicissitudes que os assoberbavam. Lembrou que Silas e Lucas estavam doentes, que Timóteo necessitava encontrar-se com a sua mãe no porto de Corinto. Era melhor proporcionar aos amigos uma trégua no vórtice das atividades renovadoras. Não seria justo requisitar-lhes a cooperação, quando ele próprio experimentava a necessidade de repouso. Os irmãos de Bereia insistiam pela sua partida. Era uma temeridade provocar novos atritos. Foi aí que Paulo deliberou pôr em prática um velho plano. Visitaria Atenas, satisfazendo um velho ideal. Muitas vezes, impressionado com a cultura helênica recebida em Tarso, alimentara o desejo de conhecer-lhe os monumentos gloriosos, os templos soberbos, o espírito sábio e livre. Quando ainda muito jovem, cogitara dessa visita à cidade magnificente dos velhos deuses, disposto a levar-lhe os tesouros da fé guardados em Jerusalém: procuraria as assembleias cultas e independentes e falaria de Moisés e da sua Lei. Pensando, agora, na realização de tal projeto, considerava que levaria luzes muito mais ricas ao espírito ateniense: anunciaria à cidade famosa o Evangelho de Jesus. Certo, quando falasse na praça pública, não encontraria os tumultos tão do gosto israelita. Antegozava o prazer de falar à multidão afeiçoada ao trato das coisas espirituais. Indubitavelmente, os filósofos esperavam notícias do Cristo, com impaciência. Teriam nas suas pregações evangélicas o verdadeiro sentido da vida.

Embalado por essas esperanças, o Apóstolo dos Gentios decidiu a viagem, acompanhado de alguns amigos mais fiéis. Estes, porém, regressaram das portas atenienses, deixando-o completamente só.

At 17:10 a 15

(*Paulo e Estêvão*. FEB Editora. Segunda parte — Cap. 6, p. 367 a 368)

*Enquanto Paulo esperava por eles em Atenas, o seu espírito se indignava ao contemplar a cidade cheia de ídolos. Assim, dialogava na Sinagoga com os judeus e com os adoradores; e todos os dias, na praça, com os que [lá] estivessem presentes. Alguns dos filósofos epicuristas e estoicos deliberavam em [relação] a ele; alguns diziam: o que quer dizer esse tagarela? E outros: parece ser anunciador de daimones estrangeiros, porque [ele] evangelizava Jesus e a ressurreição. E, tomando-o, o conduziram ao Areópago, dizendo: poderemos saber que novo ensino [é] esse que está sendo falado por ti? Pois trazes aos nossos ouvidos algumas [coisas] que são estranhas. Portanto, queremos saber o que vem a ser isso. Ora, todos os atenienses e os estrangeiros que [lá] residem em nenhum outra [coisa] gastavam o tempo senão em dizer ou ouvir algo novo. Paulo, levantando-se no meio do Areópago, disse: varões atenienses, em todas [as coisas] vos contemplo como os mais tementes aos deuses, pois, atravessando [essa região] e observando os vossos objetos de adoração, encontrei também um altar no qual está inscrito: AO DEUS DESCONHECIDO. Assim, aquele que adorais, desconhecendo, esse eu vos anuncio. O Deus que fez o mundo, e todas as [coisas] que [estão] nele, sendo Senhor do Céu e da Terra, não habita em santuários feitos por mãos [humanas]. Nem é servido por mãos de homens, [como se] tivesse necessidade de algo; ele próprio dá a todos vida, respiração e todas as [coisas]. Fez de [apenas] um todas as nações dos homens, para habitar sobre toda a face da terra, demarcando os tempos predeterminados e os limites atos da habitação deles, a fim de buscarem a Deus se, porventura, o tivessem tateado e encontrado — mesmo não estando longe de cada um de nós. Pois nele vivemos, nos movemos e existimos, como também alguns poetas dentre vós têm dito: "Pois também somos geração dele". Portanto, sendo geração de Deus, não devíamos supor ser a divindade semelhante ao ouro, à prata, à pedra, ao entalhe da arte e da imaginação do homem. Assim, não atentando para os tempos da ignorância, Deus ordena agora a todos os homens, em toda parte, que se arrependam. Porquanto estabeleceu um dia em que está prestes a julgar a terra habitada com justiça, por um varão que definiu, oferecendo a todos um crédito ao levantá-lo dentre os mortos. Ao ouvirem "ressurreição dos mortos", uns zombaram e outros disseram: a respeito disso te ouviremos também outra vez. Desse modo, Paulo saiu do meio dele. Alguns varões, associando-se a ele, creram; entre eles [estava] Dionísio, o areopagita, uma mulher de nome Dâmaris e outros com eles.*

Atos
17:16 a 34

## Paulo em Atenas

Paulo penetrou na cidade, possuído de grande emoção. Atenas ainda ostentava numerosas belezas exteriores. Os monumentos de suas tradições veneráveis estavam quase todos de pé; brandas harmonias vibravam no céu muito azul; vales risonhos atapetavam-se de flores e perfumes. A grande alma do Apóstolo extasiou-se na contemplação da Natureza. Recordou os nobres filósofos que haviam respirado aqueles mesmos ares, rememorou os fastos gloriosos do passado ateniense, sentindo-se transportado a maravilhoso santuário. Entretanto, o transeunte das ruas não lhe podia ver a alma, e de Paulo viram apenas o corpo esquálido que as privações tornaram exótico. Muita gente o tomou por mendigo, farrapo humano da grande massa que chegava, em fluxo contínuo, do Oriente desamparado. O emissário do Evangelho, no entusiasmo de suas generosas intenções, não podia perceber as desencontradas opiniões a seu respeito. Cheio de bom ânimo, resolveu pregar na praça pública, na tarde desse mesmo dia. Ansiava por defrontar o espírito ateniense, tal como já defrontara as grandezas materiais da cidade.

Seu esforço, no entanto, foi seguido de penoso insucesso. Inúmeras pessoas aproximaram-se no primeiro momento, mas, quando lhe ouviram as referências a Jesus e à ressurreição, grande parte dos assistentes rompeu em gargalhadas de irritante ironia.

— Será este filósofo um novo deus? — perguntava um transeunte com ar de pilhéria.

— Está muito desajeitado para tanto — respondia o interpelado.

— Onde já se viu um deus assim? — indagava ainda outro. — Vede como lhe tremem as mãos! Parece doente e enfraquecido. A barba é selvagem e está cheio de cicatrizes!...

— É louco — exclamava um ancião com vastas presunções de sabedoria. — Não percamos tempo.

Paulo tudo ouvia, notou a fila dos retirantes indiferentes e endurecidos e experimentou muito frio no coração. Atenas estava muito distanciada das suas esperanças. A assembleia popular deu-lhe a impressão de enorme ajuntamento de criaturas envenenadas de falsa cultura. Por mais de uma semana perseverou nas pregações públicas sem resultados apreciáveis. Ninguém se interessou por Jesus e, muito menos, em oferecer-lhe hospedagem por uma simples questão de simpatia. Era a primeira vez, desde que iniciara a tarefa missionária, que se retiraria de uma cidade sem fundar uma Igreja. Nas aldeias mais rústicas, sempre aparecia alguém que copiava as anotações de Levi para começar o labor evangélico no recinto humilde de um lar. Em Atenas ninguém apareceu interessado na leitura dos textos evangélicos. Entretanto, foi tanta a insistência de Paulo junto de algumas personagens em evidência que o levaram ao Areópago, para tomar contato com os homens mais sábios e inteligentes da época.

Os componentes do nobre conclave receberam-lhe a visita com mais curiosidade que interesse.

O Apóstolo ali penetrara por mercê de Dionísio, homem culto e generoso, que lhe atendera às solicitações, a fim de observar até onde ia a sua coragem na apresentação da doutrina desconhecida.

Paulo começou impressionando o auditório aristocrático, referindo-se ao "Deus desconhecido", homenageado nos altares atenienses. Sua palavra vibrante apresentava cambiantes singulares; as imagens eram muito mais ricas e formosas que as registradas pelo autor dos *Atos*. O próprio Dionísio estava admirado. O Apóstolo revelava-se-lhe muito diferente de quando o vira na praça pública. Falava com alta nobreza, com ênfase; as imagens revestiam-se de extraordinário colorido, mas, quando começou a discorrer sobre a ressurreição, houve forte e prolongado murmúrio. As galerias riam a bandeiras despregadas, choviam remoques acerados. A aristocracia intelectual ateniense não podia ceder nos seus preconceitos científicos.

At 17:16 a 34

Os mais irônicos deixavam o recinto com gargalhadas sarcásticas, enquanto os mais comedidos, em consideração a Dionísio, aproximavam-se do Apóstolo com sorrisos intraduzíveis, declarando que o ouviriam de bom grado por outra vez, quando não se desse ao luxo de comentar assuntos de ficção.

Paulo ficou, naturalmente, desolado. No momento, não podia chegar à conclusão de que a falsa cultura encontrará sempre, na sabedoria verdadeira, uma expressão de coisas imaginárias e sem sentido. A atitude do Areópago não lhe permitiu chegar ao fim. Em breve, o suntuoso recinto estava quase silencioso. O Apóstolo, então, lembrou que seria preferível arrostar o tumulto dos judeus. Onde houvesse luta, haveria sempre frutos a colher. As discussões e os atritos, em muitos casos, representavam o revolvimento da terra espiritual para a semente divina. Ali, entretanto, encontrara a frieza da pedra. O mármore das colunas soberbas deu-lhe imediatamente a imagem da situação. A cultura ateniense era bela e bem cuidada, impressionava pelo exterior magnífico, mas estava fria, com a rigidez da morte intelectual.

Apenas Dionísio e uma jovem senhora de nome Dâmaris e alguns serviçais do palácio permaneciam a seu lado, extremamente constrangidos, embora propensos à causa.

Não obstante o desapontamento, Paulo de Tarso fez o possível por evitar a nuvem de tristeza que pairava sobre todos, a começar por ele próprio. Ensaiou um sorriso de conformação e tentou algo de bom humor. Dionísio consolidou, ainda mais, sua admiração pelas poderosas qualidades espirituais daquele homem de aparência franzina, tão enérgico e cioso de suas convicções.

At
17:16 a 34

      Antes de se retirarem, Paulo falou na possibilidade de fundar uma Igreja, ainda que fosse em um humilde santuário doméstico, onde se estudasse e comentasse o Evangelho. Todavia, os presentes não regatearam escusas e pretextos. Dionísio afirmou que lamentava não lhe ser possível amparar o cometimento, dada a angústia de tempo; Dâmaris alegou os impedimentos domésticos; os servos do Areópago, um por um, manifestaram dificuldades extremas. Um era muito pobre, outro muito incompreendido, e Paulo recebeu todas as recusas mantendo singular expressão fisionômica, como o semeador que se vê rodeado somente de pedras e espinheiros.

      O Apóstolo dos Gentios despediu-se com serenidade, mas, tão logo se viu só, chorou copiosamente. A que atribuir o doloroso insucesso? Não pôde compreender, imediatamente, que Atenas padecia de seculares intoxicações intelectuais, e, supondo-se desamparado pelas energias do plano superior, o ex-rabino deu expansão a terrível desalento. Não se conformava com a frieza geral, mesmo porque a nova doutrina não lhe pertencia, e sim ao Cristo. Quando não chorava refletindo na própria dor, chorava pelo Mestre, julgando que ele, Paulo, não havia correspondido à expectativa do Salvador.

      Por muitos dias, não conseguiu desfazer a nuvem de preocupações que lhe ensombrou a alma. Todavia, encomendava-se a Jesus e suplicava-lhe proteção para os grandes deveres da sua vida.

      Nesse bulcão de incertezas e amarguras, surgiu o socorro do Mestre ao Apóstolo bem-amado. Timóteo chegara de Corinto, carregado de boas notícias.

(*Paulo e Estêvão*. FEB Editora. Segunda parte — Cap. 6, p. 368 a 371)

*Depois dessas [coisas], retirando-se de Atenas, foi para Corinto. E, encontrando certo judeu, de nome Áquila, pôntico quanto à origem, recentemente chegado da Itália, e Priscila, sua mulher — por ter Cláudio decretado que todos os judeus se retirassem de Roma — aproximou-se deles. Por serem do mesmo ofício, permanecia e trabalhava com eles, pois eram fabricantes de tendas, quanto ao ofício.*

Atos 18:1 a 3

## Paulo em Corinto

O neto de Loide trazia ao ex-rabino muitas novidades confortadoras. Já havia instalado as duas senhoras na cidade, era portador de alguns recursos e falou-lhe do desenvolvimento da Doutrina Cristã na velha capital da Acaia. Uma notícia lhe foi, sobretudo, particularmente grata. É que Timóteo mencionava o encontro com Áquila e Prisca. Aquelas duas criaturas, que se lhe fizeram solidárias nas dificuldades extremas do deserto, trabalhavam agora em Corinto pela glória do Senhor. Alegrou-se íntima, profundamente. Além das muitas razões pessoais que o chamavam a Acaia, isto é, às recordações indeléveis de Jeziel e Abigail, o desejo de abraçar o casal amigo foi também uma circunstância decisiva da sua partida imediata.

O valoroso pregador saía de Atenas assaz abatido. O insucesso, em face da cultura grega, compelia-lhe o espírito indagador aos mais torturantes raciocínios. Começava a compreender a razão por que o Mestre preferira a Galileia com os seus cooperadores humildes e simples de coração; entendia melhor o motivo da palavra franca do Cristo sobre a salvação, e decifrava a sua predileção natural pelos desamparados da sorte.

Timóteo notou-lhe a tristeza singular e debalde procurou convencê-lo da conveniência de seguir por mar, em vista das facilidades no Pireu. Ele fez questão de ir a pé, visitando os sítios isolados no percurso.

— Mas sinto-vos doente — objetava o discípulo, tentando dissuadi-lo. — Não será mais razoável descansardes?

Lembrando os desalentos experimentados, o Apóstolo acentuava:

— Enquanto pudermos trabalhar, há que esmarmos no trabalho um elixir para todos os males. Além do mais, é justo aproveitar o tempo e a oportunidade.

— Julgo, entretanto — justificava o jovem amigo —, que poderíeis adiar um pouco...

— Adiar por quê? — redarguiu o ex-rabino, fazendo o possível por desfazer as mágoas de Atenas. — Sempre tive a convicção de que Deus tem pressa do serviço benfeito. Se isso constitui uma característica de nossas mesquinhas atividades nas coisas deste mundo, como adiar ou faltar com os deveres sagrados de nossa alma, para com o Todo-Poderoso?

O rapaz ponderou no acerto daquelas alegações e calou-se. Assim venceram mais de 60 quilômetros, com alguns dias de marcha e intervalos de prédicas. Nessa tarefa entre gente simples, Paulo de Tarso sentia-se mais feliz. Os homens do campo receberam a Boa-Nova com maior alegria e compreensão. Pequenas igrejas domésticas foram fundadas, não longe do golfo de Sarom.

Enlevado pelas recordações cariciosas de Abigail, atravessou o istmo e penetrou na cidade, movimentada e rumorosa. Abraçou Loide e Eunice em uma casinha do porto de Cencreia e logo procurou avistar-se com os velhos amigos do "oásis de Dã".

Os três abraçaram-se, tomados de infinito júbilo. Áquila e a companheira falaram longamente dos serviços evangélicos, aos quais haviam sido chamados pela Misericórdia de Jesus. De olhos brilhantes, como se houvessem vencido grande batalha, contaram ao Apóstolo haverem realizado o ideal de permanecer em Roma, algum tempo. Como tecelões humildes, habitaram um velho casarão em ruínas, no Trastevere, fazendo as primeiras pregações do Evangelho no ambiente mesmo das pompas cesarianas. Os judeus haviam declarado guerra franca aos novos princípios. Desde o primeiro rebate da Boa-Nova, iniciaram-se grandes tormentas no gueto do bairro pobre e desprotegido. Prisca relatou como um grupo de israelitas apaixonados lhe assaltara o aposento, à noite, com instrumentos de flagelação e castigo. O marido demorava-se na oficina, e assim não pôde ela esquivar-se aos impiedosos açoites. Só muito tarde, fora socorrida por Áquila, que a encontrou banhada em sangue. O Apóstolo tarsense exultava. Contou aos amigos, por sua vez, as dores experimentadas em toda a parte, pelo nome de Jesus Cristo. Aqueles martírios em comum eram apresentados como favores de Jesus, como títulos eternos da sua glória. Quem ama inquieta-se por dar alguma coisa, e os que amavam o Mestre sentiam-se extremamente venturosos em sofrer algo por devotamento ao seu nome.

At 18:1 a 3

Desejoso de reintegrar-se na serenidade de suas realizações ativas, olvidando a frieza ateniense, Paulo comentou o projeto da fundação de uma Igreja em Corinto, ao que Áquila e sua mulher se prontificaram para todos os serviços. Aceitando-lhes o oferecimento generoso, o ex-rabino passou a residir em sua companhia, ocupando-se diariamente do seu ofício.

Corinto era uma sugestão permanente de lembranças queridas do seu coração. Sem comunicar aos amigos as reminiscências que lhe borbulhavam na alma sensível, procurou rever os sítios a que Abigail se referia sempre com enlevo. Com extremo cuidado, localizou a região onde deveria ter existido o pequeno sítio do velho Jochedeb, agora incorporado ao imenso acervo de propriedades dos herdeiros de Licínio Minúcio; contemplou a velha prisão de onde a noiva pudera evadir-se para salvar-se dos celerados que lhe haviam assassinado o pai e escravizado o irmão; meditou no porto de Cencreia, de onde Abigail partira, um dia, para conquistar-lhe o coração, sob os desígnios superiores e imutáveis do Eterno.

Paulo entregou-se, de corpo e alma, ao serviço rude. O labor ativo das mãos proporcionara-lhe brando esquecimento de Atenas. Compreendendo a necessidade de um período de calma, induzira Lucas a descansar em Trôade, já que Timóteo e Silas haviam encontrado trabalho como caravaneiros.

Antes, porém, de retomar as pregações, começaram a chegar a Corinto emissários de Tessalônica, de Bereia e de outros pontos da Macedônia, onde fundara suas bem-amadas Igrejas.

At
18:1 a 3

As comunidades tinham assuntos urgentes, que requeriam delicadas intervenções da sua parte. Sentindo-se em dificuldades para tudo atender com a presteza devida, chamou novamente Silas e Timóteo para a cooperação indispensável. Ambos, valendo-se das oportunidades da profissão, poderiam contribuir de maneira eficaz na solução dos problemas imprevistos.

(*Paulo e Estêvão*. FEB Editora. Segunda parte — Capítulos 6 e 7, p. 373 a 375)

*Dialogava na sinagoga todo sábado, persuadindo tanto judeus como gregos. Assim que Silas e Timóteo desceram da Macedônia, Paulo era absorvido pela palavra, testemunhando aos judeus ser Jesus o Cristo. Opondo-se eles e blasfemando, sacudindo as vestes, [Paulo] disse para eles: sobre a vossa cabeça o vosso sangue. Eu [estou] purificado; a partir de agora irei aos gentios. Tendo partido dali, entrou na casa de alguém, de nome Tício Justo, adorador de Deus, cuja casa era contígua à sinagoga. E Crispo, o chefe da sinagoga, creu no Senhor, com toda a sua casa; também muitos coríntios, ouvindo, criam e eram mergulhados.*

Atos
18:4 a 8

## Divulgação da Boa-Nova em Corinto

Confortado pelo concurso dos amigos, Paulo falou, pela primeira vez, na sinagoga. Sua palavra vibrante logrou êxito extraordinário. Judeus e gregos falaram de Jesus com entusiasmo. O tecelão foi convidado a prosseguir nos comentários religiosos semanalmente, mas, tão logo começou a abordar as relações existentes entre a Lei e o Evangelho, repontaram os atritos. Os israelitas não toleravam a superioridade de Jesus sobre Moisés, e, se consideravam o Cristo como profeta da raça, não o suportavam como Salvador. Paulo aceitou os desafios, mas não conseguiu demover corações tão endurecidos; as discussões prolongaram-se por vários sábados, seguidamente, até que, um dia, quando o verbo inflamado e sincero do Apóstolo zurzia os erros farisaicos com veemência, um dos chefes principais da sinagoga intima-o com aspereza:

— Cala-te, palrador impudente! A sinagoga tem tolerado teus embustes por verdadeiros prodígios de paciência, mas, em nome da maioria, ordeno que te retires para sempre! Não queremos saber do teu Salvador, exterminado como os cães da cruz!...

At 18:4 a 8

Ouvindo expressões tão desrespeitosas ao Cristo, o Apóstolo sentiu os olhos úmidos. Refletiu maduramente na situação e replicou:

— Até agora, em Corinto, procurei dizer a Verdade ao povo escolhido por Deus para o sagrado depósito da unidade divina, mas, se não a aceitais desde hoje, procurarei os gentios!... Caiam sobre vós mesmos as injustas maldições lançadas sobre o nome de Jesus Cristo!...

Alguns israelitas mais exaltados quiseram agredi-lo, provocando tumulto. Mas um romano de nome Tito Justo, presente à assembleia, e que, desde a primeira pregação, sentira-se fortemente atraído pela poderosa personalidade do Apóstolo, aproximou-se e estendeu-lhe os braços de amigo. Paulo pôde sair incólume do recinto, encaminhando-se para a residência do benfeitor, que pôs à sua disposição todos os elementos imprescindíveis à organização de uma Igreja ativa.

O tecelão estava jubiloso. Era a primeira conquista para uma fundação definitiva.

Tito Justo, com auxílio de todos os simpatizantes do Evangelho, adquiriu uma casa para início dos serviços religiosos. Áquila e Prisca foram os principais colaboradores, além de Loide e Eunice, para que se executassem os programas traçados por Paulo, de acordo com a querida organização de Antioquia.

A Igreja de Corinto começou, então, a produzir os frutos mais ricos de espiritualidade. A cidade era famosa por sua devassidão, mas o Apóstolo costumava dizer que dos pântanos nasciam, muitas vezes, os lírios mais belos; e como onde há muito pecado, há muito remorso e sofrimento, em identidade de circunstâncias, a comunidade cresceu, dia a dia, reunindo os crentes mais diversos, que chegavam ansiosos por abandonar aquela Babilônia incendiada pelos vícios.

(*Paulo e Estêvão*. FEB Editora. Segunda parte — Cap. 7, p. 375 a 377)

*O Senhor disse a Paulo, à noite, através de uma visão: não temas, mas fala e não silencies, porque eu estou contigo; e ninguém te atacará para te fazer mal porque tenho um povo numeroso nesta cidade.*

Atos
18:9 a 10

## A visão de Jesus na Igreja de Corinto e o início das epístolas

Com a presença de Paulo, a Igreja de Corinto adquiria singular importância e quase diariamente chegavam emissários das regiões mais afastadas. Eram portadores da Galácia a pedirem providências para as Igrejas da Pisídia; companheiros de Icônio, de Listra, de Tessalônica, de Chipre, de Jerusalém. Em torno do Apóstolo formou-se um pequeno colégio de seguidores, de companheiros permanentes, que com ele cooperavam nos mínimos trabalhos. Paulo, entretanto, preocupava-se intensamente. Os assuntos eram tão urgentes quão variados. Não podia olvidar o trabalho de sua manutenção; assumira compromissos pesados com os irmãos de Corinto; devia estar atento à coleta destinada a Jerusalém; não podia desprezar as comunidades anteriormente fundadas. Aos poucos, compreendeu que não bastava enviar emissários. Os pedidos choviam de todos os sítios por onde perambulara, levando as alvíssaras da Boa-Nova. Os irmãos, carinhosos e confiantes, contavam com a sua sinceridade e dedicação, compelindo-o a lutar intensamente.

Sentindo-se incapaz de atender a todas as necessidades ao mesmo tempo, o abnegado discípulo do Evangelho, valendo-se, um dia, do silêncio da noite, quando a Igreja se encontrava deserta, rogou a Jesus, com lágrimas nos olhos, não lhe faltasse com os socorros necessários ao cumprimento integral da tarefa.

Terminada a oração, sentiu-se envolvido em branda claridade. Teve a impressão nítida de que recebia a visita do Senhor.

Genuflexo, experimentando indizível comoção, ouviu uma advertência serena e carinhosa:

— Não temas — dizia a voz —, prossegue ensinando a Verdade e não te cales, porque estou contigo.

O Apóstolo deu curso às lágrimas que lhe fluíam do coração. Aquele cuidado amoroso de Jesus, aquela exortação em resposta ao seu apelo penetravam-lhe a alma em ondas cariciosas. A alegria do momento dava para compensar todas as dores e padecimentos do caminho. Desejoso de aproveitar a sagrada inspiração do momento que fugia, pensou nas dificuldades para atender às várias igrejas fraternas. Tanto bastou para que a voz dulcíssima continuasse:

At 18:9 a 10

— Não te atormentes com as necessidades do serviço. É natural que não possas assistir pessoalmente a todos, ao mesmo tempo, mas é possível a todos satisfazeres, simultaneamente, pelos poderes do espírito.

Procurou atinar com o sentido justo da frase, mas teve dificuldade íntima de consegui-lo.

Entretanto, a voz prosseguia com brandura:

— Poderás resolver o problema escrevendo a todos os irmãos em meu nome; os de boa vontade saberão compreender, porque o valor da tarefa não está na presença pessoal do missionário, mas no conteúdo espiritual do seu verbo, da sua exemplificação e da sua vida. Doravante, Estêvão permanecerá mais conchegado a ti, transmitindo-te meus pensamentos, e o trabalho de evangelização poderá ampliar-se em benefício dos sofrimentos e das necessidades do mundo.

O dedicado amigo dos gentios viu que a luz se extinguira; o silêncio voltara a reinar entre as paredes singelas da Igreja de Corinto, mas, como se houvera sorvido a água divina das claridades eternas, conservava o espírito mergulhado em júbilo intraduzível. Recomeçaria o labor com mais afinco, mandaria às comunidades mais distantes as notícias do Cristo.

De fato, logo no dia seguinte, chegaram portadores de Tessalônica com notícias desagradabilíssimas. Os judeus haviam conseguido despertar, na Igreja, novas e estranhas dúvidas e contendas. Timóteo corroborava com observações pessoais.

Reclamavam a presença do Apóstolo com urgência, mas este deliberou pôr em prática o alvitre do Mestre e, recordando que Jesus lhe prometera associar Estêvão à divina tarefa, julgou não dever atuar por si só e chamou Timóteo e Silas para redigir a primeira de suas famosas Epístolas.

Assim começou o movimento dessas cartas imortais, cuja essência espiritual provinha da esfera do Cristo, por intermédio da contribuição amorosa de Estêvão — companheiro abnegado e fiel daquele que se havia arvorado, na mocidade, em primeiro perseguidor do Cristianismo.

At 18:9 a 10

Percebendo o elevado espírito de cooperação de todas as obras divinas, Paulo de Tarso nunca procurava escrever só; buscava cercar-se, no momento, dos companheiros mais dignos, socorria-se de suas inspirações, consciente de que o mensageiro de Jesus, quando não encontrasse no seu tono sentimental as possibilidades precisas para transmitir os desejos do Senhor, teria nos amigos instrumentos adequados.

Desde então, as cartas amadas e célebres, tesouro de vibrações de um mundo superior, eram copiadas e sentidas em toda a parte. E Paulo continuou a escrever sempre, ignorando, contudo, que aqueles documentos sublimes, escritos muitas vezes em hora de angústias extremas, não se destinavam a uma igreja particular, mas à cristandade universal. As Epístolas lograram êxito rápido. Os irmãos as disputavam nos rincões mais humildes, por seu conteúdo de consolações, e o próprio Simão Pedro, recebendo as primeiras cópias, em Jerusalém, reuniu a comunidade e, lendo-as comovido, declarou que as cartas do convertido de Damasco deviam ser interpretadas como cartas do Cristo aos discípulos e seguidores, afirmando, ainda, que elas assinalavam um novo período luminoso na história do Evangelho.

(*Paulo e Estêvão*. FEB Editora. Segunda parte — Cap. 7, p. 377 a 379)

*Permaneceu [ali] um ano e seis meses, ensinando entre eles a palavra de Deus. Sendo Gálio procônsul da Acaia, os judeus levantaram-se, unânimes, contra Paulo, e o conduziram ao tribunal, dizendo: ele persuade os homens a adorarem Deus de [maneira] contrária à Lei. Paulo estava prestes a abrir a boca, [quando] disse Gálio para os judeus: se de fato houvesse alguma injustiça ou crime maligno, ó judeus, com razão vos suportaria. Mas, se é discussão a respeito de palavra, de terminologia, e da vossa Lei, olhai vós mesmos! Eu não quero ser juiz dessas [coisas]. E os expulsou do tribunal. Após todos se apoderarem de Sóstenes, o chefe da sinagoga, batiam [nele] diante do tribunal; mas nada disso importava a Gálio.*

Atos
18:11 a 17

## Permanência em Corinto e novos conflitos

Altamente confortado, o ex-doutor da Lei procurou enriquecer a Igreja de Corinto de todas as experiências que trazia da instituição antioquiana. Os cristãos da cidade viviam em um oceano de júbilos indefiníveis. A Igreja possuía seu departamento de assistência aos que necessitavam de pão, de vestuário, de remédios. Venerandas velhinhas revezavam-se na tarefa santa de atender aos mais desfavorecidos. Diariamente, à noite, havia reuniões para comentar uma passagem da vida do Cristo; em seguida à pregação central e ao movimento das manifestações de cada um, todos entravam em silêncio, a fim de ponderar o que recebiam do Céu por meio do profetismo. Os não habituados ao dom das profecias possuíam faculdades curadoras, que eram aproveitadas a favor dos enfermos, em uma sala próxima. O mediunismo evangelizado dos tempos modernos é o mesmo profetismo das Igrejas apostólicas.

Como acontecia, por vezes, em Antioquia, surgiam também ali pequeninas discussões a respeito de pontos mais difíceis de interpretação, que Paulo se apressava a acalmar, sem prejuízo da fraternidade edificadora.

Ao fim dos trabalhos de cada noite, uma prece carinhosa e sincera assinalava o instante de repouso.

A instituição progredia a olhos vistos. Aliando-se à generosidade de Tito Justo, outros romanos de fortuna aproximaram-se do Evangelho, enriquecendo a organização de possibilidades novas. Os israelitas pobres encontravam na Igreja um lar generoso, onde Deus se lhes manifestava em demonstrações de bondade, ao contrário das sinagogas, em cujo recinto, em vez de pão para a fome voraz, de bálsamo para as chagas do corpo e da alma, encontravam apenas a rispidez de preceitos tirânicos, nos lábios de sacerdotes sem piedade.

At 18:11 a 17

Irritados com o êxito inexcedível do empreendimento de Paulo de Tarso, que se demorava na cidade já por um ano e seis meses, tendo fundado um verdadeiro e perfeito abrigo para os "filhos do Calvário", os judeus de Corinto tramaram um movimento terrível de perseguição ao Apóstolo. A sinagoga esvaziava-se. Era necessário extinguir a causa do seu desprestígio social. O ex-rabino de Jerusalém pagaria muito caro a audácia da propaganda do Messias Nazareno em detrimento de Moisés.

Era procônsul da Acaia, com residência em Corinto, um romano generoso e ilustre, que costumava agir sempre de acordo com a justiça, em sua vida pública. Irmão de Sêneca, Júnio Gálio era homem de grande bondade e fina educação. O processo iniciado contra o ex-rabino foi às suas mãos, sem que Paulo tivesse a mínima notícia, e era tão grande a bagagem de acusações levantadas pelos israelitas que o administrador foi compelido a determinar a prisão do Apóstolo para o inquérito inicial. A sinagoga pediu, com particular empenho, que lhe fosse delegada a tarefa de conduzir o acusado ao tribunal. Longe de conhecer o móvel do pedido, o procônsul concedeu a permissão necessária, determinando o comparecimento dos interessados à audiência pública do dia seguinte.

De posse da ordem, os israelitas mais exaltados deliberaram prender Paulo na véspera, num momento em que o fato pudesse escandalizar toda a comunidade.

At
18:11 a 17

À noite, justamente quando o ex-rabino comentava o Evangelho, tomado de profundas inspirações, o grupo armado parou à porta, destacando-se alguns judeus mais eminentes que se dirigiram ao interior.

Paulo ouviu a voz de prisão, com extrema serenidade. Outro tanto, porém, não aconteceu com a assembleia. Houve grande tumulto no recinto. Alguns moços mais exaltados apagaram as tochas, mas o Apóstolo valoroso, em um apelo solene e comovedor, bradou alto:

— Irmãos, acaso quereis o Cristo sem testemunho?

A pergunta ressoou no ambiente, contendo todos os ânimos. Sempre sereno, o ex-rabino ordenou que acendessem as luzes e, estendendo os pulsos para os judeus admirados, disse com acento inesquecível:

— Estou pronto!...

Um componente do grupo, despeitado com aquela superioridade espiritual, avançou e deu-lhe com os açoites em pleno rosto.

Alguns cristãos protestaram, os portadores da ordem de Gálio revidaram com aspereza, mas o prisioneiro, sem demonstrar a mais leve revolta, clamou em voz mais alta:

— Irmãos, regozijemo-nos em Cristo Jesus. Estejamos tranquilos e jubilosos porque o Senhor nos julgou dignos!...

Grande serenidade estabeleceu-se, então, na assembleia. Várias mulheres soluçavam baixinho. Áquila e a esposa dirigiram ao Apóstolo um inolvidável olhar e a pequena caravana demandou o cárcere, na sombra da noite. Atirado ao fundo de uma enxovia úmida, Paulo foi atado ao tronco do suplício e suportou a flagelação dos 39 açoites. Ele próprio estava surpreendido. Sublime paz banhava-lhe o coração de brandos consolos. Não obstante sentir-se sozinho, entre perseguidores cruéis, experimentava nova confiança no Cristo. Nessas disposições, não lhe doíam as vergastadas impiedosas; debalde os verdugos espicaçavam-lhe o espírito ardente, com insultos e ironias. Na prova rude e dolorosa, compreendeu, alegremente, que havia atingido a região de paz divina, no mundo interior, que Deus concede a seus filhos depois das lutas acerbas e incessantes por eles mantidas na conquista de si mesmos. De outras vezes, o amor pela justiça o conduzira a situações apaixonadas, a desejos mal contidos, a polêmicas ríspidas, mas ali, enfrentando os açoites que lhe caíam nos ombros seminus, abrindo sulcos sangrentos, tinha uma lembrança mais viva do Cristo, a impressão de estar chegando aos seus braços misericordiosos, depois de caminhadas terríveis e ásperas, desde a hora em que havia caído às portas de Damasco, sob uma tempestade de lágrimas e trevas. Submerso em pensamentos sublimes, Paulo de Tarso sentiu o seu primeiro grande êxtase. Não mais ouviu os sarcasmos dos algozes inflexíveis, sentiu que sua alma dilatava-se ao infinito, experimentando sagradas emoções de indefinível ventura. Brando sono lhe anestesiou o coração e, somente pela madrugada, voltou a si do caricioso descanso. O sol visitava-o alegre, através das grades. O valoroso discípulo do Evangelho levantou-se bem-disposto, recompôs as vestes e esperou pacientemente.

At 18:11 a 17

Só depois do meio-dia, três soldados desceram ao cárcere das disciplinas judaicas, retirando o prisioneiro para conduzi-lo à presença do procônsul.

Paulo compareceu à barra do tribunal, com imensa serenidade. O recinto estava cheio de israelitas exaltados, mas o Apóstolo notou que a assembleia se compunha, na maioria, de gregos de fisionomia simpática, muitos deles seus conhecidos pessoais dos trabalhos de assistência da Igreja.

Júnio Gálio, muito cioso do seu cargo, sentou-se sob o olhar ansioso dos espectadores cheios de interesse.

O procônsul, de conformidade com a praxe, teria de ouvir as partes em litígio, antes de pronunciar qualquer julgamento, apesar das queixas e acusações exaradas em pergaminho.

Pelos judeus falaria um dos maiores da sinagoga, de nome Sóstenes, mas, como não aparecesse o representante da Igreja de Corinto para a defesa do Apóstolo, a autoridade reclamou o cumprimento da medida sem perda de tempo. Paulo de Tarso, muito surpreendido, rogava intimamente a Jesus fosse o patrono de sua causa, quando se destacou um homem que se prontificava a depor em nome da Igreja. Era Tito Justo, o romano generoso, que não desprezava o ensejo do testemunho. Verificou-se, então, um fato inesperado. Os gregos da assembleia prorromperam em frenéticos aplausos.

Júnio Gálio determinou que os acusadores iniciassem as declarações públicas necessárias.

At 18:11 a 17

Sóstenes entrou a falar com grande aprovação dos judeus presentes. Acusava Paulo de blasfemo, desertor da Lei, feiticeiro. Referiu-se ao seu passado, acrimoniosamente. Contou que os próprios parentes o haviam abandonado. O procônsul ouvia atento, mas não deixou de manter uma atitude curiosa. Com o indicador da direita comprimia um ouvido, sem atender à estupefação geral. O maioral da sinagoga, no entanto, desconcertava-se com aquele gesto. Terminando o libelo tanto apaixonado quanto injusto, Sóstenes interrogou o administrador da Acaia relativamente à sua atitude, que exigia um esclarecimento, a fim de não ser tomada por desconsideração.

Gálio, porém, muito calmo, respondeu fazendo humorismo:

— Suponho não estar aqui para dar satisfação de meus atos pessoais, e sim para atender aos imperativos da justiça. Todavia, em obediência ao código da fraternidade humana, declaro que, a meu ver, todo administrador ou juiz em causa alheia deverá reservar um ouvido para a acusação e outro para a defesa.

Enquanto os judeus franziam o sobrecenho extremamente confundidos, os coríntios riam gostosamente. O próprio Paulo achou muita graça na confissão do procônsul, sem poder disfarçar o sorriso bom que lhe iluminou repentinamente a fisionomia.

Passado o incidente humorístico, Tito Justo aproximou-se e falou sucintamente da missão do Apóstolo. Suas palavras obedeciam a largo sopro de inspiração e beleza espiritual. Júnio Gálio, ouvindo a história do convertido de Damasco, dos lábios de um compatrício, mostrou-se muito impressionado e comovido. De vez em quando, os gregos prorrompiam em exclamações de aplauso e contentamento. Os israelitas compreenderam que perdiam terreno de momento a momento.

Ao fim dos trabalhos, o chefe político da Acaia tomou a palavra para concluir que não via crime algum no discípulo do Evangelho; que os judeus deviam, antes de qualquer acusação injusta, examinar a obra generosa da Igreja de Corinto, porquanto, na sua opinião, não havia agravo dos princípios israelitas; que a só controvérsia de palavras não justificava violências, concluindo pela frivolidade das acusações e declarando não desejar a função de juiz em assunto daquela natureza.

Cada conclusão formulada era ruidosamente aplaudida pelos coríntios.

At 18:11 a 17

Quando Júnio Gálio declarou que Paulo devia considerar-se em plena liberdade, os aplausos atingiram o delírio. A autoridade recomendou que a retirada se fizesse em ordem, mas os gregos aguardaram a descida de Sóstenes e, quando surgiu a figura solene do "mestre", atacaram sem piedade. Estabelecido enorme tumulto na escada longa que separava o Tribunal da via pública, Tito Justo acercou-se aflito do procônsul e pediu que interviesse. Gálio, entretanto, continuando a preparar-se para regressar a casa, dirigiu a Paulo um olhar de simpatia e acrescentou calmamente:

— Não nos preocupemos. Os judeus estão muito habituados a esses tumultos. Se eu, como juiz, resguardei um ouvido, parece-me que Sóstenes deveria resguardar o corpo inteiro, na qualidade de acusador.

E demandou o interior do edifício em atitude impassível. Foi então que Paulo, surgindo no topo da escada, bradou:

— Irmãos, apaziguai-vos por amor ao Cristo!...

A exortação caiu em cheio sobre a turba numerosa e tumultuária. O efeito foi imediato. Cessaram os rumores e os impropérios. Os últimos contendores paralisaram os braços inquietos. O convertido de Damasco acorreu pressuroso em socorrer Sóstenes, cujo rosto sangrava. O acusador implacável do dia foi conduzido à sua residência pelos cristãos de Corinto, por atenderem aos apelos de Paulo, com extremos cuidados.

(*Paulo e Estêvão*. FEB Editora. Segunda parte — Cap. 7, p. 379 a 384)

> Paulo, depois de permanecer ainda consideráveis dias entre os irmãos, apartou-se [deles] e navegou para a Síria — Priscila e Áquila com ele — tendo raspado a cabeça em Cencreia, pois tinha [feito] um voto.

Atos 18:18

## De Corinto a Éfeso — a renovação dos votos em Cencreia

Grandemente despeitados com o insucesso, os israelitas da cidade maquinaram novas investidas, mas o Apóstolo, reunindo a comunidade do Evangelho, declarou que desejava partir para a Ásia, a fim de atender a insistentes chamados de João, na fundação definitiva da Igreja de Éfeso. Os coríntios protestaram amistosamente, procurando retê-lo, mas o ex-rabino expôs com firmeza a conveniência da viagem, contando regressar muito breve. Todos os cooperadores da Igreja estavam desolados. Principalmente Febe, notável colaboradora do seu esforço apostólico em Corinto, não conseguia ocultar as lágrimas do coração. O devotado discípulo de Jesus fez ver que a Igreja estava fundada, solicitando apenas a continuidade de atenção e carinho dos companheiros. Não seria justo, a seu ver, enfrentar novamente a ira dos israelitas, parecendo-lhe razoável esperar o concurso do tempo para as realizações necessárias.

Dentro de um mês, partiu em demanda de Éfeso, levando consigo Áquila e a esposa, que se dispuseram a acompanhá-lo.

Despedindo-se da cidade, teve o pensamento voltado para o pretérito, para as esperanças de ventura terrestre que os anos haviam absorvido. Visitou os sítios onde Abigail e o irmão haviam brincado na infância, saturou-se de recordações suaves e inesquecíveis e, no porto de Cencreia, lembrando a partida da noiva bem-amada, rapou a cabeça, renovando os votos de fidelidade eterna, consoante os costumes populares da época.

(*Paulo e Estêvão*. FEB Editora. Segunda parte — Cap. 7, p. 384)

*Chegaram em Éfeso, e [Paulo] os deixou ali; porém dirigindo-se à sinagoga, ele mesmo dialogou com os judeus. E ao lhe pedirem para permanecer por mais tempo, não anuiu, mas, apartando-se, disse: querendo Deus, retornarei novamente para vós. E fez-se [ao mar] de Éfeso.*

Atos
18:19 a 21

## Passagem por Éfeso

Depois de viagem difícil, repleta de incidentes penosos, Paulo e os companheiros chegaram ao ponto destinado.

A Igreja de Éfeso enfrentava problemas torturantes. João lutava seriamente para que o esforço evangélico não degenerasse em polêmicas estéreis. No entanto, os tecelões chegados de Corinto deram-lhe mão forte na cooperação imprescindível.

Em meio das acaloradas discussões que manteve com os judeus na sinagoga, o ex-rabino não olvidou certas realizações sentimentais que almejava desde muito. Com delicadeza extrema, visitou a mãe de Jesus na sua casinha singela, que dava para o mar. Impressionou-se fortemente com a humildade daquela criatura simples e amorosa, que mais se assemelhava a um anjo vestido de mulher. Paulo de Tarso interessou-se pelas suas narrativas cariciosas a respeito da noite do nascimento do Mestre, gravou no íntimo suas divinas impressões e prometeu voltar na primeira oportunidade, a fim de recolher os dados indispensáveis ao Evangelho que pretendia escrever para os cristãos do futuro. Maria colocou-se à sua disposição, com grande alegria.

O Apóstolo, entretanto, depois de cooperar algum tempo na consolidação da Igreja, considerando que Áquila e Prisca se encontravam bem instalados e satisfeitos, resolveu partir, buscando novos rumos. Debalde os irmãos procuraram dissuadi-lo, rogando ficasse na cidade por mais tempo. Prometendo regressar logo que as circunstâncias permitissem, alegou que precisava ir a Jerusalém, levar a Simão Pedro o fruto da coleta de anos consecutivos nos lugares que percorrera. O filho de Zebedeu, que conhecia o projeto antigo, deu-lhe razão para empreender a viagem sem mais demora.

Como já se encontrassem novamente a seu lado, Silas e Timóteo fizeram-lhe companhia nessa nova excursão.

At 18:19 a 21 (*Paulo e Estêvão*. FEB Editora. Segunda parte — Cap. 7, p. 384 a 385)

*Aportando em Cesareia, depois de subir e saudar a Igreja, desceu para Antioquia. Passado algum tempo, partiu, atravessando sucessivamente a região da Galácia e Frígia, tornando resolutos todos os discípulos.*

Atos
18:22 a 23

## De Éfeso a Antioquia

Por meio de enormes dificuldades, mas pregando sempre a Boa-Nova com verdadeiro entusiasmo devocional, chegaram ao porto de Cesareia, onde permaneceram alguns dias, instruindo os interessados no conhecimento do Evangelho. Dali, dirigiram-se a pé para Jerusalém, distribuindo consolações e curas ao longo do caminho. Chegados à capital do Judaísmo, o ex-pescador de Cafarnaum recebeu-os com júbilos inexcedíveis. Simão Pedro apresentava grande abatimento físico, em virtude das lutas terríveis e incessantes para que a Igreja suportasse, sem maiores abalos, as tempestades primitivas; seus olhos, porém, guardavam a mesma serenidade característica dos discípulos fiéis.

Paulo entregou-lhe, alegremente, a pequena fortuna, cuja aplicação iria assegurar maior independência à instituição de Jerusalém, para o desenvolvimento justo da obra do Cristo. Pedro agradeceu comovido e abraçou-o com lágrimas. Os pobres, os órfãos, os velhos desamparados e os convalescentes teriam doravante uma escola abençoada de trabalho santificante.

Pedro notou que o ex-rabino também estava alquebrado de corpo. Muito magro, muito pálido, cabelos já grisalhos, tudo nele denunciava a intensidade das lutas empenhadas. As mãos e o rosto estavam cheios de cicatrizes.

O ex-pescador, diante do que via, falou-lhe com entusiasmo das suas epístolas, que se espalhavam por todas as Igrejas, lidas com avidez; profundamente experimentado em problemas de ordem espiritual, alegou a convicção de que aquelas cartas provinham de uma inspiração direta do Mestre Divino, observação que Paulo de Tarso recebeu comovidíssimo, dada a espontaneidade do companheiro. Além disso — acrescentava Simão prazerosamente —, não podia haver elemento educativo de tão elevado alcance quanto aquele. Conhecia cristãos da Palestina que guardavam cópias numerosas da mensagem aos tessalonicenses. As Igrejas de Jope e Antipátride, por exemplo, comentavam as Epístolas, frase por frase.

At 18:22 a 23

O ex-rabino sentiu imenso conforto para prosseguir na luta redentora.

Após alguns dias, demandou Antioquia, junto dos discípulos. Descansou algum tempo junto dos companheiros bem-amados, mas sua poderosa capacidade de trabalho não permitia maiores intermitências de repouso.

Nessa época, não passava semana que não recebesse representações de diversas Igrejas, dos pontos mais distantes. Antioquia da Pisídia sumariava dificuldades; Icônio reclamava novas visitas; Bereia rogava providências. Corinto carecia esclarecimentos. Colossos insistia por sua presença breve. Paulo de Tarso, valendo-se dos companheiros da ocasião, enviava-lhes letras novas, a todos atendendo com o maior carinho. Em tais circunstâncias, nunca mais o Apóstolo dos Gentios esteve só na tarefa evangelizadora. Sempre assistido por discípulos numerosos, suas epístolas, que ficariam para os cristãos do futuro, estão, em sua maioria, repletas de referências pessoais, suaves e doces.

Terminando o estágio em Antioquia, voltou ao berço natal, aí falando das Verdades eternas e conseguindo despertar grande número de tarsenses para as realidades do Evangelho. Em seguida, internou-se de novo pelas alturas do Tauro, visitou as comunidades de toda a Galácia e Frígia, levantando o ânimo dos companheiros de fé, no que empregou elevada percentagem de tempo. Nesse afã incansável e incessante, conseguiu arregimentar novos discípulos para Jesus, distribuindo grandes benefícios em todos os recantos iluminados pela sua palavra edificante, porque também ilustrada em fatos.

Em toda parte, lutas sem tréguas, alegrias e dores, angústias e amarguras do mundo, que não chegavam a lhe arrefecer as esperanças nas promessas de Jesus. De um lado, eram os israelitas rigorosos, inimigos ferrenhos e declarados do Salvador; do outro, os cristãos indecisos, vacilando entre as conveniências pessoais e as falsas interpretações. O missionário tarsense, no entanto, conhecendo que o discípulo sincero terá de experimentar as sensações da "porta estreita" todos os dias, nunca se deixou empolgar pelo desânimo, renovando a cada hora o propósito de tudo suportar, agir, fazer e edificar pelo Evangelho, inteiramente entregue a Jesus Cristo.

At 18:22 a 23

(*Paulo e Estêvão*. FEB Editora. Segunda parte — Cap. 7, p. 385 a 387)

Um certo judeu, de nome Apolo, alexandrino quanto à origem, varão eloquente, sendo poderoso nas Escrituras, chegou a Éfeso. Ele era instruído no caminho do Senhor e fervoroso de espírito; falava e ensinava acuradamente a respeito de Jesus, conhecendo somente o mergulho de João. Ele começou a falar abertamente na sinagoga. Depois de ouvi-lo, Priscila e Áquila, tomando-o consigo, explicaram-lhe mais acuradamente o Caminho. Querendo ele atravessar a Acaia, os irmãos, encorajando-o, escreveram para os discípulos o acolherem. Ao chegar, aconselhava muito aqueles que, mediante a graça, haviam crido, pois refutava veementemente os judeus, publicamente, mostrando pelas Escrituras ser Jesus o Cristo. E sucedeu que, estando Apolo em Corinto, Paulo desceu para Éfeso, depois de ter atravessado as regiões [mais] altas, encontrando alguns discípulos. E disse para eles: recebestes, porventura, o Espírito Santo quando crestes? Eles, porém, disseram para ele: ao contrário, nem mesmo ouvimos que existe o Espírito Santo. Disse [Paulo]: em que, pois, fostes mergulhados? Eles disseram: no mergulho de João. Disse Paulo: João realizou o mergulho do arrependimento, dizendo ao povo que cressem naquele que vinha depois dele, isto é, em Jesus. Depois de ouvirem [isso], foram mergulhados em nome do Senhor Jesus. E, impondo-lhes Paulo as mãos, o Espírito Santo veio sobre eles; falavam em línguas e profetizavam. Eles eram, ao todo, cerca de doze varões. E, entrando na sinagoga, falou abertamente por três meses, dialogando e persuadindo-[os] a respeito do Reino de Deus. Porém, como alguns estavam endurecidos e não se persuadiam, falando mal do Caminho diante da multidão, afastando-se deles, [Paulo] separou os discípulos, dialogando [com eles] diariamente na escola de Tirano. Isso aconteceu por dois anos, *a ponto de todos os habitantes da Ásia ouvirem a Palavra do Senhor, tanto judeus quanto gregos.*

Atos
18:24 a 28
e 19:1 a 10

## Paulo e Apolo

Vencidas as lutas indefessas, deliberou regressar a Éfeso, interessado na feitura do Evangelho decalcado nas recordações de Maria.

Não mais encontrou Áquila e Prisca, retornados a Corinto em companhia de um tal Apolo, que se notabilizara por sua cultura entre os recém-convertidos. Embora pretendesse apenas manter algumas conversações mais longas com a filha inesquecível de Nazaré, foi compelido a enfrentar a luta séria com os cooperadores de João. A sinagoga conseguira grande ascendente político sobre a Igreja da cidade, que ameaçava soçobrar. O ex--rabino percebeu o perigo e aceitou a luta, sem reservas. Durante três meses discutiu na sinagoga, em todas as reuniões. A cidade, que se mantinha em dúvidas atrozes, parecia alcançar uma compreensão mais elevada e mais rica de luzes. Multiplicando as curas maravilhosas, Paulo, um dia, tendo imposto as mãos sobre alguns doentes, foi rodeado por claridade indefinível do mundo espiritual. As vozes santificadas, que se manifestavam em Jerusalém e Antioquia, falaram na praça pública. Esse fato teve enorme repercussão e deu maior autoridade aos argumentos do Apóstolo, em contradita aos judeus.

Em Éfeso não se falava de outra coisa. O ex-rabino fora elevado ao apogeu da consideração, de um dia para outro. Os israelitas perdiam terreno em toda a linha. O tecelão valeu-se do ensejo para lançar raízes evangélicas mais fundas nos corações. Secundando o esforço de João, procurou instalar na Igreja os serviços de assistência aos mais desfavorecidos da fortuna. A instituição enriquecia-se de valores espirituais. Compreendendo a importância da organização de Éfeso para toda a Ásia, Paulo de

Atos
18:24 a 28
e 19:1 a 10

Tarso deliberou prolongar, ali, a sua permanência. Vieram discípulos de Macedônia. Áquila e a esposa tinham regressado de Corinto; Timóteo, Silas e Tito cooperavam ativamente visitando as fundações cristãs já estabelecidas. Assim vigorosamente auxiliado, o generoso Apóstolo multiplicava as curas e os benefícios em nome do Senhor. Trabalhando pela vitória dos princípios do Mestre, fez que muitos abandonassem crendices e superstições perigosas, para se entregarem aos braços amorosos do Cristo.

Esse ritmo de trabalho fecundo perdurava há mais de dois anos, quando surgiu um acontecimento de vasta repercussão entre os efésios.

(*Paulo e Estêvão*. FEB Editora. Segunda parte — Cap. 7, p. 387 a 388)

*Assim que essas [coisas] se cumpriram, Paulo colocou em seu espírito ir para Jerusalém, passando pela Macedônia e Acaia, dizendo: depois que eu estiver ali, é necessário ver também Roma. Depois de enviar para a Macedônia dois dos que lhe serviam — Timóteo e Erasto — ele próprio permaneceu [um] tempo na Ásia. Por aquele tempo, aconteceu um alvoroço não pequeno a respeito do Caminho. Pois um ourives, de nome Demétrio, que fazia santuários de prata de Ártemis, proporcionava não pouco trabalho aos artesãos. Tendo reunido esses e os [outros] trabalhadores do ramo, disse: varões, compreendeis que desse trabalho vem a nossa prosperidade. Estais observando e ouvindo que não somente em Éfeso, mas quase em toda Ásia, este Paulo persuadiu e desviou muitas turbas dizendo que não são deuses os que são [feitos] pelas mãos. Não somente há risco, para nós, deste ramo [de negócio] cair em descrédito, mas também de ser menosprezado o grande templo da deusa Ártemis, a qual toda Ásia e [terra] habitada adoram, como também de estar prestes a ser derrubada da sua magnificência. Ouvindo [isso], ficaram cheios de ira e gritavam, dizendo: grande [é] a Ártemis dos efésios! A cidade se encheu do tumulto e arremeteram-se, unânimes, em direção ao teatro, arrebatando os macedônios Gaio e Aristarco, companheiros de viagem de Paulo. E, querendo Paulo dirigir-se ao povo, os discípulos não lhe permitiram. E também alguns dos asiarcas, que eram seus amigos, enviando para ele [um recado], o exortavam a não se expor no Teatro. Outros, no entanto, gritavam outra coisa, pois a assembleia estava confusa; e a maioria não sabia por qual razão estavam reunidos. [Alguns] da turba instruíram Alexandre, quando os judeus lhe propuseram [o problema]. Alexandre, fazendo sinal com a mão, queria apresentar defesa ao povo. Ao reconhecerem que [ele] era judeu, surgiu de todos uma só voz, gritando por cerca de duas horas: grande [é] a Ártemis dos efésios! O escriba, tendo acalmado a turba, disse: varões efésios, quem há, pois, [dentre] os homens que não saiba ser a cidade dos efésios a guardiã do templo da grande Ártemis e da [estátua] caída de Zeus? Portanto, sendo incontestável essas [coisas], é necessário permanecerdes vós acalmados, nada fazendo precipitadamente. Pois conduzistes esses varões [que] não [são] sacrílegos nem estão blasfemando a nossa deusa. Portanto, se Demétrio e os artesãos que [estão] com ele têm [alguma] coisa contra alguém, há procônsules e são conduzidas sessões [da Corte de Justiça]: que se acusem uns aos outros! Todavia, se buscais algo além [disso], será resolvido em assembleia legal. Pois também corremos o risco de sermos acusados de motim, com respeito a hoje, não havendo nenhum motivo acerca do qual poderemos dar conta a respeito deste tumulto. Dizendo estas [coisas], dissolveu a assembleia.*

Atos
19:21 a 40

## Tumulto em Éfeso

A cidade votava um culto especial à deusa Diana. Pequeninas estátuas, imagens fragmentárias da divindade mitológica surgiam em todos os cantos, bem como nos adornos da população. A pregação de Paulo, entretanto, modificara as preferências do povo. Quase ninguém se interessava mais pela aquisição das imagens da deusa. Esse culto, porém, era tão lucrativo que os ourives da época, chefiados por um artífice de nome Demétrio, iniciaram veemente protesto perante as autoridades competentes.

Os prejudicados alegavam que a campanha do Apóstolo aniquilava as melhores tradições populares da cidade notável e florescente. O culto a Diana vinha dos antepassados e merecia mais respeito; além disso, toda uma classe de homens válidos ficava sem trabalho.

Demétrio movimentou-se. Os ourives reuniram-se e pagaram amotinadores. Sabiam que Paulo falaria no teatro naquela mesma noite que sucedeu às combinações definitivas. Pagos pelos artífices, os maliciosos começaram a espalhar boatos entre os mais crédulos. Insinuavam que o ex-rabino preparava-se para arrombar o Templo de Diana, a fim de queimar os objetos do culto. Acrescentavam que a malta iconoclasta sairia do teatro para executar o projeto sinistro. Irritaram-se os ânimos. O plano de Demétrio calava fundo na imaginação dos mais simplórios. Ao entardecer, grande massa popular postou-se na vasta praça, em atitude expectante. A noite fechou, a multidão crescia sempre. Ao acenderem-se no teatro as primeiras luzes, os ourives acreditaram que o Apóstolo lá estivesse. Com imprecações e gestos ameaçadores, a multidão avançou em furiosa grita, mas somente Gaio e Aristarco, irmãos da Macedônia, ali se encontravam, preparando o ambiente das pregações da noite. Ambos foram presos pelos exaltados. Verificando a ausência do ex-rabino, a massa inconsciente encaminhou-se para a tenda de Áquila e Prisca. Paulo, no entanto, lá não estava. A oficina singela do casal cristão foi totalmente desmantelada a golpes impiedosos. Teares quebrados, peças de couro atiradas à rua, furiosamente. Por fim o casal foi preso, sob os apupos da turba exacerbada.

At 19:21 a 40

A notícia espalhou-se com extrema rapidez. A coluna revolucionária arrebanhava aderentes em todas as ruas, dado o seu caráter festivo. Debalde acorreram soldados para conter a multidão. Os maiores esforços tornavam-se inúteis. De vez em quando Demétrio assomava a uma tribuna improvisada e dirigia-se ao povo envenenando os ânimos.

Recolhido à residência de um amigo, Paulo de Tarso inteirou-se dos fatos graves que se desenrolavam por sua causa. Seu primeiro impulso foi seguir logo ao encontro dos companheiros capturados, para libertá-los, mas os irmãos impediram-lhe a saída. Essa noite dolorosa ficaria inesquecível em sua vida. Ao longe, ouvia-se a gritaria estentórica: "Grande é a Diana de Éfeso! Grande é a Diana de Éfeso!" O Apóstolo, porém, constrangido à força, pelos companheiros, teve que desistir de esclarecer a massa popular na praça pública.

Só muito tarde, o escrivão da cidade conseguiu falar ao povo, concitando-o a levar a causa a juízo, abandonando o louco propósito de fazer justiça pelas próprias mãos.

A assembleia dispersou-se, pouco antes da meia-noite, mas só atendeu à autoridade depois de ver Gaio, Aristarco e o casal de tecelões trancafiados na enxovia.

At
19:21 a 40

No dia seguinte, o generoso Apóstolo dos Gentios foi, em companhia de João, observar os destroços da tenda de Áquila. Tudo em frangalhos na via pública. Paulo refletiu com imensa mágoa nos amigos presos e falou ao filho de Zebedeu, com os olhos mareados de lágrimas:

— Como tudo isto me contrista! Áquila e Prisca têm sido meus companheiros de luta, desde as primeiras horas da minha conversão a Jesus. Por eles devia eu sofrer tudo, pelo muito amor que lhes devo; assim, não julgo razoável que sofram por minha causa.

— A causa é do Cristo! — respondeu João com acerto.

O ex-rabino pareceu conformar-se com a observação e sentenciou:

— Sim, o Mestre nos consolará.

E, depois de concentrar-se longamente, murmurou:

— Estamos em lutas incessantes na Ásia, há mais de vinte anos... Agora, preciso retirar-me de Jônia, sem demora. Os golpes vieram de todos os lados. Pelo bem que desejamos, fazem-nos todo o mal que podem. Ai de nós se não trouxéssemos as marcas do Cristo Jesus!

O pregador valoroso, tão desassombrado e resistente, chorava! João percebeu, contemplou-lhe os cabelos prematuramente encanecidos e procurou desviar o assunto:

— Não te vás por enquanto — disse solícito —, ainda és necessário aqui.

— Impossível — respondeu com tristeza —, a revolução dos artífices continuaria. Todos os irmãos pagariam caro a minha companhia.

— Mas não pretendes escrever o Evangelho, consoante as recordações de Maria? — perguntou melifluamente o filho de Zebedeu.

— É verdade — confirmou o ex-rabino com serenidade amarga —, entretanto, é forçoso partir. Caso não mais volte, enviarei um companheiro para colher as devidas anotações.

— Contudo, poderias ficar conosco.

O tecelão de Tarso fitou o companheiro com tranquilidade, e explicou em atitude humilde:

— Talvez estejas enganado. Nasci para uma luta sem tréguas, que deverá prevalecer até o fim dos meus dias. Antes de encontrar as luzes do Evangelho, errei criminosamente, embora com o sincero desejo de servir a Deus. Fracassei, muito cedo, na esperança de um lar. Tornei-me odiado de todos, até que o Senhor se compadecesse de minha situação miserável, chamando-me às portas de Damasco. Então, estabeleceu-se um abismo entre minha alma e o passado. Abandonado pelos amigos da infância, tive de procurar o deserto e recomeçar a vida. Da tribuna do Sinédrio, regressei ao tear pesado e rústico. Quando voltei a Jerusalém, o Judaísmo considerou-me doente e mentiroso. Em Tarso experimentei o abandono dos parentes mais caros. Em seguida, recomecei em Antioquia a tarefa que me conduzia ao serviço de Deus. Desde então, trabalhei sem descanso, porque muitos séculos de serviço não dariam para pagar quanto devo ao Cristianismo. E saí às pregações. Peregrinei por diversas cidades, visitei centenas de aldeias, mas de nenhum lugar me retirei sem luta áspera. Sempre saí pela porta do cárcere, pelo apedrejamento, pelo golpe dos açoites. Nas viagens por mar, já experimentei o naufrágio mais de uma vez; nem mesmo no bojo estreito de uma embarcação, tenho podido evitar a luta, mas Jesus me tem ensinado a sabedoria da paz interior, em perfeita comunhão de seu amor.

At 19:21 a 40

Essas palavras eram ditas em tom de humildade tão sincera que o filho de Zebedeu não conseguia esconder sua admiração.

— És feliz, Paulo — disse ele convicto —, porque entendeste o programa de Jesus a teu respeito. Não te doa a recordação dos martírios sofridos, porque o Mestre foi compelido a retirar-se do mundo pelos tormentos da cruz. Regozijemo-nos com as prisões e sofrimentos. Se o Cristo partiu sangrando em feridas tão dolorosas, não temos o direito de acompanhá-lo sem cicatrizes...

O Apóstolo dos Gentios prestou enorme atenção a essas palavras consoladoras e murmurou:

— É verdade!...

— Além do mais — acrescentou o companheiro emocionado —, devemos contar com calvários numerosos. Se o Cordeiro Imaculado padeceu na cruz da ignomínia, de quantas cruzes necessitaremos para atingir a redenção? Jesus veio ao mundo por imensa misericórdia. Acenou-nos brandamente, convocando-nos a uma vida melhor... Agora, meu amigo, como os antepassados de Israel, que saíram do cativeiro do Egito à custa de sacrifícios extremos, precisamos fugir da escravidão dos pecados, violentando-nos a nós mesmos, disciplinando o espírito, a fim de nos juntarmos ao Mestre, correspondendo à sua imensa bondade.

Paulo meneou a cabeça, pensativo, e acentuou:

— Desde que o Senhor se dignou convocar-me ao serviço do Evangelho, não tenho meditado em outra coisa.

Nesse ritmo cordial conversaram muito tempo, até que o Apóstolo dos Gentios concluiu mais confortado:

— O que de tudo concluo é que minha tarefa no Oriente está finda. O espírito de serviço exige que me vá além... Tenho a esperança de pregar o Evangelho do Reino em Roma, na Espanha e entre os povos menos conhecidos...

Seu olhar estava cheio de visões gloriosas e João murmurou humildemente:

— Deus abençoará os teus caminhos.

(*Paulo e Estêvão*. FEB Editora. Segunda parte — Cap. 7, p. 388 a 391)

*Depois de cessar o tumulto, Paulo convocou os discípulos, exortou-os, saudou-os e saiu, indo para a Macedônia. Passando por aquelas regiões e exortando-os com muitas palavras, chegou à Grécia. Transcorridos três meses, e ocorrendo um complô contra ele por [parte] dos judeus, estando prestes a navegar para a Síria, surgiu a decisão de retornar pela Macedônia. Acompanharam-no Sópatro, de Bereia, filho de Pirro; Aristarco e Secundo, de Tessalônica; Gaio, de Derbe, e Timóteo; Tíquico e Trófimo, da Ásia. Eles, precedendo-nos, permaneceram em Trôade.*

Atos
20:1 a 5

## Paulo na Macedônia e na Grécia

Demorou-se ainda em Éfeso, movimentando os melhores empenhos a favor dos prisioneiros. Conseguida a liberdade dos detentos, resolveu deixar a Jônia dentro do menor prazo possível. Estava, porém, profundamente abatido. Dir-se-ia que as últimas lutas haviam cooperado no desmantelo de suas melhores energias. Acompanhado de alguns amigos, dirigiu-se para Trôade, onde se demorou alguns dias, edificando os irmãos na fé. A fadiga, entretanto, acentuava-se cada vez mais. As preocupações enervaram-no. Experimentava no íntimo profunda desolação, que a insônia agravava dia a dia. Paulo, que nunca esquecera a ternura dos irmãos de Filipos, deliberou, então, procurar ali um abrigo, ansioso de repousar alguns momentos. O Apóstolo foi acolhido com inequívocas provas de carinho e consideração. As crianças da instituição desdobraram-se em demonstrações de afetuosa ternura. Outra agradável surpresa ali o esperava: Lucas encontrava-se acidentalmente na cidade e foi abraçá-lo. Esse encontro reanimou-lhe o ânimo abatido. Avistando-se com o amigo, o médico alarmou-se. Paulo pareceu-lhe extremamente debilitado, triste, não obstante a fé inabalável que lhe nutria o coração e transbordava dos lábios. Explicou que estivera doente, que muito sofrera nas últimas pregações de Éfeso, que estava sozinho em Filipos, depois do regresso de alguns amigos que o haviam acompanhado, que os colaboradores mais fiéis haviam partido para Corinto, onde o aguardavam.

Muito surpreendido, Lucas tudo ouviu silencioso e perguntou:

— Quando partirás?

— Pretendo ficar duas semanas.

E depois de vaguear os olhos na paisagem, concluiu em tom quase amargo:

— Aliás, meu caro Lucas, julgo ser esta a última vez que descanso em Filipos...

— Por quê? Não há motivos para pressentimentos tão tristes.

Paulo notou a preocupação do amigo e apressou-se a desfazer-lhe as primeiras impressões:

— Suponho que terei de partir para o Ocidente — esclareceu com um sorriso.

— Muito bem! — respondeu Lucas reanimado. — Vou ultimar os assuntos que aqui me trouxeram e irei contigo a Corinto.

O Apóstolo alegrou-se. Rejubilava-se com a presença de um companheiro dos mais dedicados. Lucas também estava satisfeito com a possibilidade de assisti-lo na viagem. Com grande esforço procurava dissimular a penosa impressão que a saúde do Apóstolo lhe causara. Magríssimo, rosto pálido, olhos encovados, o ex-rabino dava a impressão de profunda miséria orgânica. O médico, no entanto, fez o possível por ocultar suas dolorosas conjeturas.

Como de hábito, Paulo de Tarso, durante a viagem até Corinto, falou do projeto de chegar a Roma, para levar à capital do Império a mensagem do amor do Cristo Jesus. A companhia de Lucas, a mudança das paisagens revigoravam-lhe as forças físicas. O próprio médico estava surpreendido com a reação natural daquele homem de vontade poderosa.

Pelo caminho, por intermédio das pregações ocasionais de um longo itinerário, juntaram-se-lhes alguns companheiros mais devotados.

Novamente em Corinto, o ex-rabino ratificou as suas epístolas, reorganizou amorosamente os quadros de serviços da

Igreja e, no círculo dos mais íntimos, não falava de outra coisa senão do grandioso projeto de visitar Roma, no intuito de auxiliar os cristãos, já existentes na cidade dos Césares, a estabelecerem instituições semelhantes às de Jerusalém, de Antioquia, de Corinto e outros pontos mais importantes do Oriente. Nesse meio tempo, readquiriu as energias latentes do organismo debilitado. Desdobrava-se no plano, coordenando ideias e mais ideias do programa colimado, na imperial metrópole. Aventou numerosas providências. Pensou em preparar sua chegada, fazendo-a preceder de carta na qual recapitulasse a doutrina consoladora do Evangelho e nomeasse, com saudações afetuosas, todos os irmãos do seu conhecimento no ambiente romano. Áquila e Prisca tinham voltado de Éfeso para a capital do Império, no intuito de recomeçar a vida. Seriam auxiliares diletos. Para esse fim, Paulo empregou alguns dias na redação do célebre documento, concluindo-o com uma carga de saudações particulares e extensas. Foi aí que se verificou um episódio escassamente conhecido pelos seguidores do Cristianismo. Considerando que todos os irmãos e pregadores eram criaturas excessivamente ocupadas nos mais variados misteres e que Paulo custaria a encontrar portador para a missiva famosa, a irmã de nome Febe, grande cooperadora do Apóstolo dos Gentios no porto de Cencreia, comunicou-lhe que teria de ir a Roma, em visita a parentes, e se oferecia, de bom grado, a levar o documento destinado a iluminar a cristandade póstera.

At 20:1 a 5

Paulo exultou de contentamento, aliás, extensivo a toda a confraria. A Epístola foi terminada com enorme entusiasmo e júbilo. Tão logo partiu a emissária heroica, o ex-rabino reuniu a pequena comunidade dos discípulos diletos para assentar as bases definitivas da grande excursão. Começou explicando que o inverno começava, mas, tão depressa voltasse o tempo de navegação, embarcaria para Roma. Depois de justificar a excelência do plano, visto já estar implantado o Evangelho nas regiões mais importantes do Oriente, pediu aos amigos íntimos lhe dissessem como e até que ponto lhes seria possível auxiliá-lo. Timóteo alegou que Eunice não podia, no momento, dispensar seus cuidados, dado o falecimento da veneranda Loide. Segundo expôs,

At
20:1 a 5

precisava regressar a Tessalônica e Aristarco o secundou nesse parecer. Sópater falou de suas dificuldades em Bereia. Gaio pretendia partir para Derbe no dia seguinte. Tíquico e Trófimo alegaram a necessidade urgente de irem a Éfeso, de onde pretendiam mudar para Antioquia, berço natal de ambos. Quase todos os demais estavam impossibilitados de participar da excursão. Apenas Silas afirmou que poderia fazê-lo, fosse como fosse. Chegada, porém, a vez de Lucas, que se mantivera até então calado, disse ele estar pronto e resolvido a compartilhar dos trabalhos e alegrias da missão de Roma. De toda a assembleia, dois apenas poderiam acompanhá-lo. Paulo, todavia, mostrou-se conformado e satisfeitíssimo. Bastavam-lhe Silas e Lucas, habituados aos seus métodos de propaganda e com os mais belos títulos de trabalho e dedicação à causa de Jesus.

Tudo corria às maravilhas, o plano combinado auspiciava grandes esperanças, quando, no dia imediato, um peregrino, pobre e triste, surgia em Corinto, desembarcado de uma das últimas embarcações chegadas ao Peloponeso para a ancoragem longa do inverno. Vinha de Jerusalém, bateu às portas da Igreja e procurou insistentemente por Paulo, a fim de entregar-lhe uma carta confidencial. Defrontando o singular mensageiro, o Apóstolo surpreendeu-se. Tratava-se do irmão Abdias, a quem Tiago incumbira de entregar a carta ao ex-rabino. Este tomou-a e desdobrou-a um tanto nervoso.

À medida que ia lendo, mais pálido se fazia.

Tratava-se de um documento particular da mais alta importância. O filho de Alfeu comunicava ao ex-doutor da Lei os dolorosos acontecimentos que se desenrolavam em Jerusalém. Tiago avisava que a Igreja sofria nova e violentíssima perseguição do Sinédrio. Os rabinos haviam decidido reatar o fio das torturas infligidas aos cristãos. Simão Pedro fora banido da cidade. Grande número de confrades era alvo de novas perseguições e martírios. A Igreja fora assaltada por fariseus sem consciência e só não sofrera depredações de maior vulto em virtude do respeito que o povo lhe consagrava. Dentro de suas atitudes conciliatórias, conseguira aplacar os ânimos mais exaltados, mas o Sinédrio alegava a necessidade de um entendimento com Paulo, a fim de conceder tréguas. A ação do Apóstolo dos Gentios, incessante e ativa, conseguira lançar as sementes de Jesus em toda a parte. De todos os lados, o Sinédrio recebia consultas, reclamações, notícias alarmantes. As sinagogas iam ficando desertas. Tal situação requeria esclarecimentos. Baseado nesses pretextos, o maior Tribunal dos israelitas desfechara tremendos ataques contra a organização cristã em Jerusalém. Tiago relatava os acontecimentos com grande serenidade e rogava a Paulo de Tarso não abandonasse a Igreja naquela hora de lutas acerbas. Ele, Tiago, estava envelhecido e cansado. Sem a colaboração de Pedro, temia sucumbir. Pedia, então, ao convertido de Damasco fosse a Jerusalém, afrontasse as perseguições por amor a Jesus, para que os doutores do Sinédrio e do Templo ficassem bastantemente esclarecidos. Acreditava que lhe não poderia advir nenhum mal, porquanto o ex-rabino saberia melhor dirigir-se às autoridades religiosas para que a causa lograsse justo êxito. A viagem a Jerusalém teria somente um objetivo: esclarecer o Sinédrio como se fazia indispensável. Depois disso, que Tiago considerava de suma importância para salvar a Igreja da capital do Judaísmo, Paulo voltaria tranquilo e feliz para onde lhe aprouvesse.

At 20:1 a 5

A mensagem estava crivada de exclamações amargas e de apelos veementes.

Paulo de Tarso terminou a leitura e lembrou o passado. Com que direito lhe fazia o Apóstolo galileu semelhante pedido? Tiago sempre se colocara em posição antagônica. Em que pesasse sua índole impetuosa, franca, inquebrantável, não podia odiá-lo; entretanto, não se sentia perfeitamente afim com o filho de Alfeu, a ponto de se tornar seu companheiro adequado em lance tão difícil. Procurou um recanto solitário da Igreja, sentou e meditou. Experimentando certas relutâncias íntimas em renunciar à partida para Roma, não obstante o projeto formulado em Éfeso nas vésperas da revolução dos ourives, de só visitar a capital do Império depois de nova excursão a Jerusalém, procurou consultar o Evangelho, por desfazer tão grande perplexidade. Desenrolou os pergaminhos e, abrindo-os ao acaso, leu a advertência das anotações de Levi: "Concilia-te depressa com o teu adversário".

Diante dessas palavras judiciosas, não dissimulou o assombro, recebendo-as como um alvitre divino para que não desprezasse a oportunidade de estabelecer com o Apóstolo galileu os laços sacrossantos da mais pura fraternidade. Não era justo alimentar caprichos pessoais na obra do Cristo. No feito em perspectiva, não era Tiago o interessado na sua presença em Jerusalém: era a Igreja, era a sagrada instituição que se tornara tutora dos pobres e dos infelizes. Provocar as iras farisaicas sobre ela não seria lançar uma tempestade de imprevisíveis consequências para os necessitados e desfavorecidos do mundo? Recordou a juventude e a longa perseguição que chegara a mover contra os discípulos do Crucificado. Teve a nítida recordação do dia em que efetuara a prisão de Pedro entre os aleijados e os enfermos que o cercavam, soluçantes. Lembrou que Jesus o chamara para o divino serviço, às portas de Damasco; que, desde então, sofrera e pregara, sacrificando-se a si mesmo e ensinando as Verdades eternas, organizando igrejas amorosas e acolhedoras, onde os "filhos do Calvário" tivessem consolo e abrigo, de conformidade com as exortações de Abigail; e assim chegou à conclusão de que devia aos sofredores de Jerusalém alguma coisa que era preciso restituir. Em outros tempos, fomentara a confusão, privara-os da assistência carinhosa de Estêvão, iniciara banimentos impiedosos. Muitos doentes foram obrigados a renegar o Cristo em sua presença, na cidade dos rabinos. Não seria aquela a ocasião adequada para resgatar a dívida enorme? Paulo de Tarso, iluminado agora pelas mais santas experiências da vida, com o Mestre Amado, levantou-se e a passos resolutos dirigiu-se ao portador que o esperava em atitude humilde:

— Amigo, vem descansar, que bem precisas. Levarás a resposta em breves dias.

— Ireis a Jerusalém? — interrogou Abdias com certa ansiedade, como se conhecesse a importância do assunto.

— Sim — respondeu o Apóstolo.

O emissário foi tratado com todo o carinho. Paulo procurou ouvir-lhe as impressões pessoais sobre a perseguição novamente desfechada contra os discípulos do Cristo, buscou firmar ideias sobre o que competia fazer, mas não conseguia furtar-se a certas preocupações imperiosas e aparentemente insolúveis. Como proceder em Jerusalém? Que espécie de esclarecimentos deveria prestar aos rabinos do Sinédrio? Qual o testemunho que competia dar?

Grandemente apreensivo, adormeceu aquela noite, depois de pensamentos torturantes e exaustivos. Sonhou, porém, que se encontrava em longa e clara estrada tonalizada de maravilhosos clarões opalinos. Não dera muitos passos, quando foi abraçado por duas entidades carinhosas e amigas. Eram Jeziel e Abigail, que o enlaçavam com indizível carinho. Extasiado, não pôde murmurar uma palavra. Abigail agradeceu-lhe a ternura das lembranças comovidas em Corinto, falou-lhe dos júbilos do seu coração e rematou com alegria:

At 20:1 a 5

— Não te inquietes, Paulo. É preciso ir a Jerusalém para o testemunho imprescindível.

No íntimo, o Apóstolo reconsiderava o plano de excursão a Roma, no seu nobre intuito de ensinar as Verdades cristãs na sede do Império. Bastou pensá-lo para que a voz querida se fizesse ouvir novamente, em timbre familiar:

— Tranquiliza-te, porque irás a Roma cumprir um sublime dever; não, porém, como queres, mas de acordo com os desígnios do Altíssimo...

E logo esboçando angelical sorriso:

— Depois, então, será a nossa união eterna em Jesus Cristo, para a divina tarefa do Amor e da Verdade à luz do Evangelho.

Aquelas palavras caíram-lhe na alma com a força de uma profunda revelação. O Apóstolo dos Gentios não saberia explicar o que se passou no âmago do seu espírito. Sentia, simultaneamente, dor e prazer, preocupação e esperança. A surpresa pareceu impedir o seguimento da visão inesquecível. Jeziel e a irmã, endereçando-lhe gestos amorosos, pareciam desaparecer em uma faixa de névoas transparentes. Acordou em sobressalto e concluiu, desde logo, que devia preparar-se para os derradeiros testemunhos.

No dia seguinte, convocou uma reunião dos amigos e companheiros de Corinto. Mandou que Abdias explicasse, de viva voz, a situação de Jerusalém e expôs o plano de passar pela capital do Judaísmo antes de seguir para Roma. Todos compreenderam os sagrados imperativos da nova resolução. Lucas, todavia, adiantou-se e perguntou:

— De acordo com a modificação do projeto, quando pretendes partir?

— Dentro de poucos dias — respondeu resoluto.

— Impossível — respondeu o médico —, não poderemos concordar com a tua viagem, a pé, a Jerusalém; além de tudo, precisas descansar alguns dias depois de tantas lutas.

O ex-rabino refletiu um momento e concordou:

— Tens razão. Ficarei em Corinto algumas semanas; no entanto, pretendo fazer a viagem por etapas, no intuito de visitar as comunidades cristãs, pois tenho a intuição de minha partida breve para Roma e de que não mais verei as igrejas amadas, em corpo mortal...

Essas palavras eram pronunciadas em tom melancólico. Lucas e os demais companheiros ficaram silenciosos e o Apóstolo continuou:

— Aproveitarei o tempo instruindo Apolo sobre os trabalhos indispensáveis do Evangelho, nas diversas regiões da Acaia.

Em seguida, desfazendo a impressão de suas afirmativas menos animadoras, no tocante à viagem a Roma, incutiu novo alento ao auditório, emitindo conceitos otimistas e esperançosos. Traçou vasto programa para os discípulos, recomendando atividades à maioria, entre as comunidades de toda a Macedônia, a fim de que todos os irmãos estivessem a postos para as suas despedidas; outros foram despachados para a Ásia com idênticas instruções.

Decorridos três meses de permanência em Corinto, novas perseguições dos judeus foram desfechadas contra a instituição. A sinagoga principal da Acaia havia recebido secretas notificações de Jerusalém. Nada menos que a eliminação do Apóstolo, a qualquer preço. Paulo percebeu a insídia e despediu-se prudentemente dos coríntios, partindo em companhia de Lucas e Silas, a pé, para visitar as Igrejas de Macedônia.

Por toda a parte pregou a palavra do Evangelho, convencido de que era a última vez que fixava aquelas paisagens.

Despedia-se, comovido, dos velhos amigos de outros tempos. Fazia recomendações, no tom de quem ia partir para sempre. Mulheres reconhecidas, anciães e crianças acorriam a beijar-lhe as mãos com enternecimento. Chegando a Filipos, cuja comunidade fraternal lhe falava mais intimamente ao coração, sua palavra suscitou torrentes de lágrimas. A Igreja amorosa, que vicejava para Jesus à margem do Gangas, consagrava ao Apóstolo dos Gentios singular afeição. Lídia e seus numerosos auxiliares, num impulso muito humano, queriam retê-lo em sua companhia, insistiam para que não prosseguisse, receosos das perseguições do farisaísmo. E o Apóstolo, sereno e confiante, acentuava:

At 20:1 a 5

— Não choreis, irmãos. Convicto estou do que me compete fazer e não devo esperar flores e dias felizes. Cumpre-me aguardar o fim, na paz do Senhor Jesus. A existência humana é de trabalho incessante e os derradeiros sofrimentos são a coroa do testemunho.

Eram exortações cheias de esperanças e alegrias, por confortar os mais tímidos e renovar a fé nos corações fracos e sofredores.

(*Paulo e Estêvão*. FEB Editora. Segunda parte — Cap. 7, p. 391 a 398)

*Após os dias dos [pães] ázimos, nós navegamos de Filipos e, dentro de cinco dias, chegamos até eles em Trôade, onde permanecemos sete dias. E no primeiro [dia] da semana, quando nós estávamos reunidos para partir o pão, Paulo dialogava com eles; estando prestes a partir no [dia] seguinte, prolongou a palavra até meia-noite. Havia muitas lâmpadas na parte superior [da casa], onde nós estávamos reunidos. Um jovem, de nome Êutico, que estava sentado na janela, dominado por sono profundo, caiu do terceiro piso abaixo, dominado pelo sono, enquanto Paulo dialogava por mais [tempo]; e foi removido morto. Mas Paulo, descendo, inclinou-se [sobre] ele e, abraçando-o, disse: não [vos] perturbeis, pois a alma dele está nele. Depois de subir, partir o pão e prová-lo, conversou por muito [tempo], até o alvorecer. E, assim, partiu. E conduziram o menino, que estava vivo, ficando confortados não moderadamente.*

Atos
20:6 a 12

## Paulo em Trôade

Dando por terminada a tarefa nas zonas de Filipos, Paulo e os companheiros navegaram com destino a Trôade. Nesta cidade, o Apóstolo fez, com inexcedível êxito, a derradeira pregação na sétima noite de sua chegada, verificando-se o célebre incidente com o jovem Êutico, que caiu de uma janela do terceiro andar do prédio em que se realizavam as práticas evangélicas, sendo imediatamente socorrido pelo ex-rabino, que o colheu semimorto e devolveu-lhe a vida em nome de Jesus.

(*Paulo e Estêvão*. FEB Editora. Segunda parte — Cap. 7, p. 399)

*Nós, indo adiante para o navio, zarpamos para Assós; lá estávamos prestes a receber Paulo, pois assim [ele] havia ordenado, quando ele estava prestes a viajar a pé. Quando se reuniu conosco em Assós, recolhendo-o a bordo, fomos para Mitilene. Navegando dali, chegamos defronte de Quios no [dia] seguinte; no outro [dia] aportamos em Samos, e no [dia] seguinte chegamos em Mileto. Pois Paulo havia decidido costear Éfeso, a fim de não suceder de ele despender tempo na Ásia. Apressava-se, pois, para estar em Jerusalém, se lhe fosse possível, no dia de Pentecostes.*

Atos 20:13 a 16

## De Trôade a Mileto

Em Trôade, outros confrades se reuniram à pequena caravana. Atentos à recomendação de Paulo, partiram com Lucas e Silas para Assós, a fim de contratar a preço módico algum velho barco de pescadores, porquanto o Apóstolo preferia viajar desse modo entre as ilhas e portos numerosos, para despedir-se dos amigos e irmãos que por ali mourejavam. Assim aconteceu; e, enquanto os colaboradores tomavam embarcação confortável, o ex-rabino palmilhava mais de vinte quilômetros de estrada, só pelo prazer de abraçar os continuadores humildes da sua grandiosa faina apostólica.

Adquirindo em seguida um barco muito ordinário, Paulo e os discípulos prosseguiram a viagem para Jerusalém, distribuindo consolações e socorros espirituais às comunidades humildes e obscuras.

(*Paulo e Estêvão*. FEB Editora. Segunda parte — Cap. 7, p. 399)

*De Mileto, enviou [alguém] para Éfeso, [que] convocou os anciãos da Igreja. Assim que chegaram junto dele, disse-lhes: vós compreendeis como vivi convosco durante todo tempo, desde o primeiro dia em que aportei na Ásia, servindo ao Senhor com toda a humildade, lágrimas e provações que me sobrevieram pelos complôs dos judeus. Como nada omiti das [coisas] que são proveitosas, nem de vos anunciar e ensinar, em público ou em cada casa, testemunhando, tanto a judeus quanto a gregos, o arrependimento em Deus e a fé em nosso Senhor Jesus. E, agora, eis que eu, amarrado ao espírito, vou para Jerusalém, sem saber as [coisas] que nela hão de me suceder, exceto que o Espírito Santo testemunha, em cada cidade, dizendo a mim que amarras e provações me aguardam. Contudo, em nada considero estimada a vida para mim mesmo, contanto que termine a minha carreira e o serviço que recebi da parte do Senhor Jesus, para testemunhar o evangelho da graça de Deus. Eis que agora eu sei que vós todos, entre os quais passei proclamando o Reino, não mais vereis a minha face, porque, no dia de hoje, testemunho a vós que eu estou purificado do sangue de todos. Pois não me omiti, deixando de vos anunciar todo o propósito de Deus. Tende cuidado por vós mesmos e pelo rebanho sobre o qual o Espírito Santo atos vos constituiu vigias, para apascentar a Igreja de Deus, a qual [ele] adquiriu mediante o próprio sangue. Eu sei que, depois da minha partida, lobos ferozes entrarão em vosso meio, não poupando o rebanho. E que, dentre vós mesmos, se levantarão varões falando [coisas] pervertidas para arrastar os discípulos atrás deles. Por isso, vigiai, lembrando que, por três anos, noite e dia, não cessei de advertir, com lágrimas, a cada um. E agora vos entrego a Deus e à Palavra da sua graça, quem tem poder de edificar e dar a herança entre todos os santificados. De ninguém desejei ouro, prata ou vestes. [Vós] mesmos sabeis que estas mãos serviram às minhas necessidades e às dos que estavam comigo. Em todas as [coisas], vos mostrei que, labutando dessa forma, é necessário socorrer os fracos, lembrando as palavras do próprio Senhor Jesus, que disse: "Mais bem-aventurado é dar que receber". Dizendo estas [coisas], tendo posto [no chão] os seus joelhos, orou com todos eles. Houve muitas lágrimas entre todos; e, lançando-se sobre o pescoço de Paulo, o beijaram [repetidamente]. Aflitos, especialmente pela palavra que dissera — que estavam prestes a não mais contemplar a face dele. E o acompanharam até o navio.*

Atos 20:17 a 38

## Paulo despede-se dos anciãos de Éfeso

Em todas as praias eram gestos comovedores, adeuses amargurosos. Em Éfeso, porém, a cena foi muito mais triste, porque o Apóstolo solicitara o comparecimento dos anciães e dos amigos para falar-lhes particularmente ao coração. Não desejava desembarcar, no intuito de prevenir novos conflitos que lhe retardassem a marcha, mas, em testemunho de amor e reconhecimento, a comunidade em peso lhe foi ao encontro, sensibilizando-lhe a alma afetuosa.

A própria Maria, avançada em anos, acorrera de longe, em companhia de João e outros discípulos, para levar uma palavra de amor ao paladino intimorato do Evangelho de seu Filho. Os anciães receberam-no com ardorosas demonstrações de amizade, as crianças ofereciam-lhe merendas e flores.

Extremamente comovido, Paulo de Tarso prelecionou em despedida e, quando afirmou o pressentimento de que não mais ali voltaria em corpo mortal, houve grandes explosões de amargura entre os efésios.

Como que tocados pela grandeza espiritual daquele momento, quase todos se ajoelharam no tapete branco da praia e pediram a Deus protegesse o devotado batalhador do Cristo. Recebendo tão belas manifestações de carinho, o ex-rabino abraçou, um por um, de olhos molhados. A maioria atirava-se-lhe nos braços amorosos, soluçando, beijando-lhe as mãos calosas e rudes. Abraçando, por último, a Mãe Santíssima, Paulo tomou-lhe a destra e nela depôs um beijo de ternura filial.

(*Paulo e Estêvão*. FEB Editora. Segunda parte — Cap. 7, p. 399 a 400)

At
20:17 a 38

*E sucedeu que, separando-nos deles, depois de zarpar e seguir em rota direta, chegamos a Kós e, no [dia] seguinte, a Rodes, e dali a Pátara. Encontrando um navio que atravessava a Fenícia, embarcamos [nele] e zarpamos. Quando avistamos Chipre, deixando-a a esquerda, navegamos para a Síria e aportamos em Tiro, pois o navio costumava descarregar lá a [sua] carga. E, encontrando os discípulos, permanecemos lá por sete dias; eles, através do espírito, diziam a Paulo para não embarcar para Jerusalém. Quando se completou para nós os dias, saindo, caminhávamos; e todos nos acompanhavam com suas mulheres e filhos, até fora da cidade. Depois de nos colocar de joelhos sobre a praia e orar, nos despedimos uns dos outros e subimos para o barco; e eles retornaram para suas próprias [coisas]. E nós, terminando a navegação de Tiro, chegamos a Ptolemaida e, saudando os irmãos, permanecemos um dia com eles. No dia seguinte, saímos e fomos para Cesareia; e, entrando na casa de Filipe, o evangelista, que era um dos sete, permanecemos com ele. Ele tinha quatro filhas virgens, que profetizavam. Permanecendo [ali] mais dias, desceu da Judeia um profeta, de nome Ágabo. Vindo até nós, tomou o cinto de Paulo, amarrou seus próprios pés e mãos a ele, e disse: o Espírito Santo diz: "Assim os judeus amarrarão em Jerusalém o varão de quem é este cinto e o entregarão nas mãos dos gentios". Assim que ouvimos essas [coisas], tanto nós quanto os [habitantes] do lugar imploramos para ele não subir a Jerusalém. Então Paulo respondeu: que fazeis chorando e triturando o meu coração? Pois eu estou preparado não somente para ser amarrado, mas também para morrer em Jerusalém pelo nome do Senhor Jesus. Não sendo persuadido, silenciamos e dissemos:*

*seja feita a vontade do Senhor. Depois desses dias, feitos os preparativos, subimos para Jerusalém.*

Atos
21:1 a 15

## A viagem para Jerusalém

A viagem continuou com as mesmas características. Rodes, Pátara, Tiro, Ptolemaida e, finalmente, Cesareia. Nesta cidade, hospedaram-se em casa de Filipe, que ali fixara residência desde muito tempo. O velho companheiro de lutas informou Paulo dos fatos mínimos de Jerusalém, onde muito esperavam do seu esforço pessoal para continuação da Igreja. Muito velhinho, o generoso galileu falou da paisagem espiritual da cidade dos rabinos, sem disfarçar os receios que a situação lhe causava. Não somente isso constrangeu os missionários. Ágabo, já conhecido de Paulo em Antioquia, viera da Judeia e, em transe mediúnico na primeira reunião íntima em casa de Filipe, formulou os mais dolorosos vaticínios. As perspectivas eram tão sombrias que o próprio Lucas chorou. Os amigos rogaram a Paulo de Tarso que não partisse. Seria preferível a liberdade e a vida em benefício da causa.

Ele, porém, sempre disposto e resoluto, referiu-se ao Evangelho, comentou a passagem em que o Mestre profetizava os martírios que o aguardavam na cruz e concluía arrebatadamente:

— Por que chorarmos magoando o coração? Os seguidores do Cristo devem estar prontos para tudo. Por mim, estou disposto a dar testemunho, ainda que tenha de morrer em Jerusalém pelo nome do Senhor Jesus!...

A impressão dos vaticínios de Ágabo ainda não havia desaparecido, quando a casa de Filipe recebeu nova surpresa, no dia imediato. Os cristãos de Cesareia levaram à presença do ex--rabino um emissário de Tiago, de nome Mnasom. O Apóstolo galileu soubera da chegada do convertido de Damasco ao porto palestinense e dera-se pressa em se comunicar com ele, mediante um portador devotado à causa comum. Mnasom explicou ao ex-rabino o motivo de sua presença, advertindo-o dos perigos que arrostaria em Jerusalém, onde o ódio sectarista esfervilhava e atingia as mais atrozes perseguições. Dadas a exaltação e a vigilância do Judaísmo, Paulo não deveria procurar imediatamente a Igreja, mas hospedar-se em casa dele, mensageiro, onde Tiago iria falar-lhe em particular e assim resolverem o que melhor conviesse aos sagrados interesses do Cristianismo. Isto posto, o Apóstolo dos Gentios seria recebido na instituição de Jerusalém, para discutir com os atuais diretores os destinos da casa.

At 21:1 a 15

Paulo achou muito razoável os cuidados e sugestões de Tiago, mas preferiu seguir os alvitres verbais do portador.

Angustiosas sombras pairavam no espírito dos companheiros do grande Apóstolo, quando a caravana, seguida de Mnasom, se deslocou de Cesareia para a capital do Judaísmo. Como sempre, Paulo de Tarso anunciou a Boa-Nova nos burgos mais humildes.

Após alguns dias de marcha vagarosa, para que todos os trabalhos apostólicos fossem suficientemente atendidos, os discípulos do Evangelho transpuseram as portas da cidade dos rabinos, assomados de graves preocupações.

Envelhecido e alquebrado, o Apóstolo dos Gentios contemplou os edifícios de Jerusalém, demorando o olhar na paisagem árida e triste que lhe recordava os anos da mocidade tumultuosa e morta para sempre. Elevou o pensamento a Jesus e pediu-lhe que o inspirasse no cumprimento do sagrado ministério.

(*Paulo e Estêvão*. FEB Editora. Segunda parte — Cap. 7, p. 400 a 401)

> E também foram conosco [alguns] dos discípulos de
> Cesareia, trazendo consigo Mnasom, um cipriota, velho
> discípulo, com o qual seríamos hospedados. Quando
> nós chegamos em Jerusalém, os irmãos nos receberam
> alegremente. No [dia] seguinte, Paulo entrou conosco na
> [casa de] Tiago e todos os anciãos estavam presentes.

Atos
21:16 a 18

## Encontro de Paulo e Tiago em Jerusalém

Obedecendo às recomendações de Tiago, Paulo de Tarso hospedou-se em casa de Mnasom, antes de qualquer entendimento com a Igreja. O Apóstolo galileu prometeu visitá-lo na mesma noite.

Pressentindo acontecimentos de importância naquela fase de sua existência, o ex-rabino aproveitou o dia traçando planos de trabalho para os discípulos mais diretos.

À noite, quando espesso manto de sombras envolvia a cidade, Tiago apareceu, cumprimentando o companheiro em atitude muito humilde. Também ele estava envelhecido, exausto, doente. O convertido de Damasco, ao contrário de outras vezes, experimentou extrema simpatia pela sua pessoa, que parecia inteiramente modificada pelos reveses e tribulações da vida.

Trocadas as primeiras impressões relativamente às viagens e feitos evangélicos, o companheiro de Simão Pedro pediu ao ex-rabino lhe marcasse lugar e hora em que pudessem falar mais intimamente.

Paulo atendeu de pronto, seguindo ambos para um aposento particular.

O filho de Alfeu começou explicando o motivo de suas graves apreensões. Havia mais de um ano que os rabinos Eliaquim e Enoque deliberaram reviver os processos de perseguições iniciados por ele, Paulo, quando da sua movimentada gestão no Sinédrio. Alegaram que o antigo doutor incidira nos sortilégios e feitiçarias da espúria grei, comprometendo a causa do Judaísmo, e não era justo continuar tolerando a situação, tão somente porque o doutor tarsense perdera a razão, no caminho de Damasco. A iniciativa ganhara enorme popularidade nos círculos religiosos de Jerusalém e o maior instituto legislativo da raça — o Sinédrio — aprovou as medidas propostas. Reconhecendo que a obra evangelizadora de Paulo produzia maravilhosos frutos de esperança em toda a parte, conforme as notícias incessantes de todas as sinagogas das regiões por ele percorridas, o grande Tribunal começou por decretar a prisão do Apóstolo dos Gentios. Numerosos processos de perseguição individual, deixados a meio por Paulo de Tarso, quando de sua inesperada conversão, foram restaurados e, o que era mais grave — quando falecidos os réus, era a pena aplicada aos descendentes, que, assim, eram torturados, humilhados, desonrados!

At 21:16 a 18

O ex-rabino tudo ouvia calado, estupefato.

Tiago prosseguia, esclarecendo que tudo fizera por atenuar os rigores da situação. Mobilizara influências políticas ao seu alcance, conseguindo atenuar umas tantas sentenças mais iníquas. Não obstante o banimento de Pedro, procurou manter os serviços de assistência aos desvalidos, bem como a colônia de serviço, fundada por inspiração do convertido de Damasco e na qual os convalescentes e desamparados encontravam precioso ambiente de atividade remunerada e pacífica. Depois de vários entendimentos com o Sinédrio, por intermédio de amigos influentes no Judaísmo, teve a satisfação de abrandar o rigor das exigências a serem aplicadas no caso dele, Paulo. O ex-doutor de Tarso ficaria com liberdade de agir, poderia continuar propugnando suas convicções íntimas; daria, porém, uma satisfação pública aos preconceitos de raça, atendendo aos quesitos que o Sinédrio lhe apresentaria por intermédio de Tiago, que se mostrava seu amigo. O companheiro de Simão Pedro explicava que as exigências eram muito rigorosas a princípio, mas agora, mercê de enormes esforços, cingiam-se a uma obrigação de somenos.

Paulo de Tarso escutava-o extremamente sensibilizado. Dono de luminoso cabedal evangélico, entendia chegado o momento de testemunhar seu devotamento ao Mestre, justamente por meio do mesmo órgão de perseguição que a sua ignorância engendrara em outros tempos. Naqueles minutos rápidos, sutilizou a mnemônica e lobrigou os quadros terríveis de outrora... Velhos torturados em sua presença, para sentir o prazer da apostasia cristã, com a repetição do voto de fidelidade eterna a Moisés; mães de família arrancadas de seus lares obscuros, obrigadas a jurar pela Antiga Lei, que renegavam o Carpinteiro de Nazaré, abominando a cruz do seu martírio e ignomínia. Os soluços daquelas mulheres humildes, que abjuravam da fé porque se viam feridas no que possuíam de mais nobre, o instinto maternal, chegavam, agora, a seus ouvidos como brados de angústia, clamando resgates dolorosos. Todas as cenas antigas desdobravam-se-lhe na retina espiritual, sem omissão do mais insignificante pormenor. Moços robustos, arrimos de famílias numerosas, que saíam mutilados do cárcere; jovens que pediam vingança, crianças que reclamavam os pais encarcerados. Entestando as revocações encapeladas, passou ao quadro da morte horrível de Estêvão com as pedradas e insultos do povo; reviu Pedro e João abatidos e humildes, à barra do Tribunal, como se fossem malfeitores e criminosos. Agora, ali estava ele perante o filho de Alfeu, que nunca o compreendera de forma integral, a falar-lhe em nome do passado e em nome do Cristo, como a concitá-lo ao resgate de suas derradeiras dívidas angustiosas.

At 21:16 a 18

Paulo de Tarso sentiu que uma lágrima lhe apontava nos olhos, sem chegar a cair. Que espécie de tortura lhe estaria reservada? Quais as determinações da autoridade religiosa a que Tiago se referia com evidente interesse?

Quando o companheiro de Simão fez uma pausa mais longa, o ex-rabino perguntou muito comovido:

— Que pretendem eles de mim?

O filho de Alfeu fixou nele os olhos serenos e explicou:

— Depois de muito relutarem, os israelitas congregados em nossa Igreja vão pedir-te, apenas, que pagues as despesas de quatro homens pobres, que fizeram voto de nazireu, comparecendo com eles no Templo, durante sete dias consecutivos, para que todo o povo possa ver que continuas bom judeu e leal filho de

Abraão... À primeira vista, a demonstração poderá parecer pueril; entretanto, colima, como vês, satisfazer a vaidade farisaica.

O ex-rabino fez um gesto muito seu, quando contrariado, e replicou:

— Pensei que o Sinédrio ia exigir minha morte!...

Tiago compreendeu quanto de repugnância transbordava de semelhante observação e objetou:

At 21:16 a 18

— Bem sei que isso te repugna e, contudo, insisto para que acedas, não por nós, propriamente, mas pela Igreja e pelos que de futuro nos hajam de secundar.

— Isso — obtemperou Paulo, com enorme desencanto — não representa nobreza alguma. Essa exigência é uma ironia profunda e visa reduzir-nos a crianças, de tão fútil que é. Não é perseguição, é humilhação; é o desejo de exibir homens conscientes como se fossem meninos volúveis e ignorantes...

Tiago, porém, tomando uma atitude carinhosa que o ex-rabino jamais lhe surpreendera em quaisquer circunstâncias da vida, falou com extrema ternura fraternal, revelando-se ao companheiro surpreendido, por outro prisma:

— Sim, Paulo, compreendo tua justa aversão. O Sinédrio, com isso, pretende achincalhar nossas convicções. Sei que a tortura na praça pública te doeria menos; entretanto, supões que isso não represente, para mim, uma dor de muitos anos?... Acreditarias, acaso, que minhas atitudes nascessem de um fanatismo inconsciente e criminoso? Compreendi, muito cedo, desde a primeira perseguição, que a tarefa de harmonização da Igreja com os judeus estava mais particularmente em minhas mãos. Como sabes, o farisaísmo sempre viveu em uma exuberante ostentação de hipocrisia, mas convenhamos, também, que é o partido dominante, tradicional, das nossas autoridades religiosas. Desde o primeiro dia, tenho sido obrigado a caminhar com os fariseus muitas milhas para conseguir alguma coisa na manutenção da Igreja do Cristo. Fingimento? Não julgues tal. Muitas vezes o Mestre nos ensinou, na Galileia, que o melhor testemunho está em morrer devagarinho, diariamente, pela vitória da sua causa; por isso mesmo, afiançava que Deus não deseja a morte do pecador, porque é na extinção de nossos caprichos de cada dia que encontramos a escada luminosa para ascender ao seu Infinito Amor. A atenção que tenho dedicado aos judeus é gêmea do carinho que consagras aos gentios. A cada um de nós confiou Jesus uma tarefa diferente na forma, mas idêntica no fundo. Se muitas vezes tenho provocado falsas interpretações das minhas atitudes, tudo isso é mágoa para meu Espírito habituado à simplicidade do ambiente galileu. De que nos valeria o conflito destruidor, quando temos grandiosos deveres a cuidar? Importa-nos saber morrer, para que nossas ideias se transmitam e floresçam nos outros. As lutas pessoais, ao contrário, estiolam as melhores esperanças. Criar separações e proclamar seus prejuízos, dentro da Igreja do Cristo, não seria exterminarmos a planta sagrada do Evangelho por nossas próprias mãos?

At 21:16 a 18

A palavra de Tiago toava imantada de bondade e sabedoria e valia por consoladora revelação. Os galileus eram muito mais sábios que qualquer dos rabinos mais cultos de Jerusalém. Ele, que chegara ao mundo religioso por intermédio de escolas famosas, que tivera sempre, na mocidade, a inspiração de um Gamaliel, admirava agora aqueles homens aparentemente rústicos, vindos das choupanas de pesca, que, em Jerusalém, alcançavam inesquecíveis vitórias intelectuais, somente porque sabiam calar quando oportuno, aliando à experiência da vida uma enorme expressão de bondade e renúncia, à feição do Divino Mestre.

O convertido de Damasco entreviu o filho de Alfeu por um novo prisma. Seus cabelos grisalhos, o rugoso e macilento rosto falavam de trabalhos árduos e incessantes. Agora, percebia que a vida exige mais compreensão que conhecimento. Presumia conhecer o Apóstolo galileu com o seu cabedal psicológico, e, no entanto, chegava à conclusão de que apenas naquele instante pudera compreendê-lo no título que lhe competia.

Quando o companheiro de Simão Pedro fez uma pausa mais longa, Paulo de Tarso contemplou-o com imensa simpatia e falou comovidamente:

— Vejo que tens razão, mas a exigência requer dinheiro. Quanto terei de pagar pela sentença? Segregado e distante do Judaísmo há muitos anos, ignoro se os cerimoniais sofreram alterações apreciáveis.

— Os preceitos são os mesmos — respondeu Tiago —, já que serás obrigado a te purificares com eles e, segundo as tradições, custearás a compra de quinze ovelhas, além dos comestíveis preceituais.

— É um absurdo! — objetou o Apóstolo dos Gentios.

— Como sabes, a autoridade religiosa exige de cada nazireu três animais para os serviços da consagração.

At 21:16 a 18

— Dura exigência — disse Paulo comovido.

— No entanto — replicou Tiago com um sorriso —, nossa paz vale muito mais que isso e, além dela, somos obrigados a não comprometer o futuro do Cristianismo.

O convertido de Damasco descansou o rosto na mão direita por longo tempo, dando a perceber a amplitude de suas meditações, e acabou falando em diapasão que traía a sua enorme sensibilidade:

— Tiago, como tu mesmo, atingi hoje um nível mais alto de compreensão da vida. Entendo melhor os teus argumentos. A existência humana é bem uma ascensão das trevas para a luz. A juventude, a presunção de autoridade, a centralização de nossa esfera pessoal acarretam muitas ilusões, laivando de sombras as coisas mais santas. Assiste-me o dever de curvar-me às exigências do Judaísmo, consequentes de uma perseguição por mim próprio iniciada em outros tempos.

Deteve-se, evidenciando dificuldade para confessar-se plenamente. Tomando, porém, uma atitude mais humilde, como quem não encontra outro recurso, prosseguiu quase tímido:

— Nas minhas lutas, nunca me presumi vítima, considerando-me sempre como antagonista do mal. Só Jesus, em sua pureza e amor imaculados, podia alegar a condição de anjo vitimado por nossa maldade sombria; quanto a mim, por mais que me apedrejassem e ferissem, sempre julguei que era muito pouco em relação ao que me competia sofrer nos justos testemunhos. Agora, porém, Tiago, estou preocupado com um pequenino obstáculo. Como não ignoras, tenho vivido absolutamente do meu trabalho de tecelão e, presentemente, não disponho de dinheiro com que possa prover às despesas em perspectiva... Seria a primeira vez que houvesse de recorrer à bolsa alheia, quando a solução do assunto depende exclusivamente de mim...

Suas palavras demonstravam acanhamento, aliado à tristeza comumente experimentada nos dias de humilhação e de infortúnio. Ante aquela expressão de renúncia, Tiago, em um movimento de grande espontaneidade, tomou-lhe a mão e beijou-a, murmurando:

At
21:16 a 18

— Não te aflijas; sabemos em Jerusalém da extensão de teus esforços pessoais e não seria razoável que a Igreja se desinteressasse dessas imposições que se não justificam. Nossa instituição pagará todas as despesas. Não é pouco concordares com o sacrifício.

Conversaram ainda longo tempo, com relação aos problemas interessantes à propaganda evangélica e, no dia seguinte, Paulo e os companheiros compareceram na Igreja de Jerusalém, recebidos por Tiago acompanhado de todos os anciães judeus, simpatizantes do Cristo e seguidores de Moisés, congregados para ouvi-lo.

(*Paulo e Estêvão*. FEB Editora. Segunda parte — Cap. 8, p. 403 a 408)

*Depois de saudá-los, explicava, uma a uma, cada uma das [coisas] que Deus fizera entre os gentios através do seu serviço. Os que ouviram glorificavam a Deus; e lhe disseram: observa irmão, quantas miríades dos que creem há entre os judeus, e todos são zelosos da Lei. Mas foram instruídos a teu respeito, que ensinas a todos os judeus [que vivem] entre os gentios a apostasia de Moisés, dizendo para eles não circuncidarem os filhos nem andarem nos costumes. Portanto, o que fazer? Sem dúvida, ouvirão que chegaste. Desse modo, faze isto que estamos te dizendo: há entre nós quatro varões que estão fazendo voto. Toma-os, purifica-te com eles, paga as despesas por eles para rasparem a cabeça; e todos saberão que não há nada daquilo que foram instruídos a teu respeito, mas que tu mesmo também andas guardando a Lei. A respeito dos gentios que creram, nós [já] escrevemos, tendo decidido que eles evitem o [que é sacrificado] atos aos ídolos, o sangue, o [animal] estrangulado e a infidelidade. Então, no dia seguinte, tomando os varões e purificando-se com eles, Paulo entrou no Templo, anunciando o término dos dias da purificação até que fosse oferecida para cada um deles a oferta.*

Atos
21:19 a 26

## A reunião em Jerusalém

A reunião começou com rigoroso cerimonial, percebendo o ex-rabino a extensão das influências farisaicas no instituto que se destinava à sementeira luminosa do Divino Mestre. Seus companheiros, acostumados à independência do Evangelho, não conseguiam ocultar a surpresa, mas, com um gesto, o convertido de Damasco fez que todos permanecessem silenciosos.

Convidado a explicar-se, o ex-rabino leu um longo relatório de suas atividades com os gentios, havendo-se com muita ponderação e inexcedível prudência.

Os judeus, que, contudo, pareciam definitivamente instalados na Igreja, mantendo as velhas atitudes dos mestres de Israel, pelo seu vogal Cainã, formularam ao ex-doutor conselhos e censuras. Alegaram que também eram cristãos, mas rigorosos observadores da Lei Antiga; que Paulo não deveria trabalhar contra a circuncisão e lhe cumpria dar ampla satisfação de seus atos.

At 21:19 a 26

Com profunda admiração dos companheiros, o ex-rabino mantinha-se calado, recebendo as objurgatórias e repreensões com imprevista serenidade.

Por fim, Cainã fez a proposta a que Tiago se referira na véspera. A fim de satisfazer a exigência do Sinédrio, o tecelão de Tarso deveria purificar-se no Templo, com quatro judeus paupérrimos que haviam feito voto de nazireus, ficando o Apóstolo dos Gentios obrigado a custear todas as despesas.

Os amigos de Paulo surpreenderam-se, ainda mais, quando o viram levantar-se na assembleia preconceituosa e confessar-se pronto a atender a intimação.

O representante dos anciães discorreu, ainda, pedante e demoradamente, sobre os preceitos da raça, ouvido por Paulo com beatífica paciência. Regressando à casa de Mnasom, o ex-rabino procurou informar os companheiros das razões da sua atitude. Habituados a acatar-lhe as decisões confiadamente, dispensaram-se de perguntas quiçá supérfluas, mas desejavam acompanhar o Apóstolo ao Templo de Jerusalém, para experimentarem alguma coisa da sua renúncia sincera, com relação ao futuro do evangelismo. Paulo frisou a conveniência de seguir só, mas Trófimo, que ainda se demorava alguns dias em Jerusalém, antes de regressar a Antioquia, insistiu e conseguiu que o Apóstolo lhe aceitasse a companhia.

O comparecimento de Paulo de Tarso no Templo, acompanhando quatro irmãos de raça, em mísero estado de pobreza, a fim de com eles purificar-se e pagar-lhes as despesas do voto, causou enorme sensação em todos os círculos do farisaísmo. Acenderam-se discussões violentas e rudes. Assim que viu o ex-rabino humilhado, o Sinédrio pretendia impor sentenças novas. Já não lhe bastavam as imposições anteriores. No segundo dia da santificação, o movimento popular crescera no Templo em proporções assustadoras. Todos queriam ver o célebre doutor que enlouquecera às portas de Damasco, devido ao sortilégio dos galileus. Paulo observava a efervescência do cenário em torno da sua personalidade e pedia a Jesus não lhe faltasse com as energias suficientes. No terceiro dia, à falta de outro pretexto para condenação maior, alguns doutores alegaram que Paulo tinha o atrevimento de se fazer acompanhar aos lugares sagrados por um homem de origem grega, estranho às tradições israelitas. Trófimo nascera em Antioquia, de pais gregos, tendo vivido muitos anos em Éfeso; entretanto, apesar do sangue que lhe corria nas veias, conhecia os preceitos do Judaísmo e portava-se, nos recintos consagrados ao culto, com inexcedível respeito. As autoridades, contudo, não quiseram ponderar tais particularidades. Era preciso condenar Paulo de Tarso novamente, haviam de fazê-lo a qualquer preço.

At 21:19 a 26

O ex-rabino percebeu a trama que se delineava e rogou ao discípulo não mais o acompanhasse ao Monte Moriá, onde se processavam os serviços religiosos. O ódio farisaico, porém, continuava a fermentar.

(*Paulo e Estêvão*. FEB Editora. Segunda parte – Cap. 8, p. 408 a 410)

*Quando estava prestes a se consumar os sete dias, os judeus da Ásia, vendo-o no Templo, incitaram toda a turba e lançaram as mãos sobre ele, gritando: varões israelitas, socorrei-[nos]! Este é o homem que por toda parte está ensinando todos a [serem] contra o povo, [contra] a Lei e [contra] este lugar. E ainda introduziu gregos no Templo e tornou comum este lugar santo. Pois tinham visto Trófimo, o efésio, na cidade com ele, o qual supunham que Paulo havia introduzido no Templo. Agitou-se toda a cidade, e houve aglomeração do povo. Depois de agarrarem a Paulo, o arrastaram para fora do Templo e imediatamente foram fechadas as portas. Estavam procurando matá-lo, quando chegou o relato ao quiliarca da coorte que toda Jerusalém estava tumultuada. O qual, tomando logo consigo soldados e centuriões, desceu correndo até eles. Ao verem o quiliarca e os soldados, eles pararam de bater em Paulo. Então, aproximando-se o quiliarca, segurou-o e ordenou que fosse atado com duas correntes; e informava-se sobre quem seria [ele] e o que teria feito. Na turba, uns gritavam algo, outros outra [coisa]; não podendo ele saber com certeza por causa do tumulto, ordenou fosse ele conduzido à fortaleza. Quando chegou a escadaria, sucedeu de os soldados o carregarem por causa da violência da turba, pois a multidão do povo o seguia, gritando: leva-o!*

Atos
21:27 a 36

## Revolta contra Paulo no Templo

Na véspera do último dia da purificação judaica, o convertido de Damasco compareceu às cerimônias com a mesma humildade. Logo, porém, que se colocou em posição de orar ao lado dos companheiros, alguns exaltados o cercaram com expressões e atitudes ameaçadoras.

— Morte ao desertor!... Pedras à traição! — gritou uma voz estentórica, abalando o recinto.

Paulo teve a impressão de que esses brados eram a senha para maiores violências, porque, imediatamente, estourou uma gritaria infernal. Alguns judeus frementes agarraram-no pela gola da túnica, outros travaram-lhe os braços, violentamente, arrastando-o para o grande pátio reservado aos movimentos do grande público.

At
21:27 a 36

— Pagarás teu crime!... — diziam uns.

— É necessário que morras! Israel se envergonha de tua presença no mundo! — bradavam outros mais furiosos.

O Apóstolo dos Gentios entregou-se sem a mínima resistência. Em um relance, considerou os objetivos profundos de sua vinda a Jerusalém, concluindo que não fora convocado tão só para a obrigação pueril de acompanhar ao Templo quatro irmãos de raça, desolados na sua indigência. Cumpria-lhe afirmar, na cidade dos rabinos, a firmeza de suas convicções. Entendia, agora, a sutileza das circunstâncias que o conduziam ao testemunho. Primeiramente, a reconciliação e o melhor conhecimento de um companheiro como Tiago, obedecendo a uma determinação que lhe parecera quase infantil; em seguida, o grande ensejo de provar a fé e a consagração de sua alma a Jesus Cristo. Com enorme surpresa, tomado de profundas e dolorosas reminiscências, notou que os israelitas exaltados deixavam-no à mercê da multidão furiosa, justamente no pátio onde Estêvão havia sido apedrejado vinte anos atrás. Alguns populares desvairados arrebataram-no à força, prendendo-o ao tronco dos suplícios. Engolfado nas suas lembranças, o grande Apóstolo mal sentia os bofetões que lhe aplicavam. Rápido, arregimentou as mais singulares reflexões. Em Jerusalém, o Mestre Divino padecera os martírios mais dolorosos; ali mesmo, o generoso Jeziel se imolara por amor ao Evangelho, sob os golpes e chufas da populaça. Sentiu-se então envergonhado pelo suplício infligido ao irmão de Abigail, oriundo de suas próprias iniciativas. Somente agora, atado ao poste do sacrifício, compreendia a extensão do sofrimento que o fanatismo e a ignorância causavam ao mundo. E refletiu: o Mestre é o Salvador dos homens e aqui padeceu pela redenção das criaturas. Estêvão era seu discípulo, devotado e amoroso, e aqui experimentou, igualmente, os suplícios da morte. Jesus era o Filho de Deus, Jeziel era seu Apóstolo. E ele? Não estava ali o passado a reclamar resgates dolorosos? Não seria justo padecer muito, pelo muito que martirizara os outros? Era razoável que sentisse alegria naqueles instantes amargos, não só por tomar a cruz e seguir o Mestre bem-amado, como por ter tido o ensejo de sofrer o que Jeziel havia experimentado com grande amargura.

> At
> 21:27 a 36

Essas reflexões proporcionavam-lhe algum consolo. A consciência sentia-se mais leve. Ia dar testemunho da fé em Jerusalém, onde se encontrara com o irmão de Abigail; e, depois da morte, podia aproximar-se do seu coração generoso, falando--lhe com júbilo dos seus próprios sacrifícios. Pedir-lhe-ia perdão e exaltaria a bondade de Deus, que o conduzira ao mesmo lugar, para os resgates justos. Alongando o olhar, entreviu a pequena porta de acesso ao pequeno aposento onde estivera com a noiva amada e seu irmão prestes a desprender-se do mundo nas agonias extremas. Parecia ouvir ainda as derradeiras palavras de Estêvão misturadas de bondade e perdão.

Mal não saíra de suas reminiscências, quando a primeira pedrada o despertou para escutar o vozerio do povo.

O grande pátio estava repleto de israelitas sanhudos. Objurgatórias sarcásticas cortavam os ares. O espetáculo era o mesmo do dia em que Estêvão partira da Terra. Os mesmos impropérios, as fisionomias escarninhas dos verdugos, a mesma frieza implacável dos carrascos do fanatismo. O próprio Paulo não se furtava à admiração, ao verificar as coincidências singulares. As primeiras pedras acertaram-lhe no peito e nos braços, ferindo-o com violência.

— Esta será em nome da sinagoga dos cilícios! — dizia um jovem, em coro de gargalhadas.

A pedra passou sibilando e dilacerou, pela primeira vez, o rosto do Apóstolo. Um filete de sangue começou a ensopar-lhe as vestiduras. Nem um minuto, porém, deixou de encarar os carrascos com a sua desconcertante serenidade.

Trófimo e Lucas, entretanto, cientes da gravidade da situação, desde os primeiros instantes, por um amigo que presenciara a cena inicial do suplício, procuraram imediatamente o socorro das autoridades romanas. Receosos de novas complicações, não declinaram as verdadeiras condições do convertido de Damasco. Alegavam, apenas, tratar-se de um homem que não devia padecer nas mãos dos israelitas fanáticos e inconscientes.

Um tribuno militar organizou incontinente um troço de soldados. Deixando a fortaleza, penetraram no amplo átrio, com ânimo decidido. A massa delirava num turbilhão de altercações e gritarias ensurdecedoras. Dois centuriões, obedecendo às ordens do comando, avançaram resolutos, desatando o prisioneiro e arrebatando-o à multidão, que o disputava ansiosa. At 21:27 a 36

— Abaixo o inimigo do povo!... É um criminoso! É um malfeitor! Estraçalhemos o ladrão!...

Pairavam no ar as exclamações mais estranhas. Não encontrando rabinos de responsabilidade para os esclarecimentos imprescindíveis, o tribuno romano mandou que o acusado fosse algemado. O militar estava convencido de que se tratava de perigoso malfeitor que, de há muito, se transformara em terrível pesadelo dos habitantes da província. Não encontrava outra explicação para justificar tanto ódio.

O peito contuso, ferido no rosto e nos braços, o Apóstolo seguiu para a Torre Antônia, escoltado pelos prepostos de César, enquanto a multidão encaudava o pequeno cortejo, bradando sem cessar: morra! Morra!

(*Paulo e Estêvão*. FEB Editora. Segunda parte — Cap. 8, p. 410 a 413)

*Estando prestes a ser conduzido para a fortaleza, Paulo diz ao quiliarca: é lícito a mim dizer-te algo? Ele disse: sabes [falar] em grego? Não és tu, então, o egípcio que, antes destes dias, sublevou e conduziu para o deserto quatro mil varões dos sicários? Disse Paulo: eu sou um homem judeu, de Tarso da Cilícia, cidadão de uma não insignificante cidade, e te peço me permitas falar ao povo. Depois que lhe foi permitido, Paulo, colocando-se de pé sobre a escadaria e fazendo sinal com a mão ao povo, feito grande silêncio, discursou em dialeto hebraico, dizendo:*

Atos
21:37 a 40

Ia penetrar o primeiro pátio da grande fortaleza romana quando Paulo, compreendendo afinal que não fora a Jerusalém tão só para acompanhar quatro nazireus paupérrimos ao Monte Moriá, e sim para dar um testemunho mais eloquente do Evangelho, interrogou o tribuno com humildade:

— Permitis, porventura, que vos diga alguma coisa?

Percebendo-lhe as maneiras distintas, a nobre inflexão da palavra em puro grego, o chefe da coorte replicou muito admirado:

— Não és tu o bandido egípcio que, há algum tempo, organizou a malta de ladrões que devastam estas paragens?

— Não sou ladrão — respondeu Paulo, parecendo uma figura estranha, em vista do sangue que lhe cobria o rosto e a túnica singela —, sou cidadão de Tarso e rogo-vos permissão para falar ao povo.

O militar romano ficou boquiaberto com tamanha distinção de gestos e não teve outro recurso senão ceder, embora hesitante.

Sentindo-se em um dos seus grandes momentos de testemunho, Paulo de Tarso subiu alguns degraus da escadaria enorme e começou a falar em hebraico, impressionando a multidão com a profunda serenidade e elegância do discurso.

(*Paulo e Estêvão*. FEB Editora. Segunda parte – Cap. 8, p. 413)

At<br>21:37 a 40

*Varões, Irmãos e Pais, ouvi agora minha defesa perante vós. Ao ouvirem que lhes falava em dialeto hebraico, fizeram mais silêncio. E disse: eu sou um homem judeu, gerado em Tarso da Cilícia, mas criado nesta cidade; educado junto aos pés de Gamaliel, segundo a exatidão da Lei dos Pais, sendo zeloso de Deus assim como todos vós sois hoje; que persegui este Caminho até a morte, amarrando e entregando às prisões tanto varões quanto mulheres; do que também me é testemunha o sumo sacerdote e todos os anciãos, junto dos quais recebi epístolas para os irmãos, indo a Damasco a fim de conduzir para Jerusalém os que lá estivessem amarrados, para serem punidos. E sucedeu que, enquanto eu ia, estando próximo de Damasco, repentinamente, por volta do meio-dia, brilhou ao meu redor uma grande luz do céu. Caí no chão e ouvi uma voz me dizendo: Saul, Saul, por que me persegues? Eu respondi: quem és, Senhor? [Ele] me disse: Eu sou Jesus, o Nazareno, a quem tu persegues. Os que estavam comigo contemplaram a luz, mas não ouviram a voz daquele que estava falando comigo. [Eu] disse: Senhor, que farei? O Senhor me disse: levanta-te e vai para Damasco, lá te serão ditas todas as [coisas] a respeito das quais te foi ordenado fazer. Como [eu] não via [pormenorizadamente], por causa da glória daquela luz, conduzido pelas mãos dos que estavam comigo, cheguei em Damasco. E um certo Ananias, varão piedoso conforme a Lei, que tinha o testemunho de todos os habitantes judeus, vindo e colocando-se junto a mim, me disse: Saul, irmão, recobra a visão. E, na mesma hora, eu ergui os olhos para ele. Ele disse: o Deus dos nossos Pais previamente te designou para conhecer a sua vontade, ver o Justo e ouvir a voz da boca dele, porque serás para ele uma testemunha, junto a todos os homens, das [coisas] que tens visto e ouvido. E agora, o que estás esperando? Levanta-te, mergulha-te e lava-te dos teus pecados, invocando o nome dele. E sucedeu que, depois de eu retornar para Jerusalém, enquanto eu orava no Templo, eu entrei em êxtase e vi aquele que estava falando comigo: apressa-te e sai depressa de Jerusalém, porque não receberão o teu testemunho a meu respeito. E eu disse: Senhor, eles mesmos sabem que eu estava encarcerando e açoitando nas sinagogas os que creem em ti. E quando era derramado o sangue de Estêvão, a tua testemunha, eu também estava próximo, concordando e guardando as vestes dos que estavam eliminando-o. Mas [ele] disse para mim: vai, porque eu te enviarei para as nações distantes.*

Atos
22:1 a 21

## A defesa em Hebraico

Começou explicando suas primeiras lutas, seus remorsos por haver perseguido os discípulos do Mestre Divino; historiou a viagem a Damasco, a infinita bondade de Jesus que lhe permitira a visão gloriosa, dirigindo-lhe palavras de advertência e perdão. Rico das reminiscências de Estêvão, falou do erro que havia cometido em consentir na sua morte.

Ouvindo-lhe a palavra cinzelada de misteriosa beleza, Cláudio Lísias, tribuno romano que efetuara a prisão, experimentou sensações indefiníveis. Por sua vez, havia recebido certos benefícios daquele Cristo incompreendido a que se referia o orador em circunstâncias tão amargas. Tomado de escrúpulos, mandou chamar o tribuno Zelfos, de origem egípcia, que adquirira certos títulos romanos pela expressão de sua enorme fortuna, e solicitou:

— Amigo — disse com voz quase imperceptível —, não desejo tomar aqui certas decisões, relativamente ao caso deste homem. A multidão está exaltada e é possível que ocorram acontecimentos muito graves. Desejaria tua cooperação imediata.

— Sem dúvida — respondeu o outro resoluto.

E, enquanto Lísias procurava examinar, de modo minucioso, a figura do Apóstolo, que falava de maneira

At
22:1 a 21

impressionante, Zelfos desdobrava-se em providências oportunas. Reforçou a guarnição dos soldados, iniciou a formatura de um cordão de isolamento, buscando resguardar o orador de um ataque imprevisto.

(*Paulo e Estêvão*. FEB Editora. Segunda parte – Cap. 8, p. 413 a 414)

*Ouviram-no até esta palavra, e levantaram a voz deles, dizendo: leva da terra o tal, pois não é adequado ele viver. Enquanto eles estavam gritando, arrojando as vestes e lançando poeira para o ar, ordenou o quiliarca fosse ele conduzido para a fortaleza, tendo dito para ele ser interrogado com açoites, a fim de saber por que causa assim clamavam contra ele. Assim que o ataram com correias, Paulo disse para o centurião de pé se lhes era lícito açoitar um homem romano não julgado. Ouvindo [isso], o centurião, aproximando-se do quiliarca, anunciou, dizendo: o que estás prestes a fazer, pois este homem é romano. Aproximando-se o quiliarca, disse--lhe: dize para mim, tu és romano? E ele disse: sim. Respondeu-lhe o quiliarca: eu adquiri esta cidadania com grande soma de dinheiro. E Paulo disse: eu, porém, nasci. Imediatamente, então, os que estavam prestes a interrogá-lo se afastaram dele, e o quiliarca teve medo, quando soube que era romano, porque o tinha amarrado.*

Atos
22:22 a 29

## Paulo e a cidadania romana

Paulo de Tarso, depois de circunstanciado relatório da sua conversão, começou a falar da grandeza do Cristo, das promessas do Evangelho, e, quando se detinha a comentar suas relações com o mundo espiritual, de onde recebia as mensagens confortantes do Mestre, a massa inconsciente, furiosa, agitou-se em ânsias mesquinhas. Grande número de israelitas despia o manto, arrojando poeira no ar, em um impulso característico de ignorância e maldade. O momento era gravíssimo. Os mais exaltados tentaram romper o cordão dos guardas para trucidar o prisioneiro. A ação de Zelfos foi rápida. Mandou recolher o Apóstolo ao interior da Torre Antônia. E, enquanto Cláudio Lísias se recolhia à residência, a fim de meditar um pouco na sublimidade dos conceitos ouvidos, o companheiro de milícia tomava providências enérgicas para dispersar a multidão. Não eram poucos os que teimavam em vociferar na via pública, mas o chefe militar mandou dispersar os recalcitrantes à pata de cavalo.

At
22:22 a 29

Conduzido a uma cela úmida, Paulo sentiu que os soldados o tratavam com a maior desconsideração. As feridas doíam-lhe penosamente. Tinha as pernas doloridas e trôpegas. A túnica estava empapada de sangue. Os guardas impiedosos e irônicos amarraram-no a grossa coluna, conferindo-lhe o tratamento destinado aos criminosos comuns. O Apóstolo, sentindo-se exausto e febril, chegou à conclusão de que não lhe seria fácil resistir à nova provação de martírio. Refletiu que não era justo entregar-se de todo às disposições perversas dos soldados que o guardavam. Lembrou que o Mestre se imolara na cruz, sem resistir à crueldade das criaturas, mas também afirmara que o Pai não deseja a morte do pecador. Não podia alimentar a presunção de entregar-se como Jesus, porque somente Ele possuía bastante amor para constituir-se Enviado do Todo-Poderoso; e como se reconhecia pecador convertido ao Evangelho, era justo o desejo de trabalhar até o último dia de suas possibilidades na Terra, em favor dos irmãos em Humanidade e em benefício da própria iluminação espiritual. Recordou a prudência que Pedro e Tiago sempre testemunharam para que as tarefas a eles confiadas não sofressem prejuízos injustificáveis e, verificando as suas escassas probabilidades de resistência física, naquela hora inesquecível, gritou aos soldados:

— Prendestes-me à coluna reservada aos criminosos, quando não podeis imputar-me falta alguma!... Vejo, agora, que preparais açoites para a flagelação, quando já me encontro banhado em sangue, no suplício imposto pela turba inconsciente...

Um dos guardas, um tanto irônico, procurou cortar-lhe a palavra e sentenciou:

— Ora esta!... Não sois um Apóstolo do Cristo? Consta que teu Mestre morreu na cruz caladinho e, por fim, ainda pediu perdão para os algozes, alegando que ignoravam o que faziam.

Os companheiros do engraçado romperam em gargalhadas estrídulas. Paulo de Tarso, entretanto, evidenciando toda a nobreza do coração, no fulgor do olhar, replicou sem hesitação:

— Sim, rodeado pelo povo ignorante e inconsciente, no dia do Calvário, Jesus pediu a Deus perdoasse as trevas de espírito em que se submergia a multidão que lhe levantara o madeiro de ignomínia, mas os agentes do governo imperial não podem ser a turba que desconhece os próprios atos. Os soldados de César devem saber o que fazem, porque se ignorais as leis, para cuja execução recebeis soldo, seria mais justo abandonardes o posto.

At 22:22 a 29

Os guardas ficaram imóveis, tomados de assombro.

Paulo, entretanto, continuou em voz firme:

— Quanto a mim, pergunto-vos: será lícito açoitardes um cidadão romano, antes de condenado?

O centurião que presidia os serviços da flagelação suspendeu os primeiros dispositivos. Zelfos foi chamado com espanto. Ciente do ocorrido, o tribuno interrogou o Apóstolo, sumamente admirado:

— Dize-me. És de fato romano?

— Sim.

Ante a firmeza da resposta, Zelfos achou razoável modificar o tratamento do prisioneiro. Receoso de complicações, ordenou que o ex-rabino fosse retirado do tronco, permitindo-lhe ficar à vontade no acanhado âmbito da cela. Somente então, Paulo de Tarso conseguiu algum repouso em um leito duro, recebendo uma bilha de água trazida com mais respeito e consideração. Saciou a sede intensa e dormiu, apesar das feridas sangrentas e dolorosas.

Zelfos, contudo, não estava tranquilo. Desconhecia, por completo, a condição do acusado. Temendo complicações prejudiciais para a sua posição, aliás, invejável do ponto de vista político, procurou avistar-se com o tribuno Cláudio Lísias. Esclarecendo o motivo de sua preocupação, o outro murmurou:

— Isso me surpreende, porque a mim afirmou que era judeu, natural de Tarso da Cilícia.

Zelfos explicou, então, que tinha dificuldade para discernir a causa, concluindo:

— Pelo que dizes, ele parece-me antes um mentiroso vulgar.

— Isso não — exclamou Lísias —, naturalmente possuirá títulos de cidadania do Império e agiu por motivos que não estamos habilitados a apreciar.

At
22:22 a 29

Percebendo que o amigo se irritara intimamente com as suas primeiras alegações, Zelfos apressou-se a corrigir:

— Teus conceitos são justos.

— Tenho de emiti-los em consciência — acrescentou Lísias bem inspirado —, porque esse homem, desconhecido para nós ambos, falou de problemas muito sérios.

Zelfos pensou um instante e ponderou:

— Considerando tudo isso, proponho seja apresentado, amanhã, ao Sinédrio. Julgo que somente assim poderemos encontrar uma fórmula capaz de resolver o assunto.

Cláudio Lísias recebeu o alvitre com displicência. No íntimo, sentia-se mais propenso a patronear a defesa do Apóstolo. Sua palavra, inflamada de fé, impressionara-o vivamente. Em breves, rápidos momentos de meditação, analisou todos os lances pró e contra uma atuação dessa natureza. Subtrair o acusado à perseguição dos mais exaltados era uma ação justa, mas disputar com o Sinédrio era uma atitude que reclamava mais prudência. Conhecia os judeus, muito de perto, e, por mais de uma vez, experimentara o grau de suas paixões e caprichos. Compreendendo, igualmente, que não deveria despertar qualquer suspeita do colega, com relação às suas crenças religiosas, fez um gesto afirmativo e declarou:

— Concordo com o alvitre. Amanhã, entregá-lo-emos aos juízes competentes em matéria de fé. Poderás deixar isso a meu cargo, porque o prisioneiro será acompanhado de escolta que o garanta contra qualquer violência.

(*Paulo e Estêvão*. FEB Editora. Segunda parte – Cap. 8, p. 414 a 417)

*No [dia] seguinte, querendo saber com certeza o [motivo] por que estava sendo acusado pelos judeus, soltou-o e ordenou que se reunissem os sumos sacerdotes e todo o Sinédrio; e, conduzindo Paulo para baixo, colocou-o [de pé] perante eles.*

Atos 22:30

## Paulo diante do Sinédrio

E assim foi. Na manhã seguinte, o mais alto Tribunal dos israelitas foi notificado pelo tribuno Cláudio Lísias de que o pregador do Evangelho compareceria perante os juízes para os inquéritos necessários, às primeiras horas da tarde. As autoridades do Sinédrio experimentaram enorme regozijo. Iam, enfim, rever o desertor da Lei, face a face. A notícia foi espalhada com invulgar rapidez.

Paulo, por sua vez, na solidão do cárcere, sentiu-se felicitado com uma grande surpresa, naquela manhã de sombrias perspectivas. É que, com permissão do tribuno, uma velha senhora e seu filho, ainda jovem, penetravam na cela a fim de visitá-lo.

Era sua irmã Dalila com o sobrinho Estefânio, que conseguiram, depois de muito esforço, permissão para uma entrevista ligeira. O Apóstolo abraçou a nobre senhora, com lágrimas de emoção. Ela estava alquebrada, envelhecida. O jovem Estefânio tomou as mãos do tio e beijou-as com veneração e ternura.

Dalila falou das saudades longas, recordou episódios familiares com a poesia do coração feminino, e o ex-doutor de Jerusalém recebia todas as notícias, boas e más, com imperturbável serenidade, como se procedessem de um mundo muito diferente do seu. Buscou, entretanto, confortar a irmã, que, a uma reminiscência mais dolorosa, se desfazia em prantos. Paulo historiou sucintamente as suas viagens, lutas, obstáculos dos caminhos palmilhados por amor de Jesus. A venerável senhora, embora alheia às Verdades do Cristianismo, muito delicadamente não quis tocar nos assuntos religiosos, detendo-se nos motivos afetuosos de sua visita fraternal e chorando copiosamente ao despedir-se. Não podia compreender a resignação do Apóstolo, nem apreciava devidamente a sua renúncia. Lastimava-lhe, intimamente, a sorte e, no fundo, tal como a maioria dos compatriotas, desdenhava aquele Jesus que não oferecia aos discípulos senão cruzes e sofrimentos.

At 22:30

Paulo de Tarso, todavia, experimentara grande conforto com a sua presença; sobretudo, a inteligência e a vivacidade de Estefânio, na ligeira palestra mantida, proporcionavam-lhe enormes esperanças no futuro espiritual do sobrinho.

Ainda repassava na mente essa grata impressão quando numerosa escolta se postava junto à cela, para acompanhá-lo ao Sinédrio, no momento oportuno.

Logo após o meio-dia, compareceu à barra do Tribunal e percebeu, de pronto, que o cenáculo dos grandes doutores de Jerusalém vivia um dos seus grandes dias, repleto de compacta massa popular. Sua presença provocava uma aluvião de comentários. Todos queriam ver, conhecer o trânsfuga da Lei, o doutor que repudiara e deprimira os títulos sagrados. Sobremaneira comovido, o Apóstolo lembrou ainda uma vez a figura de Estêvão. Competia-lhe, agora, dar igualmente o testemunho do Evangelho de verdade e redenção. A agitação do Sinédrio dava-lhe a mesma tonalidade dos tempos ali vividos. Ali, precisamente, infligira as mais duras humilhações ao irmão de Abigail e aos prosélitos de Jesus. Era justo, portanto, esperar, agora, acerbos e remissores sofrimentos. Depois, para cúmulo de amargura, a singular coincidência: o sumo sacerdote que presidia o feito chamava-se também Ananias! Acaso? Ironia do destino?

Tal como se verificou com Jeziel, lido o libelo acusatório, deram a palavra ao Apóstolo para defender-se, em atenção às prerrogativas de nascimento.

(*Paulo e Estêvão*. FEB Editora. Segunda parte — Cap. 8, p. 417 a 418)

*Fitando o Sinédrio, disse Paulo: varões, Irmãos, eu tenho sido um cidadão [diante] de Deus com toda boa consciência, até este dia. Mas o sumo sacerdote Ananias ordenou aos que estavam ao seu lado baterem na boca dele. Então disse Paulo para ele: Deus está prestes a bater em ti, parede caiada! Tu estás sentado, julgando-me segundo a Lei, e ordena baterem em mim? Os que estavam ao lado dele disseram: insultas o sumo sacerdote de Deus? Disse Paulo: não sabia, irmãos, que é sumo sacerdote, pois está escrito que Não falarás mal de uma autoridade do teu povo. Sabendo Paulo que uma parte era de saduceus e outra de fariseus, gritava ao Sinédrio: varões, irmãos, eu sou fariseu, filho de fariseus. Estou sendo julgado a respeito da esperança e ressurreição dos mortos. Quando ele disse isto, houve dissensão entre fariseus e saduceus, e a multidão se dividiu. Pois os saduceus dizem não haver ressurreição, nem anjo e espírito; ao passo que os fariseus reconhecem ambos. Houve grande gritaria. E, levantando-se alguns escribas, da parte dos fariseus, diziam: não encontramos nenhum mal neste homem, se um espírito ou anjo lhe falou. Tornando-se grande a dissensão, e temendo o quiliarca fosse Paulo despedaçado por eles, ordenou que, descendo a tropa, o retirassem do meio deles, a fim de ser conduzido para a fortaleza.*

Atos
23:1 a 10

## Discurso de Paulo diante do Sinédrio

Paulo entrou a justificar-se, sumamente respeitoso. Risos abafados, não raro, quebravam o silêncio ambiente, a indiciarem a termometria sarcasticamente hostil do auditório.

Quando a sua altiloquente oratória começou a impressionar pela fidelidade do testemunho cristão, o sumo sacerdote lhe impôs silêncio e vociferou enfático:

At
23:1 a 10

— Um filho de Israel, ainda que portador de títulos romanos, quando desrespeite as tradições desta casa, com afirmativas injuriosas à memória dos profetas, torna-se passível de severas reprimendas. O acusado parece ignorar o dever de explicar-se convenientemente, para tresvariar em conceitos sibilinos, próprios da sua desregrada e criminosa obsessão pelo Carpinteiro Revolucionário de Nazaré! Minha autoridade não permite abusos nos lugares santos. Determino, pois, que Paulo de Tarso seja ferido na boca, em desafronta aos seus termos insultuosos.

O Apóstolo endereçou-lhe um olhar de serenidade indizível e replicou:

— Sacerdote, vigiai o coração para não incidirdes em repressões injustas. Os homens, como vós, são como as paredes branqueadas dos sepulcros, mas não deveis ignorar que também sereis ferido pela Justiça de Deus. Conheço de sobra as leis de que vos tornastes executor. Se aqui permaneceis para julgar, como e por que mandais ferir?

Antes, porém, que pudesse prosseguir, um pequeno grupo de prepostos de Ananias avançou com açoites minúsculos, ferindo-o nos lábios.

— Ousas injuriar o sumo sacerdote? — exclamavam fulos de cólera. — Pagarás os insultos!...

As lambadas riscavam o rosto rugoso e venerando do ex--rabino, sob os aplausos gerais. Vozes irônicas elevavam-se incessantes do seio da turba refece. Uns pediam mais rigor; outros, estentóricos, reclamavam o apedrejamento. A serenidade do Apóstolo dava pleno testemunho e mais acirrava os ânimos impulsivos e criminosos. Destacaram-se certos grupos de israelitas mais soezes e, cooperando com os verdugos, cuspinharam-lhe o rosto. Generalizou-se o tumulto. Paulo tentou falar, explicar-se mais detalhadamente, mas a confusão era tal que nada se ouvia e ninguém se entendia.

O sumo sacerdote permitira a desordem deliberadamente. Os elementos principais do Sinédrio desejavam exterminar o ex-doutor a qualquer preço. O Tribunal só se prestara ao julgamento de entremez, porque havia percebido o interesse pessoal de Cláudio Lísias pelo prisioneiro. Não fora isso, Paulo de Tarso teria sido assassinado em Jerusalém, para satisfazer aos sentimentos odiosos dos inimigos gratuitos da sua abençoada tarefa apostólica. Solicitado pelo tribuno presente à reunião memorável, Ananias conseguiu restabelecer a calma no ambiente. Depois de apelos desesperados, a assembleia emudeceu expectante.

Paulo tinha o rosto a sangrar, a túnica em frangalhos, mas, com surpresa e pasmo gerais, revelava no olhar, ao contrário de outros tempos, em circunstâncias dessa natureza, grande tranquilidade fraternal, dando a entender que compreendia e perdoava os agravos da ignorância.

At 23:1 a 10

Supondo-se em posição vantajosa, o sumo sacerdote acentuou em tom arrogante:

— Devias morrer como teu Mestre, numa cruz desprezível! Desertor das tradições sagradas da pátria e blasfemo criminoso, não te bastam, por justo castigo, os sofrimentos que começas a experimentar entre os legítimos filhos de Israel!...

O Apóstolo, no entanto, longe de acovardar-se, replicou tranquilamente:

— Juízo apressado o vosso... Não mereço a cruz do Redentor, porque a sua auréola é gloriosa demais para mim; entretanto, os martírios todos do mundo seriam justos, aplicados ao pecador que sou. Temeis os sofrimentos porque não conheceis a vida eterna, considerais as provações como quem nada vê além destes efêmeros dias da existência humana. A política mesquinha vos distanciou o espírito das visões sagradas dos profetas!... Os cristãos, sabei-o, conhecem outra vida espiritual, suas esperanças não repousam em triunfos mendazes que vão apodrecer com o corpo no sepulcro! A vida não é isto que vemos na banalidade de todos os dias terrestres; é antes afirmação de imortalidade gloriosa com Jesus Cristo!

A palavra do orador parecia magnetizar, agora, a assembleia em peso. O próprio Ananias, não obstante a cólera surda, sentia-se incapaz de qualquer reação, como se algo de misterioso o compelisse a ouvir até o fim. Imperturbável em sua serenidade, Paulo de Tarso prosseguiu:

— Continuai a ferir-me! Escarrai-me na face! Açoitai-me! Esse martirológio me exalta para uma esperança superior,

At
23:1 a 10

porque já criei no meu íntimo um santuário intangível às vossas mãos e onde Jesus há de reinar para sempre...

— Que desejais — continuou em voz firme — com as vossas arruaças e perseguições? Afinal, onde o motivo para tantas lutas estéreis e destruidoras? Os cristãos trabalham, como o fez Moisés, para a crença em Deus e em nossa gloriosa ressurreição. É inútil dividir, fomentar a discórdia, tentar empanar a verdade com as ilusões do mundo. O Evangelho do Cristo é o Sol que ilumina as tradições e os fastos da Antiga Lei!...

Nesse ínterim, não obstante a estupefação de muitos, estabeleceu-se nova balbúrdia. Os saduceus atiraram-se contra os fariseus, com gestos e apóstrofes delirantes. Em vão, o sumo sacerdote procurava acalmar os ânimos. Um grupo mais exaltado tentava aproximar-se do ex-rabino, disposto a estrangulá-lo.

Foi aí que Cláudio Lísias, apelando para os soldados, fez-se ouvir na assembleia, ameaçando os contendores. Surpreendidos com o fato insólito, porquanto os romanos jamais procuravam intervir em assuntos religiosos da raça, os trêfegos israelitas submeteram-se imediatamente. O tribuno dirigiu-se, então, a Ananias e reclamou o encerramento dos trabalhos, declarando que o prisioneiro voltaria ao cárcere da Torre Antônia, até que os judeus resolvessem ventilar o caso com mais critério e serenidade.

As autoridades do Sinédrio não disfarçaram seu enorme espanto, mas como o governador da província continuava em Cesareia, não seria razoável desatender ao seu preposto em Jerusalém.

Antes que se verificassem novos tumultos, Ananias declarou que o julgamento de Paulo de Tarso, consoante a ordem recebida, prosseguiria na próxima sessão do Tribunal, a realizar-se daí a três dias.

Os guardas retiraram o prisioneiro, com grande cautela, enquanto os israelitas mais eminentes buscaram conter os protestos isolados dos que acusavam Cláudio Lísias de parcial e simpatizante do novo credo.

(*Paulo e Estêvão*. FEB Editora. Segunda parte – Cap. 8, p. 418 a 421)

*Na noite seguinte, colocando-se junto dele, disse o Senhor: anima-te, pois assim como testemunhastes a meu respeito em Jerusalém, assim também é necessário testemunhar em Roma.*

Atos
23:11

## Jesus fortalece Paulo na prisão

Reconduzido à cela silenciosa, Paulo pôde respirar e refazer o ânimo para enfrentar a situação.

Experimentando justa simpatia por aquele homem valoroso e sincero, o tribuno tomou novas providências a seu favor. O ex-doutor da Lei estava mais satisfeito e aliviado. Teve um guarda para atendê-lo em qualquer necessidade, recebeu água em abundância, remédio, alimentos e a visita dos amigos mais íntimos. Essas mostras de apreço muito o comoviam. Espiritualmente, sentia-se até mais confortado; doía-lhe, porém, o corpo ferido, e fisicamente estava exausto... Depois de palestrar alguns minutos, conforme a permissão recebida, com Lucas e Timóteo, sentiu que certas preocupações dolorosas lhe amarguravam o coração. Seria justo pensar em uma viagem a Roma, quando seu estado físico era assim precário? Resistiria por muito tempo às tremendas perseguições iniciadas em Jerusalém? Contudo, as vozes do mundo superior haviam-lhe prometido essa viagem à capital do Império... Não deveria duvidar das promessas feitas em nome do Cristo. Certa fadiga, aliada a grande amargura, começava a infirmar-lhe as esperanças sempre ativas. Caindo, porém, numa espécie de modorra, percebeu, como de outras vezes, que uma viva claridade inundava o cubículo, ao mesmo tempo em que suavíssima voz lhe sussurrava:

— Regozija-te pelas dores que resgatam e iluminam a consciência! Ainda que os sofrimentos se multipliquem, renova os júbilos divinos da esperança!... Guarda o teu bom ânimo,

At
23:11

porque assim como testificaste de mim, em Jerusalém, importa que o faças também em Roma!...

De pronto sentiu que novas forças lhe retemperavam o combalido organismo.

(*Paulo e Estêvão*. FEB Editora. Segunda parte – Cap. 8, p. 421)

*Tornando-se dia, realizando um motim, os judeus anatematizaram a si mesmos, dizendo não comer nem beber enquanto não matassem Paulo. Eram mais de quarenta os que realizaram esta conspiração. Alguns deles, aproximando-se dos sumos sacerdotes e anciãos, disseram: anatematizamos sob anátema a nós mesmos, não comer nada, enquanto não matarmos Paulo. Agora, portanto, manifesta ao quiliarca, juntamente com o Sinédrio, a fim de que o conduza até vós, como se estivessem prestes a decidir mais acuradamente as [coisas] a respeito dele; e nós, antes de ele se aproximar, estamos preparados para eliminá-lo. O filho da irmã de Paulo, ouvindo a cilada, chegando e entrando na fortaleza, anunciou a Paulo. Paulo, chamando um dos centuriões, disse: conduz este jovem ao quiliarca, pois tem algo para anunciar a ele. Então, tomando-o, o conduziu ao quiliarca e disse: o prisioneiro Paulo, chamando-me, pediu para conduzir este jovem a ti, [pois] tem algo a te dizer. O quiliarca, tomando-o pela mão, e retirando-se em particular, inquiria: o que tens para me anunciar? [Ele] disse: os judeus concordaram em te pedir que amanhã conduzas Paulo ao Sinédrio, como se estivessem prestes a investigar algo mais acurado a respeito dele. Portanto, não sejas tu persuadido por eles, pois mais de quarenta varões, dentre eles, estão armando uma cilada [para ele], os quais anatematizaram a si mesmos, [dizendo] não comer nem beber enquanto não o eliminarem; e agora estão preparados, esperando de ti o anúncio. Então, o quiliarca despediu o jovem, ordenando: a ninguém contes que me revelaste estas [coisas].*

Atos
23:12 a 22

## O Plano para matá-lo

A claridade da manhã surpreendeu-o quase bem-disposto. Nas primeiras horas do dia, Estefânio procurava-o com certa ansiedade. Recebido com afetuoso interesse, o rapaz informou

At
23:12 a 22

o tio dos graves projetos que se tramavam na sombra. Os judeus haviam jurado exterminar o convertido de Damasco, ainda que para isso houvessem de assassinar o próprio Cláudio Lísias. O ambiente no Sinédrio era de atividades odiosas. Projetava-se matar o pregador da gentilidade, à plena luz do dia, na próxima sessão do Tribunal. Mais de quarenta comparsas, dos mais fanáticos, haviam prometido, solenemente, a consecução do sinistro desígnio. Paulo tudo ouviu e, calmamente chamando o guarda, disse-lhe:

— Peço-te conduzir este moço à presença do chefe dos tribunos para que o ouça sobre um assunto urgente.

Assim, Estefânio foi levado a Cláudio Lísias, apresentando-lhe a denúncia. O arguto e nobre patrício, com o tato político que lhe caracterizava as decisões, prometeu examinar devidamente a questão, sem deixar presumir a adoção de providências definitivas para burlar a conjura. Agradecendo a comunicação, recomendou ao jovem o máximo cuidado nos comentários da situação, a fim de não exacerbar maiormente os ânimos partidários.

(*Paulo e Estêvão*. FEB Editora. Segunda parte – Cap. 8, p. 421 a 422)

*E, convocando dois centuriões, disse: preparai, a partir da terceira hora da noite, duzentos soldados, setenta cavaleiros e duzentos lanceiros para irem a Cesareia. Apresentem animais [de carga] para que, montando Paulo, [o] levem em segurança ao Governador Félix. Tendo escrito uma carta desta forma: "Cláudio Lísias. Ao Excelentíssimo governador Félix. Saudações! Este homem, tendo sido capturado pelos judeus e estando prestes a ser eliminado por eles, ao aproximar-me com a tropa [e] ao saber que é romano, resgatei-o. Querendo saber [melhor] o motivo [de condenação] pelo qual o acusavam, o conduzi para o Sinédrio deles. E o encontrei sendo acusado a respeito de controvérsia da Lei deles, mas não havendo nenhuma acusação digna de morte ou amarras. Ao me relatarem que haveria um complô contra o homem, imediatamente o enviei a ti, ordenando também aos acusadores dizerem perante ti as [coisas] contra ele". Então os soldados, conforme o que lhes fora ordenado, tomando a Paulo, o conduziram de noite para Antipátride. No [dia] seguinte, permitindo que os cavaleiros partissem com ele, retornaram para a fortaleza, os quais, chegando em Cesareia e entregando a carta ao governador, também lhe apresentaram Paulo. Depois de ler e perguntar de qual província [ele] era — ao descobrir que [era] da Cilícia — disse: ouvirei a ti quando também chegarem os teus acusadores. E ordenou fosse ele detido no pretório de Herodes.*

Atos
23:23 a 35

## Paulo é enviado ao governador Félix

Na solidão do seu gabinete, o tribuno romano pensou seriamente naquelas perspectivas sombrias. O Sinédrio, na sua capacidade de intrigar, poderia promover manifestações do povo sempre versátil e agressivo. Rabinos apaixonados podiam mobilizar facínoras e quiçá assassiná-lo em condições espetaculares.

No entanto, a denúncia partia de um jovem, quase criança. Além disso, tratava-se de um sobrinho do prisioneiro. Teria dito a verdade ou seria mero instrumento de possível mistificação afetiva, nascida de justas preocupações da família? Ainda bem não conseguira destrinçar as dúvidas para firmar conduta, quando alguém pedia o obséquio de uma entrevista. Desejoso de atreguar cogitações assim graves, acedeu prontamente. Abriu a porta luxuosa e um velhinho de semblante calmo apareceu sorridente. Cláudio Lísias alegrou-se. Conhecia-o de perto. Devia-lhe favores. O visitante inesperado era Tiago, que vinha interpor sua generosa influência em favor do grande amigo de suas edificações evangélicas. O filho de Alfeu repetiu o plano já denunciado por Estefânio, minutos antes. E foi mais longe. Contou a história comovedora de Paulo de Tarso, revelando-se como testemunha imparcial de toda a sua vida e esclarecendo que o Apóstolo viera à cidade, por insistência de sua parte, a fim de combinarem momentosas providências atinentes à propaganda. Concluía a exposição atenciosa pedindo ao amigo ilustre medidas eficazes para evitar o monstruoso atentado.

At 23:23 a 35

Maiormente apreensivo agora, o tribuno ponderou:

— Vossas considerações são justas; entretanto, sinto dificuldades para coordenar providências imediatas. Não será melhor aguardar que os fatos se apresentem e reagir, então, à força com a força?

Tiago esboçou um sorriso de dúvidas e sentenciou:

— Sou de parecer que vossa autoridade encontre recursos urgentes. Conheço as paixões judaicas e o furor de suas manifestações. Nunca poderei esquecer o odioso fermento dos fariseus, no dia do Calvário. Se receio pela sorte de Paulo, temo igualmente por vós mesmo. A multidão de Jerusalém é criminosa muitas vezes.

Lísias franziu a testa e refletiu longo tempo, mas, arrancando-o de sua indecisão, o velho galileu apresentou-lhe a ideia de transferir o prisioneiro para Cesareia, tendo em vista um julgamento mais justo. A medida teria a virtude de subtrair o Apóstolo do ambiente irritado de Jerusalém e faria abortar de início o plano de homicídio; além disso, o tribuno permaneceria a salvo de suspeitas injustas, mantendo íntegras as tradições de respeito acerca do seu nome, por parte dos judeus malevolentes e ingratos. O feito seria conhecido apenas dos mais íntimos e o patrício designaria uma escolta de soldados corajosos para acompanhar o prisioneiro, devendo sair de Jerusalém depois de meia-noite.

Cláudio Lísias considerou a excelência das sugestões e prometeu pô-las em prática nessa mesma noite.

Logo que Tiago se despediu, o romano chamou dois auxiliares de confiança e deu as primeiras ordens para a formação da escolta, forte, de 130 soldados, 200 archeiros e 70 cavaleiros, sob cuja proteção Paulo de Tarso haveria de comparecer perante o governador Félix, no grande porto palestinense. Os prepostos, atendendo às instruções recebidas, reservaram para o prisioneiro uma das melhores montarias.

At 23:23 a 35

Alta noite, Paulo de Tarso foi chamado com grande surpresa. Cláudio Lísias explicou-lhe, em poucas palavras, o objetivo de sua decisão e a extensa caravana partiu em silêncio, rumo a Cesareia.

Dado o caráter secreto das providências tomadas, a viagem correu sem incidentes dignos de menção. Apenas muitas horas depois partiam da Torre Antônia os respectivos informes, convencendo-se os judeus, com grande desapontamento, da inutilidade de quaisquer represálias.

Em Cesareia o governador recebeu a expedição com enorme espanto. Conhecia o renome de Paulo e não era estranho às lutas que sustentava com os irmãos de raça, mas aquela caravana de quatrocentos homens armados, para proteger um preso, era de causar admiração.

Depois do primeiro interrogatório, o preposto máximo do Império, na província, sentenciou:

— Atento à origem judaica do acusado, nada posso julgar sem ouvir o órgão competente de Jerusalém.

E mandou que o Sinédrio se fizesse representar na sede do Governo, com a maior urgência.

Os israelitas estavam sumamente satisfeitos com a ordem.

(*Paulo e Estêvão*. FEB Editora. Segunda parte — Cap. 8, p. 422 a 424)

*Depois de cinco dias, desceu o sumo sacerdote Ananias, com alguns anciãos e [com] certo orador, [chamado] Tértulo, os quais se manifestaram contra Paulo ao governador. Depois que ele foi chamado, Tértulo começou a acusar, dizendo: muita paz obtendo por meio de ti e ocorrendo reformas para esta nação, através da tua previdência, por todos os modos e por toda parte, Excelentíssimo Félix, reconhecemos [isto] com toda gratidão. E para que não te detenhas por mais [tempo], te rogamos nos ouvir brevemente com tua equidade. Pois descobrimos [ser] este varão uma peste, provocando também dissensão entre todos os judeus por toda a terra habitada, [sendo] líder da seita dos nazarenos, o qual tentou profanar o Templo — a quem também prendemos — [mas, vindo o quiliarca Lísias, o arrebatou das nossas mãos com grande violência], junto dele, tu mesmo poderás, após examinar, tomar conhecimento de todas estas [coisas] a respeito das quais nós o acusamos. Os judeus, se unindo no ataque, asseveravam que estas [coisas] eram assim. Paulo, acenando para o governador a fim de lhe falar, respondeu: sabendo que és juiz desta nação há muitos anos, animadamente defendo-me a respeito destas [coisas]. Podendo tu saber: não se passaram mais de doze dias desde que subi a Jerusalém para adorar, e não me encontraram no Templo nem dialogando com alguém, nem provocando a agitação do povo, nem em sinagogas, nem pela cidade, nem podem te apresentar [provas] a respeito do que me acusam agora. Mas confesso a ti isto: segundo o Caminho, o qual chamam seita, presto culto ao Deus de nossos Pais, crendo em todas as [coisas] conforme a Lei e ao que está escrito pelos Profetas. Tendo esperança em Deus, como eles também aguardam, de que há de haver ressurreição tanto de justos quanto de injustos. Em razão disso, também me esforço para ter constantemente uma consciência sem tropeço diante de Deus e dos homens. Ora, depois de muitos anos, vim à minha nação fazendo dádivas e ofertas, nas quais me encontraram no Templo, purificado, não com a turba nem com tumulto, alguns dos judeus da Ásia, aos quais era necessário se apresentarem diante de ti para me acusarem, se algo tivessem contra mim. Ou digam eles mesmos se encontraram em mim alguma injustiça, quando estava diante do Sinédrio. A não ser a respeito desta voz que bradei, estando de pé entre eles, hoje sou julgado acerca da ressurreição dos mortos. Conhecendo mais acuradamente as [coisas] referentes ao Caminho, Félix adiou [o julgamento] e disse: quando descer Lísias, o quiliarca, decidirei as [coisas] a vosso respeito.*

Atos
24:1 a 22

## O Processo diante de Félix

Consequentemente, cinco dias depois da remoção do Apóstolo, o próprio Ananias fizera questão de chefiar o conjunto de autoridades do Sinédrio e do Templo, que acorreram a Cesareia com os projetos mais estranhos, relativamente à situação do adversário. Os velhos rabinos, conhecendo o poder da lógica e a formosura da palavra do ex-doutor de Tarso, fizeram-se acompanhar de Tertulo, uma das mais notáveis mentalidades que cooperavam no colendo sodalício.

Improvisado o Tribunal para decidir o feito, o orador do Sinédrio teve a prioridade da palavra, usando-a em tremendas acusações contra o indiciado réu, desenhando a cores negras todas as atividades do Cristianismo, e terminando por pedir ao governador a entrega do acusado aos seus irmãos de raça, a fim de ser por eles devidamente julgado.

Concedido ao ex-rabino o ensejo de explicar-se, Paulo começou a falar com grande serenidade. Félix lhe observou logo os elevados dotes intelectuais, os primores dialéticos e ouvia-lhe a argumentação com invulgar interesse. Os anciães de Jerusalém não sabiam ocultar a própria ira. Se possível, teriam espostejado o Apóstolo ali mesmo, tal a irritação que os assomava, a contrastar com a tranquilidade transparente da oratória e da pessoa do orador adverso.

At
24:1 a 22

O governador teve grande embaraço para pronunciar o veredicto. De um lado, via os anciães de Israel em atitude quase colérica, reclamando direitos de raça; do outro, contemplava o Apóstolo do Evangelho, calmo, imperturbável, senhor espiritual do assunto, a esclarecer todos os pontos obscuros do processo singular, com a sua palavra elegante e refletida.

Reconhecendo o extremo valor daquele homem franzino e envelhecido, cujos cabelos pareciam encanecidos por dolorosas e sagradas experiências, o governador Félix modificou, apressadamente, suas primeiras impressões e encerrou os trabalhos nestes termos:

— Senhores, reconheço que o processo é mais grave do que julguei à primeira vista. Neste caso, resolvo adiar a sentença definitiva até que o tribuno Cláudio Lísias seja convenientemente ouvido.

(*Paulo e Estêvão*. FEB Editora. Segunda parte – Cap. 8, p. 424 a 425)

*E ordenou ao centurião que o mantivesse [na prisão], tendo livre-custódia, não impedindo nenhum dos seus próprios de servi-lo. Depois de alguns dias, chegando Félix com Drusila, sua própria mulher, que é judia, mandou chamar Paulo, e ouviu dele a respeito da fé em Jesus Cristo. Dialogando ele sobre a justiça, o autocontrole e o julgamento vindouro, Félix ficou amedrontado e respondeu: por agora, vai-te; tendo ocasião, te chamarei; ao mesmo tempo esperando que lhe seria dado dinheiro por Paulo. Por isso também mandava trazê-lo frequentemente para conversar com ele. Ao se completarem dois anos, Félix recebeu como sucessor Pórcio Festo; querendo agradar com favores os judeus, Félix deixou Paulo encarcerado.*

Atos
24:23 a 27

## A manutenção da prisão em Cesareia

Os anciães morderam os lábios. Debalde o sumo sacerdote solicitou a continuação dos trabalhos. O mandatário de Roma não modificou o ponto de vista e a grande assembleia dissolveu-se, com imenso pesar dos israelitas constrangidos a regressar, extremamente desapontados.

Félix, entretanto, passou a considerar o prisioneiro com maior deferência. No dia seguinte, foi visitá-lo, concedendo-lhe permissão para receber os amigos na sala do expediente. Depreendendo que Paulo gozava de grande prestígio entre e perante todos os seguidores da doutrina do Profeta nazareno, imaginou, desde logo, tirar algum proveito da situação. Cada vez que o visitava, surpreendia-lhe maior acuidade mental, a interessá-lo pela sua palestra viva e palpitante de observações sábias, no conceito e na experiência da vida.

Certo dia, o governador abordou jeitosamente o prisma dos interesses pessoais, insinuando-lhe a vantagem da sua libertação, de maneira a atender às aspirações da comunidade cristã, a que emprestava tanto relevo.

Paulo, porém, observou resoluto:

— Não sou tanto de vossa opinião. Sempre considerei que a primeira virtude do cristão é estar pronto para obedecer à vontade de Deus, em qualquer parte. Certo, não estou detido à revelia de sua assistência e proteção, e desta forma acredito que Jesus julga melhor conservar-me prisioneiro, nos dias que correm. Servi-lo-ei, pois, como se estivesse em plena liberdade de corpo.

At
24:23 a 27

— Entretanto — continuou Félix, sem coragem para ferir diretamente o ponto —, vossa independência não seria coisa muito difícil.

— Como assim?

— Não tendes amigos ricos e influentes em todos os recantos provinciais? — interrogou o preposto governamental, de maneira ambígua.

— Que desejais dizer com isso? — perguntou o Apóstolo por sua vez.

— Creio que se conseguísseis o dinheiro suficiente para atender aos interesses pessoais de quantos hajam de funcionar no processo, estaríeis completamente livre da ação da justiça, dentro de poucos dias.

Paulo compreendeu as insinuações mal veladas e nobremente revidou:

— Percebo agora. Falais de uma justiça condicionada ao capricho criminoso dos homens. Essa justiça não me interessa. Ser-me-á preferível conhecer a morte no cárcere a servir de obstáculo à redenção espiritual do mais humilde dos funcionários de Cesareia. Dar-lhes dinheiro em troca de uma independência ilícita seria habituá-los ao apego dos bens que lhes não pertencem. Minha atividade seria, então, um esforço reconhecidamente perverso. Além do mais, quando temos a consciência pura, ninguém nos pode tolher a liberdade e eu me sinto aqui tão livre como lá fora, na praça pública.

O governador recebeu a observação franca e áspera, disfarçando o seu enleio. A lição humilhava-o duramente e, desde então, desinteressou-se da causa. Já havia, porém, comentado, entre os amigos mais íntimos, a privilegiada inteligência do prisioneiro de Cesareia e, daí a dias, sua jovem esposa Drusila manifestava-lhe o desejo de conhecer e ouvir o Apóstolo. A seu mau grado, não podendo esquivar-se, acabou por levá-la à presença do ex-rabino.

Judia de origem, Drusila não se contentou, qual fizera o marido, com simples indagações superficiais. Desejosa de sondar-lhe as ideias mais profundas, pediu-lhe um comentário geral da nova doutrina que esposara e procurava difundir.

At 24:23 a 27

Perante destacadas figuras da Corte provincial, o valoroso Apóstolo dos Gentios fez brilhante panegírico do Evangelho, ressaltando a inolvidável exemplificação do Cristo e os deveres do proselitismo que repontava de todos os recantos do mundo. A maioria dos ouvintes escutava-o com evidentes mostras de interesse, mas, quando ele começou a falar da ressurreição e dos deveres do homem em face das responsabilidades no mundo espiritual, o governador fez-se pálido e interrompeu a pregação.

— Por hoje basta! — disse com autoridade. — Meus familiares poderão ouvir-vos de outra feita, se lhes aprouver, pois quanto a mim não creio na existência de Deus.

Paulo de Tarso recebeu a observação com serenidade e respondeu com benevolência:

— Agradeço a delicadeza da vossa declaração e, todavia, senhor governador, ouso encarecer-vos a necessidade de ponderar o assunto, porque, quando um homem afirma não aceitar a paternidade do Todo-Poderoso, é que, em regra, se arreceia do julgamento de Deus.

Félix lançou-lhe um olhar raivoso e retirou-se com os seus, prometendo a si próprio deixar o prisioneiro entregue à sua sorte.

À vista disso, embora respeitado pela franqueza e lealdade, Paulo houve de amargar dois anos de reclusão em Cesareia, tempo esse aproveitado em relações constantes com as suas Igrejas bem-amadas. Inumeráveis mensagens iam e vinham, trazendo consultas e levando pareceres e instruções.

A esse tempo, o ex-doutor de Jerusalém chamou a atenção de Lucas para o velho projeto de escrever uma biografia de Jesus, valendo-se das informações de Maria; lamentou não

At
24:23 a 27

poder ir a Éfeso, incumbindo-o desse trabalho, que reputava de capital importância para os adeptos do Cristianismo. O médico amigo satisfez-lhe integralmente o desejo, legando à posteridade o precioso relato da vida do Mestre, rico de luzes e esperanças divinas. Terminadas as anotações evangélicas, o espírito dinâmico do Apóstolo da Gentilidade encareceu a necessidade de um trabalho que fixasse as atividades apostólicas logo após a partida do Cristo, para que o mundo conhecesse as gloriosas revelações do Pentecostes, e assim se originou o magnífico relatório de Lucas, que é *Atos dos apóstolos*.

Não obstante a condição de prisioneiro, o convertido de Damasco não relaxou o trabalho um só dia, valendo-se de todos os recursos ao seu alcance, em favor da difusão da Boa-Nova.

O tempo corria célere. Os israelitas, no entanto, nunca desistiram do primitivo plano de eliminar o valoroso campeão das verdades do Céu. O governador foi abordado, várias vezes, sobre a oportunidade de reenviar o encarcerado a Jerusalém; entretanto, ao lembrar-se de Paulo, a consciência lhe vacilava. Além do que por si mesmo observara, ouvira o tribuno Cláudio Lísias que lhe falara do ex-rabino com indisfarçável respeito. Mais por medo dos poderes sobrenaturais atribuídos ao Apóstolo, que por dedicação aos seus deveres de administrador, resistiu a todas as investidas dos judeus, mantendo-se firme no propósito de custodiar o acusado até que surgisse o ensejo de um julgamento mais ponderado.

Dois anos de prisão contava a folha corrida do grande amigo dos gentios. Uma ordem imperial transferira Félix para a administração de outra província. Sem esquecer a mágoa que a franqueza de Paulo lhe causara, fez questão de abandoná-lo à própria sorte.

O novo governador, Pórcio Festo, chegou a Cesareia em meio de ruidosas manifestações populares.

(*Paulo e Estêvão*. FEB Editora. Segunda parte – Cap. 8, p. 425 a 427)

*Festo, assumindo a província, subiu de Cesareia para Jerusalém, três dias depois. Os sumos sacerdotes e os principais dos judeus apresentaram-lhe [acusações] contra Paulo, e rogaram-lhe — pedindo um favor contra ele — que o enviasse para Jerusalém, preparando uma cilada para eliminá-lo no caminho. Festo, então, respondeu que Paulo era mantido [na prisão] em Cesareia; ele próprio estando para partir [para lá] em breve. Assim, diz: os que dentre vós são poderosos, após descerem comigo, o acusem, se há algo impróprio neste varão. E, permanecendo entre eles não mais que oito ou dez dias, desceu para Cesareia. No dia seguinte, assentando-se sobre o estrado, ordenou que Paulo fosse conduzido. Quando ele chegou, os judeus que haviam descido de Jerusalém o rodearam, trazendo muitas e pesadas acusações que não podiam provar. Paulo defendia-se: nem contra a Lei dos judeus, nem contra o Templo, nem contra César pequei [em] algo. Festo, porém, querendo prestar um favor aos judeus, respondendo a Paulo, disse: queres, depois de subir a Jerusalém, ali ser julgado por mim acerca dessas coisas? Disse Paulo: estou de pé diante da tribuna de César, onde devo ser julgado; nenhuma injustiça fiz aos judeus, como tu muito bem sabes. Portanto, se cometi injustiça ou pratiquei algo digno de morte, não [me] recuso [a] morrer, mas se nada há das [coisas] que me acusam, ninguém pode me entregar a eles. Apelo para César. Festo, então, depois de falar com o conselho, respondeu: apelaste para César, para César irás.*

Atos
25:1 a 12

## O apelo para César

Jerusalém não queria esquivar-se às homenagens políticas e, tão logo assumira o poder, o ilustre patrício foi visitar a grande cidade dos rabinos. O Sinédrio aproveitou o ensejo para requisitar, instantemente, o velho inimigo de tantos anos. Um grupo de doutores da Lei Antiga buscou avistar-se, cerimoniosamente, com o generoso romano, solicitando a restituição do prisioneiro para julgamento do Tribunal religioso. Festo recebeu a comissão, cavalheirescamente, e mostrou-se inclinado a atender mas prudente por índole e por dever do cargo, declarou que preferia solucionar a questão em Cesareia, onde se lhe facultava conhecer o assunto com os detalhes imprescindíveis. Para esse fim, convidava os rabinos a acompanhá-lo no seu regresso. Os israelitas exultaram de contentamento. Espalharam-se os mais sinistros projetos, para a recepção do Apóstolo em Jerusalém.

At
25:1 a 12

O governador ali ficou dez dias, mas antes que regressasse, alguém se encaminhava a Cesareia, de coração oprimido e ansioso. Era Lucas, que, esforçado e solícito, propunha-se informar o prisioneiro de todas as singulares ocorrências. Paulo de Tarso ouvia-o com atenção e serenidade, mas, quando o companheiro passou a relatar os planos do Sinédrio, o amigo do gentilismo fez-se pálido. Estava definitivamente assentado que o trânsfuga seria crucificado, como o Divino Mestre, no mesmo local da Caveira. Havia preparativos para encenar fielmente o drama do Calvário. O acusado carregaria a cruz até lá, arrostando os sarcasmos da populaça e havia até quem falasse no sacrifício de dois ladrões, para que se repetissem todos os detalhes característicos do martírio do Carpinteiro.

Poucas vezes o Apóstolo manifestara tamanha impressão de espanto. Por fim, acrimonioso e enérgico, exclamou:

— Tenho experimentado açoites, apedrejamentos e insultos por toda parte, mas, de todas as perseguições e provações, esta é a mais absurda...

O próprio médico não sabia como interpretar esse conceito, quando o ex-rabino prosseguiu:

— Temos de evitar isso, por todos os meios ao nosso alcance. Como encarar essa deliberação extravagante de repetir a cena do Calvário? Qual o discípulo que teria a coragem de submeter-se a essa falsa paródia com a ideia mesquinha de atingir o plano do Mestre, no testemunho aos homens? O Sinédrio está enganado. Ninguém no mundo logrará um Calvário igual ao do Cristo. Sabemos que em Roma os cristãos começam a morrer no sacrifício, tomados por escravos misérrimos. Os poderes perversos do mundo desencadeiam a tempestade de ignomínias sobre a fronte dos seguidores do Evangelho. Se eu tiver de testificar de Jesus, fá-lo-ei em Roma. Saberei morrer junto dos companheiros, como um homem comum e pecador, mas não me submeterei ao papel de falso imitador do Messias Prometido. Destarte, já que o processo vai ser novamente debatido pelo novo governador, apelarei para César.

At 25:1 a 12

O médico fez um gesto de assombro. Como a maioria dos cristãos eminentes de todas as épocas, Lucas não conseguia compreender aquele gesto, interpretado, à primeira vista, como negativa do testemunho.

— Entretanto — objetou com certa hesitação —, Jesus não recorreu para as altas autoridades no sacrifício da cruz, e eu receio que os discípulos não saibam interpretar tua atitude como convém.

— Discordo de ti — respondeu Paulo resoluto —; se as comunidades cristãs não puderem compreender minha resolução, prefiro passar a seus olhos como pedante e desatento, nesta hora singular de minha vida. Sou pecador e devo desprezar o elogio dos homens. Se me condenarem, não estarão em erro. Sou imperfeito e preciso testemunhar nessa condição verdadeira de minha vida. De outro modo seria perturbar minha consciência, provocando um falso apreço humano.

Muito impressionado, Lucas guardou a lição inesquecível.

Três dias depois dessa entrevista, o governador regressava à sede do Governo provincial, acompanhado de numeroso séquito de israelitas dispostos a conseguir a entrega do famoso prisioneiro.

Pórcio Festo, com a serenidade que lhe marcava as atitudes políticas, procurou conhecer imediatamente a situação. Reviu o processo meticulosamente, inteirando-se dos títulos de cidadania romana do acusado, de acordo com a legislação em vigor. E, notando a insistência dos rabinos que denotavam enorme ansiedade pela solução do assunto, convocou uma reunião para novo exame das declarações do acusado, no intuito de satisfazer a política regional de Jerusalém.

At
25:1 a 12

O convertido de Damasco, alquebrado de corpo, mas sempre revigorado de espírito, compareceu à assembleia sob os olhares rancorosos dos irmãos de raça, que pleiteavam sua remoção a todo custo. O Tribunal de Cesareia atraía grande multidão, ansiosa de conhecer o novo julgamento. Discutiam os israelitas, os cristãos comentavam os debates em atitude defensiva. Mais de uma vez, Pórcio Festo foi obrigado a levantar a voz, reclamando atenção e silêncio.

Abertos os trabalhos da assembleia singular, o governador interrogou o acusado, com energia cheia de nobreza.

Paulo de Tarso, entretanto, respondeu a todas as arguições com a serenidade que lhe era peculiar. Não obstante a manifesta animosidade dos judeus, declarou que em nada os havia ofendido e não se recordava de qualquer ato de sua vida, no qual houvesse atacado o Templo de Jerusalém ou as leis de César.

Festo percebeu que tratava com um espírito culto e eminente, e que não seria tão fácil entregá-lo ao Sinédrio, conforme julgara a princípio. Alguns rabinos haviam insistido para que ordenasse a remoção para Jerusalém, pura e simplesmente, à revelia de quaisquer preceitos legais. O governador não hesitaria nesse particular, fazendo valer sua influência política, mas não quis praticar um ato arbitrário antes de conhecer as qualidades morais do homem focalizado pelas intrigas judaicas. No íntimo, considerava que, se se tratasse de uma personagem vulgar, poderia entregá-lo sem receio à autoridade tirânica do Sinédrio que, certo, o liquidaria, mas outro tanto não aconteceria, caso verificasse nobreza e inteligência no prisioneiro, porquanto, com o seu acurado senso político, não desejava adquirir um inimigo capaz de prejudicá-lo a qualquer tempo. Tendo reconhecido os altos dotes intelectuais e morais do Apóstolo, modificou inteiramente a sua atitude. Passou logo a considerar com mais severidade o interlocutor, chegando à conclusão de que seria crime agir com parcialidade no feito. Além da cultura que o acusado exibia, tratava-se de um cidadão romano por títulos legitimamente adquiridos. Formulando novas conjeturas e com imensa surpresa para os representantes confiados do Sinédrio, Pórcio Festo perguntou ao prisioneiro se consentia em voltar a Jerusalém, a fim de lá ser julgado, perante ele próprio, pelo Tribunal religioso da sua raça. Paulo de Tarso, compreendendo a cilada dos israelitas, replicou tranquilamente, enchendo a assembleia de assombro:

— Senhor governador, estou diante do Tribunal de César, a fim de ser definitivamente julgado. Há mais de dois anos espero a decisão de um processo que não posso compreender. Como sabeis, a ninguém ofendi. Minha prisão derivou, tão só, das intrigas religiosas de Jerusalém. Desafio, neste particular, o conceito dos mais exigentes. Se pratiquei algum ato indigno, peço, eu mesmo, a sentença de morte. Convocado a novo julgamento, acreditei tivésseis a coragem necessária para romper com as aspirações inferiores do Sinédrio, fazendo justiça à vossa longanimidade de administrador consciencioso e reto. Continuo confiando na vossa autoridade, na vossa imparcialidade, isenta de favor, que ninguém poderá exigir dos vossos encargos honrosos e delicados. Examinai detidamente as acusações que me retêm no cárcere de Cesareia! Verificareis que nenhum poder provincial poderá entregar-me à tirania de Jerusalém! Reconhecendo essa valiosa circunstância e invocando meus títulos, embora creia sinceramente em vossas deliberações sábias e justas, apelo, desde já, para César!...

At 25:1 a 12

A atitude inesperada do Apóstolo dos Gentios provocou geral espanto. Pórcio Festo, muito pálido, engolfou-se em sérias cogitações. De sua cátedra de juiz, ensinara, generosamente, o caminho da vida a muitos acusados e malfeitores; entretanto, naquela hora inolvidável de sua existência, encontrava um réu que lhe falava ao coração. A resposta de Paulo valia um programa de justiça e de ordem. Com imensa dificuldade pedia o restabelecimento da calma no recinto. Os representantes do Judaísmo discutiam acaloradamente entre si; alguns cristãos, mais apressados, comentavam desfavoravelmente a atitude do Apóstolo, apreciando-a superficialmente, como se constituísse uma negação do testemunho. O governador reuniu, à pressa, o pequeno conselho dos rabinos mais influentes. Os doutores da Lei Antiga insistiram pela adoção de medidas mais enérgicas, no pressuposto de que Paulo se modificaria com algumas bastonadas. Entretanto, sem desprezar a oportunidade de mais uma

At
25:1 a 12

prestigiosa lição para sua vida pública, o governador cerrou ouvidos às intrigas de Jerusalém, afirmando que de modo algum podia transigir no cumprimento do dever, naquele significativo instante de sua vida. Desculpou-se, desapontado, com os velhos políticos do Sinédrio e do Templo, que o fixavam com olhos rancorosos e pronunciou as célebres palavras:

— Apelaste para César? Irás a César!

Com essa antiga fórmula ficaram encerrados os trabalhos do novo julgamento. Os representantes do Sinédrio retiraram-se extremamente irritados, exclamando um deles, em voz alta, para o prisioneiro que recebeu o insulto serenamente:

— Só os desertores malditos apelam para César. Vai-te para os gentios, indigno intrujão!...

O Apóstolo fixava-o com benignidade, enquanto se preparava para voltar ao cárcere.

(*Paulo e Estêvão*. FEB Editora. Segunda parte – Cap. 8, p. 427 a 431)

*Passados alguns dias, o Rei Agripa e Berenice chegaram em Cesareia para saudar a Festo. Como permaneciam ali muitos dias, Festo apresentou ao rei as [coisas] relativas a Paulo, dizendo: há um varão que foi deixado preso por Félix, a respeito de quem, estando eu em Jerusalém, se manifestaram os sumos sacerdotes e anciãos dos judeus, pedindo contra ele uma condenação. Respondi para eles que não é costume dos Romanos entregar algum homem antes que o acusado tenha presentes os acusadores e possa defender-se da acusação. Assim, reunindo-se eles aqui, sem fazer dilação alguma, no [dia] seguinte, assentando-me na tribuna, ordenei que fosse trazido o varão; a respeito do qual, levantando-se os acusadores, nenhum motivo [de condenação] trouxeram das [coisas] más que eu suspeitava. Mas tinham contra ele algumas questões a respeito da própria religião e acerca de um certo Jesus, morto, que Paulo afirmava estar vivo. Estando eu em dúvida a respeito desta investigação, perguntava se [ele] queria ir a Jerusalém e ali ser julgado acerca destas [coisas]. Mas, havendo Paulo apelado para ser mantido sob guarda para a decisão do Augusto, ordenei que [assim] fosse mantido até eu mesmo enviá--lo a César. Agripa disse para Festo: gostaria também de ouvir este homem. Amanhã, o ouvirás, disse [ele]. Assim, no [dia] seguinte, vindo Agripa e Berenice, com grande pompa, depois de entrarem na sala de audiências com os quiliarcas e varões eminentes da cidade, Paulo foi conduzido por ordem de Festo. E Festo diz: rei Agripa e todos os varões que estais presentes conosco, vede este acerca de quem toda a multidão dos judeus recorreu a mim, tanto em Jerusalém quanto aqui, clamando que não deve ele viver mais. Eu, porém, descobri que ele nada fez digno de morte; no entanto, tendo ele apelado ao Augusto, decidi enviá-lo. [Contudo], a respeito dele, não tenho algo seguro para escrever ao Senhor; por isso o conduzi até vós, e especialmente até ti, rei Agripa, a*

> *fim de que, ocorrendo a investigação, [eu] tenha o que escrever. Pois não me parece razoável não indicar os motivos [de condenação] ao enviar um prisioneiro.*

Atos 25:13 a 27

## Paulo diante de Agripa e Berenice

O governador, sem perder tempo, determinou se anotasse a petição do réu, para prosseguimento do feito. No dia seguinte demorou-se a estudar o caso e sentiu-se presa de grande indecisão. Não podia enviar o acusado à capital do Império, sem justificar os motivos da prisão, por tanto tempo, nos cárceres de Cesareia. Como proceder? Todavia, decorridos alguns dias, Herodes Agripa e Berenice vinham saudar o novo governador, em visita cerimoniosa e imprevista. O preposto imperial não pôde dissimular as preocupações que o absorviam e, depois das solenidades protocolares, devidas a hóspedes tão ilustres, contou a Agripa a história de Paulo de Tarso, cuja personalidade empolgava os mais indiferentes. O Rei palestinense, que conhecia a fama do ex-rabino, manifestou desejo de observá-lo de perto, ao que Festo anuiu satisfeitíssimo, não somente pela possibilidade de proporcionar um prazer ao hóspede generoso, senão também por esperar das impressões do Rei algo de útil para ilustrar o processo do Apóstolo, que lhe incumbia enviar para Roma.

Pórcio deu a esse ato um caráter festivo. Convidou as personalidades mais eminentes de Cesareia, reunindo luzida assembleia em torno do Rei, no melhor e mais vasto auditório da Corte provincial. Primeiramente houve bailados e música; em seguida, o convertido de Damasco, devidamente escoltado, foi apresentado pelo próprio governador, em termos discretos, mas cordiais e sinceros.

(*Paulo e Estêvão*. FEB Editora. Segunda parte – Cap. 8, p. 432)

*E Agripa disse a Paulo: tens permissão para falar em teu favor. Então Paulo, estendendo a mão, defendia-se: rei Agripa, considero-me bem-aventurado por estar prestes a defender-me, hoje, diante de ti, de todas as coisas das quais sou acusado pelos judeus, sendo tu especialmente conhecedor de todos os costumes e controvérsias que [há] entre os judeus; por isso rogo que me ouças pacientemente. Quanto ao meu modo de viver, desde a minha juventude, como tem sido desde o início, na minha nação e em Jerusalém, todos os judeus conhecem. Conhecendo previamente a mim desde o princípio, se quiserem, [podem] testemunhar que vivi segundo a mais rigorosa seita do nosso culto, [os] fariseus. E, agora, estou de pé sendo julgado em razão da esperança na promessa que por Deus foi feita a nossos Pais, que as nossas doze tribos, prestando culto assiduamente, dia e noite, esperam alcançar; a respeito desta esperança, ó rei, sou acusado pelos judeus. Por que se julga inacreditável entre vós que Deus levante os mortos? Eu, no entanto, pensei comigo mesmo ser necessário fazer muitas [coisas] contrárias contra o nome de Jesus Nazareno. O que de fato fiz em Jerusalém: eu encerrei em prisões muitos dos santos, recebendo autoridade dos sumos sacerdotes; ao serem eliminados, lançava contra eles as pedrinhas. E, punindo-os muitas vezes, por todas as sinagogas, forçava-os a blasfemar; e, enfurecendo-me ainda mais, [eu] os perseguia até mesmo nas cidades estrangeiras. Nessas [circunstâncias], indo para Damasco, com autoridade e permissão dos sumos sacerdotes, ao meio dia, pelo caminho, [ó] rei, vi uma luz, [vinda] do Céu e [mais] brilhante que o sol, que iluminou ao meu redor e [ao redor] dos que iam comigo. E, caindo todos nós por terra, ouvi uma voz me dizendo em dialeto hebraico: Saul, Saul, por que me persegues? Duro é para ti recalcitrar contra os aguilhões. Então eu disse: quem és, Senhor? O Senhor disse: Eu sou Jesus, a quem tu persegues. Mas levanta-te e põe-te de pé sobre os teus* pés, pois para isso tornei-me visível a ti: para te constituir servidor e testemunha tanto das [coisas] que viste quanto das [coisas] que serão vistas por ti. Arrancando-te do povo e das nações, para as quais eu te envio, a fim de abrir os olhos deles, para que retornem das trevas para a luz, da autoridade de Satanás para Deus, de modo a receberem o perdão dos pecados e a porção dos que foram santificados pela fé em mim. Portanto, [ó] rei Agripa, não me tornei desobediente à visão celestial, mas anunciava, primeiramente aos de Damasco, aos de Jerusalém, a todos da região da Judeia, como também aos das nações, para se arrependerem e retornarem a Deus, praticando obras dignas de arrependimento. Por causa dessas [coisas], os judeus, depois de me prenderem no Templo, tentavam me matar. No entanto, obtendo socorro de Deus, até este dia estou de pé testemunhando tanto a pequenos quanto a grandes, nada dizendo além das [coisas] que os Profetas e Moisés disseram estarem prestes a acontecer: [sendo] o Cristo que padeceu e o primeiro dentre os que levantaram dos mortos, deve anunciar a luz tanto ao povo quanto às nações. Defendendo-se ele com essas [palavras], Festo disse com grande voz: estás louco, Paulo, as muitas letras te levam à loucura! Paulo, porém, disse: não estou louco, [ó] Excelentíssimo Festo! Pelo contrário, declaro palavras verdadeiras e sensatas. Pois o rei, diante de quem falo abertamente, também compreende essas [coisas], já que estou persuadido de que nenhuma dessas [coisas] lhe passam despercebidas, uma vez que isto não aconteceu em um canto. Crês nos Profetas, rei Agripa? Sei que crês! Agripa, porém, [se dirigiu] a Paulo: por pouco me persuades a me fazer cristão! E Paulo: [eu] oraria a Deus que, ou por pouco ou por muito, não apenas tu, mas todos os que me escutam hoje vós tornásseis tais como eu sou, exceto [no tocante] a essas amarras. Levantou-se o rei, o governador, Berenice e os que estavam assentados com eles; e, depois de se retirarem, falavam uns aos *outros, dizendo: este homem nada fez digno de amarras ou morte. Então Agripa disse para Festo: este homem podia ter sido libertado se não tivesse apelado a César.*

Atos
26:1 a 32

## Discurso de Paulo perante o rei Agripa

Herodes Agripa impressionou-se logo, vivamente, com a figura alquebrada e franzina do Apóstolo, cujos olhos serenos traduziam a energia inquebrantável da raça. Curioso por conhecê-lo melhor, mandou que se defendesse de viva voz.

Paulo compreendeu a profunda significação daquele minuto e passou a historiar os transes da sua existência com grande erudição e sinceridade. O Rei ouvia assombrado. O ex-rabino evocou a infância, deteve-se nas reminiscências da mocidade, explicou sua aversão aos seguidores do Cristo Jesus e, exuberante de inspiração, traçou o quadro do seu encontro com o Mestre Redivivo, às portas de Damasco, à viva luz do sol. Em seguida, passou a enumerar os feitos da obra de gentileza, as perseguições sofridas em toda parte por amor ao Evangelho, concluindo, com veemência, que, sem embargo, suas pregações não contrariavam, antes corroboravam as profecias da Lei Antiga, desde Moisés.

Dando curso à imaginação ardente e fácil, o orador tinha os olhos jubilosos e brilhantes. A assembleia aristocrática estava eminentemente impressionada com os fatos narrados, denotando entusiasmo e alegria. Herodes Agripa, muito pálido, tinha a impressão de haver encontrado uma das mais profundas vozes da Revelação Divina. Pórcio Festo não ocultava a surpresa que lhe assaltara subitamente o espírito. Não presumia no prisioneiro tamanho cabedal de fé e persuasão. Ouvindo o Apóstolo descrever as cenas mais belas do seu apostolado com os olhos repletos de alegria e de luz, transmitindo ao auditório atento e comovido ideias imprevistas e singulares, o governador considerou que se trataria de um louco sublime e disse-lhe, em alta voz, na intercorrência de uma pausa mais prolongada:

— Paulo, és um desvairado! As muitas letras fazem-te delirar!...

O ex-rabino, longe de se atemorizar, respondeu nobremente:

— Enganais-vos! Não sou um louco! Diante da vossa autoridade de romano ilustre, eu não me atreveria a falar desta maneira, pois reconheço que não estais devidamente preparado para ouvir-me. Os patrícios de Augusto são também de Jesus Cristo, mas ainda não conhecem plenamente o Salvador. A cada qual, devemos falar de acordo com sua capacidade espiritual. Aqui, porém, senhor governador, se falo com ousadia é porque me dirijo a um rei que não ignora o sentido de minhas palavras. Herodes Agripa terá ouvido Moisés, desde a infância. É romano pela cultura, mas alimentou-se da revelação de Deus aos seus antepassados. Nenhuma de minhas afirmações lhe pode ser desconhecida. De outro modo, ele trairia sua origem sagrada, pois todos os filhos da nação que aceitou o Deus único devem conhecer a revelação de Moisés e dos profetas. Credes assim, rei Agripa?

A pergunta causou enorme espanto. O próprio administrador provincial não teria coragem de se dirigir ao Rei com tamanha desenvoltura. O ilustre descendente de Ântipas estava altamente surpreendido. Extrema palidez cobria-lhe o semblante. Ninguém, assim, jamais lhe houvera falado em toda a sua vida.

Percebendo-lhe a atitude mental, Paulo de Tarso completou a poderosa argumentação, acrescentando:

— Sei que credes!...

Confuso com o desembaraço do orador, Agripa sacudiu a fronte como se desejasse expulsar alguma ideia importuna, esboçou um sorriso vago, dando a entender que estava senhor de si, e disse em tom de gracejo:

— Ora esta! Por pouco me persuades a fazer uma profissão de fé cristã...

O Apóstolo não se deu por vencido e revidou:

— Oxalá que, por pouco ou muito, vos fizésseis discípulo de Jesus; não somente vós, mas todos quantos nos ouviram hoje.

Pórcio Festo compreendeu que o Rei estava muito mais impressionado do que se supunha e, desejoso de modificar o ambiente, propôs que as altas personalidades se retirassem para a refeição da tarde, no palácio. O ex-rabino foi reconduzido ao cárcere, deixando nos ouvintes imorredoura impressão. Berenice, sensibilizada, foi a primeira a manifestar-se, reclamando clemência para o prisioneiro. Os demais seguiram a mesma corrente de benévola simpatia. Herodes Agripa tentou uma fórmula digna para que o Apóstolo fosse restituído à liberdade. O governador, porém, explicou que, conhecendo a fibra moral de Paulo, tomara a sério o seu recurso para César, estando já pergaminhadas as primeiras instruções a respeito. Cioso das leis romanas, pôs embargos ao alvitre, embora pedisse o socorro intelectual do Rei para a carta de justificação, com que o acusado deveria apresentar-se à autoridade competente, na capital do Império. Desejoso de conservar sua tranquilidade política, o descendente dos Herodes não aventou qualquer nova sugestão, lamentando apenas que o prisioneiro já houvesse recorrido em derradeira instância. Procurou então cooperar na redação do documento, mostrando-se contrário ao pregador do Evangelho tão só pela circunstância de haver suscitado muitas lutas religiosas na camada popular, em desacordo com a unidade de fé colimada pelo Sinédrio como baluarte defensivo das tradições do Judaísmo. Para isso, o próprio Rei assinara como testemunha, emprestando maior importância às alegações do preposto imperial. Pórcio Festo registrou o auxílio, extremamente satisfeito. Estava resolvido o problema e Paulo de Tarso poderia partir com a primeira leva de sentenciados para Roma.

At 26:1 a 32

(*Paulo e Estêvão*. FEB Editora. Segunda parte — Cap. 8, 432 a 434)

> *Quando foi decidido navegarmos para a Itália, entregaram Paulo e alguns outros prisioneiros a um centurião, de nome Júlio, da coorte Augusta. Embarcando em um navio de Adramítio, que iria navegar por lugares da [costa da] Ásia, zarpamos, estando conosco Aristarco, macedônio de Tessalônica.*

Atos
27:1 a 2

## Início da viagem para Roma

Escusado dizer que recebeu a notícia com serenidade. Depois de um entendimento com Lucas, pediu que a Igreja de Jerusalém fosse avisada, bem como a de Sidom, onde o navio, certo, haveria de receber carga e passageiros. Todos os amigos de Cesareia foram mobilizados no serviço das comovedoras mensagens que o ex-rabino dirigiu às amadas igrejas, menos Timóteo, Lucas e Aristarco, que se propunham acompanhá-lo à capital do Império.

Os dias correram céleres, até que chegou o momento em que o centurião Júlio com a sua escolta foi buscar os prisioneiros para a viagem tormentosa. O centurião tinha plenos poderes para determinar todas as providências e, logo, evidenciando simpatia pelo Apóstolo, ordenou fosse ele conduzido à embarcação desalgemado, em contraste com os demais prisioneiros.

O tecelão de Tarso, apoiado ao braço de Lucas, reviu, placidamente, a tela clara e barulhenta das ruas, afagando a esperança de uma vida mais alta, em que os homens pudessem gozar fraternidade em nome do Senhor Jesus. Seu coração mergulhava em doces reflexões e preces ardentes, quando foi surpreendido com a compacta multidão que se premia e agitava na extensa praça à beira-mar.

Filas de velhos, de jovens e crianças aglomeraram-se junto dele, a poucos metros da praia. À frente, Tiago, alquebrado e velhinho, vindo de Jerusalém com grande sacrifício, por trazer-lhe o ósculo fraternal. O ardente defensor da gentilidade não conseguiu dominar a emoção. Bandos de crianças atiraram-lhe flores. O filho de Alfeu, reconhecendo a nobreza daquele espírito heroico, tomou-lhe a destra e beijou-a com efusão. Ali estava com todos os cristãos de Jerusalém, em condições de fazer a viagem. Ali estavam confrades de Jope, de Lida, de Antipátride, de todos os quadrantes provinciais. As crianças da gentilidade uniam-se aos pequeninos judeus, que saudavam carinhosamente o Apóstolo prisioneiro. Velhos aleijados aproximavam-se respeitosos e exclamavam:

At 27:1 a 2

— Não deveríeis partir!...

Mulheres humildes agradeciam os benefícios recebidos de suas mãos. Doentes curados comentavam a colônia de trabalho que ele sugerira e ajudara a fundar na Igreja de Jerusalém e proclamavam sua gratidão em altas vozes. Os gentios, convertidos ao Evangelho, beijavam-lhe as mãos, murmurando:

— Quem nos ensinará, doravante, a sermos filhos do Altíssimo?

Meninos amorosos apegavam-se-lhe à túnica, sob os olhares de mães consternadas.

Todos lhe pediam que ficasse, que não partisse, que voltasse breve para os serviços abençoados de Jesus.

Subitamente, recordou a velha cena da prisão de Pedro, quando, ele, Paulo, arvorado em verdugo dos discípulos do Evangelho, visitara a Igreja de Jerusalém, chefiando uma expedição punitiva. Aqueles carinhos do povo lhe falavam brandamente à alma. Significavam que já não era o algoz implacável que, até então, não pudera compreender a Misericórdia Divina; traduziam a quitação do seu débito com a alma do povo. De consciência um tanto aliviada, recordou-se de Abigail e começou a chorar. Sentia-se, ali, como no seio dos "filhos do Calvário" que o abraçavam reconhecidos. Aqueles mendigos, aqueles aleijados, aquelas criancinhas eram a sua família. Naquele inesquecível minuto da sua vida, sentia-se plenamente identificado no ritmo da harmonia universal. Brisas suaves de mundos diferentes balsamizavam-lhe a alma, como se houvesse atingido uma região divina, depois de vencer grande batalha. Pela primeira vez, alguns pequeninos chamaram-lhe "pai". Inclinou-se, com mais ternura, para as criancinhas que o rodeavam. Interpretava todos os episódios daquela hora inolvidável como uma bênção de Jesus que o ligava a todos os seres. À sua frente, o oceano em calma assemelhava-se a um caminho infinito e promissor de misteriosas e inefáveis belezas.

At 27:1 a 2

Júlio, o centurião da guarda, aproximou-se comovido e falou com brandura:

— Infelizmente, chegou o momento de partir.

E, testemunha das manifestações tributadas ao Apóstolo, também ele tinha os olhos úmidos. Muitos réus se lhe haviam já deparado naquelas circunstâncias e eram todos revoltados, desesperados, ou penitentes arrependidos. Aquele, porém, estava sereno e quase feliz. Júbilo indizível lhe transbordava dos olhos brilhantes. Além disso, sabia que aquele homem, dedicado ao bem de todas as criaturas, não cometera falta alguma. Por isso mesmo, conservou-se ao seu lado, como querendo compartilhar dos transportes afetuosos do povo, como a demonstrar a consideração que lhe merecia.

O Apóstolo dos Gentios abraçou os amigos pela última vez. Todos choravam discretamente, à maneira dos sinceros discípulos de Jesus, que não pranteiam sem consolo: as mães ajoelhavam-se com os filhinhos na areia alva, os velhos, apoiando-se a rudes cajados, com imenso esforço. Todos os que abraçavam o campeão do Evangelho punham-se de joelhos, rogando ao Senhor que abençoasse o seu novo roteiro.

Concluindo as despedidas, Paulo acentuava com serenidade heroica:

— Choremos de alegria, irmãos! Não há maior glória neste mundo que a de estar o homem a caminho de Cristo Jesus!... O Mestre foi ao encontro do Pai pelos martírios da Cruz! Abençoemos nossa cruz de cada dia. É preciso trazermos as marcas do Senhor Jesus! Não acredito possa voltar aqui, com este alquebrado corpo de minhas lutas materiais. Espero que o Senhor me conceda o derradeiro testemunho em Roma; entretanto, estarei convosco pelo coração; voltarei às nossas Igrejas em Espírito; cooperarei no vosso esforço nos dias mais amargos. A morte não nos separará, tal como não separou o Senhor da comunidade dos discípulos. Nunca estaremos distantes uns dos outros e, por isso mesmo, prometeu Jesus que estaria ao nosso lado até o fim dos séculos!...

Júlio ouviu a exortação comovidamente. Lucas e Aristarco soluçavam baixinho.

A seguir, o Apóstolo tomou o braço do médico amigo e, seguido de perto pelo centurião, caminhou resoluto e sereno em demanda do barco.

At 27:1 a 2

Centenas de pessoas acompanharam as manobras da largada, em santificado recolhimento regado de lágrimas e preces. Enquanto o navio se afastava lento, Paulo e os companheiros contemplavam Cesareia, de olhos umedecidos. A multidão silenciosa, dos que ficavam em pranto, acenava e ondeava na praia que a distância, aos poucos, diluía. Jubiloso e reconhecido, Paulo de Tarso descansava o olhar no campo de suas lutas acerbas, meditando nos longos anos de viltas e reparações necessárias. Recordava a infância, os primeiros sonhos da juventude, as inquietações da mocidade, os serviços dignificantes do Cristo, sentindo que deixava a Palestina para sempre. Grandiosos pensamentos o empolgavam, quando Lucas se aproximou e, apontando a distância os amigos que continuavam genuflexos, exclamou brandamente:

— Poucos fatos me comoveram tanto no mundo como este! Registrarei nas minhas anotações como foste amado por quantos receberam das tuas mãos fraternais o benefício de Jesus!...

Paulo pareceu ponderar profundamente a advertência e acentuou:

— Não, Lucas. Não escrevas sobre virtudes que não tenho. Se me amas, não deves expor meu nome a falsos julgamentos. Deves falar, isso sim, das perseguições por mim movidas aos seguidores do Santo Evangelho; do favor que o Mestre me dispensou às portas de Damasco, para que os homens mais empedernidos não desesperem da salvação e aguardem a sua misericórdia no momento justo; citarás os combates que temos travado desde o primeiro instante, em face das imposições do farisaísmo e das hipocrisias do nosso tempo; comentarás os obstáculos vencidos,

At 27:1 a 2

as humilhações dolorosas, as dificuldades sem conta, para que os futuros discípulos não esperem a redenção espiritual com o repouso falso do mundo, confiantes no favor incompreensível dos deuses, e sim com trabalhos ásperos, com sacrifícios abençoados pelo aperfeiçoamento de si mesmos; falarás de nossos recontros com os homens poderosos e cultos; de nossos serviços junto dos desfavorecidos da sorte, para que os seguidores do Evangelho, no futuro, não se arreceiem das situações mais difíceis e escabrosas, conscientes de que os mensageiros do Mestre os assistirão, sempre que se tornem instrumentos legítimos da fraternidade e do amor, ao longo dos caminhos que se desdobram à evolução da Humanidade.

E, depois de longa pausa, em que observou a atenção com que Lucas lhe acompanhou os inspirados raciocínios, prosseguiu em tom sereno e firme:

— Cala sempre, porém, as considerações, os favores que tenhamos recolhido na tarefa, porque esse galardão só pertence a Jesus. Foi Ele quem removeu nossas misérias angustiosas, enchendo o nosso vácuo; foi sua mão que nos tomou caridosamente e nos reconduziu ao caminho santo. Não me contaste tuas lutas amargurosas no passado distante? Não te contei como fui perverso e ignorante em outros tempos? Assim como iluminou minhas veredas sombrias, às portas de Damasco, levou-te Ele à Igreja de Antioquia, para que lhe ouvisses as Verdades eternas. Por mais que tenhamos estudado, sentimos um abismo entre nós e a sabedoria eterna; por mais que tenhamos trabalhado, não nos encontramos dignos daquele que nos assiste e guia desde o primeiro instante da nossa vida. Nada possuímos de nós mesmos!... O Senhor enche o vácuo de nossa alma e opera o bem que não possuímos. Esses velhinhos trêmulos que nos abraçaram em lágrimas, as crianças que nos beijaram com ternura, fizeram-no ao Cristo. Tiago e os companheiros não vieram de Jerusalém tão só para manifestar-nos sua fraternidade afetuosa, vieram trazer testemunhos de amor ao Mestre que nos reuniu na mesma vibração de solidariedade sacrossanta, embora não saibam traduzir o mecanismo oculto dessas emoções grandiosas e sublimes. No meio de tudo isso, Lucas, fomos apenas míseros servos que se aproveitaram dos bens do Senhor para pagar as próprias dívidas. Ele nos deu a Misericórdia para que a Justiça se cumprisse. Esses júbilos e essas emoções divinas lhe pertencem... Não tenhamos, portanto, a mínima preocupação de relatar episódios que deixariam uma porta aberta para a vaidade incompreensível. Que nos baste a profunda convicção de havermos liquidado nossos débitos clamorosos...

At 27:1 a 2

Lucas ouviu admirado essas considerações oportunas e justas, sem saber definir a surpresa que lhe causavam.

— Tens razão — disse finalmente —, somos fracos demais para nos atribuirmos qualquer valor.

— Além disso — acrescentou Paulo —, a batalha do Cristo está começada. Toda vitória pertencerá ao seu amor, e não ao nosso esforço de servos endividados... Escreve, portanto, tuas anotações do modo mais simples e nada comentes que não seja para glorificação do Mestre no seu Evangelho imortal!...

Enquanto Lucas procurava Aristarco para transmitir-lhe aquelas sugestões sábias e afetuosas, o ex-rabino continuava fitando o casario de Cesareia, que se apagava agora no horizonte. A embarcação navegava suavemente, afastando-se da costa... Por longas horas, deixou-se ficar ali, meditando o passado que lhe surgia aos olhos espirituais, qual imenso crepúsculo. Mergulhado nas reminiscências entrecortadas de preces a Jesus, ali permaneceu em significativo silêncio, até que começaram a brilhar no firmamento muito azul os primeiros astros da noite.

(*Paulo e Estêvão*. FEB Editora. Segunda parte – Cap. 8, p. 434 a 439)

*No outro [dia], aportamos em Sidom; e Júlio, tratando Paulo com Humanidade, permitiu-lhe ir aos amigos para receber cuidados. E dali, fazendo-se [ao mar], costeamos Chipre, por serem os ventos contrários. Atravessando o mar aberto ao longo da Cilícia e Panfília, descemos para Mirra, da Lícia. O centurião, encontrando ali um barco de Alexandria que navegava para a Itália, nos embarcou nele. Navegando lentamente por muitos dias e tendo chegado com dificuldade diante de Cnido, não nos permitindo o vento avançar, costeamos Creta, defronte de Salmona. Costeando-a com dificuldade, chegamos a um lugar chamado Bons Portos, próximo do qual estava a cidade de Laseia. Passado muito tempo, e sendo já perigosa a navegação, em razão do jejum também já ter passado, Paulo recomendava, dizendo-lhes: varões, vejo que a navegação há de ser com dano e muita perda, não somente da carga e do navio, mas também das nossas vidas. O centurião, porém, era persuadido mais pelo timoneiro e pelo capitão do que pelas [coisas] faladas por Paulo.*

Atos
27:3 a 11

## A viagem para Roma — alerta de Paulo

O navio de Adramítio da Mísia, em que viajavam o Apóstolo e os companheiros, no dia imediato tocou em Sidom, repetindo-se as cenas comovedoras da véspera. Júlio permitiu que o ex-rabino fosse ter com os amigos, na praia, verificando-se as despedidas entre exortações de esperanças e muitas lágrimas. Paulo de Tarso ganhou ascendência moral sobre o comandante, marinheiros e guardas. Sua palavra vibrante conquistara as atenções gerais. Falava de Jesus, não como de uma personalidade inatingível, mas como de um mestre amoroso e amigo das criaturas, a seguir de perto a evolução e redenção da Humanidade terrena desde os seus primórdios. Todos desejavam ouvir-lhe os conceitos, relativamente ao Evangelho e quanto à sua projeção no futuro dos povos.

A embarcação frequentemente deixava divisar paisagens gratíssimas ao olhar do Apóstolo. Depois de costear a Fenícia, surgiram os contornos da ilha de Chipre — de cariciosas recordações. Nas proximidades de Panfília exultou de íntima alegria pelo dever cumprido, e assim chegou ao porto de Mirra, na Lícia.

At 27:3 a 11

Foi aí que Júlio resolveu tomar passagem com os companheiros numa embarcação alexandrina, que se dirigia para a Itália. Desse modo, a viagem continuou, mas com perspectivas desfavoráveis. O navio levava excesso de carga. Além de grande quantidade de trigo, tinha a bordo 276 pessoas. Aproximava-se o período difícil para os trabalhos de navegação. Os ventos sopravam de rijo, contrariando a rota. Depois de longos dias, ainda vogavam na região do Cnido. Vencendo dificuldades extremas, conseguiram tocar em alguns pontos de Creta.

Observando os obstáculos da jornada e obedecendo à própria intuição, o Apóstolo, confiado na amizade de Júlio, chamou-o em particular e sugeriu passar o inverno em Kaloi Limenes. O chefe da coorte tomou o alvitre em consideração e apresentou-o ao comandante e ao piloto, os quais o houveram por descabível.

— Que significa isso, centurião? — perguntou o capitão enfático, com um sorriso algo irônico. — Dar crédito a esses prisioneiros? Pois estou a ver que se trata de algum plano de fuga, maquinado com sutileza e prudência... Mas, seja como for, o alvitre é inaceitável, não só pela confiança que devemos ter em nossos recursos profissionais, como porque precisamos atingir o porto de Fênix, para o repouso necessário.

O centurião desculpou-se como pôde, retirando-se um tanto vexado. Desejaria protestar, esclarecendo que Paulo de Tarso não era um simples réu comum; que não falava por si só, mas também por Lucas, que igualmente fora marítimo dos mais competentes. Não lhe convinha, porém, comprometer sua brilhante situação militar e política, em antagonismo com as autoridades provincianas. Era melhor não insistir, sob pena de ser mal compreendido pelos homens de sua classe. Procurou o Apóstolo e fê-lo sabedor da resposta. Paulo, longe de magoar-se, murmurou calmamente:

— Não nos entristeçamos por isso! Estou certo de que os óbices hão de ser muito maiores do que possamos suspeitar. Haveremos, porém, de lograr algum proveito, porque, nas horas angustiosas, recordaremos o poder de Jesus, que nos avisou a tempo.

At
27:3 a 11

(*Paulo e Estêvão*. FEB Editora. Segunda parte – Cap. 9, p. 441 a 442)

*Sendo o porto impróprio para a invernada, a maioria deliberou zarpar dali, para invernar em Fenice, um porto de Creta — se de algum modo pudessem chegar [lá] — que dava para sudoeste e para noroeste. E, depois de soprar suavemente o vento sul, supondo haverem alcançado o objetivo, levantaram [âncora], costeando Creta mais de perto. Entretanto, não muito depois, lançou-se contra ela [Creta] um vento tufônico, chamado Euroaquilão. Sendo o navio arrebatado e não podendo fazer frente ao vento, rendendo-nos, éramos arrastados. Singrando sob a proteção de uma ilhota chamada Cauda, conseguimos com dificuldade recolher o bote. Levantando-o, usaram cordas de segurança para cingir o navio; e, temendo ficarmos à deriva em Sirte, baixaram o aparelho, sendo assim arrastados. No [dia] seguinte, violentamente sacudidos [pela tempestade], faziam a descarga [do navio]. E no terceiro atos [dia], com as próprias mãos, arrojaram a armação do navio. Não aparecendo nem o sol nem [as] estrelas durante muitos dias, e caindo sobre nós uma grande tempestade, dissipava-se, por fim, toda a esperança de sermos salvos. Então, havendo muita abstinência de alimento, Paulo, pondo-se de pé no meio deles, disse: ó Varões, era necessário terem-me obedecido, e não navegar de Creta, para ganhar este dano e perda. Mas, agora, vos recomendo ter ânimo, pois não haverá nenhuma perda de vida, entre vós, apenas do navio. Pois, nesta noite, se apresentou a mim um anjo de Deus, de quem [eu] sou e a quem [eu] sirvo, dizendo: Paulo, não temas! É necessário que te apresentes perante César, e eis que Deus concedeu-te [gratuitamente] todos quantos navegam contigo. Por isso, animai-[vos], Varões! Pois creio em Deus que assim sucederá, do modo como me foi dito. É necessário, porém, sairmos de curso em [direção a] alguma ilha. Quando chegou a décima-quarta noite, enquanto estávamos à deriva no [Mar] Adriático, por volta da meia-noite, os marinheiros suspeitaram aproximar-se deles alguma terra. E, lançando a sonda, encontraram vinte braças; passado um pouco mais [de tempo], lançando a sonda novamente, encontraram quinze braças. Temendo, porém, que ficássemos à deriva, não em [algum] lugar, mas defronte a lugares rochosos, lançaram da popa quatro âncoras, orando para chegar o dia. Os marinheiros, porém, a pretexto de irem lançar âncoras da proa, procuravam fugir do navio, baixando o bote no mar. Paulo disse ao centurião e aos soldados: Se eles não permanecerem no navio, vós não podereis ser salvos. Então os soldados cortaram as cordas do bote, deixando ele se afastar. Enquanto não raiava o dia, Paulo exortava a todos a tomarem alimento, dizendo: hoje [é] o décimo-quarto dia que permaneceis sem nada receber, esperando sem alimento. Por isso, [eu] vos exorto a tomarem alimento, pois isso é para a vossa salvação, já que nenhum fio da vossa cabeça se perderá. Depois de dizer essas [coisas], tomou o pão, rendeu graças a Deus na presença de todos, partiu-o e começou a comer. Eles, ficando todos animados, também ingeriram alimento. Éramos, todas as almas no navio, duzentos e setenta e seis. Saciados de alimento, tornaram mais leve o navio, lançando o trigo no mar. Quando se fez dia, não reconheciam a terra, mas perceberam uma enseada com praia, para a qual deliberavam dirigir o navio, se fosse possível. Atirando as âncoras, deixaram-nas no mar, desatando ao mesmo tempo as amarras dos lemes; e, içando ao vento a vela frontal, mantiveram firme [o navio] em direção à praia. Enroscando-se em um lugar entre duas correntes de água, encalharam a nau; a proa, fixando-se, permanecia imóvel, mas a popa quebrava-se pela violência [das águas]. O plano dos soldados era matar todos os prisioneiros, para que nenhum deles fugisse, nadando. O centurião, querendo salvar a Paulo, impediu-os desse plano, e ordenou sair para a terra, em primeiro lugar, lançando-se [ao mar], os que sabiam nadar. E os demais, uns sobre tábuas, outros sobre alguns destroços do navio. E sucedeu assim que todos chegaram salvos sobre a terra.*

Atos
27:12 a 44

## Tempestade e naufrágio no mar

A viagem continuou entre receios e esperanças. O próprio centurião estava agora convencido da inoportunidade da arribada em Kaloi Limenes, porque, nos dois dias que se seguiram ao conselho do Apóstolo, as condições atmosféricas melhoraram bastante. Logo, porém, que se fizeram ao mar alto, rumo a Fênix, um furacão imprevisto caiu de súbito. De nada valeram providências improvisadas. A embarcação não podia enfrentar a tempestade e forçoso foi deixá-la à mercê do vento impetuoso, que a arrebatou para muito longe, envolta em denso nevoeiro. Começaram, então, padecimentos angustiosos para aquelas criaturas insuladas no abismo revolto das ondas encapeladas. A tormenta parecia eternizar-se. Havia quase duas semanas que o vento rugia incessante, destruidor. Todo o carregamento de trigo foi alijado, tudo que representava excesso de peso, sem utilidade imediata, foi tragado pelo monstro insaciável e rugidor!

A figura de Paulo foi encarada com veneração. A tripulação do navio não podia esquecer o seu alvitre. O piloto e o comandante estavam confundidos e o prisioneiro tornara-se alvo de respeito e consideração unânimes. O centurião, principalmente, permanecia constantemente junto dele, crente de que o ex-rabino dispunha de poderes sobrenaturais e salvadores. O abatimento moral e o enjoo espalharam o desânimo e o terror. O Apóstolo generoso, no entanto, acudia à todos, um por um, obrigando-os a se alimentarem e confortando-os moralmente. De quando a quando, soltava o verbo eloquente e, com a devida permissão de Júlio, falava aos companheiros da hora amarga, procurando identificar as questões espirituais com o espetáculo convulsivo da Natureza:

At 27:12 a 44

— Irmãos! — dizia em voz alta para a assembleia estranha, que o ouvia transida de angústia — creio que tocaremos em breve a terra firme! Entretanto, assumamos o compromisso de jamais olvidar a lição terrível desta hora. Procuraremos caminhar no mundo qual marinheiro vigilante, que, ignorando o momento da tempestade, guarda a certeza da sua vinda. A passagem da existência humana para a vida espiritual assemelha-se ao instante amarguroso que estamos vivendo neste barco, há muitos dias. Não ignorais que fomos avisados de todos os perigos, no último porto que nos convidava a estagiar, livres de acidentes destruidores. Buscamos o mar alto, de própria conta. Também Cristo Jesus nos concede os celestes avisos no seu Evangelho de Luz, mas frequentemente optamos pelo abismo das experiências dolorosas e trágicas. A ilusão, como o vento sul, parece desmentir as advertências do Salvador, e nós continuamos pelo caminho da nossa imaginação viciada; entretanto, a tempestade chega de repente. É preciso passar de uma vida para outra, a fim de retificarmos o rumo iniludível. Começamos por alijar o carregamento pesado dos nossos enganos cruéis, abandonamos os caprichos criminosos para aceitar plenamente a vontade augusta de Deus. Reconhecemos nossa insignificância e miséria, alcança-nos um tédio imenso dos erros que nos alimentavam o coração tal como sentimos o nada que representamos neste arcabouço de madeiras frágeis, flutuante no abismo, tomados de singular enjoo, que nos provoca náuseas extremas! O fim da existência humana é sempre uma tormenta como esta, nas regiões desconhecidas do mundo interior, porque nunca estamos apercebidos para ouvir as advertências divinas e procuramos a tempestade angustiosa e destruidora, pelo roteiro de nossa própria autoria.

A assembleia amedrontada ouvia-lhe os conceitos, empolgada de inominável pavor. Observando que todos se abraçavam, confraternizando-se na angústia comum, continuava:

— Contemplemos o quadro dos nossos sofrimentos. Vede como o perigo ensina a fraternidade imediata. Estamos aqui, patrícios romanos, negociantes de Alexandria, plutocratas de Fenícia, autoridades, soldados, prisioneiros, mulheres e crianças... Embora diferentes uns dos outros, perante Deus a dor nos irmana os sentimentos para o mesmo fim de salvação e restabelecimento da paz. Creio que a vida em terra firme seria muito diferente, se as criaturas lá se compreendessem tal como acontece aqui, agora, nas vastidões marinhas.

Alguns sopitavam o despeito, ouvindo a palavra apostolar, mas a grande maioria acercava-se, reconhecendo-lhe a inspiração superior e desejosa de confugir-se à sombra da sua virtude heroica.

At 27:12 a 44

Decorridos catorze dias de cerração e tormenta, o barco alexandrino atingiu a ilha de Malta. Enorme, geral alegria, mas o comandante, ao ver afastado o perigo e sentindo-se humilhado com a atitude do Apóstolo durante a viagem, sugeriu a dois soldados o assassínio dos prisioneiros de Cesareia, antes que pudessem evadir-se. Os prepostos do centurião assumiram a paternidade desse alvitre, mas Júlio se opôs terminantemente, deixando perceber a transformação espiritual que o felicitava agora, à luz do Evangelho Redentor. Os presos que sabiam nadar atiraram-se à água corajosamente; os demais agarravam-se aos botes improvisados, buscando a praia.

(*Paulo e Estêvão*. FEB Editora. Segunda parte – Cap. 9, p. 442 a 444)

*Então, depois de termos sido salvos, soubemos que a ilha se chama Malta. Os bárbaros nos mostraram extraordinária humanidade, pois acolheram a todos nós, acendendo uma fogueira, por causa da chuva que chegara e por causa do frio. Quando Paulo juntou um monte de gravetos e os colocou sobre a fogueira, uma víbora que saia do calor agarrou-se à sua mão. Quando os bárbaros viram a fera pendurada na mão dele, disseram uns aos outros: sem dúvida, este homem é um assassino que, tendo sido salvo do mar, a justiça não permitiu viver. Ele, no entanto, sacudindo a fera em direção ao fogo, não sofreu nenhum mal. Eles, porém, aguardavam que ele [Paulo] viesse a inchar ou a cair morto repentinamente. Depois de muito esperarem, vendo que nada de anormal lhe sucedia, mudando de opinião, diziam ser ele um deus.*

Atos
28:1 a 6

## Paulo é picado por uma víbora na ilha de Malta

Os naturais da Ilha, bem como os poucos romanos que lá residiam a serviço da administração, acolheram os náufragos com simpatia, mas, por numerosos, não havia acomodação para todos. Frio intenso enregelava os mais resistentes. Paulo, todavia, dando mostras do seu valor e experiência no afrontar intempéries, tratou de dar o exemplo aos mais abatidos, para que se fizesse fogo, sem demora. Grandes fogueiras foram acesas rapidamente para aquecimento dos desabrigados, mas quando o Apóstolo atirava um feixe de ramos secos à labareda crepitante, uma víbora cravou-lhe na mão os dentes venenosos. O ex-rabino susteve-a no ar com um gesto sereno, até que ela caísse nas chamas, com estupefação geral. Lucas e Timóteo aproximaram-se aflitos. O chefe da coorte e alguns amigos estavam desolados. É que os naturais da Ilha, observando o fato, davam alarme, asseverando que o réptil era dos mais venenosos da região, e que as vítimas não sobreviviam mais que horas.

Os indígenas, impressionados, afastavam-se discretamente. Outros, assustadiços, afirmavam:

— Este homem deve ser um grande criminoso, pois, salvando-se das ondas bravias, veio encontrar aqui o castigo dos deuses.

At 28:1 a 6

Não eram poucos os que aguardavam a morte do Apóstolo, contando os minutos; Paulo, no entanto, aquecendo-se como lhe era possível, observava a expressão fisionômica de cada um e orava com fervor. Diante do prognóstico dos nativos da Ilha, Timóteo aproximou-se mais intimamente e buscou cientificá-lo do que diziam a seu respeito.

O ex-rabino sorriu e murmurou:

— Não te impressiones. As opiniões do vulgo são muito inconstantes, tenho disso experiência própria. Estejamos atentos aos nossos deveres, porque a ignorância sempre está pronta a transitar da maldição ao elogio e vice-versa. É bem possível que daqui a algumas horas me considerem um deus.

Com efeito, quando viram que ele não acusara nem mesmo a mais leve impressão de dor, os indígenas passaram a observá-lo como entidade sobrenatural. Já que se mantivera indene ao veneno da víbora, não poderia ser um homem comum, antes algum enviado do Olimpo, a que todos deveriam obedecer.

(*Paulo e Estêvão*. FEB Editora. Segunda parte – Cap. 9, p. 444 a 445)

*Em derredor daquele lugar, havia terras do chefe da ilha, de nome Públio, o qual, após nos receber, durante três dias nos hospedou amigavelmente. E sucedeu que o pai de Públio estava deitado, acometido de febres e disenteria; Paulo se dirigiu até ele e, orando, impôs-lhe as mãos e o curou. Depois de acontecer isso, os demais enfermos da ilha também vinham e eram curados. Eles nos prestaram muitas honras; e, ao navegarmos, nos proveram das [coisas] necessárias.*

Atos
28:7 a 10

## Paulo é recebido por Públio Apiano na ilha de Malta

A esse tempo, o mais alto funcionário de Malta, Públio Apiano, chegara ao local e ordenava as primeiras providências para socorrer os náufragos, sendo eles conduzidos a vastos galpões desabitados, próximo de sua residência, lá recebendo caldos quentes, remédio e roupas. O preposto imperial reservou os melhores cômodos da própria moradia para o comandante do navio e o centurião Júlio, atento ao prestígio dos respectivos cargos, até que pudessem obter novas acomodações na Ilha. O chefe da coorte, no entanto, sentindo-se agora extremamente ligado ao Apóstolo dos Gentios, solicitou ao generoso funcionário romano acolhesse o ex-rabino com a deferência a que fazia jus, ao mesmo tempo em que elogiava as suas virtudes heroicas.

Ciente da elevada condição espiritual do convertido de Damasco e ouvindo os fatos maravilhosos, que lhe atribuíam no capítulo das curas, lembrou comovidamente ao centurião:

— Ainda bem! Lembrança preciosa a vossa, mesmo porque, tenho aqui meu pai enfermo e desejaria experimentar as virtudes desse santo varão do povo de Israel!...

Convidado por Júlio, Paulo aquiesceu desassombrado e assim compareceu em casa de Públio. Levado à presença do ancião enfermo, impôs-lhe as mãos calosas e enrugadas, em prece comovedora e ardente. O velhinho que ardia e se consumia em febre letal, experimentou imediato alívio e rendeu graças aos deuses de sua crença. Tomado de surpresa, Públio Apiano viu-o levantar-se procurando a destra do benfeitor para um ósculo santo. O ex-rabino, no entanto, valeu-se da situação e, ali mesmo, exaltou o Divino Mestre, pregando as Verdades eternas e esclarecendo que todos os bens provinham do seu coração misericordioso e justo, e não de criaturas pobres e frágeis, como ele.

At 28:7 a 10

O preposto do Império quis conhecer o Evangelho imediatamente. Arrancando das dobras da túnica, em frangalhos, os pergaminhos da Boa-Nova, único patrimônio que lhe ficara nas mãos, depois da tempestade, Paulo de Tarso passou a exibir os pensamentos e ensinos de Jesus, quase com orgulho. Públio ordenou que o documento fosse copiado e prometeu interessar-se pela situação do Apóstolo, utilizando suas relações em Roma, a fim de lhe conseguir a liberdade.

A notícia do feito espalhou-se em poucas horas. Não se falava de outra coisa, senão do homem providencial que os deuses haviam mandado à Ilha, para que os doentes fossem curados e o povo recebesse novas revelações.

Com a complacência de Júlio, o ex-rabino e os companheiros obtiveram um velho salão do administrador, onde os serviços evangélicos funcionaram regularmente, durante os meses do inverno rigoroso. Multidões de enfermos foram curados. Velhos misérrimos, na claridade dos tesouros do Cristo alcançaram novas esperanças. Quando voltou a época da navegação, Paulo já havia criado em toda a Ilha uma vasta família cristã, cheia de paz e nobres realizações para o futuro.

Atento aos imperativos da sua comissão, Júlio resolveu partir com os prisioneiros no navio "Castor e Pólux", que ali invernara e se destinava à Itália.

No dia do embarque, o Apóstolo teve a consolação de aferir o interesse afetuoso dos novos amigos do Evangelho, recebendo, sensibilizado, manifestações de fraternal carinho. A bandeira augusta do Cristo também ali ficara desfraldada, para sempre.

(*Paulo e Estêvão*. FEB Editora. Segunda parte – Cap. 9, p. 445 a 447)

*Três meses depois, embarcamos em um navio alexandrino, com a insígnia Dióscuros, que invernara na ilha. Aportando em Siracusa, permanecemos [ali] três dias; donde, lançando [as âncoras], chegamos a Régio. Depois de um dia, surgiu o vento sul; no segundo dia, chegamos a Putéoli, onde encontramos irmãos que nos rogaram permanecer com eles durante sete dias; e foi assim que nos dirigimos a Roma.*

Atos
28:11 a 14

## Viagem para Roma — passagem por Siracusa

O navio demandou a costa italiana debaixo de ventos favoráveis.

Chegados a Siracusa, na Sicília, amparado pelo generoso centurião, agora devotado amigo, Paulo de Tarso aproveitou os três dias de permanência na cidade, em pregações do Reino de Deus, atraindo numerosas criaturas ao Evangelho.

Em seguida, a embarcação penetrou o estreito, tocou em Régio, aproando daí a Pozzuoli (Puteoli), não longe de Vesúvio.

Antes do desembarque, o centurião aproximou-se do Apóstolo respeitosamente, e falou:

— Meu amigo, até agora estiveste sob o amparo da minha amizade pessoal, direta; daqui por diante, porém, temos de viajar sob os olhares indagadores de quantos habitam nas proximidades da metrópole e há que considerar vossa condição de prisioneiro...

Notando-lhe o natural constrangimento, mescla de humildade e respeito, Paulo exclamou:

— Ora esta, Júlio, não te incomodes! Sei que tens necessidade de algemar-me os pulsos para a exata execução de teus deveres. Apressa-te a fazê-lo, pois não me seria lícito comprometer uma afeição tão pura, qual a nossa.

O chefe da coorte tinha os olhos molhados, mas, retirando as algemas da pequena bolsa, acentuou:

— Disputo a alegria de ficar convosco. Quisera ser, como vós, um prisioneiro do Cristo!...

Paulo estendeu a mão, extremamente comovido, permanecendo ligado ao centurião, sob o olhar carinhoso dos três companheiros.

Júlio determinou que os prisioneiros comuns fossem instalados em prisões gradeadas e que Paulo, Timóteo, Aristarco e Lucas ficassem em sua companhia, em uma pensão modesta. Em face da humildade do Apóstolo e de seus colaboradores, o chefe da coorte parecia mais generoso e fraternal. Desejoso de agradar ao velho discípulo de Jesus, mandou sindicar, imediatamente, se em Pozzuoli havia cristãos e, em caso afirmativo, que fossem à sua presença, para conhecerem os trabalhadores da semeadura santa. O soldado incumbido da missão, daí a poucas horas, trazia consigo um generoso velhinho de nome Sexto Flácus, cuja fisionomia transbordava a mais viva alegria. Logo à entrada, aproximou-se do velho Apóstolo e osculou-lhe as mãos, regou-as de lágrimas, em transportes de espontâneo carinho. Estabeleceu-se, imediatamente, consoladora palestra de que Paulo de Tarso participava comovido. Flácus informou que a cidade tinha há muito a sua Igreja; que o Evangelho ganhava terreno nos corações; que as cartas do ex-rabino eram tema de meditação e estudo em todos os lares cristãos, que reconheciam em suas atividades a missão de um mensageiro do Messias salvador. Tomando a velha bolsa arrancou, ali mesmo, a cópia da *Epístola aos romanos*, guardada pelos confrades de Pozzuoli com especial carinho.

At 28:11 a 14

Paulo tudo ouvia gratamente impressionado, parecendo-lhe que chegava a um mundo novo.

Júlio, por sua vez, não cabia em si de contente. E, dando largas ao seu entusiasmo natural, Sexto Flácus expediu recados aos companheiros. Aos poucos, a modesta estalagem enchia-se de caras novas. Eram padeiros, negociantes e artífices que vinham, ansiosos, apertar a mão do amigo da gentilidade. Todos queriam beber os conceitos do Apóstolo, vê-lo de perto, beijar-lhe as mãos. Paulo e os companheiros foram convidados a falar na Igreja àquela mesma noite e, cientes de que o centurião pretendia partir para Roma no dia imediato, os sinceros discípulos do Evangelho, em Pozzuoli, rogaram a Júlio permitisse a demora de Paulo entre eles, ao menos por sete dias, ao que o chefe da coorte atendeu de bom grado.

A comunidade viveu horas de júbilo imenso. Sexto Flácus e os companheiros expediram dois emissários a Roma, para que os amigos da cidade imperial tivessem conhecimento da vinda do Apóstolo dos Gentios. E, cantando louvores no coração, os crentes passaram dias de ilimitada ventura.

At 28:11 a 14

Decorrida a semana de trabalhos frutuosos, felizes, o centurião fez ver a necessidade de partir.

A distância a vencer excedia de 200 quilômetros, com sete dias de marcha consecutiva e fatigante.

(*Paulo e Estêvão*. FEB Editora. Segunda parte – Cap. 9, p. 447 a 448)

*Os irmãos dali, ao ouvirem [coisas] a nosso respeito, vieram ao nosso encontro até ao Foro de Ápio e Três Tabernas. Paulo, ao vê-los, deu graças a Deus e tomou ânimo.*

Atos 28:15

## Fim da viagem para Roma

O pequeno grupo partiu acompanhado de mais de cinquenta cristãos de Pozzuoli, que seguiram o ex-rabino até *Fórum de Ápio*, em cavalos resistentes, montando carinhosa guarda aos carros dos guardas e prisioneiros. Nessa localidade, distante de Roma quarenta e poucas milhas, aguardava o Apóstolo dos Gentios a primeira representação dos discípulos do Evangelho na cidade imperial. Eram anciães comovidos, cercados por alguns companheiros generosos, que, por pouco, carregavam o ex-rabino nos braços. Júlio não sabia como disfarçar a surpresa que lhe ia na alma. Jamais viajara com um prisioneiro de tamanho prestígio. De *Fórum de Ápio* a caravana demandou o sítio denominado "As Três Tavernas", acrescida agora do grande veículo que levava os anciães romanos, e sempre rodeada de cavaleiros fortes e bem-dispostos. Nessa região, singularmente nomeada, em vista do grande conforto de suas hospedarias, outros carros e novos amigos esperavam Paulo de Tarso com sublimes demonstrações de alegria. O Apóstolo, agora, contemplava as regiões do Lácio empolgado por emoções suaves e doces. Tinha a impressão de haver aportado a um mundo diferente da sua Ásia cheia de combates acerbos.

Com permissão de Júlio, a figura mais representativa dos anciães romanos tomara assento junto de Paulo, naquele jubiloso fim de viagem. O velho Apolodoro, depois de certificar-se da simpatia do chefe da coorte pela doutrina de Jesus, tornou-se mais vivo e minucioso no seu noticiário verbal, atendendo às perguntas afetuosas do Apóstolo dos Gentios.

— Vindes a Roma em boa época — acentuava o velhinho em tom resignado —; temos a impressão de que nossos sofrimentos por Jesus vão ser multiplicados. Estamos em 61, mas há três anos que os discípulos do Evangelho começaram a morrer nas arenas do circo pelo nome augusto do Salvador.

— Sim — disse Paulo de Tarso solicitamente. — Eu ainda não havia sido preso em Jerusalém, quando ouvi referências às perseguições indiretas, movidas aos adeptos do Cristianismo pelas autoridades romanas.

— Não são poucos — acrescentou o ancião — os que têm dado seu sangue nos espetáculos homicidas. Nossos companheiros têm caído às centenas, aos apupos do povo inconsciente, estraçalhados pelas feras ou nos postes do martírio...

O centurião, muito pálido, interrogou:

— Mas como pode ser isso? Há medidas legais que justifiquem esses feitos criminosos?

— E quem poderá falar em justiça no governo de Nero? — replicou Apolodoro com um sorriso de santa resignação. — Ainda agora, perdi um filho amado nessas horrorosas carnificinas.

— Como? — tornou o chefe da coorte admirado.

— Muito simplesmente — esclareceu o velhinho — os cristãos são conduzidos aos circos do martírio e da morte, como escravos faltosos e misérrimos. Como ainda não existe um fundamento legal que justifique semelhantes condenações, as vítimas são designadas como cativos que mereceram os suplícios extremos.

— Não existe um político, ao menos, que possa desmascarar o torpe sofisma?

— Quase todos os estadistas honestos e justos estão exilados, para não falar dos muitos induzidos ao suicídio pelos prepostos diretos do Imperador. Acreditamos que a perseguição declarada aos discípulos do Evangelho não tardará muito. A medida tem sido retardada somente pela intervenção de algumas senhoras convertidas a Jesus, que tudo têm feito pela defesa de nossos ideais. Não fora isso, talvez a situação se revelasse mais dolorosa.

— Precisamos negar a nós mesmos e tomar a cruz — exclamou Paulo de Tarso, compreendendo o rigor dos tempos.

— Tudo isso é muito estranho para nós outros — ponderou Júlio acertadamente —, pois não vemos razão para tamanha tirania. É um contrassenso a perseguição aos adeptos do Cristo, que trabalham pela formação de um mundo melhor, quando por aí medram tantas comunidades de malfeitores, a reclamarem repressão legal. Com que pretexto se promove esse movimento sorrateiro?

Apolodoro pareceu concentrar-se e replicou:

— Acusam-nos de inimigos do Estado, a solapar-lhe as bases políticas com ideias subversivas e destruidoras. A concepção de bondade, no Cristianismo, dá azo a que muitos interpretem mal os ensinamentos de Jesus. Os romanos abastados, os ilustres, não toleram a ideia de fraternidade humana. Para eles o inimigo é inimigo, o escravo é escravo, o miserável é miserável. Não lhes ocorre abandonar, por um momento sequer, o festim dos prazeres fáceis e criminosos, para cogitar da elevação do nível social. Raríssimos os que se preocupam com os problemas da plebe. Um patrício caridoso é apontado com ironias. Em um tal ambiente, os desfavorecidos da sorte encontraram no Cristo Jesus um Salvador bem-amado, e os avarentos um adversário a eliminar, para que o povo não alimente esperanças. Examinada essa circunstância, podemos imaginar o progresso da doutrina cristã, entre os aflitos e pobres, tendo-se em vista que Roma sempre foi um enorme carro de triunfo mundano, que segue com os verdugos autoritários e tirânicos na boleia, cercado de multidões famintas, que vão apanhando as migalhas de sobejo. As primeiras pregações cristãs passaram despercebidas, mas quando a massa popular demonstrou entender o elevado alcance da nova doutrina, começaram as lutas acerbas. De culto livre em suas manifestações, o Cristianismo passou a ser rigorosamente fiscalizado. Dizia-se que nossas células eram originárias de feitiçarias e sortilégios. Em seguida, como se verificaram pequenas rebeliões de escravos, nos palácios nobres da cidade, nossas reuniões de preces e benefícios espirituais foram proibidas. As agremiações foram dissolvidas à força. Em vista, porém, das garantias de que gozam as cooperativas funerárias, passamos a nos reunir alta noite no âmago das catacumbas. Ainda assim, descobertos pelos

At
28:15

sequazes do Imperador, nossos núcleos de oração têm experimentado pesadas torturas.

— É horrível tudo isso! — exclamou o centurião compungido — e o que admira é haver funcionários dispostos a executar determinações tão injustas!...

Apolodoro sorriu e acentuou:

— A tirania contemporânea tudo justifica. Não levais, vós mesmo, um Apóstolo prisioneiro? Entretanto, reconheço que sois dele um grande amigo.

A comparação do velho e arguto observador fez empalidecer ligeiramente o centurião.

— Sim, sim — murmurava ele, tentando explicar-se.

Paulo de Tarso, todavia, reconhecendo a posição e o embaraço do amigo, acudiu esclarecendo:

— A verdade é que não fui encarcerado por malvadez ou inópia dos romanos, desconhecedores de Jesus Cristo, mas por meus próprios irmãos de raça. Aliás, tanto em Jerusalém como em Cesareia, encontrei a mais sincera boa vontade dos prepostos do Império. Em tudo isso, amigos, preponderam as injunções do serviço do Mestre. Para o êxito indispensável dos seus esforços remissores, os discípulos não poderão caminhar no mundo sem as marcas da cruz.

Os interlocutores entreolharam-se satisfeitos. A explicação do Apóstolo vinha elucidar completamente o problema.

O grupo numeroso alcançou Alba Longa, onde novo contingente de cavaleiros esperava o valoroso missionário. Daí até Roma, a caravana moveu-se mais vagarosa, experimentando sublimadas sensações de alegria. Paulo de Tarso, muito sensibilizado, admirava a beleza singular das paisagens desdobradas ao longo da Via Ápia. Mais alguns minutos e os viajores atingiam a Porta Capena, onde centenas de mulheres e crianças aguardavam o Apóstolo. Era um quadro comovente!

O cortejo parou para que os amigos o abraçassem. Eminentemente emocionado, o centurião acompanhou a cena inesquecível, contemplando anciãs de cabelos nevados osculando as mãos de Paulo, com infinito carinho.

O Apóstolo, enlevado naquelas explosões de afeto, não sabia se havia de contemplar os panoramas prodigiosos da "cidade das sete colinas", se paralisar o curso das emoções para prosternar-se em espírito, em um preito justo de reconhecimento a Jesus.

Obedecendo às ponderações amigas de Apolodoro, o grupo dispersou-se.

At 28:15

(*Paulo e Estêvão*. FEB Editora. Segunda parte – Cap. 9, p. 448 a 452)

*Quando entramos em Roma, foi permitido a Paulo morar, por conta própria, com o soldado que o guardava.*

Atos 28:16

## Paulo em Roma

Roma inteira banhava-se suavemente no crepúsculo de opalas. Brisas cariciosas sopravam, de longe, balsamizando a tarde quente. Considerando que Paulo precisava de repouso, o centurião resolveu passar a noite numa hospedaria e apresentar-se com os prisioneiros no dia imediato, ao Quartel dos Pretorianos, depois de refeitos da longa e exaustiva viagem.

Somente na manhã seguinte, compareceu perante as autoridades competentes, apresentando os acusados. Feliz expediente aquele, porque o ex-rabino sentia-se perfeitamente reconfortado. Na véspera, Lucas, Timóteo e Aristarco separaram-se dele, a fim de se instalarem na companhia dos irmãos de ideal, até poderem fixar a sua posição.

O centurião de Cesareia encontrou no Quartel da Via Nomentana altos funcionários que podiam perfeitamente atendê-lo, com referência ao assunto que o trazia à capital do Império, mas fez questão de esperar o general Búrrus, amigo pessoal do Imperador e conhecido por suas tradições de honestidade, no intuito de esclarecer o caso do Apóstolo.

O general o atendeu com presteza e solicitude e ficou suficientemente informado da causa do ex-rabino, tanto quanto dos seus antecedentes pessoais e das lutas e sacrifícios que vinha amargurando. Prometeu estudar o caso com o maior interesse, depois de guardar, solícito, os pergaminhos remetidos pela Justiça de Cesareia. Na presença do Apóstolo, afirmou ao centurião que, caso os documentos provassem a cidadania romana do acusado, ele poderia gozar das vantagens da *custodia libera*, passando a viver fora do cárcere, apenas acompanhado por um guarda, até que a magnanimidade de César decidisse o seu recurso.

Paulo foi recolhido à prisão com os demais companheiros, como medida preliminar ao exame da documentação trazida. Júlio despediu-se comovido, os guardas abraçaram o ex-rabino, contristados e respeitosos. Os altos funcionários do Quartel acompanharam a cena com indisfarçável surpresa. Prisioneiro algum havia ali entrado, até então, com tamanhas manifestações de carinho e apreço.

At 28:16

Depois de uma semana, em que lhe fora permitido o contato permanente com Lucas, Aristarco e Timóteo, o Apóstolo recebia ordem para fixar residência nas proximidades da prisão — privilégio conferido pelos seus títulos, embora obrigado a permanecer sob as vistas de um guarda policial, até que o seu recurso fosse definitivamente julgado.

Auxiliado pelos confrades da cidade, Lucas alugou um aposento humilde na Via Nomentana, para lá se transferindo o valoroso pregador do Evangelho, cheio de coragem e confiança em Deus.

Longe de esmorecer diante dos obstáculos, Paulo continuou redigindo epístolas consoladoras e sábias às comunidades distantes. No segundo dia de sua nova instalação, recomendou aos três companheiros procurassem trabalho, para não serem pesados aos irmãos, explicando que ele, Paulo, viveria do pão dos encarcerados, como era justo, até que César pudesse atender ao seu apelo.

Assim o fez, de fato, e diariamente lá se ia às grades do calabouço, onde tomava a sua ração alimentar. Aproveitava, então, essas horas de convivência com os celerados ou com as vítimas da maldade humana para pregar as Verdades confortadoras do Reino, ainda que algemados. Todos o ouviam em deslumbramento espiritual, jubilosos com a notícia de que não se encontravam desamparados pelo Salvador. Eram criminosos do Esquilino, bandidos das regiões provincianas, malfeitores da Suburra, servos ladrões entregues à justiça pelos senhores para a necessária regeneração, e pobres perseguidos pelo despotismo da época, que sofriam a terrível influência dos vícios da administração.

A palavra de Paulo de Tarso atuava como bálsamo de santas consolações. Os prisioneiros ganhavam novas esperanças e muitos se converteram ao Evangelho, como Onésimo, o escravo regenerado, que passou à história do Cristianismo na carinhosa epístola a Filemom.

At
28:16

(*Paulo e Estêvão*. FEB Editora. Segunda parte – Cap. 9, p. 452 a 453)

*E sucedeu que, três dias depois, ele convocou os judeus que eram proeminentes e, reunindo-se com eles, lhes dizia: varões, irmãos, eu nada fiz contra o povo ou [contra] os costumes dos pais, porém, desde Jerusalém, fui entregue prisioneiro nas mãos dos romanos; os quais, depois de me interrogarem, queriam me soltar, por não haver em mim motivo [de condenação] à morte. Depois de os judeus contestarem, fui compelido a apelar para César, mesmo não tendo a minha nação algo do que me acusar. Então, por esse motivo, vos chamei para ver e conversar, visto que por causa da esperança de Israel esta corrente me envolve. Eles lhe disseram: não recebemos cartas da Judeia a teu respeito, nem chegou [aqui] algum irmão que anunciasse ou falasse algo de mal a teu respeito. Mas julgamos oportuno ouvir de ti o que pensas, pois sabemos que esta seita é contraditada em todo lugar.*

Atos
28:17 a 22

## Preparação de encontro com os israelitas em Roma

No terceiro dia da nova situação, Paulo de Tarso chamou os amigos para resolver determinados empreendimentos que julgava indispensáveis. Encareceu a diligência de um entendimento com os israelitas. Precisava transmitir-lhes as claridades da Boa-Nova. No entanto, era impossível, no momento, uma visita à sinagoga. Sem paralisar, contudo, os impulsos dinâmicos da sua mentalidade vigorosa, pediu a Lucas convocasse os maiorais do Judaísmo na capital do Império, a fim de lhes apresentar uma exposição de princípios, que supunha conveniente.

Na mesma tarde, grande número de anciães de Israel comparecia no seu aposento.

Paulo de Tarso expõe as notícias generosas do Reino de Deus, esclarece a sua posição, refere-se às preciosidades do

Evangelho. Os ouvintes mostram-se algo interessados, mas ciosos de suas tradições, acabam tomando atitude reservada e duvidosa.

Quando terminou a oração entusiástica, o rabi Menandro exclamou em nome dos demais:

At 28:17 a 22

— Vossa palavra merece nossa melhor consideração; entretanto, amigo, ainda não recebemos nenhuma notícia da Judeia, a vosso respeito. Temos, todavia, algum conhecimento desse Jesus a quem vos referis com ternura e veneração. Fala-se dele, em Roma, como de um revolucionário criminoso, que mereceu o suplício reservado aos ladrões e malfeitores, em Jerusalém. Sua doutrina é havida por contrária à essência da Lei de Moisés. Sem embargo, desejamos sinceramente ouvir-vos sobre o novo Profeta, com a calma necessária. Por outro lado, é justo que não sejamos nós, apenas, os ouvintes dessas notícias singulares. Convém que vossos conceitos sejam dirigidos à maioria dos nossos irmãos, a fim de que os julgamentos isolados não prejudiquem os interesses do conjunto.

Paulo de Tarso percebeu a sutileza da observação e pediu que marcassem o dia da pregação a uma assembleia maior, alvitre esse que foi recebido pelos velhos judeus com justo interesse.

(*Paulo e Estêvão*. FEB Editora. Segunda parte – Cap. 9, p. 453 a 454)

*Após marcarem com ele um dia, muitos vieram até ele, na hospedaria; aos quais expunha, dando um testemunho, o Reino de Deus, persuadindo-os a respeito de Jesus, a partir da Lei de Moisés e dos Profetas, desde o raiar do dia até o entardecer. Uns eram persuadidos, mas outros não criam. Havendo desacordo entre eles, despediram-se, tendo Paulo dito uma só palavra: bem falou o Espírito Santo a vossos Pais, através do Profeta Isaías, dizendo: vai a este povo e lhe diz: ouvireis com os ouvidos, e não compreendereis; vendo, vereis e não enxergareis, pois o coração deste povo se tornou cevado, com ouvidos pesadamente ouviram, seus olhos se fecharam para que não vejam com os olhos, não ouçam com os ouvidos, não compreendam com o coração e se voltem para eu os curar. Portanto, seja do vosso conhecimento que esta salvação de Deus foi enviada às nações; e eles [a] ouvirão. [Ditas essas palavras, partiram os judeus, tendo entre si grande contenda].*

Atos<br>28:23 a 29

## Perante os israelitas em Roma —
## A *Epístola aos hebreus*

No dia aprazado, vasta aglomeração de israelitas comprimia-se e desbordava do quarto humilde, onde o ex-rabino montara a nova tenda de trabalhos evangélicos. Ele pregou a lição da Boa-Nova e explicou, pacientemente, a missão gloriosa de Jesus, desde a manhã até a tarde. Alguns raros irmãos de raça pareciam compreender os novos ensinamentos, enquanto que a maioria se entregava a interpelações ruidosas e a polêmicas estéreis. O Apóstolo recordou o tempo de suas viagens, vendo ali a repetição exata das cenas irritantes das sinagogas asiáticas, onde os judeus se empenhavam em combates acérrimos.

A noite avizinhava-se e as discussões prosseguiam acaloradas. O Sol despedia-se da paisagem, dourando o cume das colinas distantes. Observando que o ex-rabino fizera uma pausa para ganhar algum fôlego, Lucas aproximou-se e confidenciou:

— Dói-me constatar quanto esforço despendes para vencer o espírito do Judaísmo!...

Paulo de Tarso meditou alguns momentos e respondeu:

— Sim, verificar a rebeldia voluntária dá enfado ao coração; contudo, a experiência do mundo tem-me ensinado a discernir, de algum modo, a posição dos espíritos. Há duas classes de homens para as quais se torna mais difícil o contato renovador de Jesus. A primeira é a que vi em Atenas e se constitui dos homens envenenados pela falaciosa ciência da Terra; homens que se cristalizam em uma superioridade imaginária e muito presumem de si mesmos. São estes, a meu ver, os mais infelizes. A segunda é a que conhecemos nos judeus recalcitrantes que, possuindo um patrimônio precioso do passado, não compreendem a fé sem lutas religiosas, petrificam-se no orgulho de raça e perseveram numa falsa interpretação de Deus. De tal arte, entendemos melhor a palavra do Cristo, que classificou os simples e pacíficos da Terra como criaturas bem-aventuradas. Poucos gentios cultos e raros judeus crentes na Lei Antiga estão preparados para a escola bendita da perfeição com o Divino Mestre.

Lucas passou a considerar o justo conceito do Apóstolo, mas, a esse tempo, as palestras ruidosas e irritantes dos israelitas pareciam o fermento rápido de pugilatos inevitáveis. O ex-rabino, porém, desejoso de paz, subiu novamente à tribuna e exclamou:

— Irmãos, evitemos as contendas estéreis e ouçamos a voz da própria consciência! Continuai examinando a Lei e os profetas, nos quais encontrareis sempre a promessa do Messias, que já veio... Desde Moisés, todos os mentores de Israel referiram-se ao Mestre, com caracteres de fogo... Não somos culpados da vossa surdez espiritual. Invocando as discussões ferinas de há pouco, recordo a lição de Isaías quando declara que muitos hão de ver sem enxergar, e ouvir sem entender. São os espíritos endurecidos que, agravando as próprias enfermidades, culminam em lutas desesperadoras para que Jesus possa, mais tarde, convertê-los e curá-los com o bálsamo do seu infinito amor. No entanto, podeis estar convictos de que esta mensagem será auspiciosamente recebida pelos gentios simples e infelizes, que são, na verdade, os bem-aventurados de Deus.

A declaração franca e veemente do Apóstolo caiu na assembleia como um raio, impondo absoluto silêncio. Destoando dos sentimentos da maioria, um velhinho judeu aproximou-se do convertido de Damasco e disse:

At 28:23 a 29

— Reconheço o exato sentido da vossa palavra, mas desejaria pedir-vos que este Evangelho continuasse a ser ministrado à nossa gente. Há seguidores de Moisés bem-intencionados, que podem aproveitar o ensino de Jesus, enriquecendo-se com os seus valores eternos.

O apelo carinhoso e sincero era proferido em tom comovedor. Paulo abraçou o simpatizante da nova doutrina, fundamente sensibilizado, e acrescentou:

— Este aposento humilde é também vosso. Vinde conhecer o pensamento do Cristo, sempre que vos aprouver. Podereis copiar todas as anotações que possuo.

— E não ensinais na sinagoga?

— Por enquanto, preso como estou, não poderei fazê-lo, mas hei de escrever uma carta aos nossos irmãos de boa vontade.

Dentro de poucos minutos, a compacta reunião se dissolvia com as primeiras sombras da noite.

Daí por diante, aproveitando as últimas horas de cada dia, os companheiros de Paulo viram que ele escrevia um documento a que dedicava profunda atenção. Às vezes, era visto a escrever com lágrimas, como se desejasse fazer da mensagem um depósito de santas inspirações. Em dois meses entregava o trabalho a Aristarco para copiá-lo, dizendo:

— Esta é a *Epístola aos hebreus*. Fiz questão de grafá-la, valendo-me dos próprios recursos, pois que a dedico aos meus irmãos de raça e procurei escrevê-la com o coração.

O amigo compreendeu o seu intuito e, antes de começar as cópias, destacou o estilo singular e as ideias grandiosas e incomuns.

(*Paulo e Estêvão*. FEB Editora. Segunda parte – Cap. 9, p. 454 a 456)

> *Permaneceu dois anos inteiros na [casa] alugada, e recebia todos os que se dirigiam até ele, proclamando o Reino de Deus, e ensinando as [coisas] a respeito do Senhor Jesus Cristo, com toda franqueza, sem impedimento.*

Atos
28:30 a 31

## Paulo permanece em Roma dois anos

E Paulo continuou trabalhando incessantemente em benefício de todos. A situação, como prisioneiro, era a mais confortadora possível. Fizera-se benfeitor desvelado de todos os guardas que lhe testemunhavam o esforço apostólico. A uns, aliviara o coração com as alegrias da Boa-Nova; a outros, curara moléstias crônicas e dolorosas. Frequentemente, o benefício não se restringia ao interessado, porque os legionários romanos lhe traziam os parentes, os afeiçoados e os amigos, para se beneficiarem ao contato daquele homem dedicado aos interesses de Deus. Logo ao terceiro dia deixou de ser algemado, porque os soldados dispensavam a formalidade, apenas guardando-lhe a porta como simples amigos. Não poucas vezes, esses militares benévolos o convidavam a passear pela cidade, especialmente ao longo da Via Ápia, que se havia tornado o local da sua predileção.

Sensibilizado, o Apóstolo agradecia essas provas de condescendência.

Os benefícios do seu convívio tornavam-se dia a dia mais evidentes. Impressionados com a sua palestra educativa e com as suas maneiras atenciosas, muitos legionários, antes relapsos e negligentes, transformavam-se em elementos úteis à administração e à sociedade. Os guardas começaram a disputar o serviço de sentinela ao seu aposento, e isso lhe valia pelo melhor atestado de valor espiritual.

Visitado, incessantemente, por irmãos e emissários das suas Igrejas queridas, da Macedônia e da Ásia, prosseguia desdobrando energias na tarefa de amorosa assistência aos amigos e colaboradores distantes, mediante cartas inspiradíssimas.

Havia quase dois anos que o seu recurso a César jazia esquecido nas mesas dos juízes displicentes, quando sobreveio um acontecimento de magna importância. Certo dia, um legionário amigo levou ao convertido de Damasco um homem de feições másculas e enérgicas, aparentando 40 anos mais ou menos. Tratava-se de Acácio Domício, personalidade de grande influência política, e que de algum tempo tinha cegado em misteriosas circunstâncias.

At 28:30 a 31

Paulo de Tarso o acolheu com bondade e, depois de impor-lhe as mãos, esclarecendo-o sobre o que Jesus desejava de quantos lhe aproveitavam a munificência, exclamou comovidamente:

— Irmão, agora, convido-te a ver, em nome do Senhor Jesus Cristo!

— Vejo! Vejo! — gritou o romano tomado de júbilo infinito; e logo, em um movimento instintivo, ajoelhou-se em pranto e murmurou:

— Vosso Deus é verdadeiro!...

Profundamente reconhecido a Jesus, o Apóstolo deu-lhe o braço para que se levantasse e, ali mesmo, Domício procurou conhecer o conteúdo espiritual da nova doutrina, a fim de reformar-se e mudar de vida. Solícito, anotou logo as informações relativas ao processo do ex-rabino, acentuando ao despedir-se:

— Deus me ajudará para que possa retribuir o bem que me fizestes! Quanto à vossa situação, não duvideis do desfecho merecido, porque, na próxima semana, teremos resolvido o processo com a absolvição de César!

De fato, decorridos quatro dias, o velho servidor do Evangelho foi chamado a depor. De conformidade com as ordens legais, compareceu sozinho perante os juízes, respondendo com admirável presença de espírito às menores arguições que lhe foram desfechadas. Os magistrados patrícios verificaram a inconsistência do libelo, a infantilidade dos argumentos apresentados pelo Sinédrio e, não só atendendo à situação política de Acácio, que empenhara no feito os bons ofícios de que podia dispor, como pela profunda simpatia que a figura do Apóstolo

<small>At 28:30 a 31</small>

despertava, instruíram o processo com os mais nobres pareceres, restituindo-o, por intermédio de Domício, para o veredicto do Imperador.

O generoso amigo de Paulo regozijou-se com a vitória inicial, convencido da próxima liberdade do seu benfeitor. Sem perda de tempo, mobilizou as melhores amizades, entre as quais contava Popeia Sabina, conseguindo, afinal, a absolvição imperial.

Paulo de Tarso recebeu a notícia com votos de reconhecimento a Jesus. Mais que ele próprio, rejubilavam-se os amigos, que celebraram o acontecimento com expansões memoráveis.

O convertido de Damasco, entretanto, não viu nisso tão só um motivo para regozijo pessoal, mas a obrigação de intensificar a difusão do Evangelho de Jesus.

Durante um mês, no princípio do ano 63, visitou as comunidades cristãs de todos os bairros da capital do Império. Sua presença era disputada por todos os círculos, que o recebiam entre carinhosas manifestações de respeito e de amor pela sua autoridade moral. Organizando planos de serviço para todas as igrejas domésticas que funcionavam na cidade, e depois de inúmeras prédicas gerais nas catacumbas silenciosas, o incansável trabalhador resolveu partir para a Espanha. Debalde intervieram os colaboradores, rogando-lhe que desistisse. Nada o demoveu. De há muito, alimentava o desejo de visitar o extremo do Ocidente e, se fosse possível, desejaria morrer convicto de haver levado o Evangelho aos confins do mundo.

(*Paulo e Estêvão*. FEB Editora. Segunda parte – Cap. 9, p. 456 a 458)

# Posfácio

O texto de *Atos dos apóstolos* termina com a narrativa dos dois anos que Paulo passou em Roma, nada mais informando sobre os eventos que se sucederam a esse período. O registro do texto, iniciado quando Paulo estava em Cesareia, foi concluído em Roma no ano de 62 ou 63, contendo um largo período da vida do Apóstolo dos Gentios e daqueles que, tendo recebido a Boa-Nova em seus corações, converteram as próprias vidas em testemunhos reais das luzes do Evangelho deixado por Jesus.

O texto de *Paulo e Estêvão* registra ainda os episódios finais da vida de Paulo. Liberto em Roma, o ex-rabino empreende a viagem não registrada nos textos bíblicos para a Espanha, vendo-se forçado a retornar em pouco tempo para Roma, devido ao pedido de Pedro, que lá estava, e que necessitava do auxílio de Paulo para tratar dos graves eventos que levaram à prisão de João. Paulo retorna então para auxiliar os amigos, e tendo conseguido a liberdade para João, vê-se ele próprio encarcerado. O incêndio de Roma e a culpa atribuída aos cristãos estabelecem uma atmosfera de novas e severas perseguições na capital do império. Nessa situação, Paulo preso experimenta solidão e desamparo, mas com o auxílio dos poucos que ainda ficaram com ele, dentre os quais Lucas, redige várias cartas, dentre as quais, a última, direcionada a Timóteo, o filho do coração. O livro registra a morte de Paulo em Roma e a altivez moral com que ele enfrenta esse último momento, despedindo-se do corpo físico e indo ao encontro do Mestre com a tocha da vitória pelas luzes que deixara na Terra. Todos estes eventos estão registrados em maiores detalhes no último capítulo do livro *Paulo e Estêvão*, que recomendamos ao leitor concluir ali a leitura desta saga de lutas e desafios enfrentados pelos primeiros cristãos, para nos legar esta Doutrina de luzes e esperanças, que venceu os milênios por estar calcada no amor, no perdão e na fraternidade.

---
Posfácio

# Apêndice

## Paulo em Tarso

**O texto abaixo registra os três anos que Paulo permaneceu em Tauro e Tarso e apresenta informações importantes sobre esse período, além do plano traçado por Abigail, já desencarnada, para o Apóstolo dos Gentios, contendo um roteiro de Amor, Trabalho, Espera e Perdão que ele exercitaria durante toda a sua vida.**

Batendo à porta do lar paterno, pela fisionomia indiferente dos servos compreendeu como voltava transformado. Os dois criados mais antigos não o reconheceram. Guardou silêncio e esperou. Ao fim de longa espera, o genitor foi recebê-lo. O velho Isaque amparando-se ao cajado, nas adiantadas expressões de um reumatismo pertinaz, não dissimulou um gesto largo de espanto. É que reconhecera de pronto o filho.

— Meu filho!... — disse com voz enérgica, procurando dominar a emoção. — Será possível que os olhos me enganem?

Saulo abraçou-o afetuosamente, dirigindo-se ambos para o interior.

Isaque sentou-se e, buscando penetrar o íntimo do filho, com o olhar percuciente interrogou em tom de censura:

— Será que estás mesmo curado?

Para o rapaz, tal pergunta era mais um golpe desferido na sua sensibilidade afetiva. Sentia-se cansado, derrotado, desiludido; necessitava de alento para recomeçar a existência em um idealismo maior e até o pai o reprovava com perguntas absurdas! Ansioso de compreensão, retrucou de maneira comovedora:

— Meu pai, por piedade, acolhei-me!... Não estive doente, mas sou agora necessitado pelo espírito! Sinto que não poderei reiniciar minha carreira na vida sem algum repouso!... Estendei-me vossas mãos!...

Conhecendo a austeridade paterna e a extensão das próprias necessidades naquela hora difícil do seu caminho, o ex-doutor de Jerusalém humilhou-se inteiramente, pondo na voz toda a fadiga que se lhe represava no coração.

O ancião israelita contemplou-o firme, solene, e sentenciou sem compaixão:

— Não estiveste doente? Que significa então a triste comédia de Damasco? Os filhos podem ser ingratos e conseguem esquecer, mas os pais, se nunca os retiram do pensamento, sabem sentir melhor a crueldade do seu proceder... Não te doeria ver-nos vencidos e humilhados com a vergonha que lançaste sobre nossa casa? Ralada de desgostos, tua mãe encontrou lenitivo na morte, mas eu? Acreditas-me insensível à tua deserção? Se resisti, foi porque guardava a esperança de buscar Jeová, supondo que tudo não passasse de mal-entendido, que uma perturbação mental houvesse atirado contigo na incompreensão e nas críticas injustificáveis do mundo!... Criei-te com todo o desvelo que um pai, da nossa raça, costuma dedicar ao único filho varão... Sintetizavas gloriosas promessas para nossa estirpe. Sacrifiquei-me por ti, cumulei-te de afagos, não poupei esforços para que pudesses contar com os mestres mais sábios, cuidei da tua mocidade, enchi-te com a ternura do coração e é desse modo que retribuis as dedicações e os carinhos do lar?

Saulo podia enfrentar muitos homens armados, sem abdicar a coragem desassombrada que lhe assinalava as atitudes. Podia verberar o procedimento condenável dos outros, ocupar a mais perigosa tribuna para o exame das hipocrisias humanas, mas, diante daquele velhinho que não mais podia renovar a fé, e considerando a amplitude dos seus sagrados sentimentos paternais, não reagiu e começou a chorar.

— Choras? — continuou o ancião com grande secura. — Mas eu nunca te dei exemplos de covardia! Lutei com heroísmo nos dias mais difíceis, para que nada te faltasse. Tua fraqueza moral é filha do perjúrio, da traição. Tuas lágrimas vêm do remorso inelutável! Como enveredaste, assim, pelo caminho da mentira execrável? Com que fim engendraste a cena de Damasco para repudiar os princípios que te alimentaram do berço? Como abandonar a situação brilhante do rabino de quem tanto esperávamos, para arvorar-se em companheiro de homens desclassificados, que nunca tiveram a tradição amorosa de um lar?

Ante as acusações injustas, o moço tarsense soluçava, talvez pela primeira vez na vida.

— Quando soube que ias desposar uma jovem sem pais conhecidos — prosseguia o velho implacável —, surpreendi-me e esperei que te pronunciasses diretamente. Mais tarde, Dalila e o marido eram compelidos a deixar Jerusalém precipitadamente, ralados de vergonha com a ordem de prisão que a sinagoga de Damasco requisitava contra ti. Várias vezes, conjeturei se não seria essa criatura inferior, que elegeste, a causa de tamanhos desastres morais. Há mais de três anos levanto-me diariamente para refletir no teu criminoso proceder em detrimento dos mais sagrados deveres!

Ao ouvir aqueles conceitos injustos à pessoa de Abigail, o rapaz cobrou ânimo e murmurou com humildade:

— Meu pai, essa criatura era uma santa! Deus não a quis neste mundo! Talvez, se ela ainda vivesse, teria eu o cérebro mais equilibrado para harmonizar a minha nova vida.

O pai não gostou da resposta, embora a objeção fosse feita em tom de obediência e carinho.

— Nova vida? — glosou irritado. — Que queres com isso dizer?

Saulo enxugou as lágrimas e respondeu resignado:

— Quero dizer que o episódio de Damasco não foi ilusão e que Jesus reformou minha vida.

— Não poderias ver em tudo isso rematada loucura? — continuou o pai com espanto. — Impossível! como abandonar o amor da família, as tradições veneráveis do teu nome, as esperanças sagradas dos teus, para seguir um Carpinteiro desconhecido?

Saulo compreendeu o sofrimento moral do genitor quando assim se exprimia. Teve ímpetos de atirar-se-lhe nos braços amorosos; falar-lhe do Cristo, proporcionar-lhe entendimento real da situação. Todavia, prevendo simultaneamente a dificuldade de se fazer compreendido, observava-o resignado, enquanto ele prosseguia de olhos úmidos, revelando a mágoa e a cólera que o dominavam.

— Como pode ser isso? Se a doutrina malfadada do Carpinteiro de Nazaré impõe criminosa indiferença pelos laços mais santos da vida, como negar-lhe nocividade e bastardia? Será justo preferir um aventureiro, que morreu entre malfeitores, ao pai digno e trabalhador que envelheceu no serviço honesto de Deus?!...

— Mas, pai — dizia o moço em voz súplice —, o Cristo é o Salvador prometido!...

Isaque pareceu agravar a própria fúria.

— Blasfemas? — gritou. — Não temes insultar a Providência Divina? As esperanças de Israel não poderiam repousar numa fronte que se esvaiu no sangue do castigo, entre ladrões!... Estás louco! Exijo a reconsideração de tuas atitudes.

Enquanto fez uma pausa, o convertido objetou:

— É certo que meu passado está cheio de culpas quando não hesitei em perseguir as expressões da Verdade, mas, de três anos a esta parte, não me recordo de ato algum que necessite de reconsideração.

O ancião pareceu atingir o auge da cólera e exclamou áspero:

— Sinto que as palavras generosas não quadram à tua razão perturbada. Vejo que tenho esperado em vão, para não morrer odiando alguém. Infelizmente, sou obrigado a reconhecer nas tuas atuais decisões um louco ou um criminoso vulgar. Portanto, para que nossas atitudes se definam, peço-te que escolhas em definitivo, entre mim e o desprezível Carpinteiro!...

A voz paternal, ao enunciar semelhante intimativa, era abafada, vacilante, evidenciando profundo sofrimento. Saulo compreendeu e, em vão, procurava um argumento conciliador. A incompreensão do pai angustiava-o. Nunca refletiu tanto e tão intensamente no ensino de Jesus sobre os laços de família. Sentia-se estreitamente ligado ao generoso velhinho, queria ampará-lo na sua rigidez intelectual, abrandar-lhe a feição tirânica, mas compreendia as barreiras que se antepunham aos seus desejos sinceros. Sabia com que severidade fora formado o seu próprio caráter. Prejulgando a inutilidade dos apelos afetivos, murmurou entre humilde e ansioso:

— Meu pai, ambos precisamos de Jesus!...

O velho inflexível endereçou-lhe um olhar austero e retrucou com aspereza:

— Tua escolha está feita! Nada tens a fazer nesta casa!...

O velhinho estava trêmulo. Via-se-lhe o esforço espiritual para tomar aquela decisão. Criado nas concepções intransigentes da Lei de Moisés, Isaque sofria como pai; entretanto, expulsava o filho depositário de tantas esperanças, como se cumprisse um dever. O coração amoroso sugeria-lhe piedade, mas o raciocínio do homem, encarcerado nos dogmas implacáveis da raça, abafava-lhe o impulso natural.

Saulo contemplou-o em atitude silenciosa e suplicante. O lar era a derradeira esperança que ainda lhe restava. Não queria crer na última perda. Cravou no ancião os olhos quase lacrimosos e, depois de longo minuto de expectação, implorou num gesto comovedor que lhe não era habitual:

— Falta-me tudo, meu pai. Estou cansado e doente! Não tenho dinheiro algum, necessito da piedade alheia.

E acentuando a queixa dolorosa:

— Também vós me expulsais?!...

Isaque sentiu que a rogativa lhe vibrava no mais íntimo do coração. No entanto, julgando talvez que a energia era mais eficiente que a ternura, no caso, respondeu secamente:

— Corrige as tuas impressões, porque ninguém te expulsou. Foste tu que votaste os amigos e os afetos mais puros ao supremo abandono!... Tens necessidades? É justo que peças ao Carpinteiro as providências acertadas... Ele que fez tamanhos absurdos, terá poder bastante para valer-te.

Imensa dor represou-se no espírito do ex-rabino. As alusões ao Cristo doíam-lhe muito mais que as reprimendas diretas que recebera. Sem conseguir refrear a própria angústia, sentiu que lágrimas ardentes rolavam-lhe nas faces queimadas pelo sol do deserto. Nunca experimentara pranto assim amargo. Nem mesmo na cegueira angustiosa, consequente à visão de Jesus, chorara tão penosamente. Não obstante esquecido em uma pensão sem nome, cego e acabrunhado, sentia a proteção do Mestre que o convocara ao seu divino serviço. Guardava a impressão de estar mais perto do Cristo. Regozijava-se nas dores mais acerbas, pelo fato de haver recebido, às portas de Damasco, o seu apelo glorioso e direto. Todavia, depois de tudo, procurava, em vão, apoio nos homens para iniciar a sagrada tarefa. Os mais amigos recomendavam-lhe a distância. Por último, ali estava o pai, velho e abastado, a recusar-lhe a mão no instante mais doloroso da vida. Expulsava-o. Manifestava aversão por suas ideias regeneradoras. Não lhe tolerava a condição de amigo do Cristo. No pranto que lhe borbulhava dos olhos, recordou-se, porém, de Ananias. Quando todos o abandonavam em Damasco, surgira o mensageiro do Mestre, restituindo-lhe o bom ânimo. Seu pai falara-lhe, ironicamente, dos poderes do Senhor. Sim, Jesus não lhe faltaria com os recursos indispensáveis. Lançando ao genitor um olhar inolvidável, disse humildemente:

— Então, adeus, meu pai!... Dizeis bem, porque estou certo de que o Messias não me abandonará!...

A passos indecisos, aproximou-se da porta de saída. Vagou o olhar nevoado de pranto pelos antigos adornos da sala. A poltrona de sua mãe estava na posição habitual. Recordou o tempo em que os olhos maternos liam para ele as primeiras noções da Lei. Julgou divisar-lhe a sombra a lhe acenar com amoroso sorriso. Jamais experimentara tamanho vácuo no coração. Estava só. Teve receio de si mesmo, porquanto, jamais se vira em tais conjunturas.

Depois da meditação dolorosa, retirou-se em silêncio. Olhou, indiferente, o movimento da rua, como alguém que houvesse perdido todo o interesse de viver.

Não dera ainda muitos passos, no seu incerto destino, quando ouviu chamarem-no com insistência.

Deteve-se à espera e verificou tratar-se de velho servidor do pai, que corria ao seu encalço.

Em poucos instantes, o criado entregava-lhe uma bolsa pesada, exclamando em tom amistoso:

— Vosso pai manda este dinheiro como lembrança.

Saulo experimentou no íntimo a revolta do "homem velho". Imaginou invocar a própria dignidade para devolver a dádiva humilhante. Assim procedendo ensinaria ao pai que era filho, e não mendigo. Dar-lhe-ia uma lição, mostraria o valor próprio, mas considerou, ao mesmo tempo, que as provações rigorosas talvez se verificassem com assentimento de Jesus, para que seu coração ainda voluntarioso aprendesse a verdadeira humildade. Sentiu que havia vencido muitos tropeços; que se havia mostrado superior em Damasco e em Jerusalém; que dominara as hostilidades do deserto; que suportara a ingratidão dos climas e as canseiras dolorosas, mas que o Mestre agora lhe sugeria a luta consigo mesmo, para que o "homem do mundo" deixasse de existir, ensejando o renascimento do coração enérgico, mas amoroso e terno, do discípulo. Seria, talvez, a maior de todas as batalhas. Assim compreendeu, em um relance, e buscando vencer-se a si mesmo, tomou a bolsa com resignado sorriso, guardou-a humildemente entre as dobras da túnica, saudou o servo com expressões de agradecimento e disse, esforçando-se por evidenciar alegria:

— Sinésio, conte a meu pai o contentamento que me causou com a sua carinhosa oferta e diga-lhe que rogo a Deus que o ajude.

Seguindo o curso incerto de sua nova situação, viu na atitude paterna o reflexo dos antigos hábitos do Judaísmo. Como pai, Isaque não queria parecer ingrato e inflexível, procurando ampará-lo, mas como fariseu nunca lhe suportaria a renovação das ideias.

Com ar indiferente, tomou leve refeição em modesta locanda. Entretanto, não conseguia tolerar o movimento das ruas. Tinha sede de meditação e silêncio. Precisava ouvir a consciência e o coração, antes de assentar os novos planos de vida. Procurou afastar-se da cidade. Como eremita anônimo, buscou o campo agreste. Depois de muito caminhar sem destino, atingiu os arredores do Tauro. Começava o cortejo das sombras tristes da tarde. Exausto de fadiga, descansou junto de uma das inumeráveis cavernas abandonadas. Muito ao longe, Tarso repousava entre arvoredos. As auras vespertinas vibravam no ambiente, sem perturbar a placidez das coisas. Mergulhado na quietude da Natureza, Saulo recuou mentalmente ao dia da sua radical transformação. Lembrou o abandono na pensão de Judas, a indiferença de Sadoque à sua amizade. Rememorou a primeira reunião de Damasco, na qual suportara tantos apupos, ironias e sarcasmos. Demandara Palmira, ansioso pela assistência de Gamaliel, a fim de penetrar a causa do Cristo, mas o nobre mestre lhe aconselhara o insulamento no deserto. Recordou as duras dificuldades do tear e a carência de recursos de toda a espécie no oásis solitário. Naqueles dias silenciosos e longos, jamais pudera esquecer a noiva morta, lutando por erguer-se, espiritualmente, acima dos sonhos desmoronados. Por mais que estudasse o Evangelho, intimamente experimentava singular remorso pelo sacrifício de Estêvão, que, a seu ver, fora a pedra tumular do seu noivado futuroso. Suas noites estavam cheias de infinitas angústias. Às vezes, em pesadelos dolorosos, sentia-se de novo em Jerusalém, assinando sentenças iníquas. As vítimas da grande perseguição acusavam-no, olhando-o assustadas, como se a sua fisionomia fosse a de um monstro. A esperança no Cristo reanimava-lhe o espírito resoluto. Depois de provas ásperas, deixara a solidão para regressar à vida social. Novamente em Damasco, a sinagoga o recebeu com ameaças. Os amigos de outros tempos, com profunda ironia, lançavam-lhe epítetos cruéis. Foi-lhe necessário fugir como criminoso comum, saltando muros pela calada da noite. Depois, buscara Jerusalém, na esperança de fazer-se compreendido. Contudo, Alexandre, em cujo espírito culto pretendia encontrar melhor entendimento, recebera-o como visionário e mentiroso. Extremamente fatigado, batera à porta da Igreja do "Caminho", mas fora obrigado a recolher-se a uma reles hospedaria, por força das suspeitas justas dos Apóstolos da Galileia. Doente e abatido, fora levado à presença de Simão Pedro, que lhe ministrara lições de alta prudência e excessiva bondade, mas, a exemplo de Gamaliel, aconselhara-lhe prévio recolhimento, discrição, aprendizado em suma. Embalde procurava um meio de harmonizar as circunstâncias, de maneira a cooperar na obra do Evangelho e todas as portas pareciam fechadas ao seu esforço. Afinal, dirigira-se a Tarso, ansioso do amparo familiar para reiniciar a vida. A atitude paterna só lhe agravara as desilusões. Repelindo-o, o genitor lançava-o num abismo. Agora começava a compreender que, reencetar a existência, não era volver à atividade do ninho antigo, mas principiar, do fundo da alma, o esforço interior, alijar o passado nos mínimos resquícios, ser outro homem enfim.

Compreendia a nova situação, mas não pôde impedir as lágrimas que lhe afloravam copiosas.

Quando deu acordo de si, a noite havia fechado de todo. O Céu oriental resplandecia de estrelas. Ventos suaves sopravam de longe, refrescando-lhe a fronte incandescida. Acomodou-se como pôde, entre as pedras agrestes, sem coragem de eximir-se ao silêncio da Natureza amiga. Não obstante prosseguir no curso de suas amargas reflexões, sentia-se mais calmo. Confiou ao Mestre as preocupações acerbas, pediu o remédio da sua misericórdia e procurou manter-se em repouso. Após a prece ardente, cessou de chorar, figurando-se-lhe que uma força superior e invisível lhe balsamizava as chagas da alma opressa.

Breve, em doce quietude do cérebro dolorido, sentiu que o sono começava a empolgá-lo. Suavíssima sensação de repouso proporcionava-lhe grande alívio. Estaria dormindo? Tinha a impressão de haver penetrado uma região de sonhos deliciosos. Sentia-se ágil e feliz. Tinha a impressão de que fora arrebatado a uma campina tocada de luz primaveril, isenta e longe deste mundo. Flores brilhantes, como feitas de névoa colorida, desabrochavam ao longo de estradas maravilhosas, rasgadas na região banhada de claridades indefiníveis. Tudo lhe falava de um mundo diferente. Aos seus ouvidos toavam harmonias suaves, dando ideia de cavatinas executadas ao longe, em harpas e alaúdes divinos. Desejava identificar a paisagem, definir-lhe os contornos, enriquecer observações, mas um sentimento profundo de paz deslumbrava-o inteiramente. Devia ter penetrado um Reino maravilhoso, porquanto os portentos espirituais que se patenteavam a seus olhos excediam todo entendimento.

Mal não havia despertado desse deslumbramento, quando se sentiu presa de novas surpresas com a aproximação de alguém que pisava de leve, acercando-se de mansinho. Mais alguns instantes, viu Estêvão e Abigail à sua frente, jovens e formosos, envergando vestes tão brilhantes e tão alvas que mais se assemelhavam peplos de neve translúcida.

Incapaz de traduzir as sagradas comoções de sua alma, Saulo de Tarso ajoelhou-se e começou a chorar.

Os dois irmãos, que voltavam a encorajá-lo, aproximaram-se com generoso sorriso.

— Levanta-te, Saulo! — disse Estêvão com profunda bondade.

— Que é isso? Choras? — perguntou Abigail em tom blandicioso. — Estarias desalentado quando a tarefa apenas começa?

O moço tarsense, agora de pé, desatou em pranto convulsivo. Aquelas lágrimas não eram somente um desabafo do coração abandonado no mundo. Traduziam um júbilo infinito, uma gratidão imensa a Jesus, sempre pródigo de proteção e benefícios. Quis aproximar-se, oscular as mãos de Estêvão, rogar perdão para o nefando passado, mas foi o mártir do "Caminho" que, na luz de sua ressurreição gloriosa, aproximou-se do ex-rabino e o abraçou efusivamente, como se o fizesse a um irmão amado. Depois, beijando-lhe a fronte, murmurou com ternura:

— Saulo, não te detenhas no passado! Quem haverá, no mundo, isento de erros?! Só Jesus foi puro!...

O ex-discípulo de Gamaliel sentia-se mergulhado em verdadeiro oceano de venturas. Queria falar das suas alegrias infindas, agradecer tamanhas dádivas, mas indômita emoção lhe selava os lábios e confundia o coração. Amparado por Estêvão, que lhe sorria em silêncio, viu Abigail mais formosa que nunca, recordando-lhe as flores da primavera na casa humilde do caminho de Jope. Não pôde furtar-se às reflexões do homem, esquecer os sonhos desfeitos, lembrando-os, acima de tudo, naquele glorioso minuto da sua vida. Pensou no lar que poderia ter constituído; no carinho com que a jovem de Corinto lhe cuidaria dos filhos afetuosos; no amor insubstituível que sua dedicação lhe poderia dar. Compreendendo-lhe, porém, os mais íntimos pensamentos, a noiva espiritual aproximou-se, tomou-lhe a destra calejada nos labores rudes do deserto e falou comovidamente:

— Nunca nos faltará um lar... Tê-lo-emos no coração de quantos vierem à nossa estrada. Quanto aos filhos, temos a família imensa que Jesus nos legou em sua misericórdia... Os filhos do Calvário são nossos também... Eles estão em toda a parte, esperando a herança do Salvador.

O moço tarsense entendeu a carinhosa advertência, arquivando-a no imo do coração.

— Não te entregues ao desalento — continuou Abigail generosa e solícita —; nossos antepassados conheceram o Deus dos Exércitos, que era o dono dos triunfos sangrentos, do ouro e da prata do mundo; nós, porém, conhecemos o Pai, que é o Senhor de nosso coração. A Lei nos destacava a fé, pela riqueza das dádivas materiais nos sacrifícios, mas o Evangelho nos conhece pela confiança inesgotável e pela fé ativa ao serviço do Todo-Poderoso. É preciso ser fiel a Deus, Saulo! Ainda que o mundo inteiro se voltasse contra ti, possuirias o tesouro inesgotável do coração fiel. A paz triunfante do Cristo é a da alma laboriosa, que obedece e confia... Não tornes a recalcitrar contra os aguilhões. Esvazia-te dos pensamentos do mundo. Quando hajas esgotado a derradeira gota da posca dos enganos terrenos, Jesus encherá teu espírito de claridades imortais!...

Experimentando infindo consolo, Saulo chegava a perturbar-se pela incapacidade de articular uma frase. As exortações de Abigail calar-lhe-iam para sempre. Nunca mais permitiria que o desânimo se apossasse dele. Enorme esperança represava-se, agora, em seu íntimo. Trabalharia para o Cristo em todos os lugares e circunstâncias. O Mestre sacrificara-se por todos os homens. Dedicar-lhe a existência representava um nobre dever. Enquanto formulava estes pensamentos, recordava a dificuldade de harmonizar-se com as criaturas. Encontraria lutas. Lembrou a promessa de Jesus, de que estaria presente onde houvesse irmãos reunidos em seu nome, mas tudo lhe pareceu subitamente difícil naquela rápida operação intelectual. As sinagogas combatiam-se entre si. A própria Igreja de Jerusalém tendia, novamente, às influências judaizantes. Foi aí que Abigail respondeu, de novo, aos seus apelos íntimos, exclamando com infinito carinho:

*Apêndice*

— Reclamas companheiros concordes contigo nas edificações evangélicas. No entanto, é preciso lembrar que Jesus não os teve. Os Apóstolos não puderam concordar com o Mestre senão com o auxílio do Céu, depois da Ressurreição e do Pentecostes. Os mais amados dormiam, enquanto Ele, agoniado, orava no horto. Uns negaram-no, outros fugiram na hora decisiva. Concorda com Jesus e trabalha. O caminho para Deus está subdividido em verdadeira infinidade de planos. O espírito passará sozinho de uma esfera para outra. Toda elevação é difícil, mas somente aí encontramos a vitória real. Recorda a "porta estreita" das lições evangélicas e caminha. Quando seja oportuno, Jesus chamará ao teu labor os que possam concordar contigo, em seu nome. Dedica-te ao Mestre em todos os instantes de tua vida. Serve-o com energia e ternura, como quem sabe que a realização espiritual reclama o concurso de todos os sentimentos que enobreçam a alma.

Saulo estava enlevado. Não poderia traduzir as sensações cariciosas que lhe represavam no coração tomado de inefável contentamento. Esperanças novas bafejavam-lhe a alma. Em sua retina espiritual desdobrava-se radioso futuro. Quis mover-se, agradecer a dádiva sublime, mas a emoção privava-o de qualquer manifestação afetiva. Entretanto, pairava-lhe no espírito uma grande interrogação. Que fazer, doravante, para triunfar? Como completar as noções sagradas que lhe competia exemplificar praticamente, sem anotação de sacrifícios? Deixando perceber que lhe ouvia as mais secretas interpelações, Abigail adiantou-se, sempre carinhosa:

— Saulo, para certeza da vitória no escabroso caminho, lembra-te de que é preciso dar: Jesus deu ao mundo quanto possuía e, acima de tudo, deu-nos a compreensão intuitiva das nossas fraquezas, para tolerarmos as misérias humanas...

O moço tarsense notou que Estêvão, nesse ínterim, se despedia, endereçando-lhe um olhar fraterno.

Abigail, por sua vez, apertava-lhe as mãos com imensa ternura. O ex-rabino desejaria prolongar a deliciosa visão para o resto da vida, manter-se junto dela para sempre; contudo, a entidade querida esboçava um gesto de amoroso adeus. Esforçou-se, então, por catalogar apressadamente suas necessidades espirituais, desejoso de ouvi-la relativamente aos problemas que o defrontavam. Ansioso de aproveitar as mínimas parcelas daquele glorioso, fugaz minuto, Saulo alinhava mentalmente grande número de perguntas. Que fazer para adquirir a compreensão perfeita dos desígnios do Cristo?

— Ama! — respondeu Abigail espontaneamente.

Todavia, como proceder de modo a enriquecermos na virtude divina? Jesus aconselha o amor aos próprios inimigos. Entretanto, considerava quão difícil devia ser semelhante realização. Penoso testemunhar dedicação, sem o real entendimento dos outros. Como fazer para que a alma alcançasse tão elevada expressão de esforço com Jesus Cristo?

— Trabalha! — esclareceu a noiva amada, sorrindo bondosamente.

Abigail tinha razão. Era necessário realizar a obra de aperfeiçoamento interior. Desejava ardentemente fazê-lo. Para isso insulara-se no deserto, por mais de mil dias consecutivos. Todavia, voltando ao ambiente do esforço coletivo, em cooperação com antigos companheiros, acalentava sadias esperanças que se converteram em dolorosas perplexidades. Que providências adotar contra o desânimo destruidor?

— Espera! — disse ela ainda, em um gesto de terna solicitude, como quem desejava esclarecer que a alma deve estar pronta a atender ao programa divino, em qualquer circunstância, livre de caprichos pessoais.

Ouvindo-a, Saulo considerou que a esperança fora sempre a companheira dos seus dias mais ásperos. Saberia aguardar o porvir com as bênçãos do Altíssimo. Confiaria na sua misericórdia. Não desdenharia as oportunidades do serviço redentor, mas... os homens? Em toda a parte medrava a confusão nos espíritos. Reconhecia que, de fato, a concordância geral a respeito dos ensinamentos do Mestre Divino representava uma das realizações mais difíceis, no desdobramento do Evangelho, mas, além disso, as criaturas pareciam igualmente desinteressadas da Verdade e da Luz. Os israelitas agarravam-se à Lei de Moisés, intensificando o regime das hipocrisias farisaicas; os seguidores do "Caminho" aproximavam-se novamente das sinagogas, fugiam dos gentios, submetiam-se, rigorosamente, aos processos da circuncisão. Onde a liberdade do Cristo? Onde as vastas esperanças que o seu amor trouxera à Humanidade inteira, sem exclusão dos filhos de outras raças? Concordavam em que se fazia indispensável amar, trabalhar, esperar; entretanto, como agir no âmbito de forças tão heterogêneas? Como conciliar as grandiosas lições do Evangelho com a indiferença dos homens?

Abigail apertou-lhe as mãos com mais ternura, a indicar as despedidas, e acentuou docemente:

— Perdoa!...

Em seguida, seu vulto luminoso pareceu diluir-se como se fosse feito de fragmentos de aurora.

Empolgado pela maravilhosa revelação, Saulo viu-se só, sem saber como coordenar as expressões do próprio deslumbramento. Na região, que se coroava de claridades infinitas, sentiam-se vibrações de misteriosa beleza. Aos seus ouvidos continuavam chegando ecos longínquos de sublimes harmonias siderais, que pareciam traduzir mensagens de amor, oriundas de sóis distantes... Ajoelhou-se e orou! Agradeceu ao Senhor a maravilha das suas bênçãos. Daí a instantes, como se energias imponderáveis o reconduzissem ao ambiente da Terra, sentiu-se no leito rústico, improvisado entre as pedras. Incapaz de esclarecer o prodigioso fenômeno, Saulo de Tarso contemplou os céus, embevecido.

O infinito azul do firmamento não era um abismo em cujo fundo brilhavam estrelas... A seus olhos, o espaço adquiria nova significação; devia estar cheio de expressões de vida, que ao homem comum não era dado compreender. Haveria corpos celestes, como os havia terrestres. A criatura não estava abandonada, em particular, pelos poderes supremos da Criação. A bondade de Deus excedia a toda a inteligência humana. Os que se haviam libertado da carne voltavam do Plano Espiritual por confortar os que permaneciam a distância. Para Estêvão, ele fora verdugo cruel; para Abigail, noivo ingrato. Entretanto, permitia o Senhor que ambos regressassem à paisagem caliginosa do mundo, reanimando-lhe o coração. A existência planetária alcançava novo sentido nas suas elucubrações profundas. Ninguém estaria abandonado. Os homens mais miseráveis teriam no Céu quem os acompanhasse com desvelada dedicação. Por mais duras que fossem as experiências humanas, a vida, agora, assumia nova feição de harmonia e beleza eternas.

A Natureza estava calma. O luar esplendia no alto em vibrações de encanto indefinível. De quando em quando, o vento sussurrava de leve, espalhando mensagens misteriosas. Lufadas cariciosas acalmavam a fronte do pensador, que se embevecia na recordação imediata de suas maravilhosas visões do mundo invisível.

Apêndice

Experimentando uma paz até então desconhecida, acreditou que renascia naquele momento para uma existência muito diversa. Singular serenidade tocava-lhe o espírito. Uma compreensão diferente felicitava-o para o reinício da jornada no mundo. Guardaria o lema de Abigail, para sempre. O amor, o trabalho, a esperança e o perdão seriam seus companheiros inseparáveis. Cheio de dedicação por todos os seres, aguardaria as oportunidades que Jesus lhe concedesse, abstendo-se de provocar situações, e, nesse passo, saberia tolerar a ignorância ou a fraqueza alheias, ciente de que também ele carregava um passado condenável, que, nada obstante, merecera a compaixão do Cristo.

Somente muito depois, quando as brisas leves da madrugada anunciavam o dia, o ex-doutor da Lei conseguiu conciliar o sono. Quando despertou, era manhã alta. Muito ao longe, Tarso havia retomado o seu movimento habitual.

Ergueu-se encorajado como nunca. O colóquio espiritual com Estêvão e Abigail renovara-lhe as energias. Lembrou, instintivamente, a bolsa que o pai lhe havia mandado. Retirou-a para calcular as possibilidades financeiras de que podia dispor para novos cometimentos. A dádiva paterna fora abundante e generosa. Contudo, não conseguia atinar, de pronto, com a decisão preferível.

Depois de muito refletir, decidiu adquirir um tear. Seria o recomeço da luta. A fim de consolidar as novas disposições interiores, julgou útil exercer em Tarso o mister de tecelão, visto que

Apêndice

ali, na terra do seu berço, se ostentara como intelectual de valor e aplaudido atleta.

Dentro em pouco, era reconhecido pelos conterrâneos como humilde tapeceiro.

A notícia teve desagradável repercussão no lar antigo, motivando a mudança do velho Isaque, que, após deserdá-lo ostensivamente, transferiu-se para uma de suas propriedades à margem do Eufrates, onde esperou a morte junto de uma filha, incapaz de compreender o primogênito muito amado. Assim, durante três anos, o solitário tecelão das vizinhanças do Tauro exemplificou a humildade e o trabalho, esperando devotadamente que Jesus o convocasse ao testemunho.

(*Paulo e Estêvão*. FEB Editora. Segunda parte – Cap. 3, p. 263 a 276)

# Relação dos comentários e perícopes em ordem alfabética

Comentários

## Comentários – Primeira parte

Aguilhões – AT 9:5
Ajuda sempre – AT 21:13
Almas em prova – AT 13:13
Ante o sublime – AT 10:15
Assistido, O – AT 20:35
Auxílios do Invisível – AT 12:10
Batismo – AT 19:5
Cada um, A – AT 14:10
Caridade recíproca – AT 20:35
Como testemunhar – AT 1:8
Cooperação – AT 8:31
Cristo em nós – AT 9:10
Culto à prece, No – AT 4:31
Desafio, Um – AT 22:16
Deus em nós – AT 19:11
Entra e coopera – AT 9:6
Erguer e ajudar – AT 9:41
Escamas – AT 9:18
Estações necessárias – AT 3:19 a 20
Estudo da salvação, No – AT 2:47

Há muita diferença – AT 3:6
Ídolos – AT 15:29
Indagação oportuna – AT 19:2
Mãos limpas – AT 19:11
Médium inesquecível – AT 19:11
Mediunidade – AT 2:17
Meia noite – AT 16:25
Novos atenienses – AT 17:32
Padrão – AT 11:24
Parentela – AT 7:3
Perante a multidão – AT 2:13
Perseveras?, Em que – AT 2:42
Posse do Reino, A – AT 14:22
Possuímos o que damos – AT 20:35
Prece recompõe, A – AT 4:31
Que despertas? – AT 5:15
Que farei? – AT 22:10
Quem sois? – AT 19:15
Razão dos apelos – AT 10:29
Recebeste a luz? – AT 19:2

Revelação da vida, Na – AT 4:33
Senhor mostrará, O – AT 9:16
Serviço de salvação – AT 2:21
Trabalhemos também – AT 14:15
Tratamento de obsessões – AT 5:16
Tu e tua casa – AT 16:31
Varão da Macedônia, O – AT 16:9
Velho argumento – AT 26:24

## Perícopes – Segunda parte

A conversão de Paulo – AT 9:3
Antioquia da Pisídia, Em – AT 13:14
Antioquia, Em – Lucas sugere a identificação de cristãos – AT 11:26
Apelo para César, O – AT 25:1
Barnabé vai em busca de Saulo – AT 11:25
Carta aos gentios, A – AT 5:22
Chamado para a Macedônia, O – AT 16:7
Chegada em Antioquia – AT 14:27
Coerção de Paulo à fortaleza – AT 21:37
Conversão de Lídia em Filipos AT 16:11
Conversão de Paulo, A – AT 9:3
Corinto a Éfeso, De – A renovação dos votos em Cencreia AT 18:18
Cura de um coxo em Listra, A – AT 14:8
Defesa em hebraico, A – AT 22:1
Dificuldades em Jerusalém – Auxílio de Antioquia – AT 11:27
Direção à Macedônia, Em – Encontro com Lucas – AT 16:10
Discurso de Estêvão, O – AT 7:2
Discurso de Paulo diante do Sinédrio – AT 23:1
Discurso de Paulo perante o rei Agripa – AT 26:1
Dissensões na Igreja de Antioquia – AT 15:1
Divulgação da Boa-Nova em Corinto – AT 18:4
Éfeso a Antioquia, De – AT 18:22
Encontro com João Marcos e saída de Jerusalém – AT 12:25
Encontro de Paulo e Tiago em Jerusalém – AT 21:16
Encontro de Saulo e Ananias AT 9:10
Escolha de Barnabé e Saulo, A – AT 13:1
Exortação de Pedro, A – AT 15:7
Falsas acusações e julgamento de Estêvão – AT 6:12
Fim da viagem para Roma – AT 28:15

Icônio, Em – AT 14:1

Início da viagem para
Roma AT 27:1

Jesus fortalece Paulo na
prisão AT 23:11

Libertação da pitonisa, A – AT 16:16

Manutenção da prisão em
Cesareia, A – AT 24:23

Morte de Estêvão, A – AT 7:55

Pafos, Em – Conversão do procônsul Sérgio Paulo – Mudança no nome de Saulo – AT 13:6

Passagem por Éfeso – AT – 18:19

Paulo despede-se dos anciãos de Éfeso – AT 20:17

Paulo diante de Agripa e
Berenice – AT 25:13

Paulo diante do Sinédrio – AT 22:30

Paulo e a cidadania romana – AT 22:22

Paulo e Apolo – AT 18:24

Paulo é enviado ao governador Félix – AT 23:23

Paulo é picado por uma víbora na ilha de Malta – AT 28:1

Paulo é recebido por Públio Apiano na ilha de Malta – AT 28:7

Paulo e Silas em Bereia – AT 17:10

Paulo e Silas em Tessalônica – AT 17:1

Paulo em Atenas – AT 17:16

Paulo em Corinto – AT 18:1

Paulo em Roma – AT 28:16

Paulo em Trôade – AT 20:6

Paulo na Macedônia e
na Grécia – AT 20:1

Paulo permanece em Roma
dois anos – AT 28:30

Perante os israelitas em Roma – *A Epístola aos hebreus* – AT 28:23

Permanência em Corinto e
novos conflitos – AT 18:11

Perseguição em Jerusalém –
Morte de Tiago – AT 12:3

Plano para matá-lo, O – AT 24:1

Preparação de encontro com os
israelitas em Roma – AT 28:17

Primeira pregação de Saulo em Damasco – AT 9:19

Primeiros labores em
Listra – AT 14:7

Prisão de Estêvão, A – AT 6:8

Prisão e libertação de Paulo e
Silas em Filipos – AT 16:19

Recepção de Paulo em
Damasco – AT 9:8

Reflexão em Damasco – AT 9:9

Resoluções da reunião em
Jerusalém, As – AT 15:12

Reunião em Jerusalém,
A – AT 15:4; AT 21:19

Revolta contra Paulo no
Templo – AT 21:27

Salamina, Em – AT 13:5

Saulo em Jerusalém – AT – 9:26

Saulo pede cartas para perseguir os seguidores de Jesus em Damascos – AT 9:1

Saulo persegue a Igreja – AT 8:3

Saulo retorna à Tarso – AT 9:28

Segunda pregação de Saulo em Damasco – AT 9:20

Separação de Paulo e Barnabé, A – AT 15:36

Sete auxiliares dos apóstolos, O – AT 6:1

Tempestade e naufrágio no mar – AT 27:12

Testemunho em Listra – AT 14:19

Timóteo associa-se a Paulo e Silas – AT 16:1

Trabalhos em Derbe — Retorno para Antioquia – AT 14:21

Travessia da Frígia e Galácia – AT– 16:6

Triunfo em Listra – AT 14:11

Tumulto em Êfeso – AT 19:21

Trôade a Mileto, De – AT 20:13

Viagem de Antioquia para Jerusalém – AT 15:3

Viagem e chegada à Antioquia da Pisídia – AT 13:14

Viagem para Chipre – AT 13:4

Viagem para Derbe e Listra – AT 15:41

Viagem para Jerusalém, A – AT 21:1

Viagem para Panfília, A — João Marcos retorna para Jerusalém – AT 13:13

Viagem para Roma – passagem por Siracusa – AT 28:11

Viagem para Roma, A – Alerta de Paulo – AT 27:3

Visão de Jesus na Igreja de Corinto e o início das epístolas, A – AT 18:9

# Tabela comparativa das passagens de *Atos dos apóstolos* e *Paulo e Estêvão*

Tabela

| Seq. | Início da perícope | Término da perícope | Título/Conteúdo | Passagem paralela em Paulo e Estêvão |
|---|---|---|---|---|
| 1 | 1:1 | 1:5 | Prólogo | Não |
| 2 | 1:6 | 1:11 | Ascenção de Jesus | Não |
| 3 | 1:12 | 1:26 | A substituição de Judas | Não |
| 4 | 2:1 | 2:42 | Pentecostes | Não |
| 5 | 2:43 | 2:47 | A vida dos primeiros cristãos | Não |
| 6 | 3:1 | 3:10 | A Cura de um coxo | Não |
| 7 | 3:11 | 3:26 | O discurso de Pedro | Não |
| 8 | 4:1 | 4:22 | Pedro e João diante do Sinédrio | Não |
| 9 | 4:23 | 4:31 | Oração dos apóstolos na perseguição | Não |
| 10 | 4:32 | 4:35 | A primeira comunidade cristã | Não |
| 11 | 4:36 | 4:37 | Barnabé | Não |
| 12 | 5:1 | 5:11 | A fraude de Ananias e Safira | Não |
| 13 | 5:12 | 5:16 | Sinais e prodígios pelos apóstolos | Não |
| 14 | 5:17 | 5:42 | Os apóstolos diante do Sinédrio | Não |
| 15 | 6:1 | 6:7 | Os sete auxiliares dos apóstolos | Sim |
| 16 | 6:8 | 6:11 | A prisão de Estêvão | Sim |
| 17 | 6:12 | 7:1 | Falsas acusações e julgamento de Estêvão* | Sim |
| 18 | 7:2 | 7:54 | O discurso de Estêvão* | Sim |
| 19 | 7:55 | 8:2 | A morte de Estêvão* | Sim |
| 20 | 8:3 | 8:3 | Saulo persegue a Igreja* | Sim |
| 21 | 8:4 | 8:25 | Felipe anuncia o Evangelho na Samaria | Não |

Tabela

| Seq. | Início da perícope | Término da perícope | Título/Conteúdo | Passagem paralela em Paulo e Estêvão |
|---|---|---|---|---|
| 22 | 8:26 | 8:40 | Felipe e o eunuco etíope | Não |
| 23 | 9:1 | 9:2 | Saulo pede cartas para perseguir os seguidores de Jesus em Damasco* | Sim |
| 24 | 9:3 | 9:8 | A conversão de Paulo* | Sim |
| 25 | 9:8 | 9:8 | Recepção de Paulo em Damasco* | Sim |
| 26 | 9:9 | 9:9 | Reflexão em Damasco* | Sim |
| 27 | 9:10 | 9:18 | Encontro de Saulo e Ananias* | Sim |
| 28 | 9:19 | 9:19 | Primeira pregação de Saulo em Damasco* | Sim |
| 29 | 9:20 | 9:25 | Segunda pregação de Saulo em Damasco* | Sim |
| 30 | 9:26 | 9:27 | Saulo em Jerusalém* | Sim |
| 31 | 9:28 | 9:30 | Saulo retorna à Tarso* | Sim |
| 32 | 9:31 | 9:31 | Situação das comunidades* | Não |
| 33 | 9:32 | 9:43 | As curas de Pedro em Lida e Jope | Não |
| 34 | 10:1 | 10:48 | Pedro na casa do centurião Cornélio | Não |
| 35 | 11:1 | 11:18 | O relatório de Pedro em Jerusalém | Não |
| 36 | 11:19 | 11:24 | A Igreja de Antioquia | não |
| 37 | 11:25 | 11:26 | Barnabé vai em busca de Saulo* | Sim |
| 38 | 11:26 | 11:26 | Em Antioquia – Lucas sugere a identificação de cristãos* | Sim |
| 39 | 11:27 | 12:2 | Dificuldades em Jerusalém – auxílio de Antioquia* | Sim |
| 40 | 12:3 | 12:19 | Perseguição em Jerusalém – Morte de Tiago* | Sim |
| 41 | 12:20 | 12:24 | Morte de Herodes Agripa I | Não |
| 42 | 12:25 | 12:25 | Encontro com João Marcos e saída de Jerusalém* | Sim |
| 43 | 13:1 | 13:3 | A escolha de Barnabé e Saulo | Sim |
| 44 | 13:4 | 13:4 | Viagem para Chipre* | Sim |
| 45 | 13:5 | 13:5 | Em Salamina* | Sim |
| 46 | 13:6 | 13:12 | Em Pafos – Conversão do procônsul Sérgio Paulo – Mudança no nome de Saulo* | Sim |

| Seq. | Início da perícope | Término da perícope | Título/Conteúdo | Passagem paralela em Paulo e Estêvão |
|---|---|---|---|---|
| 47 | 13:13 | 13:13 | A viagem para Panfília – João Marcos retorna para Jerusalém* | Sim |
| 48 | 13:14 | 13:14 | Viagem e chegada à Antioquia da Pisídia* | Sim |
| 49 | 13:14 | 13:52 | Em Antioquia da Pisídia* | Sim |
| 50 | 14:1 | 14:6 | Em Icônio* | Sim |
| 51 | 14:7 | 14:7 | Primeiros labores em Listra* | Sim |
| 52 | 14:8 | 14:10 | A cura de um coxo em Listra* | Sim |
| 53 | 14:11 | 14:18 | Triunfo em Listra* | Sim |
| 54 | 14:19 | 14:20 | Testemunho em Listra* | Sim |
| 55 | 14:21 | 14:26 | Trabalhos em Derbe – Retorno para Antioquia* | Sim |
| 56 | 14:27 | 14:28 | Chegada em Antioquia* | Sim |
| 57 | 15:1 | 15:2 | Dissensões na Igreja de Antioquia* | Sim |
| 58 | 15:3 | 15:3 | Viagem de Antioquia para Jerusalém* | Sim |
| 59 | 15:4 | 15:6 | A reunião em Jerusalém* | Sim |
| 60 | 15:7 | 15:11 | A exortação de Pedro* | Sim |
| 61 | 15:12 | 15:21 | As resoluções da reunião em Jerusalém* | Sim |
| 62 | 15:22 | 15:35 | A carta aos gentios | Sim |
| 63 | 15:36 | 15:40 | A separação de Paulo e Barnabé* | Sim |
| 64 | 15:41 | 15:41 | Viagem para Derbe e Listra* | Sim |
| 65 | 16:1 | 16:5 | Timóteo associa-se a Paulo e Silas* | Sim |
| 66 | 16:6 | 16:6 | Travessia da Frígia e Galácia* | Sim |
| 67 | 16:7 | 16:9 | O chamado para a Macedônia* | Sim |
| 68 | 16:10 | 16:10 | Em direção à Macedônia – Encontro com Lucas* | Sim |
| 69 | 16:11 | 16:15 | Conversão de Lídia em Filipos | Sim |
| 70 | 16:16 | 16:18 | A libertação da pitonisa* | Sim |
| 71 | 16:19 | 16:40 | Prisão e libertação de Paulo e Silas em Filipos* | Sim |
| 72 | 17:1 | 17:9 | Paulo e Silas em Tessalônica | Sim |
| 73 | 17:10 | 17:15 | Paulo e Silas em Bereia | Sim |

Tabela

Tabela

| Seq. | Início da perícope | Término da perícope | Título/Conteúdo | Passagem paralela em Paulo e Estêvão |
|---|---|---|---|---|
| 74 | 17:16 | 17:34 | Paulo em Atenas | Sim |
| 75 | 18:1 | 18:3 | Paulo em Corinto* | Sim |
| 76 | 18:4 | 18:8 | Divulgação da Boa-Nova em Corinto* | Sim |
| 77 | 18:9 | 18:10 | A visão de Jesus na igreja de Corinto e o início das epístolas* | Sim |
| 78 | 18:11 | 18:17 | Permanência em Corinto e novos conflitos* | Sim |
| 79 | 18:18 | 18:18 | De Corinto a Éfeso – a renovação dos votos em Cencreia* | Sim |
| 80 | 18:19 | 18:21 | Passagem por Éfeso* | Sim |
| 81 | 18:22 | 18:23 | De Éfeso a Antioquia* | Sim |
| 82 | 18:24 | 19:10 | Paulo e Apolo* | Sim |
| 83 | 19:11 | 19:20 | Os sete filhos de Ceva | não |
| 84 | 19:21 | 19:40 | Tumulto em Êfeso | Sim |
| 85 | 20:1 | 20:5 | Paulo na Macedônia e na Grécia* | Sim |
| 86 | 20:6 | 20:12 | Paulo em Trôade* | Sim |
| 87 | 20:13 | 20:16 | De Trôade a Mileto | Sim |
| 88 | 20:17 | 20:38 | Paulo despede-se dos anciãos de Éfeso | Sim |
| 89 | 21:1 | 21:15 | A viagem para Jerusalém* | Sim |
| 90 | 21:16 | 21:18 | Encontro de Paulo e Tiago em Jerusalém* | Sim |
| 91 | 21:19 | 21:26 | A reunião em Jerusalém* | Sim |
| 92 | 21:27 | 21:36 | Revolta contra Paulo no Templo* | Sim |
| 93 | 21:37 | 21:40 | Coerção de Paulo à fortaleza* | Sim |
| 94 | 22:1 | 22:21 | A defesa em hebraico | Sim |
| 95 | 22:22 | 22:29 | Paulo e a cidadania romana | sim |
| 96 | 22:30 | 22:30 | Paulo diante do Sinédrio | Sim |
| 97 | 23:1 | 23:10 | Discurso de Paulo diante do Sinédrio* | sim |
| 98 | 23:11 | 23:11 | Jesus fortalece Paulo na prisão* | sim |
| 99 | 23:12 | 23:22 | O plano para matá-lo | sim |
| 100 | 23:23 | 23:35 | Paulo é enviado ao governador Félix | sim |
| 101 | 24:1 | 24:22 | O processo diante de Félix* | sim |

| Seq. | Início da perícope | Término da perícope | Título/Conteúdo | Passagem paralela em Paulo e Estêvão |
|---|---|---|---|---|
| 102 | 24:23 | 24:27 | A manutenção da prisão em Cesareia* | Sim |
| 103 | 25:1 | 25:12 | O apelo para César | sim |
| 104 | 25:13 | 25:27 | Paulo diante de Agripa e Berenice | sim |
| 105 | 26:1 | 26:32 | Discurso de Paulo perante o rei Agripa | Sim |
| 106 | 27:1 | 27:2 | Início da viagem para Roma* | Sim |
| 107 | 27:3 | 27:11 | A viagem para Roma – alerta de Paulo* | sim |
| 108 | 27:12 | 27:44 | Tempestade e naufrágio no mar | sim |
| 109 | 28:1 | 28:6 | Paulo é picado por uma víbora na ilha de Malta | sim |
| 110 | 28:7 | 28:10 | Paulo é recebido por Públio Apiano na ilha de Malta* | sim |
| 111 | 28:11 | 28:14 | Viagem para Roma – passagem por Siracusa* | Sim |
| 112 | 28:15 | 28:15 | Fim da viagem para Roma* | Sim |
| 113 | 28:16 | 28:16 | Paulo em Roma* | sim |
| 114 | 28:17 | 28:22 | Preparação de encontro com os israelitas em Roma | sim |
| 115 | 28:23 | 28:29 | Perante os israelitas em Roma – A Epístola aos hebreus | sim |
| 116 | 28:30 | 28:31 | Paulo permanece em Roma dois anos | sim |

Tabela

* Título ou perícope adotada pela equipe organizadora para fins do projeto *O Evangelho por Emmanuel*.

# Índice geral

## A

ABDIAS
  carta confidencial de Tiago e (2ª parte – AT 20:1 a 5)

ABIGAIL
  Ananias e (2ª parte – AT 9:10 a 18)
  conceitos injustos à pessoa de (2ª parte – Apêndice)
  Estêvão e (2ª parte – AT 7:55 a 60 e 8:1 a 2)
  lema de (2ª parte – Apêndice)
  noiva espiritual e (2ª parte – Apêndice)
  plano de *, desencarnada, para Saulo (2ª parte – Apêndice)
  prece dos aflitos e agonizantes e (2ª parte – AT 7:55 a 60 e 8:1 a 2)
  recordação do suplício do genitor e (2ª parte – AT 7:55 a 60 e 8:1 a 2)
  Saulo e (2ª parte – AT 7:55 a 60 e 8:1 a 2)
  visão de Saulo e (2ª parte – Apêndice)

ACAIA, CIDADE
  desenvolvimento da doutrina cristã e (2ª parte – AT 18:1 a 3)
  recordações indeléveis de Jeziel e Abigail e (2ª parte – AT 18:1 a 3)

ÁGABO
  provações de Jerusalém e (2ª parte – AT 11:27 a 30 e 12:1 a 2)
  transe mediúnico, dolorosos vaticínios e (2ª parte – AT 21:1 a 15)

AGRIPA, HERODES, REI
  assinatura do * como testemunha (2ª parte – AT 26:1 a 32)
  conhecimento da revelação de Moisés e (2ª parte – AT 26:1 a 32)
  história de Paulo de Tarso e (2ª parte – AT 25:13 a 27)
  Paulo de Tarso, defesa de viva voz e (2ª parte – AT 26:1 a 32)
  profissão de fé cristã e (2ª parte – AT 26:1 a 32)
  revelação de Deus e (2ª parte – AT 26:1 a 32)
  tentativa de uma fórmula digna e (2ª parte – AT 26:1 a 32)
  visita ao novo governador e (2ª parte – AT 26:1 a 32)

ÁGUA
  purificação necessária e * poluída (1ª parte – AT 19:11)

AGUILHÃO
  caminho evolutivo e (1ª parte – AT 9:5)
  modelos de (1ª parte – AT 9:5)
  organização de * e gênios inspiradores (1ª parte – AT 9:5)

ALÉM
  serviço postal do mundo e mensagem do (1ª parte – AT 11:24)

ALMA
  adoração mentirosa e (1ª parte – AT 15:29)
  aprimoramento e (1ª parte – AT 1:8)
  bendita renovação e (1ª parte – AT 19:5)
  educação da * para a vida imperecível (1ª parte – AT 14:22)
  esquecimento de obrigações e * querida (1ª parte – AT 13:13)
  iluminação da * e Paulo de Tarso (1ª parte – AT 19:11)
  inutilidade para a * das cerimônias externas (2ª parte – AT 15:4 a 6)
  laços de sangue e * afim (1ª parte – AT 7:3)

ALTÍSSIMO VER DEUS
AMIGO CELESTE VER JESUS
AMOR
  dinheiro de Jesus e (1ª parte – AT 19:15)

**Índice geral**

AMÓS
    pobre pastor e (2ª parte – AT 7:2 a 54)

ANANIAS
    chamamento sagrado e (2ª parte – AT 9:10 a 18)
    choro de reconhecimento e (2ª parte – AT 9:10 a 18)
    diálogo entre Jesus e (1ª parte – AT 9:16)
    Igreja do Caminho e (2ª parte – AT 9:10 a 18)
    iniciador de Abigail na doutrina e (2ª parte – AT 9:10 a 18)
    ovelha perseguida e (2ª parte – AT 9:10 a 18)
    Paulo de Tarso e (1ª Parte – AT 8:31; 9:6; 9:10; 9:16; 22:16 / 2ª Parte – AT 9:10 a 18)
    Paulo de Tarso e visita de (1ª parte – AT 9:18)
    recolhimento ao cárcere e (2ª parte – AT 9:20 a 25)
    sapateiro em Emaús e (2ª parte – AT 9:10 a 18)
    chefe das autoridades do Sinédrio (2ª parte – AT 24:1 a 22)

ANTIOQUIA, CIDADE
    amor às obrigações diuturnas e (2ª parte – AT 11:26)
    célula do Caminho e (2ª parte – AT 11:26)
    devassidões e (2ª parte – AT 11:26)
    dramas passionais e (2ª parte – AT 11:26)
    extravagâncias e (2ª parte – AT 11:26)
    fenômenos de vozes diretas e (2ª parte – AT 11:26)
    interpretação dos ensinos de Jesus e (2ª parte – AT 11:26)
    Lucas, médico, e (2ª parte – AT 11:26)
    lutas da circuncisão e (2ª parte – AT 15:1 a 2)
    opulência dos habitantes e (2ª parte – AT 11:26)
    paisagens morais menos dignas e (2ª parte – AT 11:26)
    prazeres licenciosos e (2ª parte – AT 11:26)
    regresso de Paulo de Tarso e Barnabé e (2ª parte – AT 14:27 a 28)
    solidariedade e (2ª parte – AT 11:26)
    visita de Simão Pedro e (2ª parte – AT 15:1 a 2)

ANTIOQUIA DA PISÍDIA, CIDADE
    fundação da Igreja de (2ª parte – AT 13:6 a 12)
    resumo das dificuldades e (2ª parte – AT 18:22 a 23)
    visita à (2ª parte – AT 13:13)
    tendas de artefAT e (2ª parte – AT 13:14)

APIANO, PÚBLIO
    cópia dos pergaminhos e (2ª parte – AT 28:7 a 10)
    desejo de conhecer o Evangelho e (2ª parte – AT 28:7 a 10)
    mais alto funcionário de Malta e (2ª parte – AT 28:7 a 10)
    Paulo de Tarso e (2ª parte – AT 28:7 a 10)

APOLODORO
    ancião romano e (2ª parte – AT 28:15)

APÓSTOLO
    Espírito Santo e (1ª parte – AT 4:31)
    oração e (1ª parte – AT 4:31)
    socorro às obsessões e (1ª parte – AT 5:16)

APÓSTOLO DOS GENTIOS *VER* PAULO DE TARSO

ÁQUILA
    prisão e (2ª parte – AT 19:21 a 40)
    serviços evangélicos e (2ª parte – AT 18:1 a 3)

ARADO
    enriquecimento das mãos e (1ª parte – AT 19:11)

AREÓPAGO
    atitude do * diante da ressurreição (2ª parte – AT 17:16 a 34)
    visita de Paulo de Tarso e (2ª parte – AT 17:16 a 34)

ARISTARCO
    prisão e (2ª parte – AT 19:21 a 40)

ARREPENDIMENTO
    culpado e (1ª parte – AT 3:19 a 20)

ÁSIA
    tempo de lutas e (2ª parte – AT 19:21 a 40)

Índice geral

ATÁLIA, CIDADE
pregação da Boa-Nova e (2ª parte – AT 13:13)

ATENAS, CIDADE
anúncio do Evangelho de Jesus e (2ª parte – AT 17:10 a 15)
chegada de Timóteo e (2ª parte – AT 17:16 a 34)
criaturas envenenadas de falsa cultura e (2ª parte – AT 17:16 a 34)
desinteresse na leitura dos textos evangélicos e (2ª parte – AT 17:16 a 34)
impossibilidade de fundação de Igreja e (2ª parte – AT 17:16 a 34)
pregação de Paulo de Tarso em praça pública e (2ª parte – AT 17:16 a 34)

ATMOSFERA
criação de * particular (1ª parte – AT 5:15)

ATOS DOS APÓSTOLOS
relatório de Lucas e (2ª parte – AT 24:23 a 27)

# B

BARJESUS, MAGO ISRAELITA
agradecimento pela intervenção de Saulo e (2ª parte – AT 13:6 a 12)
cegueira e (2ª parte – AT 13:6 a 12)
dons espirituais de Paulo e (2ª parte – AT 13:6 a 12)
imposição das mãos de Saulo e (2ª parte – AT 13:6 a 12)
inferioridade dos intuitos de Saulo e (2ª parte – AT 13:6 a 12)
presunções farisaicas e (2ª parte – AT 13:6 a 12)

BARNABÉ
carta de recomendação de Eustáquio e (2ª parte – AT 13:14 a 52)
conquista de trabalho remunerador e (2ª parte – AT 13:14)
contenda de palavras com Paulo de Tarso (2ª parte – AT 15:36 a 40)
desequilíbrios orgânicos e (2ª parte – AT 13:14)
embarque para Chipre e (2ª parte – AT 13:4)
Eustáquio, oleiro, e (2ª parte – AT 13:14 a 52)
evangelização dos gentios e (2ª parte – AT 13:1 a 3)
exposição do elevado plano da Igreja e (2ª parte – AT 11:25 a 26)
exposição do plano à assembleia e (2ª parte – AT 13:1 a 3)
extensão da missão aos povos da Panfília e (2ª parte – AT 13:13)
homem de bem e (1ª parte – AT 11:24)
linhas fundamentais do padrão justo e (1ª parte – AT 11:24)
Maria Marcos, irmã, e (2ª parte – AT 15:22 a 35)
palavra profundamente contemporizadora e (2ª parte – AT 13:5)
partida de * com João Marcos para Chipre (2ª parte – AT 15:36 a 40)
repercussão do grito de * e de Paulo de Tarso (1ª parte – AT 14:15)
respeito excessivo às tradições judaicas e (2ª parte – AT 13:5)

BATISMO
católico e (1ª parte – AT 19:2)
Evangelho e (1ª parte – AT 19:5)
fé e (1ª parte – AT 19:5)
pessoas adultas e (1ª parte – AT 19:5)
recém-natos e (1ª parte – AT 19:5)
reformista das letras evangélicas e (1ª parte – AT 19:2)

BEM
ação no * e presença de Deus (1ª parte – AT 19:11)
caráter divino e (1ª parte – AT 19:11)
enumeração do * recolhido (1ª parte – AT 20:35)
retorno à seara do (1ª parte – AT 13:13)
transformação espiritual para o * supremo (1ª parte – AT 14:15)
utilização das mãos nas obras do (1ª parte – AT 9:41)

BENEFÍCIO ESPIRITUAL
aceitação, humildade e (1ª parte – AT 20:35)

BEREIA, CIDADE
afastamento de Lucas e (2ª parte – AT 17:10 a 15)
afastamento de Silas e (2ª parte – AT 17:10 a 15)

afastamento de Timóteo e (2ª parte – AT 17:10 a 15)

movimento contra os discípulos do Evangelho e (2ª parte – AT 17:10 a 15)

rogativa de providências e (2ª parte – AT 18:22 a 23)

BERENICE
manifestação de clemência e (2ª parte – AT 26:1 a 32)

visita ao novo governador e (2ª parte – AT 26:1 a 32)

BOA-NOVA
aprendizes da * e a palavra dinheiro (1ª parte – AT 20:35)

aviltamento e (2ª parte – AT 12:25)

indulgências a preço do mundo e (1ª parte – AT 14:22)

Jesus e (1ª parte – AT 2:17)

Paulo de Tarso e (1ª parte – AT 19:11)

Paulo de Tarso, arauto da (1ª parte – AT 14:15)

pregação da * a todas as nações (2ª parte – AT 15:7 a 11)

recepção da * com júbilos infinitos (2ª parte – AT 14:7)

recepção da * e homens do campo (2ª parte – AT 18:1 a 3)

recomeço da * do Reino de Jesus (2ª parte – AT 14:21 a 26)

transmissão da * aos ladrões (2ª parte – AT 13:14)

BONDADE
crescimento da confiança e (1ª parte – AT 20:35)

BURILAMENTO
disciplina e (1ª parte – AT 13:13)

BÚRRUS, GENERAL ROMANO
pergaminhos da Justiça de Cesareia e (2ª parte – AT 28:16)

## C

CALUNIADOR
fios de treva na senda e (1ª parte – AT 5:15)

CAMINHO EVOLUTIVO
aguilhões e (1ª parte – AT 9:5)

CARÁTER
nobreza do * e exemplo (1ª parte – AT 20:35)

CARIDADE
dividendos e (1ª parte – AT 20:35)

prerrogativa única e (1ª parte – AT 20:35)

propriedade intrínseca e (1ª parte – AT 3:6)

sentido real e (1ª parte – AT 20:35)

CARPINTEIRO DE NAZARÉ VER JESUS

CASA DE PEDRA
construção e (1ª parte – AT 4:31)

CASA DOS APÓSTOLOS
esmola da sopa e (2ª parte – AT 6:1 a 7)

Estêvão e (2ª parte – AT 6:1 a 7)

Jerusalém e (2ª parte – AT 6:1 a 7)

João e (2ª parte – AT 6:1 a 7)

loucos, anciães e (2ª parte – AT 6:1 a 7)

movimento de socorro e (2ª parte – AT 6:1 a 7)

sementeira da palavra divina e (2ª parte – AT 6:1 a 7)

Simão Pedro e (2ª parte – AT 6:1 a 7)

CATÓLICO
batismo e (1ª parte – AT 19:2)

cerimônias exteriores e (1ª parte – AT 3:19 a 20)

intervenção dos eleitos e (1ª parte – AT 12:10)

CEGO
cura e (1ª parte – AT 2:42)

CELESTE AMIGO VER JESUS

CÉLULA DO CAMINHO VER IGREJA DO CAMINHO

CERIMÔNIA EXTERNA
inutilidade da * para a alma (2ª parte – AT 15:4 a 6)

CÉSAR
operações comerciais e (1ª parte – AT 19:15)

CESAREIA, CIDADE
Félix, governador, e (2ª parte – AT 23:23 a 35)

hospedagem na casa de Filipe e (2ª parte – AT 21:1 a 15)

Pórcio Festo, novo governador, e (2ª parte – AT 24:23 a 27)

CÉU
   fonte das dádivas e (1ª parte – AT 2:42)
CHAGA PSÍQUICA
   seres invisíveis e (1ª parte – AT 5:16)
CHIPRE, CIDADE
   embarque para (2ª parte – AT 13:4)
CIRCUNCISÃO
   ato desobrigatório e (2ª parte – AT 15:7 a 11)
   independência aos pagãos e (2ª parte – AT 15:12 a 21)
   movimentos a favor e (2ª parte – AT 15:1 a 2)
   obrigatoriedade da * para os gentios (2ª parte – AT 15:4 a 6)
   Paulo de Tarso e (2ª parte – AT 15:1 a 2)
   repugnância de Paulo de Tarso com a * de Tito (2ª parte – AT 15:4 a 6)
   Simão Pedro e (2ª parte – AT 15:1 a 2)
   Tito e (2ª parte – AT 15:4 a 6)
CITIUM, CIDADE
   visita a sinagoga e (2ª parte – AT 13:5)
COLOSSOS, CIDADE
   insistência na presença de Paulo de Tarso e (2ª parte – AT 18:22 a 23)
COMÉRCIO
   base do (1ª parte – AT 19:15)
COMPANHEIRO
   DOAÇÃO AO * NECESSITADO (1ª PARTE – AT 20:35)
   OBTENÇÃO DE BENEFÍCIOS E (1ª PARTE – AT 20:35)
CONFIANÇA
   crescimento da * e bondade (1ª parte – AT 20:35)
CONSANGUINIDADE
   inimigos e (1ª parte – AT 7:3)
COOPERAÇÃO
   importância da * dos necessitados (1ª parte – AT 20:35)
CORAÇÃO
   princípios evangélicos e (1ª parte – AT 16:31)
CORAGEM
   revestimento de corações humildes e (1ª parte – AT 2:42)

CORDEIRO AMADO VER JESUS
CORDEIRO IMACULADO VER JESUS
CORINTO, CIDADE
   carência de esclarecimentos e (2ª parte – AT 18:22 a 23)
   Paulo de Tarso na sinagoga de (2ª parte – AT 18:4 a 8)
   projeto da fundação de uma Igreja e (2ª parte – AT 18:1 a 3)
   reminiscências da alma sensível e (2ª parte – AT 18:1 a 3)
   viagem para * na companhia de Lucas (2ª parte – AT 20:1 a 5)
CORNÉLIO, CENTURIÃO
   caridade, retidão e (1ª parte – AT 10:29)
   Simão Pedro e (1ª parte – AT 10:29)
CRIAÇÃO
   recursos da * e multiplicação ao infinito (1ª parte – AT 20:35)
CRIME
   Espíritos renitentes e (1ª parte – AT 2:21)
CRISTÃO
   atitude do * na atualidade (1ª parte – AT 2:42)
   convicções regenerativas e (1ª parte – AT 16:31)
   egoísmo e (1ª parte – AT 2:42)
   esperança, vida espiritual e (2ª parte – AT 23:1 a 10)
   personalismo destruidor e (1ª parte – AT 2:42)
   pontos de vista e (1ª parte – AT 2:42)
   raciocínio sem iluminação espiritual e (1ª parte – AT 2:42)
   significado da palavra (2ª parte – AT 13:14 a 52)
CRISTIANISMO
   comprometimento do futuro e (2ª parte – AT 21:16 a 18)
   Espiritismo e * Redivivo (1ª parte – AT 2:17)
   fenômenos de vozes diretas e (2ª parte – AT 11:26)
   fiscalização rigorosa e (2ª parte – AT 28:15)
   fundação do primeiro núcleo e (2ª parte – AT 14:11 a 18)
   inspiração de Pedro e (1ª parte – AT 3:6)

Índice geral

## Índice geral

interpretação dos ensinos de Jesus e (2ª parte – AT 11:26)
mediunidade e (1ª parte – AT 2:17)
perecimento e (2ª parte – AT 13:1 a 3)
profetismo e (2ª parte – AT 16:16 a 18)
restauração da alma para Deus e (1ª parte – AT 14:15)
substituição da palavra Caminho pela palavra (2ª parte – AT 11:26)
tarefa doutrinária e (1ª parte – AT 5:16)
trabalho de conversão e elevação e (1ª parte – AT 5:16)

CRISTO VER JESUS

CRUZ
selo infamante da * e Jesus (1ª parte – AT 2:47)

CULPADO
arrependimento e (1ª parte – AT 3:19 a 20)
construção do Reino Divino e (1ª parte – AT 3:19 a 20)

CULTIVADOR
frutos do solo e (1ª parte – AT 19:11)

CURA
espíritos doentes e paralíticos e (1ª parte – AT 14:10)

## D

DALILA
encontro de Paulo de Tarso com a irmã (2ª parte – AT 22:30)
Estefânio, filho, e (2ª parte – AT 22:30)

DAMASCO
ideal religioso do Caminho e (2ª parte – AT 9:19)
Paulo de Tarso às portas de (2ª parte – AT 19:21 a 40)

DANIEL
amarguras do cativeiro e (2ª parte – AT 7:2 a 54)

DAVI
adultério e (2ª parte – AT 13:13)

DEMÉTRIO, ARTÍFICE
insinuações de amotinadores e (2ª parte – AT 19:21 a 40)

DERBE, CIDADE
chegada de Paulo de Tarso e Silas em (2ª parte – AT 16:1 a 5)

estágio de mais de um ano e (2ª parte – AT 14:21 a 26)
recomeço da Boa-Nova do Reino de Jesus e (2ª parte – AT 14:21 a 26)

DEUS
comércio com os bens de (2ª parte – AT 7:2 a 54)
manifestação do Espírito encarnado e (1ª parte – AT 10:15)
maravilhas extraordinárias e (1ª parte – AT 19:11)
presença de * e ação no bem (1ª parte – AT 19:11)
proteção, restauração e (1ª parte – AT 13:13)
purificação do coração pela fé e (2ª parte – AT 15:7 a 11)
purificação, engrandecimento e (1ª parte – AT 10:15)
restauração da alma para * e Cristianismo (1ª parte – AT 14:15)

DINHEIRO
amor, * de Jesus (1ª parte – AT 19:15)
aprendizes da Boa-Nova e a palavra (1ª parte – AT 20:35)
comércio das almas e (1ª parte – AT 19:15)

DIONÍSIO
visita de Paulo de Tarso ao Areópago e (2ª parte – AT 17:16 a 34)

DISCIPLINA
burilamento e (1ª parte – AT 13:13)

DIVINO AMIGO VER JESUS

DIVINO ORIENTADOR VER JESUS

DOMÍCIO, ACÁCIO, POLÍTICO INFLUENTE
cura de (2ª parte – AT 28:30 a 31)
processo com a absolvição de César e (2ª parte – AT 28:30 a 31)

DORCAS, IRMÃ
Simão Pedro e (1ª parte – AT 9:41)

DOUTRINA
pregação e (1ª parte – AT 11:24)

DOUTRINA CRISTÃ
personificação de excelentes pregadores e (1ª parte – AT 1:8)

DRUSILA
   esposa do governador Félix e (2ª parte – AT 24:23 a 27)

# E

EDUCAÇÃO
   cooperadores e (1ª parte – AT 1:8)

ÉFESO
   culto especial à deusa Diana e (2ª parte – AT 19:21 a 40)
   regresso de Áquila e Prisca e (2ª parte – AT 18:24 a 28 e 19:1 a 10)
   Templo de Diana e (2ª parte – AT 19:21 a 40)
   vozes santificadas em praça pública e (2ª parte – AT 18:24 a 28 e 19:1 a 10)

ELIAS
   perseguições e (2ª parte – AT 7:2 a 54)

EMISSÁRIO DE DEUS *VER* JESUS

EMISSÁRIO DIVINO *VER* JESUS

ENFERMO
   aceitação, humildade e (1ª parte – AT 20:35)
   socorro da caridade e (1ª parte – AT 19:2)

EPÍSTOLA
   elemento educativo de elevado alcance e (2ª parte – AT 18:22 a 23)
   referências pessoais, suaves e doces e (2ª parte – AT 18:22 a 23)

EPÍSTOLA A FILEMOM
   Onésimo, escravo regenerado, e (2ª parte – AT 28:16)

EPÍSTOLA AOS HEBREUS
   Paulo de Tarso e (2ª parte – AT 28:23 a 29)

ESCAMAS
   Paulo de Tarso e * dos órgãos visuais (1ª parte – AT 9:18)
   sombras do pretérito e (1ª parte – AT 9:18)

ESCOLA DOGMÁTICA
   artigos de fé inoperante e (1ª parte – AT 4:33)

ESDRAS
   MODELO DE SACRIFÍCIO PELA PAZ E (2ª PARTE – AT 7:2 A 54)

ESPANHA
   pregação do Evangelho do Reino e (2ª parte – AT 19:21 a 40)

ESPIRITISMO
   casas de amor e * cristão (1ª parte – AT 5:16)
   conhecimento indiscutível da imortalidade e (1ª parte – AT 4:33)
   Cristianismo Redivivo e (1ª parte – AT 2:17)
   dúvidas e (1ª parte – AT 16:31)
   ensinamento da ressurreição individual e (1ª parte – AT 4:33)
   mediunidade e * cristão (1ª parte – AT 2:17)
   procura por caminho salvador e (1ª parte – AT 5:16)

ESPIRITISTA
   frequência às sessões e (1ª parte – AT 3:19 a 20)
   legitimidade do esforço (1ª parte – AT 4:33)
   proteção dos guias e (1ª parte – AT 12:10)
   trabalho renovador e (1ª parte – AT 19:2)

ESPÍRITO
   crime e * renitente (1ª parte – AT 2:21)
   garras do mal e (1ª parte – AT 2:21)
   identificação dos doentes do (1ª parte – AT 14:10)
   necessidades para nutrição e (2ª parte – AT 16:16 a 18)
   procura por uma saúde real e preciosa e (2ª parte – AT 13:6 a 12)

ESPÍRITO ELEVADO
   invocação nas reuniões doutrinárias e (1ª parte – AT 10:29)

ESPÍRITO SANTO
   Apóstolos e (1ª parte – AT 4:31)
   circuncisos, incircuncisos e palavra do (2ª parte – AT 15:7 a 11)
   manifestações do * e protestante (1ª parte – AT 12:10)
   recepção e (1ª parte – AT 19:2)
   voz do * e evangelização dos gentios (2ª parte – AT 13:1 a 3)

Índice geral

**Índice geral**

ESTEFÂNIO, SOBRINHO
   Cláudio Lísias e (2ª parte – AT 23:12 a 22)
   denúncia de * e Cláudio Lísias (2ª parte – AT 23:12 a 22)
   graves projetos tramados na sombra e (2ª parte – AT 23:12 a 22)
   presença de * diante do chefe dos tribunos (2ª parte – AT 23:12 a 22)

ESTÊVÃO
   Abigail e (2ª parte – AT 7:55 a 60 e 8:1 a 2)
   anátema e (2ª parte – AT 7:2 a 54)
   apedrejamento e (2ª parte – AT 7:55 a 60 e 8:1 a 2)
   bálsamo de consolação e (2ª parte a AT 7:2 a 54)
   começo do movimento das cartas imortais e (2ª parte a AT 18:9 a 10)
   companheiro abnegado e fiel de Paulo de Tarso e (2ª parte – AT 18:9 a 10)
   conquista de * para as hostes do Judaísmo (2ª parte – AT 6:12 a 15 e 7:1)
   cura de uma jovem muda e (2ª parte – AT 6:12 a 15 e 7:1; 14:8 a 10)
   cura de uma jovem muda e (2ª parte – AT 6:8 a 11)
   direito conferido pelo seu nascimento e (2ª parte – AT 6:12 a 15 e 7:1)
   espírito tranquilo e esperançoso e (2ª parte – AT 7:55 a 60 e 8:1 a 2)
   execução e (2ª parte – AT 7:55 a 60 e 8:1 a 2)
   fermento divino da renovação e (2ª parte – AT 9:26 a 27)
   inteligência poderosa e (2ª parte – AT 9:3 a 8)
   interrogatório no Sinédrio e (2ª parte – AT 6:8 a 11)
   Jeziel e (2ª parte – AT 7:55 a 60 e 8:1 a 2)
   laços de fraternidade em Deus e (2ª parte – AT 7:2 a 54)
   legião de emissários de Jesus e (2ª parte – AT 7:55 a 60 e 8:1 a 2)
   lembrança das orações prediletas e (2ª parte – AT 7:55 a 60 e 8:1 a 2)
   palavra de * e verdade pura (2ª parte – AT 9:3 a 8)
   paz impressionante e (2ª parte – AT 9:3 a 8)
   primeira condenação e (2ª parte – AT 6:12 a 15 e 7:1)
   recolhimento ao cárcere e (2ª parte – AT 7:2 a 54)
   recordação dos laços de fé e (2ª parte – AT 7:55 a 60 e 8:1 a 2)
   Simão Pedro e (2ª parte – AT 6:1 a 7)
   testemunho de fé e (2ª parte – AT 7:2 a 54)
   transmissão dos pensamentos de Jesus e (2ª parte – AT 18:9 a 10)
   Tribunal de Israel e (2ª parte – AT 7:55 a 60 e 8:1 a 2)
   triunfo na conquista das atenções de Jerusalém e (2ª parte – AT 7:55 a 60 e 8:1 a 2)
   visão de Saulo e (2ª parte – Apêndice)
   vitória de * e indignação de Saulo (2ª parte – AT 6:8 a 11)

EUSTÁQUIO, OLEIRO
   supressão de regalias, banimento e (2ª parte – AT 13:14 a 52)

EVANGELHO
   absurdos das teorias sociais e (1ª parte – AT 3:6)
   analogia do * ao campo infinito (2ª parte – AT 12:25)
   anotações de Levi e (2ª parte – AT 9:10 a 18)
   aplicação pessoal e (1ª parte – AT 1:8)
   batalhador do * e Paulo de Tarso (1ª parte – AT 21:13)
   batismo e (1ª parte – AT 19:5)
   beneficiários do * e tendências inferiores (1ª parte – AT 22:16)
   compreensão da missão do (1ª parte – AT 3:19 a 20)
   crença aparente e (1ª parte – AT 19:2)
   culto inveterado ao comodismo e (1ª parte – AT 22:10)
   discípulo sincero e (1ª parte – AT 4:31)
   discípulos fiéis e (1ª parte – AT 16:25)
   discípulos novos do Evangelho e (1ª parte – AT 16:31)
   discípulos novos e (1ª parte – AT 16:31)
   ensinamentos e (1ª parte – AT 14:22)
   ensinamentos essenciais e necessários e (1ª parte – AT 16:9)

ensino do * e Paulo de Tarso
(1ª parte – AT 19:11)

exortação ao sofrimento e
(1ª parte – AT 14:22)

expressões no (1ª parte – AT 10:15)

incorporação do * ao livro dos profetas (2ª parte – AT 15:4 a 6)

introdução de modificações e
(2ª parte – AT 15:4 a 6)

livres pelo * de Jesus (2ª parte – AT 6:8 a 11)

loucos e discípulos do (1ª parte – AT 26:24)

maravilhas de Paulo de Tarso e (1ª parte – AT 19:11)

missão e (1ª parte – AT 14:10)

necessidades novas e (2ª parte – AT 13:1 a 3)

novo período luminoso na história do (2ª parte – AT 18:4 a 8)

operários contraditórios e
(1ª parte – AT 22:16)

paz e liberdade e (2ª parte – AT 6:8 a 11)

perseguições, calúnias e aprendizes do (1ª parte – AT 16:25)

queixa e beneficiários do (1ª parte – AT 22:16)

recordações de Maria e (2ª parte – AT 19:21 a 40)

resposta de Deus aos nossos apelos e (2ª parte – AT 6:8 a 11)

restrição do * a Jerusalém
(2ª parte – AT 12:25)

Saulo, primeiro perseguidor do
(2ª parte – AT 9:26 a 27)

significado da palavra (2ª parte – AT 9:10 a 18)

sonho com a independência do * em Jerusalém (2ª parte – AT 15:4 a 6)

transporte do * para o Judaísmo
(2ª parte – AT 15:1 a 2)

EVANGELHO DE REDENÇÃO

Paulo de Tarso e sementes benditas do (2ª parte – AT 14:21 a 26)

EVANGELHO DO REINO

pregação do * em Roma (2ª parte – AT 19:21 a 40)

pregação do * na Espanha (2ª parte – AT 19:21 a 40)

EVOLUÇÃO UNIVERSAL

homem e (1ª parte – AT 3:6)

EXCELSO AMIGO VER JESUS

EXEMPLO

nobreza do caráter e (1ª parte – AT 20:35)

EZEQUIEL

condenação à morte e (2ª parte – AT 7:2 a 54)

F

FAMÍLIA

conceito e (1ª parte – AT 7:3)

FARISAÍSMO

ostentação de hipocrisia e (2ª parte – AT 21:16 a 18)

FÉ

Batismo e (1ª parte – AT 19:5)

batismo na nova * em Jesus (2ª parte – AT 9:10 a 18)

confiança e (1ª parte – AT 2:13)

frágil candeia e (1ª parte – AT 19:2)

indagador e (1ª parte – AT 19:2)

Jerusalém, santuário de tradições e (2ª parte – AT 7:2 a 54)

mártires anônimos e (1ª parte – AT 2:42)

primeira profissão de * e Saulo
(2ª parte – AT 9:3 a 8)

testemunho de * e Estevão (2ª parte – AT 7:2 a 54)

FEBE

colaboradora em Corinto e
(2ª parte – AT 18:18)

grande cooperadora no porto de Cencreia e (2ª parte – AT 20:1 a 5)

portadora para a missiva famosa e (2ª parte – AT 20:1 a 5)

FÉLIX, GOVERNADOR

existência de Deus e (2ª parte – AT 24:23 a 27)

julgamento de Deus e (2ª parte – AT 24:23 a 27)

medo dos poderes sobrenaturais e (2ª parte – AT 24:23 a 27)

transferência e (2ª parte – AT 24:23 a 27)

veredicto e (2ª parte – AT 24:1 a 22)

FESTO, PÓRCIO

carta de justificação e (2ª parte – AT 26:1 a 32)

*Índice geral*

## Índice geral

novo governador de Cesareia e (2ª parte – AT 24:23 a 27)
ouvidos cerrados às intrigas de Jerusalém e (2ª parte – AT 25:1 a 12)
Paulo de Tarso e (1ª parte – AT 26:26)
resposta de Paulo de Tarso e (2ª parte – AT 25:1 a 12)
retorno à Cesareia e (2ª parte – AT 25:1 a 12)
visita a cidade dos rabinos e (2ª parte – AT 25:1 a 12)

FILIPE
anjo do Senhor e (1ª parte – AT 8:31)

FILIPOS, CIDADE
abertura das portas das celas da prisão e (2ª parte – AT 16:19 a 40)
mediunidade e (2ª parte – AT 16:16 a 18)
Paulo de Tarso e (2ª parte – AT 16:11 a 15)
pitonisa e (2ª parte – AT 16:16–18)
privação da assistência dos Espíritos de Deus e (2ª parte – AT 16:19 a 40)

FLÁCUS, SEXTO
cópia da *Epístola aos romanos* e (2ª parte – AT 28:11 a 14)
estudo das cartas de Paulo de Tarso e (2ª parte – AT 28:11 a 14)

FLOR
MATERIALIZAÇÃO E (1ª PARTE – AT 10:15)

FORÇA
lançamento de * ao círculo pessoal (1ª parte – AT 4:31)

FRAQUEZA
precipitação de julgamento e (2ª parte – AT 7:2 a 54)

FRATERNIDADE
doação sem exigências e (1ª parte – AT 2:13)
emprego dos recursos e (1ª parte a AT 19:11)
encorajamento da plantação e (1ª parte a AT 20:35)

FRÍGIA, CIDADE
visita de Paulo de Tarso e (2ª parte a AT 18:22 a 23)

## G

GAIO
amigo de Paulo de Tarso e (2ª parte – AT 14:19 a 20)
prisão e (2ª parte – AT 19:21 a 40)

GALÁCIA, CIDADE
visita de Paulo de Tarso e (2ª parte – AT 18:22 a 23)

GALHOFEIRO
histórias hilariantes e (1ª parte – AT 5:15)

GÁLIO, JÚNIO, PROCÔNSUL DA ACAIA
atitude curiosa no julgamento e (2ª parte a AT 18:11 a 17)
exame da obra da Igreja de Corinto e (2ª parte a AT 18:11–17)
prisão de Paulo de Tarso e (2ª parte a AT 18:11 a 17)

GAMALIEL
Jesus e (2ª parte – AT 7:55 a 60 e 8:1–2)
ponderações e (2ª parte a AT 7:2 a 54)
Saulo e (2ª parte – AT 7:55 a 60 e 8:1 a 2)

GENTIOS
abandono dos * à própria sorte (2ª parte – AT 15:7 a 11)
capacidade dos * para o serviço de Jesus (2ª parte – AT 15:1 a 2)
direitos legítimos e (2ª parte – AT 15:4 a 6)
estabelecimento da fraternidade e (2ª parte – AT 15:7 a 11)
obrigatoriedade da circuncisão e (2ª parte – AT 15:4 a 6)

GLÓRIA
morte por Jesus e (2ª parte – AT 7:55 a 60 e 8:1 a 2)

## H

HERANÇA ETERNA
entrada e posse na (1ª parte – AT 14:22)

HOMEM
auxílio do Plano Espiritual e (1ª parte – AT 12:10)
cárcere das desilusões e (1ª parte – AT 16:25)
concepções e (1ª parte – AT 4:31)
criações mentais e (1ª parte – AT 4:31)

desarmonia de saúde espiritual
e  (1ª parte – AT 14:10)
espera pelas asas de anjo e
(1ª parte – AT 14:10)
evolução universal e (1ª parte – AT 3:6)
expansão e  (1ª parte – AT 4:31)
movimento espiritual e (1ª
parte – AT 16:9)
pensamento e (1ª parte – AT 4:31)
preciosidades do mundo e (1ª
parte – AT 10:15)
recolhimento e  (1ª parte – AT 4:31)
riqueza imperecível e legítima e (1ª parte – AT 3:6)
volubilidade e  (1ª parte – AT 2:42)
vulgaridades e * comum (1ª
parte – AT 10:15)

HUMILDADE
aprendizado e  (1ª parte – AT 8:31)
consagração ao bem e (1ª parte – AT 2:13)

# I

IBRAHIM, TAPECEIRO DE ANTIOQUIA
fundação da Igreja em casa e
(2ª parte – AT 13:14 a 52)
Paulo de Tarso e  (2ª parte – AT 13:14)
supressão de regalias, banimento
e (2ª parte – AT 13:14 a 52)

ICÔNIO, CIDADE
estreia na sinagoga e (2ª parte – AT 14:1 a 6)
oferta dos gentios de (2ª parte – AT 14:1 a 6)
pregação das verdades de Deus e
(2ª parte – AT 13:14 a 52)
solicitação de novas visitas e (2ª
parte – AT 18:22 a 23)

IDOLATRIA
ato detestável e  (2ª parte – AT 15:22 a 35)
eliminação e (1ª parte – AT 15:29)
extensão do conceito de (1ª
parte – AT 15:29)
mal de muitos aprendizes
e  (1ª parte – AT 14:15)

ÍDOLO
exterminação e (1ª parte – AT 15:29)
imagem materializada nos altares
de pedra e (1ª parte – AT 15:29)

primeiros lugares e (1ª parte – AT 15:29)

IGREJA
afeiçoados do farisaísmo e * humilde (2ª parte – AT 6:8 a 11)
aflição, martírio e * nascente (1ª parte – AT 2:47)
Estêvão e * humilde (2ª parte – AT 6:8 a 11)
primeira reunião da * humilde  (2ª parte – AT 6:1 a 7)
Sadoque e * humilde de Jerusalém
(2ª parte – AT 6:8 a 11)
Saulo e * humilde de Jerusalém
(2ª parte – AT 6:8 a 11)

IGREJA CRISTÃ
culto externo e  (1ª parte – AT 5:16)

IGREJA DE ANTIOQUIA
Barsabás, auxiliar indicado por Simão
Pedro e (2ª parte – AT 15:22 a 35)
cotas de auxílio e (2ª parte – AT
11:27 a 30 e 12:1 a 2)
deficiência do verbo de Saulo e
(2ª parte – AT 13:6 a 12)
posição de perplexidade e (2ª
parte – AT 15:1 a 2)
profecias e (2ª parte – AT
11:27 a 30 e 12:1 a 2)
Silas, auxiliar indicado por Simão
Pedro e (2ª parte – AT 15:22 a 35)

IGREJA DA MACEDÔNIA
Paulo de Tarso e (2ª parte – AT 20:1 a 5)

IGREJA DA TESSALÔNICA
notícias desagradabilíssimas
e (2ª parte – AT 18:9 a 10)

IGREJA DE CORINTO
Áquila, colaborador, e (2ª parte – AT 18:4 a 8)
departamento de assistência e
(2ª parte – AT 18:11 a 17)
Eunice, colaboradora, e (2ª
parte – AT 18:4 a 8)
Loide, colaboradora, e (2ª parte – AT 18:4 a 8)
Prisca, colaboradora, e (2ª parte – AT 18:4 a 8)
profecias, curas e (2ª parte – AT 18:11 a 17)

Índice
geral

**Índice geral**

IGREJA DE ÉFESO
    Áquila, Prisca e (2ª parte – AT 18:19 a 21)
    ascendência política da sinagoga e (2ª parte – AT 18:24 a 28 e 19:1 a 10)
    assistência aos desfavorecidos da fortuna e (2ª parte – AT 18:24 a 28 e 19:1 a 10)
    problemas torturantes e (2ª parte – AT 18:19 a 21)

IGREJA DE FILIPOS
    garantia da manutenção da paz e (2ª parte – AT 16:19 a 40)
    Paulo de Tarso e (2ª parte – AT 16:11 a 15)

IGREJA DE JERUSALÉM
    coleta em favor e (2ª parte – AT 15:4 a 6)
    dívidas e (2ª parte – AT 15:4 a 6)
    esquecimento dos grandes serviços e (2ª parte – AT 12:25)
    ideia da coleta geral e (2ª parte – AT 15:22 a 35)
    notícias alarmantes e dolorosas e (2ª parte – AT 11:27 a 30 e 12:1 a 2)
    nova perseguição do Sinédrio e (2ª parte – AT 20:1 a 5)
    novos cooperadores e (2ª parte – AT 15:4 a 6)
    penosas dificuldades e (2ª parte – AT 11:27 a 30 e 12:1 a 2)
    política abominável das sinagogas e (2ª parte – AT 15:4 a 6)
    preponderância farisaica e (2ª parte – AT 15:4 a 6)
    transformação da estrutura da obra evangélica e (2ª parte – AT 12:25)
    único recurso para emancipação e (2ª parte – AT 15:4 a 6)

IGREJA DO CAMINHO
    assistência aos enfermos desamparados e (2ª parte – AT 9:1 a 2)
    Ver também Igreja de Jerusalém

INCÚRIA
    possibilidades eclipsadas e (1ª parte – AT 9:18)

INSENSATEZ
    conceito e (1ª parte – AT 15:29)

INSTRUÇÃO INFANTIL
    colaboração de figuras e (1ª parte – AT 19:5)

ISAQUE
    antigos hábitos do Judaísmo e (2ª parte – Apêndice)
    criação intransigente na lei de Moisés e (2ª parte – Apêndice)
    dogmas implacáveis da raça e (2ª parte – Apêndice)
    escolha definitiva e (2ª parte – Apêndice)
    exigência da reconsideração das atitudes e (2ª parte – Apêndice)
    ingratidão do filho e (2ª parte – Apêndice)
    morte de * junto de uma filha (2ª parte – Apêndice)
    Saulo, filho, e (2ª parte – Apêndice)
    sofrimento moral e (2ª parte – Apêndice)

**J**

JEREMIAS
    perdições de Babilônia e (2ª parte – AT 7:2 a 54)

JERUSALÉM, CIDADE
    casa dos Apóstolos e (2ª parte – AT 6:1 a 7)
    fundação da Igreja de (2ª parte – AT 13:6 a 12)
    indiferença pelas lições de Jesus e (2ª parte – AT 12:25)
    lutas religiosas sem tréguas e (2ª parte – AT 12:25)
    movimento de perseguição e (2ª parte – AT 8:3)
    Paulo de Tarso e (1ª parte – AT 19:11)
    Pentecostes e (1ª parte – AT 2:17)
    primeira reunião da Igreja humilde e (2ª parte – AT 6:1 a 7)
    restrição do Evangelho e (2ª parte – AT 12:25)
    santuário de tradições da fé e (2ª parte – AT 7:2 a 54)
    testemunhos em * e Paulo de Tarso (1ª parte – AT 21:13)
    vozes do Pentecostes na praça pública e (2ª parte – AT 15:7 a 11)

JESUS
    adaptação aos ensinamentos redentores de (1ª parte – AT 16:31)
    adeptos de * e trabalho por um mundo melhor (2ª parte – AT 28:15)

adversários e (1ª parte – AT 19:15)
anotações de Levi e (2ª parte – AT 12:25)
bênçãos diárias e (1ª parte – AT 14:10)
Benfeitor e (1ª parte – AT 2:47)
biografia de * e Paulo de Tarso
(2ª parte – AT 24:23 a 27)
Boa-Nova e (1ª parte – AT 2:17)
candidatos à posição de discípulos e (1ª parte – AT 7:3)
capacidade dos gentios para o serviço de (2ª parte – AT 15:1 a 2)
carta de redenção e (1ª parte – AT 16:9)
choro das mulheres e * na cruz
(1ª parte – AT 21:13)
choro de * no Horto (1ª parte – AT 21:13)
chuva de luz no Pentecostes e
(2ª parte – AT 16:16 a 18)
começo do apostolado e (1ª
parte – AT 9:10)
companheiros diretos e (1ª
parte – AT 4:33)
condição para imantação dos corações em (1ª parte – AT 11:24)
construção do Reino Espiritual
e (1ª parte – AT 9:41)
conversão de Paulo de Tarso
e (1ª parte – AT 9:10)
convivência com os amigos depois do Calvário e (2ª parte – AT 16:16 a 18)
cooperação fraternal e (1ª
parte – AT 8:31)
curas e (2ª parte – AT 7:2 a 54)
desfavorecidos da sorte e (2ª
parte – AT 28:15)
diálogo entre * e Ananias
(1ª parte – AT 9:16)
dinheiro de * e amor (1ª parte – AT 19:15)
discípulos de * e ressurreição (1ª parte – AT 4:33)
emissário para a libertação de Pedro
e (2ª parte – AT 16:16 a 18)
ensinamento, consolo e (1ª
parte – AT 9:6)
estudo da arte de receber e
(1ª parte – AT 2:21)
família espiritual de * e Paulo de
Tarso (1ª parte – AT 19:11)
fermento das discórdias e (2ª
parte – AT 6:12 a 15 e 7:1)

fluxo das oportunidades e (1ª
parte – AT 2:42)
fuga do fermento das discussões e das discórdias e (2ª parte – AT 6:8 a 11)
galardão da cruz e (2ª parte –
AT 7:55 a 60 e 8:1 a 2)
história da ressurreição e (2ª
parte – AT 9:3 a 8)
importância da contribuição humana e (1ª parte – AT 9:10)
imutabilidade e (1ª parte – AT 2:42)
inacessível à morte e (2ª parte – AT 9:3 a 8)
inimigos da luz e (1ª parte – AT 19:15)
injustas maldições lançadas sobre (2ª parte – AT 18:4 a 8)
inspiração e (1ª parte – AT 9:6)
ironias dos israelitas e (2ª parte – AT 7:55 a 60 e 8:1 a 2)
israelitas e a superioridade de * sobre Moisés (2ª parte – AT 18:4 a 8)
legião de emissários de * e Estêvão
(2ª parte – AT 7:55 a 60 e 8:1 a 2)
libertação da Terra e (1ª parte – AT 1:8)
lição imortal do perdão e da misericórdia e (2ª parte – AT 9:26 e 27)
línguas de fogo e (1ª parte – AT 2:13)
livres pelo Evangelho de (2ª
parte – AT 6:8 a 11)
morte infamante do Calvário e (2ª
parte – AT 7:55 a 60 e 8:1 a 2)
morte por * e glória (2ª parte – AT 7:55 a 60 e 8:1 a 2)
movimento de educação renovadora e (1ª parte – AT 8:31)
obra de soerguimento e sublimação do mundo (1ª parte – AT 9:10)
opróbrio dos poderosos da Terra
e (2ª parte – AT 6:8 a 11)
paciência, conversão do mundo
e (2ª parte – AT 9:28 a 30)
Paulo de Tarso às portas de Damasco
e (2ª parte – AT 16:16 a 18)
Paulo de Tarso e * ressuscitado (1ª parte – AT 9:6)
Paulo de Tarso e testificação de
(2ª parte – AT 25:1 a 12)
Pentecostes e (1ª parte – AT 2:13)
permissão de * e devolução dos
olhos (1ª parte – AT 9:18)

Índice geral

## Índice geral

perseguição e (1ª parte – AT 9:5)
poder de * e discípulos (1ª parte – AT 2:17)
política humana e (1ª parte – AT 3:6)
porta de comunicação com a esfera de (2ª parte – AT 16:16 a 18)
posição dos gentios na Doutrina de (2ª parte – AT 15:1 a 2)
prepostos, testemunhas e (1ª parte – AT 1:8)
presença das mulheres e (2ª parte – AT 16:11 a 15)
príncipe que reinará sobre todos e (2ª parte – AT 13:14)
privilégios, benefícios e (1ª parte – AT 22:10)
procura por uma saúde real e preciosa e (2ª parte – AT 13:6 a 12)
prodígios ocultos e (1ª parte – AT 14:10)
programa salvador e (1ª parte – AT 9:10)
protesto de entrega a * e Saulo (2ª parte – AT 9:3 a 8)
recepção de recursos e (1ª parte – AT 1:8)
religião do amor e da verdade e (2ª parte – AT 13:6 a 12)
representantes e (1ª parte – AT 1:8)
resistência espiritual e (1ª parte – AT 16:25)
ressurreição, intercâmbio com os discípulos e (2ª parte – AT 16:16 a 18)
revelação a Paulo de Tarso e (1ª parte – AT 9:16)
salvação e (1ª parte – AT 2:47)
Saulo e (2ª parte – AT 9:3 a 8)
selo infamante da cruz e (1ª parte – AT 2:47)
serviço da regeneração planetária e (1ª parte – AT 9:10)
serviços da comunidade cristã e (1ª parte – AT 4:33)
sistema de deuses e devotos e (1ª parte – AT 14:15)
socorro, alívio e (1ª parte – AT 2:21)
solução de nossas questões fundamentais e (1ª parte – AT 2:21)
sublime esforço de redenção e (1ª parte – AT 2:21)
testemunhas e (1ª parte – AT 1:8)
transferência da cruz de * aos companheiros (2ª parte – AT 13:13)
valores iluminativos com (1ª parte – AT 5:15)
visão de * ressuscitado (2ª parte – AT 9:3 a 8)

Jeziel
Estêvão e (2ª parte – AT 7:55 a 60 e 8:1 a 2)
Ver também Estêvão

João
açoites no cárcere e (2ª parte – AT 9:26 a 27)
escravidão dos pecados e (2ª parte – AT 19:21 a 40)
Saulo e (2ª parte – AT 9:26 a 27)

Jochedeb
pai de Jeziel e Abigail e (2ª parte – AT 18:1 a 3)

Jonas
imposição das mãos e (2ª parte – AT 9:3 a 8)
sortilégios do Caminho e (2ª parte – AT 9:3 a 8)

Josué
marcha do Sol e (2ª parte – AT 6:12 a 15 e 7:1)

Judaísmo
absorção dos esforços apostólicos e (2ª parte – AT 12:25)
missão do Evangelho e (2ª parte – AT 6:12 a 15 e 7:1)
perigo para o * dominante (2ª parte – AT 6:8 a 11)
Transporte do Evangelho e (2ª parte – AT 15:1 a 2)

Judas
compreensão do Evangelho e (2ª parte – AT 9:28 a 30)
construção do Reino de Jesus e (2ª parte – AT 9:28 a 30)
falta de vigilância e (2ª parte – AT 9:28 a 30)
perda da oportunidade sagrada e (2ª parte – AT 9:28 a 30)
traição, morte e (2ª parte – AT 13:13)
validade das obras sem dinheiro e (2ª parte – AT 9:28 a 30)

JUIZ
   medo destrutivo e * parcial
   (1ª parte – AT 5:15)
JÚLIO, CENTURIÃO
   general Búrrus e (2ª parte – AT 28:16)
   prisioneiro do Cristo e (2ª parte – AT 28:11 a 14)
   transformação espiritual e (2ª parte – AT 27:12 a 44)
   viagem de Paulo de Tarso para Roma e (2ª parte – AT 27:1 a 2)
JUSTIÇA
   fortalecimento da * e bênção do perdão (1ª parte – AT 20:35)

# L

LAR
   claridade para a elevação e (1ª parte – AT 16:31)
LEIS DO UNIVERSO
   perturbação e (1ª parte – AT 4:31)
LEPROSO
   limpeza e (1ª parte – AT 2:42)
LÍDIA, VIÚVA
   conversão e (2ª parte – AT 16:11 a 15)
LÍSIAS, CLÁUDIO, TRIBUNO ROMANO
   acusação de parcialidade e (2ª parte – AT 23:1 a 10)
   benefícios de Jesus e (2ª parte – AT 22:1 a 21)
   consideração da proposta de Tiago e (2ª parte – AT 23:23 a 35)
   denúncia de Estefânio e (2ª parte – AT 23:12 a 22)
   interesse pessoal por Paulo de Tarso e (2ª parte – AT 23:1 a 10)
   intervenção em assuntos religiosos e (2ª parte – AT 23:1 a 10)
   mostras de apreço e (2ª parte – AT 23:11)
   projeto de assassinato e (2ª parte – AT 23:12 a 22)
   Zelfos, tribuno, e (2ª parte – AT 22:1 a 21)
LISTRA, CIDADE
   campanha contra os embusteiros e (2ª parte – AT 14:19 a 20)
   caso de Tecla e (2ª parte – AT 14:19 a 20)
   cerimonial do sacrifício aos deuses vivos e (2ª parte – AT 14:11 a 18)
   estranhas lendas, crendices e (2ª parte – AT 14:7)
   fundação do primeiro núcleo do Cristianismo e (2ª parte – AT 14:11 a 18)
   irmã de Onesíforo e (2ª parte – AT 14:1 a 6)
   ministro de Júpiter e (2ª parte – AT 14:11 a 18)
   Paulo de Tarso e (2ª parte – AT 16:1 a 5)
   sacrifícios e (2ª parte – AT 14:7)
   símbolos mitológicos e (2ª parte – AT 14:7)
   templo consagrado a Júpiter e (2ª parte – AT 14:7)
LOIDE
   Eunice, filha, e (2ª parte – AT 14:7)
   falecimento e (2ª parte – AT 20:1 a 5)
   Timóteo, neto, e (2ª parte – AT 14:7)
LUCANO, CARCEREIRO
   tentativa de suicídio e (2ª parte – AT 16:19 a 40)
LUCAS
   Antioquia, cidade, e (2ª parte – AT 11:26)
   *Atos dos apóstolos* e (2ª parte – AT 24:23 a 27)
   cooperação na evangelização da Macedônia e (2ª parte – AT 16:10)
   cura do corpo e do espírito e (2ª parte – AT 16:10)
   partida para Assós e (2ª parte – AT 20:13 a 16)
   Saulo e (2ª parte – AT 11:26)
   título de cristão e (2ª parte – AT 11:26)
LUXÚRIA
   ato detestável e (2ª parte – AT 15:22 a 35)

# M

MADALENA
   caminho redentor e (1ª parte – AT 14:15)
   choro de * junto ao sepulcro (1ª parte – AT 21:13)
   dolorosos enganos e (1ª parte – AT 14:15)
MAL
   limitação e (1ª parte – AT 19:11)
MALEDICENTE
   provocação do verbo desvairado e (1ª parte – AT 5:15)

Índice geral

## Índice geral

Mãos
    aplicação das * aos desígnios superiores (1ª parte – AT 19:11)
    enriquecimento das * e arado (1ª parte – AT 19:11)

Marcos, João – evangelista
    embarque para Chipre e (2ª parte – AT 13:4)
    evangelista da Humanidade e (1ª parte – AT 14:15)
    extensão da missão aos povos da Panfília e (2ª parte – AT 13:13)
    hesitações e (1ª parte – AT 14:15)
    importância aos obstáculos e (2ª parte – AT 13:13)
    nova tentativa no serviço do Evangelho e (2ª parte – AT 15:22 a 35)
    partida de * com Barnabé para Chipre (2ª parte – AT 15:36 a 40)
    preparação para os labores do Evangelho e (2ª parte – AT 12:25)
    readmissão e (2ª parte – AT 15:36 a 40)
    regresso a Jerusalém e (2ª parte – AT 13:13)
    Saulo e (2ª parte – AT 12:25)
    trabalho de cozinha e (2ª parte – AT 13:13)

Marcos, Maria
    Barnabé, irmão, e (2ª parte – AT 12:25)
    Marcos, João, filho, e (2ª parte – AT 12:25)
    reuniões à noite às ocultas e (2ª parte – AT 12:25)
    sonho e (2ª parte – AT 12:25)

Maria, mãe de Jesus
    Paulo de Tarso e (2ª parte – AT 18:19 a 21)
    recordações de * e Evangelho (2ª parte – AT 18:24 a 28 e 19:1 a 10; 19:21 a 40)

Materialista
    salvação e (1ª parte – AT 2:21)

Médium
    Paulo de Tarso, * inesquecível (1ª parte – AT 19:11)

Mediunidade
    Cristianismo e (1ª parte – AT 2:17)
    edificação das construções espirituais e (1ª parte – AT 2:17)
    era da (1ª parte – AT 2:17)
    Espiritismo Cristão e (1ª parte – AT 2:17)
    Espíritos menos evolutivos e (2ª parte – AT 16:16 a 18)
    gloriosa luz dos céus e (1ª parte – AT 2:17)
    Pentecostes e (1ª parte – AT 2:17)
    pitonisa e (2ª parte – AT 16:16 a 18)

Meia noite
    sombras da (1ª parte – AT 16:25)

Menandro, rabi
    conhecimento de Jesus e (2ª parte – AT 28:17 a 22)
    marcação do dia da pregação e (2ª parte – AT 28:17 a 22)

Mentiroso
    perturbação, insegurança e (1ª parte – AT 5:15)

Mestre ver Jesus

Mestre do Amor ver Jesus

Mnasom
    emissário de Tiago e (2ª parte – AT 21:1 a 15)
    hospedagem na casa de (2ª parte – AT 21:16 a 18)

Moço de Corinto ver Estevão

Moisés
    observância dos ensinamentos de (2ª parte – AT 7:2 a 54)
    sortilégios e (2ª parte – AT 6:12 a 15 e 7:1)

Monte Moriá
    processamento dos serviços religiosos e (2ª parte – AT 21:19 a 26)

Mulher
    doloroso transe de Jesus e (2ª parte – AT 16:11 a 15)
    palavra do Evangelho no Ocidente e (2ª parte – AT 16:11 a 15)
    ressurreição de Jesus e (2ª parte – AT 16:11 a 15)

Mundo inferior
    sarcasmo, perseguição e (1ª parte – AT 26:28)

Mundo Superior
    transferência e (1ª parte – AT 9:6)

# N

Nazareno ver Jesus

NEA-PAFOS, CIDADE
    curas e (2ª parte – AT 13:6 a 12)
    organização de reuniões e (2ª
        parte – AT 13:6 a 12)
    Saulo, pregações da Boa-Nova e
        (2ª parte – AT 13:6 a 12)
NEEMIAS
    denúncia do pregador do Evangelho
        e (2ª parte – AT 6:8 a 11)
NOVO TESTAMENTO
    Paulo de Tarso e (1ª parte – AT 19:11)

O

OBRA DIVINA
    dor e (1ª parte – AT 2:47)
OBSESSÃO
    socorro à * e Apóstolo (1ª parte – AT 5:16)
    tratamento e (1ª parte – AT 5:16)
ONESÍFORO
    amigo de Eustáquio e (2ª parte – AT 14:1 a 6)
    fundação da Igreja na casa de
        (2ª parte – AT 14:1 a 6)
    Loide, irmã, e (2ª parte – AT
        14:1 a 6; 14:7)
ONÉSIMO, ESCRAVO REGENERADO
    *Epístola a Filemom* e (2ª parte – AT 28:16)
ORAÇÃO
    alavanca renovadora e (1ª
        parte – AT 4:31)
    Apóstolos e (1ª parte – AT 4:31)
    conceito de (1ª parte – AT 4:31)
    conceito e (1ª parte – AT 4:31)
    condições para elevação e
        (1ª parte – AT 4:31)
    harmonia e confiança e (1ª
        parte – AT 4:31)
    poder espiritual e (1ª parte – AT 4:31)
    refúgio consolador e (1ª parte – AT 16:25)
    renovação e (1ª parte – AT 4:31)

P

PACIÊNCIA
    obstáculos, males menores e
        (1ª parte – AT 20:35)
PACIÊNCIA DO CÉU *VER* DEUS

PAGÃOS
    abandono da luxúria e (2ª parte – AT 15:12–21)
    abstenção das carnes de animais
        e (2ª parte – AT 15:12 a 21)
    fuga da idolatria e (2ª parte – AT 15:12 a 21)
    isenção da circuncisão e (2ª
        parte – AT 15:12 a 21)
PAI *VER* DEUS
PANFÍLIA, CIDADE
    carência de luz espiritual e
        (2ª parte – AT 13:13)
    extensão da missão aos povos
        da (2ª parte – AT 13:13)
PARENTELA
    conceito e (1ª parte – AT 7:3)
    maledicências, incompreensões e (1ª parte – AT 7:3)
PASTOR AMIGO *VER* JESUS
PAULO DE TARSO
    absolvição imperial e (2ª parte – AT 28:30 a 31)
    aclamação fervorosa e (1ª
        parte – AT 17:32)
    açoite a um cidadão romano e
        (2ª parte – AT 22:22 a 29)
    afinidade com Tiago e (2ª parte – AT 20:1 a 5)
    alerta ao comandante da embarcação e (2ª parte – AT 27:3 a 11)
    Ananias e (1ª parte – AT 8:31;
        9:6; 9:10; 9:16; 22:16)
    anciães de Éfeso e (2ª parte – AT 20:17 a 38)
    apedrejamento e (2ª parte – AT 14:19 a 20)
    apelo para César e (2ª parte – AT 25:1 a 12)
    Apolo e (2ª parte – AT 18:24
        a 28 e 19:1 a 10)
    arauto da Boa-Nova e (1ª parte – AT 14:15)
    argumentos de * na prisão (2ª
        parte – AT 16:19 a 40)
    assembleia dos correligionários em
        Jerusalém e (2ª parte – AT 15:1 a 2)
    ataque de um víbora na ilha de
        Malta e (2ª parte – AT 28:1 a 6)

Índice geral

## Índice geral

atritos com os judeus em Tessalônica e (2ª parte – AT 17:10 a 15)
autocondenação e (1ª parte – AT 19:11)
bálsamo de santas consolações e (2ª parte – AT 28:16)
bases seguras para a vitória de Jesus e (2ª parte – AT 16:6)
batalhador do Evangelho e (1ª parte – AT 21:13)
biografia de Jesus e (2ª parte – AT 24:23 a 27)
Boa-Nova e (1ª parte – AT 19:11)
caminho do sacrifício e (1ª parte – AT 9:18)
carta confidencial de Tiago e (2ª parte – AT 20:1 a 5)
carta de recomendação de Eustáquio e (2ª parte – AT 13:14 a 52)
carta recapitulando a doutrina do Evangelho e (2ª parte – AT 20:1 a 5)
chamados de João na Ásia e (2ª parte – AT 18:18)
chamamento às portas de Damasco e (2ª parte – AT 16:16 a 18; 19:21 a 40)
choro de amigo e (1ª parte – AT 21:13)
circuncisão de Tito e (2ª parte – AT 15:4 a 6)
circuncisão e (2ª parte – AT 15:1 a 2)
claridade do Mundo Espiritual e (2ª parte – AT 18:24 a 28 e 19:1 a 10)
começo do movimento das cartas imortais e (2ª parte – AT 18:9 a 10)
comércio dos Bens Celestes e (2ª parte – AT 16:16 a 18)
comparecimento perante o governador Félix e (2ª parte – AT 23:23 a 35)
compreensão de Tiago por novo prisma e (2ª parte – AT 21:16 a 18)
compromissos com os irmãos de Corinto e (2ª parte – AT 18:9 a 10)
comprovação da cidadania romana e (2ª parte – AT 28:16)
concessão de socorro e (1ª parte – AT 9:18)
conforto moral e (2ª parte – AT 27:12 a 44)
consolações e curas em Jerusalém e (2ª parte – AT 18:22 a 23)
contato de * com os atenienses (1ª parte – AT 17:32)
contato renovador de Jesus e (2ª parte – AT 28:23 a 29)
contenda de palavras com Barnabé (2ª parte – AT 15:36 a 40)
convite para falar na Igreja de Pozzuoli e (2ª parte – AT 28:11 a 14)
convocação dos maiorais do Judaísmo e (2ª parte – AT 28:17 a 22)
cooperação alheia e (1ª parte – AT 19:11)
cooperação de Timóteo e (2ª parte – AT 16:1 a 5)
Corinto, reminiscências da alma sensível e (2ª parte – AT 18:1 a 3)
Corte Provincial de Cesareia e (1ª parte – AT 26:30)
Cristianismo, profetismo e (2ª parte – AT 16:16 a 18)
crucificação e (2ª parte – AT 25:1 a 12)
culpa pelo encarceramento e (2ª parte – AT 28:15)
cura da mãe de Gaio e (2ª parte – AT 14:19 a 20)
cura de Acácio Domício e (2ª parte – AT 28:30 a 31)
cura de moléstias e (2ª parte – AT 28:30 a 31)
cura de um mendigo aleijado e (2ª parte – AT 14:8 a 10)
cura dos doentes e (2ª parte – AT 28:7 a 10)
cura dos olhos e (1ª parte – AT 9:18)
cura na casa de Públio Apiano e (2ª parte – AT 28:7 a 10)
curas em nome de Jesus e (2ª parte – AT 13:14 a 52)
curas maravilhosas e (2ª parte – AT 18:24 a 28 e 19:1 a 10)
curas no retorno à Antioquia e (2ª parte – AT 15:22 a 35)
desequilíbrios orgânicos e (2ª parte – AT 13:14)
defesa em hebraico e (2ª parte – AT 22:1 a 21)
despedidas de Éfeso e (2ª parte – AT 22:1 a 21)
destino das cartas amadas e (2ª parte – AT 18:9 a 10)
dificuldades anteriores e (2ª parte – AT 16:6)

difusão das Epístolas pelas Igrejas e (2ª parte – AT 18:22 a 23)

direitos legítimos dos gentios e (2ª parte – AT 15:4 a 6)

discurso em hebraico e (2ª parte – AT 21:37 a 40)

disseminação de curas e consolações e (2ª parte – AT 15:3)

dois anos de reclusão em Cesareia e (2ª parte – AT 24:23 a 27)

emissários das comunidades vizinhas e (2ª parte – AT 18:1 a 3)

ensino do Evangelho e (1ª parte – AT 19:11)

entendimento do programa de Jesus e (2ª parte – AT 19:21 a 40)

entrega de * aos juízes (2ª parte – AT 22:22 a 29)

entrega de pequena fortuna a Simão Pedro e (2ª parte – AT 18:22 a 23)

enviado do Olimpo e (2ª parte – AT 28:1 a 6)

*Epístola aos hebreus* e (2ª parte – AT 28:23 a 29)

escamas dos órgãos visuais e (1ª parte – AT 9:18)

Evangelho decalcado nas recordações de Maria e (2ª parte – AT 18:24 a 28 e 19:1 a 10)

extensão da missão aos povos da Panfília e (2ª parte – AT 13:13)

falta de amigos e (1ª parte – AT 21:13)

família espiritual de Jesus e (1ª parte – AT 19:11)

favoritismo e (1ª parte – AT 22:10)

Filipos, cidade, e (2ª parte – AT 16:11 a 15)

Fórum de Ápio e (2ª parte – AT 28:15)

fraquezas humanas, dons celestiais e (1ª parte – AT 14:15)

fundação da Igreja de Éfeso e (2ª parte – AT 18:18)

fundação do primeiro núcleo do Cristianismo e (2ª parte – AT 14:11 a 18)

furacão imprevisto durante a viagem e (2ª parte – AT 27:12 a 44)

golpes do farisaísmo e (2ª parte – AT 13:14 a 52)

homens de má-fé e (2ª parte – AT 17:1 a 9)

humilhações, sacrifícios e (1ª parte – AT 19:11)

Ibrahim, tapeceiro, e (2ª parte – AT 13:14 a 52)

ideais salvadores e (1ª parte – AT 14:15)

iluminação da alma e (1ª parte – AT 19:11)

importância da Igreja de Corinto e (2ª parte – AT 18:9 a 10)

impossibilidade de visita à sinagoga e (2ª parte – AT 28:17 a 22)

incidente com o jovem Êutico e (2ª parte – AT 20:6 a 12)

independência do Cristianismo e (2ª parte – AT 15:1 a 2)

ingratos, indiferentes e (2ª parte – AT 17:1 a 9)

inspirações dos companheiros mais dignos e (2ª parte – AT 18:9 a 10)

instrumento da perseguição e da morte e (1ª parte – AT 19:11)

intensificação da difusão do Evangelho e (2ª parte – AT 28:30 a 31)

interpretação das cartas e (2ª parte – AT 18:9 a 10)

interrogações e (1ª parte – AT 19:2)

intimação da entidade manifestante e (2ª parte – AT 16:16 a 18)

isenção de responsabilidade e (1ª parte – AT 22:10)

Jesus ressuscitado e (1ª parte – AT 9:6)

júbilos divinos da esperança e (2ª parte – AT 23:11)

Judeus de Corinto, movimento de perseguição e (2ª parte – AT 18:11 a 17)

Judeus preconceituosos e (2ª parte – AT 17:1 a 9)

Júnio Gálio, procônsul da Acaia, e (2ª parte – AT 18:11 a 17)

justiça condicionada e (2ª parte – AT 24:23 a 27)

lembrança dos quadros terríveis de outrora e (2ª parte – AT 21:16 a 18)

lembranças de Estêvão e (2ª parte – AT 22:30)

liberdade e (2ª parte – AT 18:11 a 17)

libertação da prisão e (2ª parte – AT 16:19 a 40)

Índice geral

## Índice geral

limpeza das mãos e (1ª parte – AT 19:11)
Lucas, médico, e (2ª parte – AT 16:10)
luta séria com os cooperadores de João e (2ª parte – AT 18:24 a 28 e 19:1 a 10)
lutas sem tréguas, alegrias e dores e (2ª parte – AT 18:22 a 23)
magnitude das tarefas e (1ª parte – AT 19:11)
mágoas de Atena e (2ª parte – AT 18:1 a 3)
manifestações de fraternal carinho e (2ª parte – AT 28:7 a 10)
maravilhas de * no Evangelho (1ª parte – AT 19:11)
Maria, mãe de Jesus, e (2ª parte – AT 20:17 a 38)
martirológio, esperança superior e (2ª parte – AT 23:1 a 10)
médium inesquecível e (1ª parte – AT 19:11)
mediunidade inesperada e (1ª parte – AT 19:11)
mensagem de emancipação da gentilidade e (2ª parte – AT 15:22 a 35)
militares benévolos e (2ª parte – AT 28:30 a 31)
modificação do tratamento e (2ª parte – AT 22:22 a 29)
morte na cruz e (2ª parte – AT 23:1 a 10)
motivo da prisão e (2ª parte – AT 25:1 a 12)
multiplicação das curas e (2ª parte – AT 18:24 a 28 e 19:1 a 10)
notícias das Igrejas anteriormente fundadas e (2ª parte – AT 16:1 a 5)
notícias de Jesus às comunidades distantes e (2ª parte – AT 18:9 a 10)
notícias generosas do Reino de Deus e (2ª parte – AT 28:17 a 22)
Novo Testamento e (1ª parte – AT 19:11)
oração e (1ª parte – AT 16:25)
palestra de * rude e franca (2ª parte – AT 15:1 a 2)
partida para Éfeso e (2ª parte – AT 18:18)
Paulo de Tarso e (2ª parte – AT 17:1 a 9)
pequeno colégio de seguidores e (2ª parte – AT 18:9 a 10)
pergaminhos da Boa-Nova e (2ª parte – AT 28:7 a 10)
permissão para receber os amigos e (2ª parte – AT 24:23 a 27)
Pórcio Festo e (1ª parte – AT 26:31)
prédicas nas catacumbas e (2ª parte – AT 28:30 a 31)
pregação da Boa-Nova e (2ª parte – AT 15:41)
pregação da lição da Boa-Nova e (2ª parte – AT 28:23 a 29)
pregação do Reino de Deus na prisão e (2ª parte – AT 16:19 a 40)
pregações da Boa-Nova e (2ª parte – AT 15:3)
prerrogativas de nascimento e (2ª parte – AT 22:30)
presença de * perante os juízes (2ª parte – AT 22:30)
presença divina e pergunta de (1ª parte – AT 22:10)
primeira decepção e (2ª parte – AT 15:4 a 6)
primeira epístola e (2ª parte – AT 18:9 a 10)
primeiro contato direto com o povo e (2ª parte – AT 14:8 a 10)
primeiro grande êxtase e (2ª parte – AT 18:11 a 17)
primeiros socorros e (2ª parte – AT 14:19 a 20)
prisão e (2ª parte – AT 14:1 a 6)
prisão, açoitamento e (2ª parte – AT 17:10 a 15)
prisão, flagelação e (2ª parte – AT 16:19 a 40; 18:11 a 17)
privilégio conferido pelos títulos e (2ª parte – AT 28:16)
privilégios e (1ª parte – AT 19:11)
programa primordial e (2ª parte – AT 17:1 a 9)
projeto de assassinato e (2ª parte – AT 23:12 a 22)
projeto para a viagem até Roma e (2ª parte – AT 20:1 a 5)
purificação judaica e (2ª parte – AT 21:19 a 26)
rabi Menandro e (2ª parte – AT 28:17 a 22)
rabino famoso em Jerusalém e (1ª parte – AT 19:11)
ração alimentar no calabouço e (2ª parte – AT 28:16)

ratificação das Epístolas e (2ª parte – AT 20:1 a 5)
reconhecimento da inspiração superior e (2ª parte - AT 27:12 a 44)
recordações do passado e (2ª parte – AT 19:21 a 40)
recordações e (2ª parte – AT 20:1 a 5)
redação de epístolas consoladoras e (2ª parte – AT 28:16)
reencontro com Lucas e Timóteo e Tessalônica, cidade (2ª parte – AT 17:1 a 9)
reflexões e (2ª parte – AT 27:1 a 2)
reflexões, consolo e (2ª parte – AT 21:27 a 36)
regresso ao núcleo original e (2ª parte – AT 14:21 a 26)
relatório das atividades com os gentios e (2ª parte – AT 21:19 a 26)
relatório verbal das atividades e (2ª parte – AT 14:27 a 28)
remoques, açoites, acusações pérfidas e (2ª parte – AT 14:21 a 26)
remorso e (1ª parte – AT 19:11)
renovação e (1ª parte – AT 19:11)
repercussão do grito de * e de Barnabé (1ª parte – AT 14:15)
representação dos discípulos do Evangelho e (2ª parte – AT 28:15)
representações de diversas Igrejas e (2ª parte – AT 18:22 a 23)
repugnância com a circuncisão de Tito e (2ª parte – AT 15:4 a 6)
ressurreição dos mortos e (1ª parte – AT 17:32)
reunião na Igreja doméstica e (2ª parte – AT 14:1 a 6)
revelação a * e Jesus (1ª parte – AT 9:16)
satisfação da vaidade farisaica e (2ª parte – AT 21:16 a 18)
seguidores de Moisés bem-intencionados e (2ª parte – AT 28:23 a 29)
sementes benditas do Evangelho de Redenção (2ª parte – AT 14:21 a 26)
sementes divinas da verdade e do amor e (2ª parte – AT 14:27 a 28)
sentimento de unificação em Jesus e (2ª parte – AT 15:1 a 2)
serviços da flagelação e (2ª parte – AT 22:22 a 29)
serviços evangélicos e (2ª parte – AT 28:7 a 10)
Silas e * a caminho de Tarso (2ª parte – AT 15:41)
Silas e * a caminho de Tauro (2ª parte – AT 15:41)
Silas, Timóteo e (2ª parte – AT 16:6)
simpatizantes do Evangelho e (2ª parte – AT 16:11 a 15)
sítio As Três Tavernas e (2ª parte – AT 28:15)
socorro ao cumprimento da tarefa e (2ª parte – AT 18:9 a 10)
sonho com a independência do Evangelho em Jerusalém e (2ª parte – AT 15:4 a 6)
sonho com Jeziel e Abigail e (2ª parte – AT 20:1 a 5)
sutileza das circunstâncias do testemunho e (2ª parte – AT 21:27 a 36)
tentativa de suicídio do carcereiro e (2ª parte – AT 16:19 a 40)
testemunho da realidade espiritual e (1ª parte – AT 19:11)
testemunho eloquente do Evangelho e (2ª parte – AT 21:37 a 40)
testemunhos em Jerusalém e (1ª parte – AT 21:13)
testificação de Jesus e (2ª parte – AT 25:1 a 12)
Torre Antônia e (2ª parte – AT 21:27 a 36)
transferência da Terra para o Céu e (1ª parte – AT 22:10)
transferência de * para Cesareia (2ª parte – AT 23:23 a 35)
trevas da prisão e (1ª parte – AT 16:25)
último dia da purificação judaica e (2ª parte – AT 21:27 a 36)
união eterna em Jesus Cristo e (2ª parte – AT 20:1 a 5)
vantagem da libertação e (2ª parte – AT 24:23 a 27)
verdugo trazido à fé e (1ª parte – AT 9:16)
veredicto do Imperador e (2ª parte – AT 28:30 a 31)
viagem à Jerusalém e (2ª parte – AT 18:19 a 21)
viagem com perspectivas desfavoráveis e (2ª parte – AT 27:3 a 11)

Índice geral

**Índice geral**

viagem para Jerusalém e (2ª parte – AT 20:13 a 16)
viagem para Roma e (2ª parte – AT 27:1 a 2)
viagem para a Espanha e (2ª parte – AT 28:30 a 31)
visão de um homem da Macedônia e (2ª parte – AT 16:7 a 9)
visita à mãe de Jesus e (2ª parte – AT 18:19 a 21)
visita ao Areópago e (2ª parte – AT 17:16 a 34)
visita às Igrejas da Macedônia e (2ª parte – AT 20:1 a 5)
visita de Ananias e (1ª parte – AT 9:18)
visita de Drusila e (2ª parte – AT 24:23 a 27)
visita espiritual e (1ª parte – AT 16:9)
vitória sobre o espírito do Judaísmo e (2ª parte – AT 28:23 a 29)
voz de Estêvão, Espírito, e (2ª parte – AT 16:6)
voz do Espírito de Jesus e (2ª parte – AT 16:7 a 9; 17:1 a 9)
Ver também Saulo

PAULO, SÉRGIO, PROCÔNSUL
Jeziel e (2ª parte – AT 13:6 a 12)
primeiros passos na vida pública e (2ª parte – AT 13:6 a 12)
Saulo e (2ª parte – AT 13:6 a 12)

PAZ DOMÉSTICA
edificação e (1ª parte – AT 4:31)

PEDRO, SIMÃO
anjo do Senhor e (1ª parte – AT 12:10)
anjo liberta * do cárcere (2ª parte – AT 12:3 a 19)
atenção para os portadores da cruz e (2ª parte – AT 15:4 a 6)
auxílios do Invisível e (1ª parte – AT 12:10)
banimento de Jerusalém e (2ª parte – AT 20:1 a 5)
banimento e (2ª parte – AT 21:16 a 18)
chefe legítimo do colégio apostólico e (2ª parte – AT 12:25)
circuncisão e (2ª parte – AT 15:1 a 2)
convocação de reunião e (2ª parte – AT 9:26 a 27)
Cornélio, centurião, e (1ª parte – AT 10:29)
Dorcas, irmã, e (1ª parte – AT 9:41)
erro com os irmãos de Antioquia e (2ª parte – AT 15:1 a 2)
Estêvão, filho espiritual, e (2ª parte – AT 6:1 a 7)
fraquezas humanas, dons celestiais e (1ª parte – AT 14:15)
glória espiritual e (1ª parte – AT 14:15)
inspiração de * e Cristianismo (1ª parte – AT 3:6)
lição de * no cárcere (1ª parte – AT 12:10)
negação de Jesus e (1ª parte – AT 14:15)
obrigatoriedade da circuncisão e (2ª parte – AT 15:4 a 6)
palavra amorosa e (1ª parte – AT 3:6)
palavra de * à massa popular (1ª parte – AT 3:19 a 20)
Pentecostes e (1ª parte – AT 2:17)
prisão e (2ª parte – AT 12:3 a 19)
profunda iluminação espiritual e (2ª parte – AT 9:26 a 27)
reclamação dos instrutores e (1ª parte – AT 12:10)
renovação de forças e (1ª parte – AT 9:41)
requisição de * no círculo de oração (1ª parte – AT 10:29)
salvação da Igreja nascente e (2ª parte – AT 15:1 a 2)
Saulo e (2ª parte – AT 9:26 a 27)
situação da Igreja de Jerusalém e (2ª parte – AT 15:1 a 2)
sofredores, doentes e (1ª parte – AT 5:15)
tarefa de assistência fraternal e (2ª parte – AT 9:26 a 27)
transformação do temperamento e (2ª parte – AT 15:1 a 2)
voz celeste e (1ª parte – AT 10:15)

PENSAMENTO
bênção e * de proteção (1ª parte – AT 13:13)
homem e (1ª parte – AT 4:31)

PENTECOSTES
Apóstolos e (1ª parte – AT 2:13)
céticos e (1ª parte – AT 2:17)
claridades e (1ª parte – AT 2:17)
discípulos e (1ª parte – AT 2:17)

Jerusalém e (1ª parte – AT 2:17)
Jesus e (1ª parte – AT 2:13)
Mediunidade e (1ª parte – AT 2:17)
revelações e (2ª parte – AT 24:23 a 27)
Simão Pedro e (1ª parte – AT 2:17)
vozes do * na praça pública de Jerusalém (2ª parte – AT 15:7 a 11)

Penúria
calma, compreensão e irmãos em (1ª parte – AT 20:35)

Perdão
bênção do * e fortalecimento da justiça (1ª parte – AT 20:35)

Perge, cidade
anúncio do Evangelho e (2ª parte – AT 13:13)
superstições, crendices e (2ª parte – AT 13:13)

Perturbação
entendimento, oração e (1ª parte – AT 13:13)

Pitonisa
atendimento às consultas e (2ª parte – AT 16:16 a 18)
Filipos, cidade, e (2ª parte – AT 16:16 a 18)
intimação da entidade manifestante e (2ª parte – AT 16:16 a 18)
mediunidade e (2ª parte – AT 16:16 a 18)

Planeta
negação de espiritualidade e (1ª parte – AT 2:42)

Plano Espiritual
libertação da carne e retorno ao (2ª parte – Apêndice)
relações com o * e afirmativas a esmo (1ª parte – AT 19:15)

Plano Superior
tarefa sem as luzes do (2ª parte – AT 16:16 a 18)

Política
Jesus e * humana (1ª parte – AT 3:6)
vantagens da * humana (1ª parte – AT 3:6)

Político
desconfiança, dúvida e * astucioso (1ª parte – AT 5:15)

Porta estreita
discípulo sincero e (2ª parte – AT 18:22 a 23)

Pozzuoli, cidade
Igreja cristã e (2ª parte – AT 28:11 a 14)

Prece ver Oração

Preguiçoso
inoculação de fluidos entorpecentes e (1ª parte – AT 5:15)

Primeira epístola
redação da * e Silas (2ª parte – AT 18:9 a 10)
redação da * e Timóteo (2ª parte – AT 18:9 a 10)

Príncipe da Paz ver Jesus

Prisca
prisão e (2ª parte – AT 19:21 a 40)
serviços evangélicos e (2ª parte – AT 18:1 a 3)

Profeta nazareno ver Jesus

Profetismo
Cristianismo e (2ª parte – AT 16:16 a 18)

Progresso
elementos de * e autossuperação (1ª parte – AT 14:22)

Protestante
identificação com o Céu e (1ª parte – AT 3:19 a 20)
manifestações do Espírito Santo e (1ª parte – AT 12:10)

Provação
ensinamento e (1ª parte – AT 20:35)

Providência Divina
invariabilidade e (1ª parte – AT 2:42)
visita e (1ª parte – AT 2:21)

# Q

Qualidade
aperfeiçoamento da * de recepção (1ª parte – AT 2:13)
conquista da * nobre (1ª parte – AT 3:6)

Quartel dos Pretorianos
apresentação dos prisioneiros e (2ª parte – AT 28:16)

Índice geral

## R

REDENÇÃO
  condição para concretização e (1ª parte – AT 9:10)
  necessidades da * humana (1ª parte – AT 9:41)
  trabalho de * e crentes inquietos (1ª parte – AT 3:19 a 20)

REINO DE DEUS
  sonhos com as alegrias e (2ª parte – AT 13:14)

REINO ESPIRITUAL
  construção do * com Jesus (1ª parte – AT 9:41)

REMORSO
  Paulo de Tarso e (1ª parte – AT 19:11)

RENOVAÇÃO ESPIRITUAL
  solenidade exterior e (1ª parte – AT 19:5)

RESSURREIÇÃO
  atitude do Areópago diante da (2ª parte – AT 17:16 a 34)
  discípulos de Jesus e (1ª parte – AT 4:33)
  Espiritismo e ensinamento da * individual (1ª parte – AT 4:33)
  Paulo de Tarso e * dos mortos (1ª parte – AT 17:32)
  testemunhos da * de Jesus (1ª parte – AT 4:33)

REVELAÇÃO
  privilégios dos emissários da (1ª parte – AT 14:15)
  recepção dos benefícios da celeste (1ª parte – AT 2:13)

REVOLTADO
  nuvens de veneno sutil e (1ª parte – AT 5:15)

RIQUEZA
  homem e * imperecível e legítima (1ª parte – AT 3:6)

ROMA
  carro de triunfo mundano e (2ª parte – AT 28:15)
  circos do martírio e da morte e (2ª parte – AT 28:15)
  exílio dos estadistas honestos e justos e (2ª parte – AT 28:15)
  ideia de fraternidade humana e (2ª parte – AT 28:15)
  intervenção de senhoras convertidas a Jesus e (2ª parte – AT 28:15)
  morte dos discípulos do Evangelho e (2ª parte – AT 28:15)
  multidões famintas, migalhas de sobejo e (2ª parte – AT 28:15)
  Paulo de Tarso, testificação de Jesus e (2ª parte – AT 25:1–12)
  perseguições aos adeptos do Cristianismo e (2ª parte – AT 28:15)
  pregação do Evangelho do Reino e (2ª parte – AT 19:21–40)
  problemas da plebe e (2ª parte – AT 28:15)
  reunião nas catacumbas e (2ª parte – AT 28:15)
  viagem à * e vozes do mundo superior (2ª parte – AT 23:11)

## S

SACERDÓCIO
  cerimoniais, sacramentos e (1ª parte – AT 19:5)

SACERDOTE
  preceitos do mundo e título de (1ª parte – AT 11:24)

SADOQUE
  atitude e (2ª parte – AT 9:9)
  Igreja humilde de Jerusalém e (2ª parte – AT 6:8 a 11)
  Saulo e (2ª parte – AT 9:8; 9:19)

SAGRADAS ESCRITURAS
  Evangelho de Jesus e (2ª parte – AT 6:12 a 15 e 7:1)

SALOMÃO
  devassidão e (2ª parte – AT 13:13)

SALVAÇÃO
  estudo e (1ª parte – AT 2:47)
  interpretação da palavra (1ª parte – AT 2:21)
  Jesus e (1ª parte – AT 2:47)
  redoma da preguiça e (1ª parte – AT 2:47)

SALVADOR *ver* JESUS

SAMOTRÁCIA, CIDADE
  pregação a bordo para (2ª parte – AT 16:11 a 15)

Sangue
    laços de * e almas afins (1ª parte – AT 7:3)
Saulo
    abandono e (2ª parte – AT 9:19)
    Abigail, e (2ª parte – AT 7:55 a
        60 e 8:1 a 2; 9:10 a 18)
    advertência recebida no Templo
        e (2ª parte – AT 9:28 a 30)
    afastamento discreto da pregação e (2ª parte – AT 11:26)
    Alexandre e (2ª parte – AT 9:28 a 30)
    amigos do Judaísmo e (2ª parte – AT 9:19)
    amizade que Sadoque e (2ª
        parte – AT 9:19)
    analogia do Evangelho ao campo
        infinito e (2ª parte – AT 12:25)
    Ananias e (2ª parte – AT 9:1 a 2; 9:10 a 18)
    antagonismos irreconciliáveis
        e (2ª parte – AT 9:3 a 8)
    antecedentes de Jesus e (2ª
        parte – AT 13:6 a 12)
    anúncio das verdades da nova revelação e (2ª parte – AT 9:19)
    aquisição de um tear e (2ª
        parte – Apêndice)
    arrependimento sincero e (2ª
        parte – AT 9:10 a 18)
    assistência moral e (2ª parte – AT 9:8)
    atendimento aos doentes e
        (2ª parte – AT 11:26)
    austeridade paterna, necessidade de
        alento e (2ª parte a Apêndice)
    Barjesus, mago israelita, e (2ª
        parte a AT 13:6 a 12)
    batismo na nova fé em Jesus e
        (2ª parte a AT 9:10 a 18)
    busca do deserto e (2ª parte – AT 9:19)
    cegueira súbita e (2ª parte – AT 9:3 a 8)
    célebres pregações de Estêvão
        e (2ª parte – AT 9:19)
    cena de Damasco e (2ª parte – Apêndice)
    choro diante dos sentimentos paternos e (2ª parte – Apêndice)
    circuncisão e (2ª parte – AT
        9:20 a 25; 11:26)
    colóquio espiritual com Estêvão e
        Abigail e (2ª parte – Apêndice)
    comédia de Damasco e (2ª
        parte – Apêndice)
    companheiros de viagem e
        (2ª parte – AT 9:3–8)
    compreensão de Jesus e (2ª
        parte – AT 9:9)
    compreensão do Evangelho e
        (2ª parte – AT 12:25)
    compreensão dos desígnios de
        Jesus e (2ª parte – Apêndice)
    confiança na misericórdia e
        (2ª parte – Apêndice)
    conselhos de Pedro e (2ª parte – AT 9:26–27)
    consoladoras emoções e
        (2ª parte – AT 9:9)
    consoladoras inspirações e (2ª
        parte – AT 9:20–25)
    conversão do procônsul e (2ª
        parte – AT 13:6–12)
    conversão inesperada e (2ª
        parte – AT 9:9)
    convocação de reunião no Sinédrio
        e (2ª parte – AT 9:1 a 2)
    cópia das anotações de Levi e
        (2ª parte – AT 9:26–27)
    cura de Barjesus e (2ª parte – AT 13:6 a 12)
    curiosidade sobre a personalidade de
        Jesus e (2ª parte – AT 9:26 a 27)
    Demétrio e (2ª parte – AT 9:3 a 8)
    desejo de rever Jerusalém e (2ª
        parte – AT 9:28 a 30)
    desgosto e morte da mãe e
        (2ª parte – Apêndice)
    deslumbramento pela maravilhosa
        revelação e (2ª parte – Apêndice)
    dia de Pentecostes e (2ª parte – AT 13:6 a 12)
    dialética confusa na interpretação dos
        Evangelhos e (2ª parte – AT 11:26)
    diferença fisionômica e (2ª parte – AT 11:25 a 26)
    disciplina espiritual e (2ª parte – AT 9:9)
    documento de habilitação e
        (2ª parte – AT 9:1 a 2)
    dominação das ideias malignas
        e (2ª parte – AT 13:6 a 12)
    embarque para Chipre e (2ª
        parte – AT 13:4)
    entrada em Damasco e (2ª
        parte – AT 9:3 a 8)

Índice geral

## Índice geral

entrega feliz às lides do Evangelho e (2ª parte – AT 11:26)
escamas e (2ª parte – AT 9:10 a 18)
escolha de tarefas e (2ª parte – AT 9:3 a 8)
escravo e (2ª parte – AT 9:3 a 8)
espera para o testemunho e (2ª parte – Apêndice)
esperanças novas e (2ª parte – Apêndice)
estalagem de Judas e (2ª parte – AT 9:8)
Estêvão na senda do discipulado e (2ª parte – AT 9:28 a 30)
Estevão, companheiro fiel durante trinta anos, e (2ª parte – AT 9:20 a 25)
evangelização dos gentios e (2ª parte – AT 13:1 a 3)
exemplo de humildade e trabalho e (2ª parte – Apêndice)
extrema fraqueza orgânica e (2ª parte – AT 9:26 a 27)
fanatismo cruel e (2ª parte – AT 8:3)
formação severa do caráter e (2ª parte – Apêndice)
fraqueza moral e (2ª parte – Apêndice)
fuga e (2ª parte – AT 9:20 a 25)
Gamaliel e (2ª parte – AT 9:19)
grande talismã e (2ª parte – AT 13:6 a 12)
homem de majestática beleza e (2ª parte – AT 9:3 a 8)
humilde tapeceiro e (2ª parte – Apêndice)
Igreja do Caminho e (2ª parte – AT 9:26 a 27)
Igreja humilde de Jerusalém e (2ª parte – AT 6:8 a 11)
iluminação do Espírito Santo e (2ª parte – AT 9:10 a 18)
impiedosas devassas e (2ª parte – AT 8:3)
indignação de * e vitória de Estêvão (2ª parte – AT 6:8 a 11)
indignação e (2ª parte – AT 9:28 a 30)
informes a respeito do Jesus e (2ª parte – AT 9:10 a 18)
interesse pelo sorriso das criancinhas e (2ª parte – AT 9:19)
interpretação dos textos de Moisés e (2ª parte – AT 6:8 a 11)
íntimos temores e (2ª parte – AT 9:8)
intuição das fraquezas e (2ª parte – Apêndice)
irmãos do Caminho e (2ª parte – AT 9:20 a 25)
Isaque, pai, e (2ª parte – Apêndice)
Jacó e (2ª parte – AT 9:3 a 8)
Jesus e (2ª parte – AT 9:3 a 8)
João e (2ª parte – AT 6:8 a 11)
Jonas e (2ª parte – AT 9:3 a 8)
leitura do libelo e (2ª parte – AT 7:55 a 60 e 8:1 a 2)
lema de Abigail e (2ª parte – Apêndice)
lembrança da cena dolorosa e (2ª parte – AT 9:28 a 30)
lembrança de Ananias e (2ª parte – Apêndice)
lembrança do passado e (2ª parte – AT 9:26 a 27)
libertação de Sérgio Paulo, procônsul, e (2ª parte – AT 13:6 a 12)
lobo voraz e (2ª parte – AT 9:10 a 18)
Lucas, médico, e (2ª parte – AT 11:26)
luta consigo mesmo e (2ª parte – Apêndice)
luta contra os céticos e (2ª parte – AT 9:9)
luzes da tonalidade solar e (2ª parte – AT 9:3 a 8)
Mártir do Caminho *ver* Estêvão (2ª parte – Apêndice)
meditação nas lições recebidas e (2ª parte – AT 9:19)
modesto rendimento do árduo labor e (2ª parte – AT 11:25 a 26)
morte para o mundo e (2ª parte – AT 9:19)
necessidades imensas e (2ª parte – AT 9:9)
necessitado da proteção divina e (2ª parte – AT 9:9)
Neemias e (2ª parte – AT 6:8 a 11)
obra de aperfeiçoamento interior e (2ª parte – Apêndice)
obra saneadora e (2ª parte – AT 9:1 a 2)
obtenção do Evangelho sagrado e (2ª parte – AT 9:10 a 18)
oração e (2ª parte – AT 9:9)
oração em agradecimento ao Senhor e (2ª parte – Apêndice)
ovelha perdida e (2ª parte – AT 9:3 a 8)
palavra de conciliação e (2ª parte – AT 7:55 a 60 e 8:1 a 2)

paz espiritual e (2ª parte – AT 9:3 a 8)
perdão dos pecados e (2ª parte – AT 9:10 a 18)
perseguição cruel e injusta e (2ª parte – AT 9:19)
perseguidor cruel dos apóstolos e (2ª parte – AT 9:10 a 18)
preferência por labores mais simples e (2ª parte – AT 11:26)
pregações da Boa-Nova e (2ª parte – AT 13:6 a 12)
primeira derrota e (2ª parte – AT 6:12 a 15 e 7:1)
primeira profissão de fé e (2ª parte – AT 9:3 a 8)
primeiro perseguidor da instituição cristã e (2ª parte – AT 13:6 a 12)
primeiro perseguidor do Evangelho e (2ª parte – AT 9:26 a 27)
primeiro triunfo missionário e (2ª parte – AT 13:6 a 12)
prisão e (2ª parte – AT 9:20 a 25)
programa de Abigail e (2ª parte – AT 11:25 a 26)
programa de Simão Pedro e (2ª parte – AT 9:28 a 30)
projeto de busca aos gentios e (2ª parte – AT 12:25)
promessas no espírito renovado e (2ª parte – AT 9:20 a 25)
protesto de entrega a Jesus e (2ª parte – AT 9:3 a 8)
prova testemunhal e (2ª parte – AT 9:19)
provocação da união de romanos e israelitas e (2ª parte a AT 9:19)
prudência na nova fase religiosa e (2ª parte – AT 9:10 a 18)
recomeço nas experiências e (2ª parte – AT 11:26)
reconhecimento do Messias Prometido e (2ª parte – AT 9:19)
recordações amargas e (2ª parte – AT 9:3 a 8)
recordações da mãe e (2ª parte – Apêndice)
recuo mental ao dia da radical transformação e (2ª parte – Apêndice)
registro dos três anos de * em Tauro e Tarso (2ª parte – Apêndice)

reinício da jornada no mundo e (2ª parte – Apêndice)
relato da jornada de Damasco e (2ª parte – AT 9:26 a 27)
remédio da misericórdia de Jesus e (2ª parte – Apêndice)
reminiscências e (2ª parte – AT 9:3 a 8)
remorso e (2ª parte – AT 9:10 a 18; 9:26 a 27)
renascimento para existência diversa e (2ª parte – Apêndice)
renovação do coração e (2ª parte – AT 11:26)
reparação do passado de culpas e (2ª parte – AT 9:20 a 25)
reparação dos erros do passado e (2ª parte – AT 9:19)
reparação e (2ª parte – AT 9:28 a 30)
reparos a Barnabé e (2ª parte – AT 13:5)
resistência contra os aguilhões e (2ª parte – Apêndice)
restrição do evangelho a Jerusalém e (2ª parte – AT 12:25)
Sadoque e (2ª parte – AT 9:19; 9:10 a 18)
sentimento de veneração e (2ª parte – AT 9:3 a 8)
Sérgio Paulo, procônsul, e (2ª parte – AT 13:6 a 12)
Simão Pedro e (2ª parte – AT 6:8 a 11)
simulação e (2ª parte – AT 9:26 a 27)
sinagoga de Damasco, ordem de prisão e (2ª parte – Apêndice)
sinceridade, franqueza e (2ª parte – AT 11:26)
tecelão e (2ª parte – AT 11:25 a 26)
testemunho de dedicação e (2ª parte – Apêndice)
Tiago e (2ª parte – AT 6:8 a 11)
Tito e (2ª parte – AT 11:26)
tolerância com a ignorância e a fraqueza alheias e (2ª parte – Apêndice)
traidor de Moisés e (2ª parte – AT 9:19)
transformação de * e protestos no ambiente farisaico (2ª parte – AT 9:8)
trégua às atividades mundanas e (2ª parte – AT 9:9)
troca de nome e (2ª parte – AT 13:6 a 12)
Trófimo e (2ª parte – AT 11:26)

Índice geral

## Índice geral

verdadeira humildade e (2ª parte – Apêndice)
vergonha do passado cruel e (2ª parte – AT 9:3 a 8)
visão de Estevão e Abigail e (2ª parte – Apêndice)
visão de Jesus e (2ª parte – AT 9:26 a 27)
visão de Jesus ressuscitado e (2ª parte – AT 9:3 a 8; 9:19)
visita inesperada de Barnabé e (2ª parte – AT 11:25 a 26)
Zacarias e (2ª parte – AT 9:10 a 18)
Ver também Paulo de Tarso

SELÊUCIA, CIDADE
despedidas a caminho de (2ª parte – AT 13:4)

SEMENTE
trabalho e (1ª parte – AT 19:2)

SENHOR ver JESUS

SENHOR DA VIDA ver JESUS

SERMÃO
apelo sublime e (1ª parte – AT 9:41)

SERVIÇO DO BEM
muralha defensiva das tentações e (2ª parte – AT 13:6 a 12)

SILAS
libertação da prisão e (2ª parte – AT 16:19 a 40)
oração e (1ª parte – AT 16:25)
partida para Assós e (2ª parte – AT 20:13 a 16)
prisão, flagelação e (2ª parte – AT 16:19 a 40)
relações com o plano invisível e (2ª parte – AT 16:16 a 18)
retorno de * a Corinto (2ª parte – AT 18:1 a 3)
trevas da prisão e (1ª parte – AT 16:25)
visita às fundações cristãs e (2ª parte – AT 18:24 a 28 e 19:1 a 10)

SINAGOGA
ascendência política da * sobre a Igreja de Éfeso (2ª parte – AT 18:24 a 28 e 19:1 a 10)
expressões desrespeitosas a Jesus e (2ª parte – AT 18:4 a 8)
rispidez de preceitos tirânicos e (2ª parte – AT 18:11 a 17)

SINÉDRIO
abrandamento das exigências e (2ª parte – AT 21:16 a 18)
achincalhamento das convicções cristãs e (2ª parte – AT 21:16 a 18)
autoridade romana e (2ª parte – AT 6:12 a 15 e 7:1)
justificativas de Paulo de Tarso e (2ª parte – AT 23:1 a 10)
personagens eminentes e (2ª parte – AT 6:12 a 15 e 7:1)
pretexto para condenação maior e (2ª parte – AT 21:19 a 26)
proposta do vogal Cainã e (2ª parte – AT 21:19 a 26)
restauração dos processos de perseguição e (2ª parte – AT 21:16 a 18)
restituição do prisioneiro e (2ª parte – AT 25:1 a 12)

SIRACUSA, CIDADE
pregações do Reino de Deus (2ª parte – AT 28:11 a 14)

SOBREVIVÊNCIA
importância da certeza na (1ª parte – AT 4:33)

SOCORRO
extensão do serviço e (1ª parte – AT 9:41)

SOFRIMENTO
conhecimento da vida eterna e (2ª parte – AT 23:1 a 10)
consolo e (1ª parte – AT 20:35)
exortação ao * e Evangelho (1ª parte – AT 14:22)

SOLIDARIEDADE
ascensão e (1ª parte – AT 8:31)

SÓSTENES
representante dos judeus no julgamento e (2ª parte – AT 18:11 a 17)
socorro ao acusador implacável e (2ª parte – AT 18:11 a 17)

SUMO SACERDOTE
ferimento na boca de Paulo de Tarso e (2ª parte – AT 23:1 a 10)
paredes branqueadas dos sepulcros e (2ª parte – AT 23:1 a 10)

# T

TAREFA
　discursos admiráveis e * salvacionista (1ª parte – AT 9:41)

TARSO, CIDADE
　abandono dos parentes mais caros e (2ª parte – AT 19:21 a 40)
　registro dos três anos de Saulo em Tauro e (2ª parte – Apêndice)

TAURO, CIDADE
　registro dos três anos de Saulo em Tarso e (2ª parte – Apêndice)
　visita de Paulo de Tarso e (2ª parte – AT 18:22 a 23)

TEAR
　símbolo através dos séculos e (1ª parte – AT 19:11)

TECELÃO DE TARSO VER PAULO DE TARSO

TECLA
　ameaça de condenação à fogueira e (2ª parte – AT 14:1 a 6)
　fanatismo lamentável e (2ª parte – AT 14:1 a 6)
　Tamíris, noivo, e (2ª parte – AT 14:1 a 6)
　Teóclia, mãe, e (2ª parte – AT 14:1 a 6)

TEMPLO
　mercadores e (2ª parte – AT 7:2 a 54)

TEMPLO DE DIANA
　Éfeso, cidade, e (2ª parte – AT 19:21 a 40)

TEÓLOGO
　cultura intelectual, estudo acurado e (1ª parte – AT 11:24)

TERRA
　almas paralíticas e (1ª parte – AT 14:10)
　libertação da * e Jesus (1ª parte – AT 1:8)
　paralisação da marcha e (1ª parte – AT 9:5)
　tribulações e (1ª parte – AT 14:22)
　valores educativos e (1ª parte – AT 9:6)

TESSALÔNICA, CIDADE
　atritos com os judeus em * e Paulo de Tarso (2ª parte – AT 17:10 a 15)
　Lucas e Timóteo em viagem para (2ª parte – AT 16:11 a 15)
　Paulo de Tarso e (2ª parte – AT 16:11 a 15)

TIAGO, FILHO DE ALFEU
　atitudes de profundo ascetismo e (2ª parte – AT 12:3 a 19)
　cálice reservado e (2ª parte – AT 12:25)
　carta confidencial e (2ª parte – AT 20:1 a 5)
　chefe das pretensões do Judaísmo e (2ª parte – AT 15:4 a 6)
　chefia provisória da Igreja de Jerusalém e (2ª parte – AT 12:25)
　concepções do Judaísmo dominante e (2ª parte – AT 9:26 a 27)
　devocionismo moisaico e (2ª parte – AT 9:26 a 27)
　direção da Igreja de Jerusalém e (2ª parte – AT 12:3 a 19)
　emissários de * chegam de Jerusalém (2ª parte – AT 15:1 a 2)
　influência em favor de Paulo de Tarso e (2ª parte – AT 23:23 a 35)
　missão junto do Judaísmo e (2ª parte – AT 15:1 a 2)
　motivo das graves apreensões e (2ª parte – AT 21:16 a 18)
　pagamento de todas as despesas e (2ª parte – AT 21:16 a 18)
　pedido de medidas eficazes e (2ª parte – AT 23:23 a 35)
　ratificação da denúncia de Estefânio e (2ª parte – AT 23:23 a 35)
　revelação da história de Paulo de Tarsos e (2ª parte – AT 23:23 a 35)
　revelações e (2ª parte – AT 21:16 a 18)
　Saulo e (2ª parte – AT 9:26 a 27)
　vida de grande ascetismo e (2ª parte – AT 9:26 a 27)

TIAGO, FILHO DE ZEBEDEU
　pena de morte e (2ª parte – AT 11:27 a 30 e 12:1 a 2)

TIMÓTEO
　auxílio de * em todos os misteres (2ª parte – AT 14:11 a 18)
　circuncisão de * e Paulo de Tarso (2ª parte – AT 16:1 a 5)
　encontro com Áquila e Prisca e (2ª parte – AT 18:1 a 3)
　Eunice, mãe, e (2ª parte – AT 16:1 a 5)
　Loide, avó, e (2ª parte – AT 16:1 a 5)

Índice geral

Lucas e circuncisão de (2ª parte – AT 16:11 a 15)
novidades confortadoras e (2ª parte – AT 18:1 a 3)
pergaminhos da lei de Moisés, Escritos Sagrados e (2ª parte – AT 14:7)
primeiros socorros a Paulo de Tarso e (2ª parte – AT 14:19 a 20)
progressos e conquistas espirituais e (2ª parte – AT 16:1 a 5)
retorno de * a Corinto (2ª parte – AT 18:1 a 3)
visita às fundações cristãs e (2ª parte – AT 18:24 a 28 e 19:1 a 10)

TITO
circuncisão e (2ª parte – AT 15:4 a 6)
Igreja de Antioquia e (2ª parte – AT 15:1 a 2)
visita às fundações cristãs e (2ª parte – AT 18:24 a 28 e 19:1 a 10)

TITO JUSTO, ROMANO GENEROSO
defesa de Paulo de Tarso no julgamento e (2ª parte – AT 18:11 a 17)
organização da Igreja de Corinto e (2ª parte – AT 18:4 a 8)

TORRE ANTÔNIA
Paulo de Tarso e (2ª parte – AT 21:27 a 36)

TRABALHADOR
conteúdo de serviço e testemunho e (1ª parte – AT 9:16)
perda de tempo e (1ª parte – AT 26:33)

TRABALHADOR DIVINO VER JESUS

TRABALHO
fidelidade no * de elevação (1ª parte – AT 13:13)
mãos calejadas e (1ª parte – AT 2:47)
semente e (1ª parte – AT 19:2)

TRIBUNAL
orador do Sinédrio e * improvisado (2ª parte – AT 24:1 a 22)

TRIBUNAL DE CÉSAR
Paulo de Tarso diante do (2ª parte – AT 25:1 a 12)

TRIBUNAL DE CESAREIA
novo julgamento e (2ª parte – AT 25:1 a 12)

TRIBUNAL DE ISRAEL
Estêvão e (2ª parte – AT 7:55 a 60 e 8:1 a 2)

TRÔADE, CIDADE
derradeira pregação e (2ª parte – AT 20:6 a 12)
edificação dos irmãos na fé e (2ª parte – AT 20:1 a 5)
encontro com Lucas e (2ª parte – AT 20:1 a 5)
voz do Espírito de Jesus e (2ª parte – AT 16:7 a 9)

U
UNGIDO DE DEUS VER JESUS

V
VERBO
recursos do * transformador (1ª parte – AT 9:41)

VERDADE
penetração no santuário da * divina (1ª parte – AT 3:19 a 20)
zombadores diante da (1ª parte – AT 2:13)

VIBRAÇÃO PSÍQUICA
comunicação e (1ª parte – AT 16:9)

VIDA
crença na * além do corpo (1ª parte – AT 17:32)
mordomo da * eterna (1ª parte – AT 20:35)
revelação da * eterna (1ª parte – AT 2:13)

VIRTUDE
conceito e (1ª parte – AT 15:29)

VOZ CELESTIAL
sinal público e (1ª parte – AT 2:42)

Z
ZELFOS, TRIBUNO
dispersão da multidão e (2ª parte – AT 22:22 a 29)
providências oportunas e (2ª parte – AT 22:1 a 21)

# O LIVRO ESPÍRITA

Cada livro edificante é porta libertadora.

O livro espírita, entretanto, emancipa a alma nos fundamentos da vida.

O livro científico livra da incultura; o livro espírita livra da crueldade, para que os louros intelectuais não se desregrem na delinquência.

O livro filosófico livra do preconceito; o livro espírita livra da divagação delirante, a fim de que a elucidação não se converta em palavras inúteis.

O livro piedoso livra do desespero; o livro espírita livra da superstição, para que a fé não se abastarde em fanatismo.

O livro jurídico livra da injustiça; o livro espírita livra da parcialidade, a fim de que o direito não se faça instrumento da opressão.

O livro técnico livra da insipiência; o livro espírita livra da vaidade, para que a especialização não seja manejada em prejuízo dos outros.

O livro de agricultura livra do primitivismo; o livro espírita livra da ambição desvairada, a fim de que o trabalho da gleba não se envileça.

O livro de regras sociais livra da rudeza de trato; o livro espírita livra da irresponsabilidade que, muitas vezes, transfigura o lar em atormentado reduto de sofrimento.

O livro de consolo livra da aflição; o livro espírita livra do êxtase inerte, para que o reconforto não se acomode em preguiça.

O livro de informações livra do atraso; o livro espírita livra do tempo perdido, a fim de que a hora vazia não nos arraste à queda em dívidas escabrosas.

Amparemos o livro respeitável, que é luz de hoje; no entanto, auxiliemos e divulguemos, quanto nos seja possível, o livro espírita, que é luz de hoje, amanhã e sempre.

O livro nobre livra da ignorância, mas o livro espírita livra da ignorância e livra do mal.

Emmanuel[1]

---

[1] Página recebida pelo médium Francisco Cândido Xavier, em reunião pública da Comunhão Espírita Cristã, na noite de 25/2/1963, em Uberaba (MG), e transcrita em *Reformador*, abr. 1963, p. 9.

**FEB editora**
Livro espírita para um novo mundo
www.febeditora.com.br
@febeditoraoficial
@febeditora

Conselho Editorial:
*Carlos Roberto Campetti*
*Cirne Ferreira de Araújo*
*Evandro Noleto Bezerra*
*Geraldo Campetti Sobrinho – Coord. Editorial*
*Jorge Godinho Barreto Nery – Presidente*
*Maria de Lourdes Pereira de Oliveira*
*Miriam Lúcia Herrera Masotti Dusi*

Produção Editorial:
*Elizabete de Jesus Moreira*

Preparação de conteúdo e indexação:
*Cyntia Larissa Ninomia*
*Daniel Meirelles Barbalho*
*Erealdo Rocelhou*
*Geraldo Campetti Sobrinho*
*Larissa Meirelles Barbalho Silva*
*Saulo Cesar Ribeiro da Silva*

Revisão:
*Elizabete de Jesus Moreira*
*Erealdo Rocelhou*
*Larissa Meirelles Barbalho Silva*

Capa e Projeto Gráfico:
*Luisa Jannuzzi Fonseca*
*Miguel Cunha*
*Thiago Pereira Campos*

Diagramação:
*Rones José Silvano de Lima – instagram.com/bookebooks_designer*

Normalização Técnica:
*Biblioteca de Obras Raras e Documentos Patrimoniais do Livro*

Esta edição foi impressa pela Plenaprint Gráfica e Editora Ltda, Guarulhos, SP, com tiragem de 500 exemplares, todos em formato fechado de 155x230 mm e com mancha de 139,3x195,5 mm. Os papéis utilizados foram o Off white bulk 58 g/m² para o miolo e o Cartão 250 g/m² para a capa. O texto principal foi composto em fonte Noto Serif 10/15 e os títulos em Ottawa 18/30. Impresso no Brasil. *Presita en Brazilo.*